财政部规划教材
全国高等院校财经类教材

数字经济学概论

王 俊 主 编

中国财经出版传媒集团
中国财政经济出版社

图书在版编目（CIP）数据

数字经济学概论 / 王俊主编. -- 北京：中国财政经济出版社，2023.2
财政部规划教材　全国高等院校财经类教材
ISBN 978-7-5223-1889-9

Ⅰ.①数…　Ⅱ.①王…　Ⅲ.①信息经济学－高等学校－教材　Ⅳ.①F062.5

中国国家版本馆 CIP 数据核字（2023）第 018377 号

责任编辑：陈　冰　张　军　　　　责任印制：张　健
封面设计：卜建辰　　　　　　　　责任校对：徐艳丽

数字经济学概论
SHUZI JINGJIXUE GAILUN

中国财政经济出版社 出版

URL：http：//www.cfeph.cn
E-mail：cfeph@cfeph.cn

社址：北京市海淀区阜成路甲 28 号　邮政编码：100142
营销中心电话：010-88191522
天猫网店：中国财政经济出版社旗舰店
网址：https：//zgczjjcbs.tmall.com
北京富生印刷厂印刷　各地新华书店经销
成品尺寸：185mm×260mm　16 开　19.25 印张　408 000 字
2023 年 3 月第 1 版　2023 年 3 月北京第 1 次印刷
定价：56.00 元
ISBN 978-7-5223-1889-9
（图书出现印装问题，本社负责调换，电话：010-88190548）
本社质量投诉电话：010-88190744
打击盗版举报热线：010-88191661　QQ：2242791300

编写说明

进入21世纪以来，以互联网、大数据、云计算、人工智能等为代表的数字技术快速发展，推动了信息化和工业化紧密融合，人类社会也进入了“万物互联”的时代。2012年美国通用电气公司提出“工业互联网”的理念，以打破技术壁垒，促进数字技术与传统产业的融合。2013年德国政府提出“工业4.0”战略，以提高德国工业的竞争力，在新一轮工业革命中占领先机。2016年日本政府发布《第五期科学技术基本计划》，提出“社会5.0”概念，应用信息通信技术(ICT)，将网络空间与物理空间（现实空间）融合，构建“超智慧社会”。我国也相继提出“互联网+”“中国制造2025”等战略，加快数字经济发展。

数字经济在基础设施、生产要素、生产服务方式等方面表现出与以往经济发展明显不同的规律和特征，既涉及技术新特征，又涉及经济发展范式创新。为此，我们需要揭示数字经济发展规律，考查数字经济的核算口径和方法，明确数字经济的影响效应，厘清平台经济、双边市场、网络外部性等数字经济基本范式。数字经济时代，还要应对平台垄断、数据垄断等新问题，以及数据治理、平台监管等新任务。为此，需要系统学习和研究数字经济学。

我们编写的这本《数字经济学概论》教材，围绕着数字经济领域发生的经济现象展开，力求做到新颖和全面。本教材共设计了十四章，分为四个板块。板块一是数字经济学基本理论，包括网络外部性理论、平台经济理论、双边市场理论；板块二是数字经济学分类与核算；板块三是数字经济新现象，包括数字贸易、数字投资、数字税、数字金融；板块四是数字经济政策，包括数字产业化、数据治理、数字经济政策等。《数字经济学概论》教材为读者提供了一个关于数字经济学的基本理论框架，还开启了对数字经济新现象新问题的探讨与争鸣，很有启发性。本教材写作风格朴实，尽量简化数字模型，力求通俗易懂，可作为数字经济学本科专业的必修教材，也可作为经济学、国际贸易学、工商管理等专业的辅修教材。

本教材由广东外语外贸大学经济贸易学院组织编写，对外经济贸易大学、浙江工商大学、佛山科学技术大学等高校专家参与了教材审定。王俊教授设计了本教材的写作大纲与写作体例。所有参与写作的教师均具有经济学的学科背景，从事经济学、财税金融、国际贸易学的教学和研究工作，理论功底深厚、教学经验丰富。教材编写具体分工如下：李娜博士、王俊教授编写第一、第二章；李建成博士编写第三、第四章；余燕团副教授编写第五、第十三章；戴艳娟教授编写第六、第七章；刘胜博士编写第八、第九章；田云华副教授编写第十、第十一章；李慧平博士、符淼教授编写第十二章；李慧平博士、王俊教授编写第十四章。最后，全书由王俊、李娜进行校对和文字润色工作。

本教材为用书学校任课老师提供了课件和思考题答案，如有需要，请以电子邮件向中国财政经济出版社索取（请注明学校、全书名、版次），Email：caijingjiaocai@163.com。也可以登录以下网址下载：http://jiaocai.cfeph.cn。

编写组

2022年9月

目 录

第一章 导 论

▶案例导入

广东全面深化“数字政府2.0”建设

《广东省数字政府改革建设2022年工作要点》明确六大方面任务举措。2022年，广东省数字政府建设将以均衡协同发展为抓手，以数据要素市场化配置改革为牵引，聚焦省域治理与政务服务两个着力点，深化“数字政府2.0”建设，推动广东全面数字化发展保持全国前列，推进政府治理体系和治理能力现代化再上新台阶。

广东将完善“一网统管”省市联动体系：一方面，完善粤治慧基础平台功能，建设指挥调度中心、协同联动中心、监督管理中心，实现省市两级平台互联调度；另一方面，将加快市县两级“一网统管”基础平台建设和互联互通，深化智慧城市综合改革试点，推动建筑信息模型（BIM）与工程建造技术深度融合，加快建设城市信息模型（CIM）基础平台，探索构建“数字孪生城市”，全面推进市域治理“一网统管”。

广东将从提升科技创新数字化治理能力、构建战略性产业集群数据图谱、强化财政智能化管理、推进审计数字化转型、创新金融智慧监管等方面，提高经济调节科学化精准化水平。在市场监管方面，将通过推进智慧市场监管、药品监管，深化行政执法“两平台”应用和“互联网+监管”等手段，不断监测预警和应急处置能力。在社会管理方面，将围绕“平安广东建设”“公安大数据智能应用”“数字乡村综合服务管理”“农业社会化服务数字化管理”等领域重点推动，不断提高社会管理精细化智能化水平。在公共服务方面，将通过构建人社管理大数据体系，强化疫情防控信息化支撑，提升住房和城乡建设管理数字化水平，深化交通运输行业数字化治理，推进文化旅游智慧化监管等手段，提高数字化规范化水平。在生态环境方面，广东将通过构建省域自然资源时空数据支撑体系，构建成品油管理、天地车人一体化、水污染防治综合业务应用，提升水旱灾害防御、水资源管理和调配、河湖管理智慧化水平，提升节能管理信息化水平等举措，提高生态环境保护系统化科学化水平。

（资料来源：中央人民政府网，http：//www.gov.cn/xinwen/2022-03/14/content_5678911.htm.）

第一节 数字经济学概述

数字经济具有高创新性、强渗透性、广覆盖性特征，打破时空限制、实现跨界发展，不仅是新的经济增长点，而且是改造提升传统产业的支点，是构建现代化经济体系的重要引擎。依托数字技术，推动各类资源要素的自由流动，促进不同市场主体加速融合，重塑企业组织模式。

一、数字经济概念的提出

1996 年，Don Tapscott 出版《数字经济》一书，最早提出了“数字经济”的概念。在新经济中，信息以数字方式呈现，数字经济等同于新经济或知识经济①。随着以云计算、大数据、物联网、移动互联网、人工智能为代表的新一代信息技术的成熟和产业化，新产品（服务）、新业态、新模式不断涌现。数字经济是移动互联网、云计算、大数据等新一代通用技术深入经济社会各个层面后产生的结果。当前，比较有共识的数字经济定义是 G20 杭州峰会通过的《二十国集团数字经济发展与合作倡议》中提出来的，我国官方文件第一次使用“数字经济”的提法，旨在对标国际，推动数字经济发展与国际合作。该倡议认为：“数字经济是指以数字化的知识和信息作为关键生产要素，以现代信息网络作为重要载体，以信息通信技术（ICT）的有效使用作为效率提升和经济结构优化的重要推动力的一系列经济活动。”国家《“十四五”数字经济发展规划》指出，数字经济是继农业经济、工业经济之后的主要经济形态，是以数据资源为关键要素，以现代信息网络为主要载体，以信息通信技术融合应用、全要素数字化转型为重要推动力，促进公平与效率更加统一的新经济形态。

数字经济是人类通过大数据即数字化的知识与信息的“识别—选择—过滤—存储—使用”过程，实现资源优化配置，推动经济高质量发展。广义来说，凡是直接或间接利用数据来引导资源发挥作用，推动生产力发展的经济形态都可以纳入数字经济范畴。从数字技术的视角看，数字经济实际上就是 5G 基础上的“ABCD”，即人工智能（Artificial intelligence）、大数据（Big data）、云计算（Cloud computing）、区块链（Blockchain）。5G 技术使带宽、速度、时延、能耗、可靠性达到了产业互联网的要求，人工智能、大数据、云计算、区块链应用到生产系统、工业系统以及全社会各行各业的各类运行场景。从这个意义上说，数字经济改变了整个世界。

---

① TAPSCOTT, DON. The digital economy: Promise and peril in the age of networked intelligence [M]. New York: McGowan - Hill, 1996.

二、数字经济的典型特征

数字经济已成为世界经济发展的重要方向，数字革命正在推动新一轮科技革命和产业变革。数字经济在基础设施、生产要素、生产服务方式等方面表现出与以往经济发展明显不同的规律和特征，既涉及技术新特征，又涉及经济发展范式创新，突出表现为新经济的一系列特征。

典型特征一：数字技术是最主要的基础设施与发展驱动力。数字经济核心逻辑是“万物互联”，底层架构的核心是“互联互通”，发展数字经济必须高度重视信息、融合、创新和数据等新型基础设施建设。在工业经济时代，经济活动架构在以铁路、公路和机场为代表的基础设施之上。数字技术出现后，网络和云计算成为基础的信息基础设施。新型基础设施建设是数字经济发展的基础。智能和互联是数字经济基础设施最显著的特征。数字基础设施建设是支撑数字经济发展的重心和基础，加快数字基础设施建设从短期看来可以发挥投资对经济的拉动作用，缓解经济下行的压力；长期看，社会的数字化、网络化、智能化进程对信息基础设施的能力提出更高要求，这些新型基础设施建设能够培育壮大数字经济的新动能，实现经济社会的高质量发展。

典型特征二：数据是驱动经济发展的关键生产要素。随着移动互联网和物联网的蓬勃发展，人与人、人与物、物与物的互联互通得以实现，数据量呈爆发式增长。全球数据增速符合大数据摩尔定律，大约每两年翻一番。庞大的数据量及其处理和应用需求催生了大数据概念，数据日益成为重要的战略资产。如同农业时代的土地和劳动力、工业时代的技术和资本一样，数据已成为数字经济时代的生产要素，而且是最为关键的生产要素。数据驱动型创新正在向科技研发、经济社会等各个领域扩展，成为国家创新发展的关键形式和重要方向。

典型特征三：算法决策是数字经济的基本标志。数字经济时代，供给与需求进行算法匹配。数字经济的特征是消费定制生产、供需精准匹配、产品智能制造。数字经济是数据决策智能制造，是结果导向、流程保障、数值修正和利润共享，是根据结果配置生产、销售、流通、消费、资本等条件，数据成为数字经济的关键生产要素，也就是基于数据分析的算法决策。数据要通过各类算法对其进行处理才能形成决策结果。数字化转型中，企业关注算法的精度、模型的风险与缺陷等；监管部门关心算法的公平正义与系统化风险。

典型特征四：算力是数字经济发展的生产力。数据模型需要在算力平台上得到实现，海量数据、实时计算的数字化时代对算力的要求不断提升。计算能力是数字社会发展的最重要驱动力，万物互联和行业智能化的发展需要类型互补、灵活调度、按需分配、绿色高效的算力基础设施给予支撑。在新一代信息通信技术的融合发展和各行各业加速数字化转型的大背景下，数据量正迎来爆发式增长，这也导致数据存储、数据传输、数据处理的需求呈现指数级增长，对算力的要求进一步提升。创新型软硬件体系架构、智能芯片以及未来的量子计算技术将会更好地满足对算力的需求。

典型特征五：数字经济时代的新经济形态是平台经济和共享经济，组织模式则是云端制，即“大平台＋小前端”。数字经济平台利用区块链、人工智能、大数据、物联网、云计算等新技术，突破时空限制，连接各类主体，构建联动交互数字经济生态，采集、共享、利用各类数据提高交易效率，是数字化转型的主要实现方式。对于行业龙头的大企业而言，需要转型成为行业性和社会化平台，最终形成产业生态链，并由此保持行业领袖地位。对于行业内的中小企业来说，则要成为行业平台上的专业化合作伙伴，让自身的价值链在平台上占据重要一环，顺应生态合作。

三、数字技术是数字经济发展的核心驱动力

数字技术是数字经济的核心内驱力，包括硬件技术、网络技术、人工智能、大数据、云计算、物联网、区块链等。云计算的核心概念就是以互联网为中心，在网站上提供快速且安全的云计算服务与数据存储，让每一个使用互联网的人都可以使用网络上的庞大计算资源与数据中心。云计算本质是服务器资源的组织管理，是指通过网络“云”将巨大的数据计算处理程序分解为多个小程序，然后通过多部服务器组成的系统进行处理和分析这些小程序，得到的结果返回给用户。云计算的普及应用，改变了信息技术设施投资、建设和运维模式，缩短了IT设施建设周期，提升了IT设施承载能力，降低了IT设施建设和运维成本，加快了设备接入和系统部署。

大数据本质是数据的组织管理，需要运用新模式才能处理具有更强的决策力、洞察力和流程优化能力的海量、高增长率和多样性的信息资产，其核心是分布式计算存储算法，将一个文件存储在多台服务器，实现计算任务的分布式调度。一般特点为：大量、高速、多样、高价值密度、高度真实性。大数据技术的应用，主要包括大数据的采集、存储、分析与模式化应用。

物联网本质是终端资源的组织管理，通过各种信息传感设备，实时采集任何需要监控、链接、互动的物体，并与互联网结合成一个巨大网络。物联网的发展推动物理世界、数字世界和人类社会之间的界限逐渐消失，计算技术进入人机物三元融合发展期，其目的是实现物与物、物与人、所有物品与网络的链接。对物联网数据的处理必然需要大数据技术。计算能力的提高、计算成本的持续下降，以及数据传输、存储和分析成本的下降促进了大数据技术发展。通过无线传感器网络，实现节点自组织、自动配置管理、自动协作信息交换。物联网的本质主要体现在三个方面：一是互联网特征，即对需要联网的物一定要能够实现互联互通的互联网络；二是识别与通信特征，即纳入物联网的“物”一定要具备自动识别与物物通信的功能；三是智能化特征，即网络系统应具有自动化、自我反馈与智能控制的特点。

人工智能实质是使用优化，是指通过计算机程序呈现人类智能的技术，其核心是深度学习算法，基于算法实现自然语言处理、计算机视觉、语音识别等基础技术，实际应用包括：机器视觉、指纹识别、人脸识别、视网膜识别、虹膜识别、掌纹识别、专家系统、总

动规划、智能搜索、定理证明、博弈、自动程序设计、智能控制、机器人学、语言和图像理解、遗传编程、金融、医疗、机器人、家居等领域。人工智能技术的发展显著提高了大数据自主分析能力。如果不具有智能技术，即使存在所需的庞大数据，也无法对大数据进行收集、处理、分析，无法从中发掘出新的意义、产生新的价值。所以，大数据和人工智能技术的有效运用将推动物联网发展，实现物联网从量变到质变的飞跃。

区块链是分布式数据存储、点对点传输、共识机制、加密算法等计算机技术的新型应用模式，其特征为：去中心化、开放性、自治性、信息不可篡改、匿名性。区块链通过加密技术能形成一个去中心化的可靠、透明、安全、可追溯的分布式数据库，推动互联网数据记录、传播及存储管理方式变革，大大降低信用成本，简化业务流程，提高交易效率，重塑现有的产业组织模式、社会管理模式，提高公共服务水平，实现互联网从信息传播向价值转移的转变。区块链按照数字货币、数字资产与智能合约、区块链组织与区块链社会的方式递进，在人际交往中得到逐步应用。

工业互联网不是简单的工业自动化 + 互联网，而是建立在工业数据开放、共享和交换基础上的二者融合，是链接工业全系统、全产业链、全价值链，支撑工业智能化发展的关键基础设施，是新一代信息技术与制造业深度融合所形成的新兴业态和应用模式，是互联网从消费领域向生产领域、从虚拟经济向实体经济拓展的核心载体。

此外，高级机器人、自动驾驶、3D 打印、数字标识、生物识别、量子计算、再生能源等技术也可能成为未来的重要技术，这些技术与上述技术不断创新融合，形成多种技术整体演进、群体性突破，推动着数字经济持续创新发展。

第二节　数字经济学学科属性与研究对象

数字经济学理论研究尚处于萌芽状态，现行的经济学学科分类体系中，尚没有对数字经济学的准确定义。学者们对数字经济的研究，也大多着眼于数字经济相关的理论问题或者现实问题，比如聚焦于网络经济、信息经济、共享经济、平台经济、零工经济等问题的零散探讨，而聚焦数字经济学研究对象、研究内容、研究方法、研究意义目前尚缺乏共识性的框架。本小节主要围绕数字经济学学科定位和研究对象进行归纳探讨。

一、数字经济学的学科属性

学科指的是按照相对独立研究对象和知识体系进行划分的一种单位，学科主要作用是规定探索的范围和领域，指导人们的认识和实践。数字经济学这个学科的构建，也应和数字经济发展实践紧密结合，服务经济社会的发展。数字经济学学科的构建，首先要解决其学科的定位问题。

数字经济学（Digital Economics）是经济学大门类下的一个分支学科，具有多学科交叉属性，主要研究数字时代，人工智能、大数据、云计算、区块链等数字技术驱动下，微观个体的经济行为与经济社会整体的运行。构建数字经济学的逻辑起点是分析数字经济发展中的新问题、数字要素的优化配置和数字技术的创新应用对经济形态的影响。其中，数字要素优化配置、数字技术创新应用是数字经济学重点关注的核心问题。数据要素相关的研究要围绕数据要素的流通、产权界定、隐私保护、配置机制等问题展开分析，探索数据要素价值的评估体系和市场交易定价规则；坚持数据要素自由流动、开放共享的发展理念，研究数据流动共享的路径，制定切实可行的数据要素战略框架、规制路径和行动方案。

二、数字经济学研究对象

经济学是研究稀缺资源优化配置的学科，这是经济学研究的基本共识。数字经济学研究的是数字经济时代稀缺资源的优化配置。数字时代，无论是生产要素的投入，还是生产方式、分配方式、消费方式相较于农业时代、工业时代发生了根本性的变化，数字时代的资源优化配置问题就是数字经济学研究的主要内容和主要问题。我国《"十四五"数字经济发展规划》对数字经济的定义是，继农业经济、工业经济之后的主要经济形态，是以数据资源为关键要素，以现代信息网络为主要载体，以信息通信技术融合应用、全要素数字化转型为重要推动力，促进公平与效率更加统一的新经济形态。数字经济学面向经济形态改变对传统经济学研究范式的挑战尝试做出更加具有解释力的理论贡献。

三、数字经济学研究内容

数字经济学的研究内容包括两个大的方面：一是数字技术催生的新经济形态的研究，比如数据要素、物联网、数字新型基础设施、平台经济、人工智能、区块链、元宇宙等数字新生经济业态；二是数字经济时代经济运行规律的探讨。聚焦数字经济时代经济运行的规律，主要从微观、中观、宏观三个层面展开讨论。

从微观层面来看，数字经济主要涉及三方面的内容：数字时代消费者的消费行为研究、数字时代企业的数字化转型、数字时代市场经济中的其他问题。古典经济学的主要框架建立在"理性人"和完全信息假设基础上，而数字经济极大地干扰了消费者的消费行为，数字算法精准推送给消费者商品信息，消费者被局限在"信息茧房"，这些变革对消费者消费行为和消费者福利的影响尚需深入探究。与此同时，数字经济也带来了企业的数字化革命：数字化的研发与创新、数字化的管理与运营、数字化的商业模式不断地更迭。数字时代背景下，大型的平台企业成为数字经济新业态引领者，平台企业一方面会降低交易成本，提升市场效率，但与此同时，也存在"创新射杀"与市场垄断行为，为数字时代的政府规制提出亟待解决的问题。

从中观层面看，数字经济学主要涉及数字产业化发展问题、产业数字化转型问题以及政府对数字产业、数字市场的规范与治理问题。数字产业化是数据和数字技术产业化的结果，研究内容应包括数字产业的发展趋势与规律、数字产业的规模测量、数字产业的经济影响以及数字产业的结构性特征。产业数字化主要探讨数据和数字技术提高要素配置效率、激发市场活力、推动产业质量变革的内在机制，分析数字化转型对传统产业的边界、供需、竞争等方面的影响。数字经济背景下，政府如何充分发挥有为政府作用，提升制度和法律供给，保障市场的高效健康运行，是各国政府正在探索的重要领域。

从宏观层面看，数字金融、数字贸易、政府治理数字化转型、数字经济发展战略与规划、数字经济发展问题与应对、数字全球化机遇与挑战等都属于数字经济学要深入研究的重要问题。具体而言，是数字经济发展对宏观经济的影响。研究数字经济发展如何影响经济增长、经济周期、就业、通货膨胀、国家财政、国际贸易等。在此基础上，还要进一步探讨数字经济下生产方式与生产关系的发展规律以及优化生产方式的路径，探索数字经济赋能经济高质量发展之路。

第三节　数字经济学学习方法与研究意义

数字经济学属于经济学，经济学的研究方法边际分析法、均衡分析法、数理分析法、因果分析法等也可以用于数字经济学的分析。但是，着眼于数字经济交叉学科的属性，数字经济学的研究也应融合大数据科学与其他学科的相关研究方法。

一、数字经济学的研究方法

（一）大数据分析方法的应用

数字经济学的研究可以借鉴大数据分析、机器学习、云计算等方法。和传统样本数据相比，大数据本身具有大容量、多样性、快速度的特征。传统样本数据处理用到的计量模型和估计方法在处理海量、实时、非结构化数据时局限性突出。数字技术使得数字经济学研究方法颠覆性创新，Python、机器学习等大数据分析方法极大地提高了数据处理的能力和效率，在深入分析不同主题之间的内在联系，为经济决策和战略调整方面提供了精准可靠的分析工具。

（二）其他相关学科研究方法的借鉴

数字经济学专业本身就是对重大现实问题的回应，是一个“问题导向”型学科。着眼于问题解决，往往也需要多学科的、综合的分析方法。产业数字化、数字产业化、平台规制等问题的研究，往往需要融合产业组织理论、企业管理理论及其博弈论模型等分析方法；数字产权界定、隐私保护、平台治理、反垄断等问题的研究则要结合新制度经济学、法学和法律经济学等基础概念和逻辑框架与分析方法；数字服务贸易、数据跨境流动等前沿问题的处理则需要用到国际贸易规则、国际经济学等相关学科的分析方法。因此，数字经济学实质是一个交叉型学科，研究方法方面也要充分借鉴和吸收其他学科的分析方法，开放包容、融会贯通地根据具体研究的问题，选择合适的研究方法。

（三）规范与实证相结合的分析方法

大数据、大量、高速、多样、低价值密度的特点决定了大数据在收集、整理、建模分析、规划运筹、模拟仿真的基础上分析结果会更加客观和可信。但是，数字经济学对经济现象本质的认识需要结合经济学的一般规律、经济学直觉进行深入分析和价值判断。规范分析和实证分析相互补充、相互融合，才能更好地揭示数字经济运行的基本规律和内在联系。

二、学习数字经济学的意义

党的十九届五中全会通过的《中共中央关于制定国民经济和社会发展第十四个五年规划和2035年远景目标的建议》提出："发展数字经济，推进数字产业化和产业数字化，打造具有国际竞争力的数字产业集群。"而数字产业化、产业数字化、数字产业集群的打造都离不开专业的数字经济专业人才的培养，数字经济学专业人才的培养以及数字经济学的学科建设都要依托数字经济学研究广度上的拓展与深度上的挖掘。

首先，数字经济学是回应当今国家数字化转型重大战略规划和经济社会发展现实问题的重要学科。"十四五"规划提出加强关键数字技术创新应用，加快推动数字产业化，推进产业数字化转型，建设数字中国。2021年3月，国家发改委强调要落实"十四五"规划，强化数字经济顶层设计，加快推进数字产业化和产业数字化，以数字化转型整体驱动生产方式、生活方式和治理方式变革，促进经济高质量发展。一方面，我国将进一步培育壮大人工智能、大数据、区块链、云计算、网络安全等新兴数字产业，提升通信设备、核心电子元器件、关键软件等产业，构建基于5G的应用场景和产业生态，在智能交通、智慧物流、智慧能源、智慧医疗等重点领域开展试点示范。鼓励企业开放搜索、电商、社交等数据，发展第三方大数据服务产业，促进共享经济、平台经济健康发展；另一方面，我国推进实施数据赋能全产业链协同转型。在重点行业和区域建设若干国际水准的工业互联网平台和数字化转型促进中心，深化研发设计、生产制造、经营管理、市场服务等环节的数字化应用，培育发展个性定制、柔性制造等新模式，加快产业园区数字化改造。深入推进服务业数字化转型，培育众包设计、智慧物流、新零售等新增长点。数字经济的发展，呼唤我们提炼出新的理论术语和话语体系，这是应对全球化和数字化挑战、增强文化自信的必然要求。

其次，数字经济学是引领经济高质量发展的重要抓手。过去20年是数字经济快速发展的阶段，和发达经济体相比，中国的数字经济产业是具有比较优势和可以“弯道超车”的产业。随着产业数字化与数字产业化的深入推进，数字鸿沟亦有进一步拉大的可能。因此，我们要坚持问题导向，围绕要素流通、核心技术产业发展、数字化转型、数字治理、数字经济基础设施建设等关键环节，强化数字经济创新要素高效配置，充分发挥数据作为数字经济关键生产要素的重要价值，适度超前布局新型基础设施体系，着力提升数字化生产力，深化5G、移动互联网、物联网、人工智能、大数据、云计算、区块链等新一代信息技术的融合应用，大力培育新业态新模式，加快经济社会各领域数字化转型步伐，探索数字经济创新发展新思路、新模式、新路径。

再次，数字经济学是数字化人才培养的重要依托。数字经济快速发展，培养专业的数字经济学人才是大力发展数字经济和抢占全球数字经济话语权的需要。数字经济专业人才已经成为当前最为短缺的专业人才。波士顿咨询公司《迈向2035：4亿数字经济就业的未来》（2017）认为，拥有“特定专业技能（尤其是数字技能）”对获得中高端就业机会至关重要。同时该报告还预测，到2035年，中国整体数字经济就业容量将达到4.15亿人。《中国经济的数字化转型：人才与就业》也认为，数字人才已成为影响我国经济数字化转型是否成功的重要因素。因此，数字经济学的学习和研究是数字经济学人才培养的基础性工程。

最后，数字经济学是新文科建设的内在必然要求。跨学科融合是新文科建设的目标。为实现这一目标，高校需建立能够有效促进学科交叉融合的人才培养模式，有效促进文科内部及文科与其他学科门类的深度融合，打破学科壁垒，培养出基础扎实、创新能力强的新型人才。数字经济学专业融合了经济学、管理学、统计学和计算机等学科，该专业是以经济学和管理学为基础、以统计学科作为分析手段、以计算机相关专业作为研究媒介的新兴特色专业，能够实现跨专业的深度融合，完全符合我国关于新文科建设的目标，同时也能反映应用型本科教学的特色。

数字经济专业的人才培养目标是为了适应国家数字经济发展需要，培养具有良好政治素质与道德修养，掌握经济学、管理学、统计学、计算机科学的基础理论知识，掌握现代经济学的基本方法及数字技能，熟悉中国数字经济运行规律与改革实践，具备数字经济背景下的经济大数据统计分析、金融大数据应用分析技能，以及产业数字化规划与建设能力，适应地方经济建设和社会发展所需要的高素质复合型专业人才。

第四节　中国数字经济发展概述

“十四五”时期是我国全面开启现代化强国建设新征程的重要机遇期。在数字化程度日益加深的世界，数字经济无疑将成为“十四五”时期乃至中长期内我国形成新发展格局中的重要力量。

一、中国数字经济发展顶层设计及规划部署

我国政府层面高度重视发展数字经济，实施网络强国战略和国家大数据战略，推动互联网、大数据、人工智能和实体经济深度融合，推动产业数字化与数字产业化，建设具有竞争力的数字产业集群。十九届六中全会通过的《中共中央关于党的百年奋斗重大成就和历史经验的决议》指出：要“加快发展现代产业体系，壮大实体经济，发展数字经济”。在此期间，国家出台了一系列政策文件，各部门、各地区也相继制定和出台了相应的行动计划和保障政策。

☞ 相关链接

2012 年，党的十八大将推动数字经济上升为国家战略

2013 年，国务院出台《国务院关于印发“宽带中国”战略及实施方案的通知》。该通知首次从顶层设计、核心技术研发、信息安全保障等方面做出全面部署，并提出将宽带网络作为国家战略性公共基础设施。同年出台《国务院关于促进信息消费扩大内需的若干意见》，提出从增强信息产品的供给能力、培育信息消费需求、提升公共服务信息化水平、加强信息消费环境建设等方面支持信息领域新产品、新服务、新业态的发展。

2014 年，中央网络安全和信息化领导小组第一次会议，提出“努力把我国建设成为网络强国”。

2015 年，国务院出台了《关于积极推进“互联网 +”行动的指导意见》，从创业创新、协同制造、现代农业等 11 个领域推动互联网创新成果与经济社会各领域的深度融合，提升实体经济的创新力和生产力。

2016 年，国务院出台了《国务院关于深化制造业与互联网融合发展的指导意见》，推动制造企业与互联网企业在发展理念、产业体系、生产模式、业务模式等方面全面融合，发挥互联网聚集优化各类要素资源的优势，加快新旧发展动能和生产体系的转换。G20 杭州峰会将数字经济作为“二十国集团创新增长蓝图”四大行动之一，强调数字经济对宏观经济、推进供给侧改革、推进实体经济发展和其他政策影响的重要作用。数字经济已经成为带动中国经济增长的核心动力。

2017 年，习近平总书记在主持中共中央政治局就实施国家大数据战略进行第二次集体学习时强调，要构建以数据为关键要素的数字经济，坚持以供给侧结构性改革为主线，加快发展数字经济，推动实体经济和数字经济融合发展，推动互联网、大数据、人工智能与实体经济深度融合，继续做好信息化和工业化深度融合这篇“大文章”，推动制造业加速向数字化、网络化、智能化发展。在政府与平台数据方面，国家发展和改革委员会、中央网信办、工业和信息化部等印发了《关于促进分享经济发展的指导性意见的通知》《国务院办公厅关于促进平台经济规范健康发展的指导意见》等文件，提出加强政府部门力度，

促进平台数据开放。在工业领域数据方面，《国务院关于深化“互联网+先进制造业”发展工业互联网的指导意见》《工业和信息化部办公厅关于推动工业互联网加快发展的通知》等提出，强化工业互联网平台的资源集聚能力，有效整合产品设计、生产工艺、设备运行、运营管理等数据资源。

2018年，在政府工作报告中，李克强总理多次提到了数字经济相关内容，提出深入开展“互联网+”行动，实行包容审慎监管，推动大数据、云计算、物联网的广泛应用，新兴产业的蓬勃发展，以及传统产业的深刻重塑。

2019年出台的《数字乡村发展战略纲要》将发展农村数字经济作为重点任务，加快建设农村信息基础设施，推进线上线下融合的现代农业，进一步发挥信息化在乡村振兴中的巨大潜力，促进农业全面升级、农村全面进步、农民全面发展。

2020年出台的《中共中央 国务院关于构建更加完善的要素市场化配置体制机制的意见》首次将数据作为一种新型生产要素，提出推进政府数据开放共享，提升社会数据资源价值，加强数据资源整合和安全保护。

《中华人民共和国国民经济和社会发展第十四个五年规划和2035年远景纲要》提出，要打造数字经济新优势、构建高水平社会主义市场经济体制、激发各类市场主体活力。

从总体上看，中国信息化政策体系是比较健全的，体现出国家对发展数字经济的决心之大、信心之足和期望之高。更重要的是，中国的制度优势有利于凝聚全国共识，使政策迅速落地生根，形成自上而下和自下而上推动数字经济发展的大国合力。

二、数字经济应用领域

数字经济时代，生产生活的数字基础、生产要素、组织结构都发生了革命性的变化。古典经济学分析框架中，土地、劳动力、资本、企业家才能是核心的生产要素。数字经济时代的到来，数据成为新的生产要素，获得数据、控制流量已经成为平台企业竞争优势的核心与关键。以区块链、人工智能、云计算、大数据、物联网等数字技术集群融合、创新爆发，带来了生产方式的改变与生产力的大发展，也催生了商业模式的变革以及新的经济形态，涌现了如平台经济、共享经济、算法经济、零工经济、数字服务、工业互联网、智慧医疗“巨平台+小前端”等一系列新型商业模式与分工形态。

数字经济重塑了企业的生产方式与商业模式。在智能互联的驱动下，数字经济已经渗透至经济生活的方方面面，产业结构呈现出以电子商务为核心的消费互联网和以无界制造为核心的产业互联网。消费互联网和产业互联网都是数字经济的重要载体，消费互联网注重与消费者的连接，产业互联网强调数字技术与产业的深度融合。数字平台在数据收集、数据处理、信息传递、决策统筹等方面，都提高了政府治理和企业决策的效能。数字技术催生的新业态、新组织、新产业、新平台，标志着工业化进入数字化时代，工业社会进入数字社会。

数字经济范式下，通过融合创新涌现的共享经济、数字贸易、零工经济、新零售、在线消费、无接触配送、互联网医疗、网络教育、一站式出行、共享员工、远程办公、“宅经济”等新业态，能够让老百姓共享数字经济创新的成果。众多数字经济平台在信息聚合、数据共享、资源调配、物资流转、技术支持、精准定位、网上办公、保就业保民生等方面，都发挥了重要作用。一是以京东、淘宝、顺丰、菜鸟等构成的电商平台数字生态系统，在信息聚合、物资流转等方面精准匹配，保障了民生需求。京东智能大脑基于智能规划，制订临时应急物流方案，实现重点地区订单优先生产，智能调度，实现了物资高效有序、无接触配送；二是以微信、腾讯、微博为代表的数字信息交互平台，依靠人工智能、大数据、区块链、物联网等先进的技术手段提供了及时的互联互通平台；三是以高德、百度、滴滴为代表的数字定位出行平台，提供了坚实的技术保障；四是以蚂蚁金服、腾讯财付通等为代表的数字金融平台，提供了精准、高效、普惠的信息流、资金流、物流匹配服务，提供了及时的、坚实的资金保障；五是以钉钉、腾讯会议、丁香医生为代表的在线远程服务平台，为民众的正常生活运行提供了重要保障。

数字经济发展带来的变化是全方位的、革命性的。数字经济具有的高创新性、强渗透性、广覆盖性等特点，推动经济社会数字化转型由零星、局部、阶段性，转向整体、全面、系统化。作为新的经济形态，数字经济不仅包括经济基础部分，还包含数字政府、数字社会建设等上层建筑部分。数字经济在消费领域跨越了时空限制，在生产领域延伸了产业链，成为重组全球要素资源、重塑全球经济结构、改变全球竞争格局的关键力量。

本章思考题

1. 结合自己的认知，简述数字经济的应用场景以及未来的发展前景。
2. 简述数字经济学和西方经济学的异同，思考数字经济学对西方经济学分析范式带来了哪些挑战。
3. 简述我国数字经济的产生与发展，思考如何利用数字经济实现“弯道超车”。

第二章　数字经济的三大基石

▶案例导入

数据是阿里巴巴最值钱的财富

2014 年 11 月 28 日第十四届中国年度管理大会上，马云演讲时提到："阿里巴巴公司本质上是一家数据公司，我们做淘宝的目的不是卖货，而是获得所有零售的数据和制造业的数据；我们做阿里小微金服的目的，是建立信用体系；我们做物流不是为了送包裹，而是把这些数据合在一起。"

那么阿里巴巴用这些数据做什么呢？举例来说，第一，精确匹配广告：淘宝上购物时，我们会发现主页上经常会显示我们喜好的商品，这是根据我们的购物和搜索数据做出的精准推送。第二，信用评估和信用管理：蚂蚁金服根据大数据信用评级来甄别借款人特征和资质，然后计算信用评分。随着数据的积累、算法的精准化，蚂蚁金服的信贷风险和成本不断下降，小额贷款业务的违约率约为 1%，远低于全球平均标准。第三，医疗数据服务：阿里健康自 2014 年以来，就开始了对医疗大数据的探索。通过阿里健康上存储的数据以及算法引擎开发，为平台企业提供数据分析处理。用"大数据助力医疗"让用户节约交易成本、提升交易效率。

阿里巴巴集团作为中国电子商务行业的领导者，1990 年以来，马云要求企业运行过程中一定要保留所有数据，而这些数据也帮助阿里巴巴做出一次又一次的重大决策。而后，阿里自建数据库中心，于 2009 年 9 月正式成立阿里云计算有限公司。

（资料来源：搜狐网 .）

互联网、大数据、云计算、人工智能、区块链等技术加速创新，日益融入经济社会发展各领域、全过程。数字经济发展速度之快、辐射范围之广、影响程度之深前所未有，正在成为重组全球要素资源、重塑全球经济结构、改变全球竞争格局的关键力量。数字经济的核心技术涉及数据、算法与算力三个方面，平台是数字经济发展的重要载体。数据是最关键的生产要素，数据本身决定着数字经济发展的深度。算法是基于数据的运算规则与运算逻辑，算法直接决定了数字经济发展的质量和高度。算力就是生产力，算力决定着数字经济发展的广度和速度。本章围绕"数据、算法、算力"展开对数字经济框架脉络与主要问题的探讨。

第一节 数字经济关键生产要素——数据

数字经济时代，数据成为一种新的生产资料。云计算、物联网、大数据、人工智能等数字技术将数据转变为有价值的服务。互联网、移动互联网、区块链定义了新的协作关系，推动了个人生活的变革，也推动了政府和企业的数字化转型。数字经济的本质，就是利用数字技术，发挥数据价值的一种新经济形态。

一、数据是数字经济时代新的关键生产要素

不同的经济形态，生产要素发挥的作用也不同，关键的生产要素也不同。农业经济时代，劳动力和土地是主要生产要素；工业经济时代，资本、劳动力和土地是主要生产要素，其中资本是关键生产要素。到了数字经济时代，数据作为关键生产要素，在研发、生产、流通、分配、消费等环节中的价值日益凸显。

数据是数字时代重要的生产要素，是国家基础性战略资源。随着经济社会数字化转型加速，大数据已经从一个新兴的技术产业，成为融入经济社会发展各领域的要素、资源和动力。数字经济始终围绕数据这个核心生产要素的感知、采集、传输、存储、计算、分析和应用，来重构企业和经济发展的强大驱动力。消费互联网和产业互联网对传统流通、消费与生产体系的淘汰、升级、融合、重组、优化，其背后的经济逻辑都基于对数据的判断、预测和精准匹配。

数据作为新型生产要素，变革了原有的生产方式。在数据、算法和算力的驱动下，数字经济可以实现线上线下全网、全域、全渠道，端到端的全链条、全流程、全场景的连接，使人工和机器的分工合作达到高效的协同水平。首先，以数据为关键要素推进数字产业化和产业数字化，推动数字技术与实体经济深度融合，能够提升其他生产要素的匹配效率、激发其他生产要素的创新活力，进而提高生产质量和效益，为经济社会健康发展提供持续动力；其次，利用海量数据要素，大力发展数字产品制造业、数字产品服务业、数字技术应用业、数字要素驱动业，能够为经济发展培育新的增长点。我们要适应新形势、抓住新机遇，切实用好数据要素，发掘数据资源支撑创新的潜力，协同推进技术、模式、业态和制度创新。

二、数据要素的特征

（一）大数据本身的特征

大数据本身的特点，概括来说就是“3V”，即大容量（volume）、多样性（variety）和

快速度（velocity）。

大容量：移动互联网的核心网络节点是人，不再是网页，人人都成为数据制造者，短信、微博、照片、录像都是其数据产品；数据来自无数自动化传感器、自动记录设施、生产监测、环境监测、交通监测、安防监测等；来自自动流程记录，刷卡机、收款机、电子停车收费系统，互联网点击、电话拨号等设施以及各种办事流程等。

多样性：在大数据时代，数据格式变得越来越多样，涵盖了文本、音频、图片、视频、模拟信号等不同的类型；数据来源也越来越多样，不仅产生于组织内部运作的各个环节，还来自组织外部。

快速度：在数据处理速度方面，有一个著名的“1 秒定律”，即要在秒级时间范围内给出分析结果，超出这个时间，数据就失去价值了。例如，IBM 有一则广告，讲的是“1 秒，能做什么”。1 秒，能检测出台湾的铁道故障并发布预警；能发现得克萨斯州的电力中断，避免电网瘫痪；能帮助一家全球性金融公司锁定行业欺诈，保障客户利益。

大数据是一种以实时数据处理、实时结果导向为特征的解决方案，它的“快”有两个层面：一是数据产生得快。有的数据是爆发式产生，例如，欧洲核子研究中心的大型强子对撞机在工作状态下每秒产生 PB 级的数据；有的数据是涓涓细流式产生，但是由于用户众多，短时间内产生的数据量依然非常庞大，例如，点击流、日志、射频识别数据、GPS 位置信息。二是数据处理得快。正如水处理系统可以从水库调出水进行处理，也可以直接对流进来的新水流处理。大数据也有批处理（“静止数据”转变为“正使用数据”）和流处理（“动态数据”转变为“正使用数据”）两种范式，以实现快速的数据处理。

（二）大数据的经济特征

从经济学的视角看，数据要素还具有如下特征：一是规模报酬递增。劳动、资本、土地这些传统的生产要素具有规模报酬递减的性质，而数据这种生产要素，规模越大、种类越多的时候，越有价值。二是共用品（public goods）属性。数据要素满足非排他性与非竞用性，更多地被使用会产生更多的收益。跨行业、跨领域、跨部门、跨国界的数据更能充分发挥数据本身的价值，尤其是在数据治理方面。实施数据开放共享、优化治理基础数据库、完善数据权属界定、开放共享、交易流通技术标准，促进数据资产重复使用、共同使用、永久使用，加快推进区域间、部门间的交换共享，对于数据价值的充分发挥十分必要。三是产权不明晰。数据产权制度的核心要素，主要体现为对数据所有权、数据占有权、数据支配权、数据使用权、数据收益权以及数据处置权等权能的规则化明确，围绕网络用户、网络服务提供者之间的数据权属关系，明确各权利主体的权利边界，才能更好地发挥个人数据、企业数据、公共数据的产业效能。数字经济时代，大数据技术实现了“海量数据”与“价值关联”的结合，使得数据相对微弱的财产属性都可以在海量数据的集合下呈现出新的经济化价值。

三、大数据的应用场景

展望数据的应用，前景也非常广阔。可能具有科学价值，也可能具有公共政策价值，也有可能具有商业价值，或者兼而有之。

第一，将数据应用于构建经济指数，动态地反映经济和社会发展的状态。数据是指导政策和商业运行的非常重要的资料。传统的一些数据，特别是一些依赖于问卷信息构成的指数，往往有不够及时、度量的指标比较主观等特点。此外，一些传统数据的更新频率和颗粒度都不高，但是大数据能够及时、动态和客观地反映真实经济运营，只要算力足够，就可以刻画细颗粒度的一些特征。

第二，将大数据应用于指导公共政策。比如在大数据支持下，通过分析夜间灯光、城市与城市间车流的强度，就可以很好地度量城市与城市间的经济联系，并在此基础上来研究中心城市的辐射和带动作用、周边城市间的合作等。对于地方政府做出公共基础设施建设规划，公共卫生、公共安全、市政建设等相关决策具有一定的指导意义。

第三，将大数据应用于科学研究。科学研究是大量依赖于实际数据的，但是传统的数据具有频率不够高、时间有滞后性、采样代表性不充分等问题，大数据为科学研究提供了非常重要的数据资源。现在大数据越来越多地用在科学研究上，特别是社会科学研究方面。

第四，将大数据应用于疫情防控。依托数字经济平台，进一步发挥其在助力疫情防控工作方面的独特优势。一是优化医疗资源配置，保障医疗物资供应。利用数字经济平台，加强医疗资源点对点分配与生活资源供应。通过数据采集与信息分析实现资源按需合理调配，实现医疗资源的优化配置。二是联合有关数字经济平台，将区块链的数据难篡改与可追溯特性应用于关键物资、重要物资的防伪溯源与分配管理上，实现每一步都有根可循、有据可溯，助力安全可控、责权利明确的关键物资、重要物资管理体系建设。

数字时代，数据既有利于提高企业的生产效率，又能够提高公共管理的效率，还能够提高居民的福利。同时，必须警惕数据滥用可能造成对企业和社会福利的伤害，这是我们当下全人类共同面临的挑战。

四、数据要素带来的新的挑战

数据作为一种新的生产要素，需要研究推进数据确权和分类分级管理，畅通数据交易流动，实现数据要素市场化配置，合理分配数据要素收益。中央全面深化改革委员会第二十六次会议审议通过了《关于构建数据基础制度更好发挥数据要素作用的意见》（以下简称《意见》），明确要加快构建数据基础制度体系，统筹推进数据产权、流通交易、收益分配、安全治理。当前，数据确权、隐私保护、安全治理等，对于我国未来打造数字经济发展的新动能，构建数字政府、数字社会、智慧城市等都具有极其重要意义。

（一）数据的产权

《意见》中提出的数据“持有权”，模糊了“所有权”概念，有利于更好地发挥数据价值。当前需要在个人数据安全和价值释放之间找到平衡。只有解决了跨数据库共享、融合、交互等复杂性问题，才能将个人数据的价值发挥到最大。

关于数据要素产权，个人数据确权是一大关键问题。如何让个人能够参与数据的权益共享与利益分配，是需要考量的问题。比如消费者在进行消费的时候产生了数据资源，这些数据对于企业和公共管理者而言，有很大的利用价值，但这种利用价值并不一定被消费者本人所获取。因此，这个数据到底是属于个人还是属于企业，企业有没有权力利用个人所产生的数据去谋利？如果仅限于在与消费者互动的过程中使用，以提高生产者的效率，那还可以另当别论，但企业有没有可能把消费者产生的数据拿去转让获利，这就比较有争议。未来，在释放数据价值的过程中，区块链将成为一种核心技术，有利于推动数据要素规范、高效流动，发挥数据要素对经济发展的促进作用。

国内首个个人信息保护与确权服务平台——“人民数保”，就是基于区块链、智能合约、数据上链等核心技术完成的对个人数据确权的一次具体实践。该平台旨在保护个人数据不被非法乱用的同时，实现数据精准确权、授权、流转及二次开发，将个人数据权利归还个人，让数据真正取用于民、造福于民，让广大人民群众共享数字化红利。此外，消费者产生的数据具有公共性，当这种公共性被用来进行公共管理的时候，也会涉及授权的问题。这些问题需要有制度建设来进行明确，数据产权的所有权、使用权和收益权需要审慎界定。

（二）隐私保护

加快培育数据要素市场与健全要素市场运行机制，都要服从个人数据隐私法与数据安全法的要求，使数据在隐私保护的环境下进行流通。公共用途以及企业用途如何做到保护个人隐私？大数据被转让、买卖、公开甚至滥用的现象让公众对于个人数据隐私安全产生担忧。在数据要素方面，需要界定公共权力和个人隐私的边界，解决隐私保护与数据价值发挥的问题。

（三）大数据规制

在大数据时代，一些平台经济如果要发挥功能，天然就需要有大规模的用户和数据。这一方面有利于提高资源配置效率，但也客观上存在一些“大数据杀熟”等企业利用大数据优势来侵犯消费者利益的问题；也有一些用户认为，在与平台进行互动的过程中，用户往往因为是弱小的个体而缺乏谈判力。因此，大数据时代如何界定垄断，仍然需要进一步地探索。

（四）数据开放共享

开放共享是数据生产要素发挥价值的前提。数据作为一种新型生产要素，其真正价值在于如何合法合规地充分利用。如何将数据转化为价值，一些领域和行业的实践值得借鉴。第一，政务数据共享，旨在解决政务信息化建设中“各自为政、信息孤岛”的问题。例如，当前各级政府或相关机关可以通过共享各自区域的居民数据，实现信息的互联互通，这样有利于优化办事流程，提高政府单位的办事效率。通过让数据在政府不同部门的系统中自由有序地流动，从而实现由数据跑路代替群众跑腿。第二，医疗数据共享，旨在支撑科学诊断、治疗以及安全用药等需求。患者的门急诊病历记录、出入院记录、化验报告、医学影像检查报告等信息，通过在类似于区域医疗信息平台的系统中共享，从而有效减少候诊时间、简化就诊流程、避免重复用药和药物相互作用、提高急诊和 ICU 救治效率。医疗数据共享，也是实现分级诊疗制度和远程医疗工作开展的必要基础。第三，科研数据共享，对于加速科研创新、成果应用等起到非常重要的作用。例如，在暴发大规模流行病时，人们可以通过分享科研数据，帮助其他机构或其他国家有效地应对流行病的防治，同时加快疫苗的研制进程。从今天的视角可以发现，新冠疫情暴发开始至今一直在进行的科研数据共享，对于全球共同有效抗击疫情起到了决定性的重要作用。

（五）数据的公共安全

数据安全与数字经济发展应齐头并进。黑客攻击、信息出卖、数据偷窃等数据安全问题无时不在全球各地轮番上演，屡禁不止。随着数字经济引领经济增长的作用日趋显著，数据共享开放的持续推进，如何在发展数字经济的同时做好数据安全风险防范，如何解决好数据安全领域的突出问题，提升数据安全能力成为各界共同关注的焦点。

从《中共中央　国务院关于构建更加完善的要素市场化配置体制机制的意见》《数据安全法》到《全球数据安全倡议》，我国关于数据治理的顶层设计思路已经非常清晰。《数据安全法》在法律上对数据、数据活动和数据安全给出了明确定义，明确了企业数据安全治理对象，确立了国家数据安全监管和执法范围，为我国数据安全长久发展提供了度量依据和标准。值得注意的是，《数据安全法》在强调数据安全的同时明确了数据安全保护与数据开发利用的关系，在确保数据安全的前提下，鼓励数据依法合理有效利用，保障数据依法有序自由流动，促进以数据为关键要素的数字经济发展。

数据安全对于全球数字经济发展的重要性毋庸赘述，但发展数字经济必然要依靠开放数据、让数据流通起来并产生价值，不能让“数据安全和隐私保护”变成唯一焦点，必须把握好数据安全与数字经济发展之间的动态平衡。这既包括我们把数据汇总到某一公共平台之时，如何防止数据泄露、滥用或被用于私人进行牟利，也包括一些平台经济在涉及跨国经营的时候，如何保障一国的数据能与其他国之间，既能有效地建立安全边界，又能在特定领域进行跨国协调和配合。

（六）数据要素的分配

数字经济的核心是数据，以数字驱动为特征、数据资源为要素的数字经济正在成为我国经济基本盘中的中坚力量。完善数据基础设施建设，提升数据要素价值，推进数据资源开放共享是数字经济发展的关键。要加快推动数据开放共享，加速推进数据治理。

在解决了数据安全、隐私保护和数据监管等数据流通问题之后，最重要的就是形成合理的经济分配机制，从而驱动企业内部的部门独立核算、企业间的数据共享，以形成数据要素市场，实现数据要素市场化配置，合理分配数据要素收益。要完成这个任务，我们就需要建立数据要素的定价理论与算法，这是一项融合了信息经济学、博弈论、计算机科学的前沿交叉理论。

五、我国数据要素发展规划与部署

2021 年，数字经济的战略意义被提升到新高度，数字经济步入高质量健康发展阶段。此后，我国开始构建以数据为关键要素的数字经济，大力推进数据资源化、要素化、市场化发展，充分发挥市场在资源配置中的决定性作用，加快构建数据基础制度体系，统筹推进数据产权、流通交易、收益分配、安全治理。数据作为一种新的生产要素，需要新的基础制度体系来配套运用。

（一）国家层面的顶层设计，加快培育数字要素市场

数据要素是数字经济深化发展的核心引擎，蕴藏着巨大的经济社会价值。近年来，我国高度重视发展数字经济，将其上升为国家战略。高度重视数据要素及其市场化配置改革，陆续出台了多项关注数据要素的政策（参见表 2－1）。

表 2－1　　我国近年有关数据要素方面的政策

时间	文件名称	重点内容
2015 年 9 月	《促进大数据发展的行动纲要》	大数据正式上升至国家战略层面，党的十九大报告进一步提出要推动大数据与实体经济的深度融合
2019 年 11 月	《中共中央关于坚持和完善中国特色社会主义制度　推进国家治理体系和治理能力现代化若干重大问题的决定》	首次将“数据”列为生产要素，提出了“健全劳动、资本、土地、知识、技术、管理、数据等生产要素由市场评价贡献、按贡献决定报酬的机制”
2020 年 3 月	《关于构建更加完善的要素市场化配置体制机制的意见》	将数据作为与土地、劳动力、资本、技术等传统要素并列的第五大生产要素，把数据作为一种新型生产要素写入国家政策文件中，提出要加快培育数据要素市场
2020 年 5 月	《中共中央　国务院关于新时代加快完善社会主义市场经济体制的意见》	进一步加快培育发展数据要素市场，建立数据资源清单管理机制，完善数据权属界定、开放共享、交易流通等标准和措施，发挥社会数据资源价值。推进数字政府建设，加强数据有序共享，依法保护个人信息
2020 年 9 月	《国务院办公厅关于以新业态新模式引领新型消费加快发展的意见》	安全有序推进数据商用；在健全安全保障体系的基础上，依法加强信息数据资源服务和监管；探索数据流通规则制度，有效破除数据壁垒和“孤岛”

续表

时间	文件名称	重点内容
2021 年 1 月	《建设高标准市场体系行动方案》	要加快培育发展数据要素市场，建立数据资源产权、交易流通、跨境传输和安全等基础制度和标准规范，推动数据资源开发利用，积极参与数字领域国际规则和标准制定
2021 年 3 月	《中华人民共和国国民经济和社会发展第十四个五年规划和 2035 年远景目标纲要》	要对完善数据要素产权性质、建立数据资源产权相关基础制度和标准规范、培育数据交易平台和市场主体等作出战略部署
2021 年 11 月	《“十四五”大数据产业发展规划》	要建立数据价值体系，提升要素配置作用，加快数据要素化，培育数据驱动的产融合作、协同创新等新模式，推动要素数据化，促进数据驱动的传统生产要素合理配置 规划稿中，“大数据”出现 14 次，“数据”出现 60 余次。针对“十四五”期间大数据产业的发展制定了 5 个发展目标，6 大主要任务，6 项具体行动以及 6 个方面的保障措施
2021 年 12 月	《“十四五”国家信息化规划》	推动数字经济高质量发展，部署了培育先进安全的数字产业体系、构建产业数字化转型发展体系、拓展互利共赢的数字领域国际合作体系等 3 项任务，以数字经济引领现代产业建设，实施更大范围、更宽领域、更深层次的对外开放，推动经济发展质量变革、效率变革、动力变革
2022 年 1 月	《要素市场化配置综合改革试点总体方案》	建立健全数据流通交易规则。探索“原始数据不出域、数据可用不可见”的交易范式；探索建立数据用途和用量控制制度；规范培育数据交易市场主体
2022 年 1 月	《“十四五”数字经济发展规划》	充分发挥数据要素作用。强化高质量数据要素供给，加快数据要素市场化流通，创新数据要素开发利用机制
2022 年 6 月	《关于构建数据基础制度　更好发挥数据要素作用的意见》	加快构建数据基础制度体系，统筹推进数据产权、流通交易、收益分配、安全治理。数据作为一种新的生产要素，需要新的基础制度体系来配套运用

（资料来源：作者归纳整理.）

在国家顶层设计与层层推动下，数字经济在经济发展中的领跑地位持续彰显：数字产业化发展势头强劲，成为数字经济发展新动能；产业数字化应用加速落地，赋能传统产业焕发新活力；数字治理力度空前，数字生态日趋完善。

（二）地方层面，数据条例相继出台

2021 年以来，各地方政府结合各自的地区实际发展情况，制定和出台了“十四五”时期有关数字经济发展规划，明确目标、行动和措施等数据相关条例，营造良好的数字生态，进一步释放数字经济发展红利。

“十四五”期间，北京将紧抓数字经济发展的机遇窗口期，以“数字智能技术—数字

智能经济—数字智能社会—数字智能城市”为主线逐渐建设成为全球数字经济标杆城市。北京将以建设国际科技创新中心为新引擎，形成国际人才高地，切实支撑我国建设科技强国。

浙江是数字经济先发地，具有良好的数字经济发展基础。《浙江省数字经济发展“十四五”规划》提出，到 2025 年，数字经济发展水平稳居全国前列、达到世界先进水平，数字经济增加值占 GDP 比重达到 60% 左右，高水平建设国家数字经济创新发展试验区，加快建成“三区三中心”，成为展示“重要窗口”的重大标志性成果。

《山东省“十四五”数字强省建设规划》对“十四五”时期山东数字强省建设的目标任务、重大项目、重大工程、推进措施等作了整体设计。明确到 2025 年，山东数字强省建设实现重大突破，以数字化转型整体驱动生产方式、生活方式和治理方式变革取得显著成效，数字经济与实体经济深度融合发展，数字基础设施、数字政府、数字社会建设成效大幅提升，整体工作始终处在全国“第一方阵”。

福建、山东、安徽、吉林、山西、海南、天津、贵州出台的均为大数据条例，主要面向公共数据领域。公共数据主要指各级行政机关和公共服务企业在履行职责和提供服务过程中积累的大量数据，有的城市将公共数据命名为政务数据，但数据类型相似。

深圳和上海出台的数据条例除涉及公共数据外，还涵盖了个人数据的相关规定，适用领域更广。其中《上海市数据条例》对公共数据和个人数据的流转、开放、共享以及相关单位和政府部门的权利与义务作了具体规定；而《深圳经济特区数据条例》内容则涵盖了个人数据、公共数据、数据要素市场、数据安全等方面，是国内数据领域首部基础性、综合性立法。

浙江、广东出台的为数字经济条例，其中，《浙江省数字经济促进条例》首次将数字经济领域的相关基础性概念上升为法律概念，聚焦数字基础设施、数据资源两大支撑和数字产业化、产业数字化、治理数字化三大重点；而《广东省数字经济促进条例》聚焦“数字产业化、产业数字化”两大核心，突出制造业数字化转型，做好数据资源开发利用保护和技术创新。

与此同时，不少地方设定了新一轮数字经济的发展目标。例如，作为数字经济规模多年居全国第一的广东省提出，到 2025 年，将实现数字产业集群营业收入超过 10.7 万亿元，形成一批具有核心竞争力的园区和企业；超过 5 万家工业企业实施数字化转型，带动 100 万家企业上云用云，新业态新模式日益繁荣。湖南省明确，到 2025 年，数字经济规模进入全国前 10 强，突破 2.5 万亿元，年复合增长率保持 15.8% 以上；数字经济占 GDP 比重达到 45%，其中数字产业化总量突破 7500 亿元，产业数字化总量突破 1.75 万亿元。四川省力争 2025 年数字经济对 GDP 贡献率大幅提升，数字经济规模超过 2 万亿元、占 GDP 比重达 40%。海南省提出到 2025 年，数字经济产业营业收入达到 4000 亿元。

从各地出台的有关数字经济规划中可以看出，发展数字经济已经成为众多省份的共同行动。各地纷纷提出了抢先发展的目标，明确了“十四五”时期推动数字经济全面发展的图景，力争在数字经济发展新赛道上成为“领跑者”。

（三）法律法规体系不断完善

法律制度是数据要素市场化建设的重要保障。在数据立法方面，《数据安全法》和《个人信息保护法》先后出台，和《网络安全法》共同构成我国数据合规领域的法律构架。在此基础上，重点行业、新兴技术的法律和司法解释也密集出台，地方性立法成果丰硕，为产业、技术的发展提供了清晰的合规指引，为国家安全提供了有力的支撑。其中，《数据安全法》和《个人信息保护法》为数据要素的市场化发展、个人权益保护和数据安全保障奠定了坚实的法律基础，是数字经济时代产业和社会发展的迫切需求。

《数据安全法》于2021年6月10日，由第十三届全国人民代表大会常务委员会第二十九次会议通过。全文共七章五十五条，围绕保障数据安全和促进数据开发利用两大核心，从数据安全与发展、数据安全制度、数据安全保护义务、政务数据安全与开放的角度进行了详细的规制。

《个人信息保护法》于2021年8月20日，由第十三届全国人民代表大会常务委员会第三十次会议通过。这标志着个人的信息权益有了更系统的法治保障，个人信息处理活动有了更明确的法律指引，中国数字经济发展和治理自此迈入崭新阶段。《个人信息保护法》规定了个人信息“处理”这一法律概念，将其作为个人信息收集、存储、使用、加工、传输、提供、公开、删除等活动的统称。实施《个人信息保护法》的关键，就在于按照其规定的个人信息处理基本原则，规范个人信息处理活动。

（四）组织与制度创新，促进数据的交易与规范使用

随着“数据要素市场化配置”的提出，全国各地将设立数据交易机构作为促进数据要素流通的主要着力点。

2021年3月31日，北京市经济和信息化局会同北京市金融局、北京市商务局、北京市委网信办等部门，组织北京金控集团牵头发起成立北京国际大数据交易有限公司（以下简称“北数所”），这是国内首家基于“数据可用不可见，用途可控可计量”新型交易范式的数据交易所。

2021年11月25日，上海数据交易所揭牌成立仪式在沪举行并达成了部分首单交易。上海数据交易所的设立，重点是聚焦确权难、定价难、互信难、入场难、监管难等关键共性难题，形成系列创新安排。一是全国首发数商体系，全新构建“数商”新业态，涵盖数据交易主体、数据合规咨询、质量评估、资产评估、交付等多领域，培育和规范新主体，构筑更加繁荣的流通交易生态。二是全国首发数据交易配套制度，率先针对数据交易全过程提供一系列制度规范，涵盖从数据交易所、数据交易主体到数据交易生态体系的各类办法、规范、指引及标准，确立了“不合规不挂牌，无场景不交易”的基本原则，让数据流通交易有规可循、有章可依。三是全国首发全数字化数据交易系统，上线新一代智能数据交易系统，保障数据交易全时挂牌、全域交易、全程可溯。四是全国首发数据产品登记凭证，首次通过数据产品登记凭证与数据交易凭证的发放，实现一数一码，可登记、可统

计、可普查。五是全国首发数据产品说明书，以数据产品说明书的形式使数据可阅读，将抽象数据变为具象产品。

2021 年 12 月 1 日，据公开信息显示，深圳数据交易有限公司（以下简称“深数交”）已经完成工商登记，注册资本 1 亿元。从股东构成看，新成立的公司股东为深圳交易集团、深圳市智慧城市科技发展集团和深圳市福田新一代产业投资服务有限公司。三家公司目前分别为深圳国资委和深圳市福田区财政局的全资企业。这意味着，深数交为国有全资公司。深数交目前已经完成了数据交易平台原型系统的开发和《深圳数据交易有限公司交易规则》等 10 项规则标准的制定，并且在数据隐私保护、跨境数据交易等领域先行先试，开展积极探索。深圳数据交易平台将遵循分类分层的交易机制，对于高保密数据，将采用隐私计算技术，保障数据安全，实现数据的“可用不可见”。

2021 年 12 月 17 日，西部数据交易中心授牌仪式在重庆举行。此前，国家发展改革委、中央网信办批复《重庆建设国家数字经济创新试验区工作方案》中明确支持重庆探索建设西部数据交易中心。重庆市委、市政府将加快建设西部数据交易中心写入《重庆市国民经济和社会发展第十四个五年规划和 2035 年远景目标纲要》，西部数据交易中心获得国家支持。据官方发布消息，目前西部地区数据交易市场规模约 100 亿元。到 2030 年，西部地区数据交易市场规模预计将达 3000 亿元。

第二节　数字经济的实质——“算法定义经济”

数字经济的实质是“算法定义经济”。“大数据”是数字经济的明显特征，数据作为新的生产要素，是市场经营主体竞相争夺的新兴生产资源。算法是数据价值的核心，算法是低价值原始数据向高价值的衍生数据转化的处理过程与逻辑。通过算法抓取、加工、处理后的大数据才是具有更高市场价值的资源，“大数据”的优势才能凸显。

一、算法的含义

所谓算法（Algorithm），简言之就是一系列解决问题的指令，只要给定初始条件，这一系列指令就会自动给出相应的答案。从技术层面看，算法是解决特定问题的一系列计算处理逻辑规则，主要是按照一定的任务指令，通过海量数据收集、精准数据处理，对输入的数据变量进行计算、处理和自动任务分配并输出结果。随着计算机和互联网的普及，算法已经走进了生产生活的各个方面，影响着社会经济发展与社会形态的变迁。

二、算法引领社会变革与发展

如果说数据和算力是信息系统的物质基础，算法则是信息系统的灵魂，定义着数字经济的规则与交易方式。近年来，人工智能和机器学习技术的发展将算法提升到一个新的高度，它允许计算机自动地解决复杂问题，进行过程预测，甚至制定决策。在数字经济和平台经济中，“算法”是个非常热门的话题，它是指基于一定的计算模型，为执行特定任务而设计的指令序列。数字经济时代，算法已经渗透到社会生活的诸多领域，普遍应用于决策及辅助决策。因此，算法可被界定为人类和机器交互的决策，即人类基于代码设置、数据运算与机器自动化判断进行决策。算法的应用场景包括新闻、资讯、娱乐、购物、商品推荐、网络检索等诸多领域，我们已然进入算法社会。

（一）算法应用领域不断拓展

随着移动互联基础设施的大力建设和移动终端设备的广泛普及，信息通信技术和数字数据技术的应用场景和频次得到极大丰富和提升，海量用户数据的生产、流动、使用、开发得到极大提速，算法技术的开发和应用得到极大激励。以海量数据为基础的算法与网约车、网络购物、灵活用工等应用场景的深度融合，给数字经济高质量发展注入强大动能。

在商业经营活动中，算法的表现形式和应用领域不断地扩大和深化。从广度上看，随着数字经济的快速发展，算法的应用范围从单机软件到企业业务流程平台越来越广泛，特别是平台经济方面，算法的作用不断扩大；从深度上看，基于大规模的数据和算例，算法深度渗透社会生产各环节，对人类生活和生产的影响越来越深远。以滴滴出行为例，平台运用算法，通过时间和空间上的精准定位和供需智能匹配，提升了资源配置效率，大大满足了人们出行的需求，极大地改善了通勤便捷度与城市效率。

（二）算法降低了企业运营成本

从企业运营的视角，算法降低了企业的运营成本。一方面，算法降低了传统企业运营的人工成本。以麦当劳快餐店为例，我们可以发现，智能点餐系统、二维码小程序等为顾客提供了“无人化”点餐服务，清晰快捷方便的点餐系统取代了传统的人工服务，大大节省了人力成本。另一方面，算法降低了传统企业的营销成本与广告成本。企业不再需要在繁华地段投入大量的资金进行实体广告投放，转而以相对低廉的价格在电子商务平台上进行展示。电子商务平台依托算法，将广告高效精准地投放给更大范围的目标客户，不仅扩大了广告服务受众，而且更加精准地找到目标客户群体，帮助企业节约了广告成本和营销成本。

（三）算法赋能数字经济高质量发展

算法在各领域广泛使用，促进了数字经济融合发展，推动了产业结构转型升级。以工业机器人为例，从工业 3.0 到工业 4.0，本质是算法的升级，是在原有规章为主的算法基础上，深度融合机器学习算法，升级成为智能机器人。算法使用改变了人类的生产方式。算法解放劳动力，提高生产率，催生新型业务模式。比如新型互联网广告服务，通过算法进行实时的精准匹配，提高了媒体的资源配置效率、广告主的投资收益率以及受众的接受度，实现了共赢发展。算法的使用提升了人类的生活品质。通过用户的海量数据收集、精准数据处理，基于算法的自主决策很大程度上节约了用户的搜寻成本、时间成本和交易成本。以无人驾驶为例，由算法驱动的无人驾驶将给汽车行业带来大变革。无人驾驶情境下，算法将传感器、大数据、定位信息等连接起来，实时把握汽车移动，对人工参与和人工干涉的需求微乎其微。

三、算法引发的“新挑战”

算法作为数字经济的运行规则与分配机制，深刻地改变了人类的生产方式与生活品质。随着算法的不断优化，平台的市场规模优势不断强化，一定程度上演变成了新进入者的市场壁垒。

（一）算法加剧了价格歧视

从平台与消费者角度，算法使价格的动态调整与个性化定价成为可能，加剧了平台对消费者的价格歧视。算法加持，商家可以最大程度上操作价格，捕捉消费者的保留价格，进行“大数据杀熟”，获取消费者剩余。数字经济时代，大型平台通过不同消费者异质性的价格模型进行商品个性化推广与个性化定价。这种基于算法对消费者进行差别定价，使得消费者福利在最大程度上转化为生产者福利。传统定价机制下，生产者主要对消费者进行二级价格歧视和三级价格歧视，而基于算法的定价模型，使一级价格歧视成为可能，消费者福利减少，生产者可能获得超额利润。

（二）算法对公平竞争的挑战与“创新射杀”

从产业组织的视角，算法通过对消费者的“锚定效应”和企业的“锁定效应”，可能存在不公平竞争和垄断行为，进而抑制创新。算法的“锚定效应”指的是人们做出判断时易受第一印象或第一信息支配，就像沉入海底的锚一样把人们的思想固定在某处。作为一种心理现象，“锚定效应”普遍存在于生活的方方面面，第一印象和先入为主是其在社会生活中的表现形式。很多商品推荐算法就利用了消费者的这一心理特点。比如，消费者添加到购物车却迟迟没有下单的商品，算法会在日后反复推荐，并试探性地向消费者展示更低的价格或者附加更多的优惠，刺激消费。数字经济下的算法会利用消费者的弱点，对消费者展开竞争与锁定，实现自身的利益最大化。另外，“搜索降权”的算法，导致平台上排序靠后的经营者商品很难被搜索到，而平台自营商品基于“自我优待算法”加持会成为“热搜商品”。算法的“锁定效应”使拥有算法的企业愈发具有用户、数据、资金上的优势，一定程度上抑制了竞争以及由此可能带来的创新。

算法是把“双刃剑”，它一方面降低了企业用工成本与经营成本，带来了效率的提升，赋能产业升级，促进经济增长；另一方面，通过对用户的“锚定效应”，对企业的“锁定效应”，可能存在合谋、滥用市场支配地位、排除竞争对手、抑制创新等负面效应。因此，数字经济时代，对于算法的规范使用、相关问题的社会治理和法律供给都至关重要。

四、算法相关问题的规范与治理

算法，是机遇也是挑战。由于算法技术及应用场景的深度商业化和广泛市场化，“大数据杀熟”、诱导用户沉迷网络、过度消费等算法技术在数字经济发展中引发的负效应已深度冲击了市场竞争秩序和社会管理秩序，给维护市场公平竞争、消费者合法权益、社会治理乃至国家安全都带来了诸多挑战。在利用算法给我们带来便利的同时，我们也要面对算法对传统竞争机制带来的挑战，特别是防范基于恶意操纵算法带来的合谋垄断等问题，对算法应用加强规范，保障和促进以“数据、算法、算力”为核心要素的数字经济健康发展。

2021 年 12 月 31 日，中央网信办、工业和信息化部、公安部、国家市场监管总局联合发布《互联网信息服务算法推荐管理规定》(以下简称《规定》)，2022 年 3 月 1 日起正式施行。2022 年 1 月 12 日，国务院印发《“十四五”数字经济发展规划》(以下简称《规划》)，指出在发展数字经济的同时，要牢牢守住安全底线，着力强化数字经济安全体系。要增强网络安全防护能力，提升数据安全保障水平，切实有效防范各类风险。其中算法治理作为整个数字经济整体治理与系统治理的关键环节，不仅涉及市场治理，还涉及社会治理与国家总体安全。我国数字经济发展迅速，但依然面临发展不平衡、不充分、不规范的问题，需要提高我国数字经济治理水平。应优化升级数字基础设施，推进“云网协同”和“算网融合”发展，加快构建算力、算法、数据、应用资源协同的全国一体化大数据中心体系。

(一) 规范算法运行机制下的消费者权益保护

在实践中，算法推荐服务提供者往往会借助算法技术对消费者用户数据进行分析整理，形成用户模型或用户标签，并以此为基础进行精准推送。用户模型或用户标签虽然可以提高信息推送效率，但是易形成“信息茧房”，使用户局限在自己熟悉的领域内，满足于被动的知识积累，无法获取全面、客观的信息；若将违法和不良信息关键词记入用户兴趣点或者作为用户标签并据以推送信息，还可能会对用户的身心健康产生不利影响。对此，《规定》第十条要求算法推荐服务提供者应当完善记入用户模型的兴趣点规则和用户标签管理规则，不得将违法和不良信息关键词记入用户兴趣点或者作为用户标签并据以推送信息。

当前，算法在降低公众筛选有效信息时间成本的同时，也扩大了网络生态失衡、失真的风险，操纵榜单或者检索结果排序、控制热搜或者精选等干预信息呈现的问题屡见不鲜。《规定》第十四条要求：“算法推荐服务提供者不得利用算法虚假注册账号、非法交易账号、操纵用户账号或者虚假点赞、评论、转发，不得利用算法屏蔽信息、过度推荐、操纵榜单或者检索结果排序、控制热搜或者精选等干预信息呈现，实施影响网络舆论或者规避监督管理行为。”此款规定将有效规制借助算法技术对网络舆论产生不良影响的行为，畅通社会监督的渠道。

（二）落实算法服务安全合规制度保障

我国高度重视对互联网领域各类行为及相关数据安全的建设，目前已形成多部法律法规在内较为成熟的网络、数据及算法的监管体系。《规定》的发布为惩治算法乱象提供了明确且具有针对性和操作性的法律规范，对规范和促进数字经济健康发展具有重大意义。

《规定》为国家安全、社会公共利益、个人隐私等提供了重要制度保障。《规定》第六条明确规定，算法推荐服务提供者不得利用算法推荐服务，从事危害国家安全和社会公共利益、扰乱经济秩序和社会秩序、侵犯他人合法权益等法律、行政法规禁止的活动；第七条明确要求算法推荐服务提供者应当落实算法安全主体责任，建立健全数据安全保护和个人信息保护等管理制度和技术措施。这在国家安全层面和个人信息保护层面，均对算法推荐服务提供者提出了新的要求，为国家安全、社会公共利益、个人隐私等提供了重要制度保障。

（三）基于算法风险防范的协同治理与监管

首先，加强政府内部不同部门之间的协同治理，应明晰主管部门、监管机构职责，强化跨部门、跨层级、跨区域协同监管，明确监管范围和统一规则，加强分工合作与协调配合。正如《规定》第三条中所规定的，参与算法推荐服务治理部门除了国家网信部门，还包括电信、公安、市场监管等有关部门。《规定》指出，这些部门依据各自职责负责算法推荐服务监督管理工作，地方部门则依据职责负责本行政区域内的监管工作。然而，由于算法推荐服务往往具有跨区域、跨领域等特性，在监管过程中亦可能同时牵涉多个监管部门或多个区域的地方监管部门，因此，为避免在监管过程中因职责交叉而导致相互推诿的情况发生，还需建立跨部门跨区域的协同监管机制。

其次，应建立完善多元共治。《规划》明确要求，要建立完善政府、平台、企业、行业组织和社会公众多元参与、有效协同的数字经济治理格局。行业健康发展，一方面需要法律规范和政府监管形成外部约束，另一方面也需要行业自律。为此，《规划》指出，要进一步推进行业服务标准建设和行业自律。为鼓励算法服务行业形成行业自律。《规定》第五条明确强调，鼓励相关行业组织加强行业自律，建立健全行业标准、行业准则和自律管理制度，督促指导算法推荐服务提供者制定完善服务规范、依法提供服务并接受社会监督，尤其对当前社会各界普遍关注的“大数据杀熟”“信息茧房”等算法热点问题及其法律责任进行了明确规范，为建立健全多元共治格局奠定制度基础。

第三节　数字经济“新引擎”——算力

数字经济发展的关键要素是数据，而让数据发挥作用的关键则是算力，即对数据的处理能力。在数据增长、算法精进的背景下，算力是国民经济发展的重要引擎，成为衡量经济发展新的核心指标。“算力正成为数字经济时代的重要驱动力”已成为共识。当前，新一轮科技革命和产业变革正在重塑全球经济结构，算力作为数字经济时代新的生产力，是支撑数字经济发展的坚实基础，对推动科技进步、促进行业数字化转型以及支撑经济社会发展发挥着重要的作用。

一、算力的概述

算力，顾名思义，是一种计算能力。算力时代正在加速到来，数字经济赋予了算力新的内涵，包括大数据的技术能力，提供解决问题的指令，系统计算程序的能力。综合来看，可以说，算力是计算机程序能力的可达性，是一种有限、确定、有效并适合用计算机程序来实现解决问题的方法。

数字经济时代，国家和国家竞争能力高低的核心指标就是算力。算力包含五个方面：一是计算速度，芯片、服务器、计算机、超算系统都反映这方面的能力；二是算法；三是大数据存储量；四是通信能力，包括通信的速度、延滞、带宽、可靠性、能耗；五是云计算服务能力，包括数据处理中心服务器的数量。5G 基站多、云计算数据处理中心服务器规模大、存储数据多、通信量大、算法高明的国家就有强大的通信力和竞争力，算力就更强。总之，数字经济时代，以计算速度、计算方法、通信能力、存储能力、数据总量为代表的算力是国家的重要核心竞争力。

算力作为大数据运算程序的能力，代表着数字化信息处理能力的强弱，取决于硬件基础设施与软件功能共同构成的闭环系统的效能。从硬件基础设施上说，云计算数据处理中心的服务器数量和 5G 基站数量代表了数字经济的强弱高低。服务器有三个功能：通信、存储、计算，相当于是一台大型计算机。硬件上就看服务器和基站的多少，一个地区后台使用的服务器多，表明这个地区数据存储量大、通信量大、计算量大；5G 基站多，表明通信覆盖的程度高。从软件上看，主要体现在数据服务能力、算法和算力上。在解决实际问题时，算力便改变了现有的生产方式，增强了使用者的决策能力和信息筛选能力。

二、算力的作用

算力作为数字经济时代的关键生产力要素，已经成为挖掘数据要素价值，推动数字经济发展的核心支撑力和驱动力。算力助推经济增长，一方面是算力本身产生了一些围绕数据产生、存储、调用等场景应用的新兴数字产业；另一方面，传统产业正在依靠算力实现自身转型升级，带动产业数字化进程快速发展。算力资本与传统资本形成互补效应和协同效应，一个国家或地区增加对算力相关的投资可以带来经济的增长，且这种增长具有长期性。同时，一国投资总量中算力投资比重的增加会进一步提高稳态经济增长率。

近两年来，《关于加快构建全国一体化大数据中心协同创新体系的指导意见》《全国一体化大数据中心协同创新体系算力枢纽实施方案》《新型数据中心发展三年行动计划（2021—2023 年）》等一系列文件先后出台，全国统一的数据中心基础设施建设全面铺开。算力作为新基建，是国家数字化转型的认知共识，通过数字经济和实体经济融合，实现经济发展质量和效能的提升。

（一）算力助力企业创新

数字经济时代，企业创新离不开算力支撑。算力建设要以算力服务为核心，通过对智算中心计算、存储、网络等能力的统一调度和对外服务，把算力像水和电一样提供给千行百业，助力行业智慧应用高效开发，加速行业和产业智能化。数字经济时代，面对复杂的场景、巨量的信息以及高效的决策需求，需要全新的架构，并把算力、算法、数据做成公共资源开放出来，转化为一种共享的社会资源，给小微企业提供创新的环境供给。

从产业需求来看，数据量与算力需求处于循环增强状态，数据量的不断增加要求更强的算力处理数据，同时哺育人工智能等新技术不断训练、应用，这些技术的落地应用产生又催生更多数据，又对算力提出巨大需求。

（二）算力助力产业成长

算力时代，新计算产业是在万物互联的时代背景下构建起来的多架构共存、多技术融合、多领域协同和多行业渗透的软硬件产业体系。“多技术融合”表示与人工智能、量子计算等技术统合，形成多种形式的运算能力；“多领域协同”是指计算从云端向物联网、边缘计算普及，不同计算领域相互协同；“多行业渗透”是指超越 IT 产业本身，成为数字化基础设施，支持多个行业的数字化转型。

适应算力时代对于算力的多元化需求，对应的产品和服务也进行了相应调整，在产业上呈现出新的发展特点：一是异构、极致。针对数据“体量巨大、结构丰富、分布广泛”的特点，以多样性的处理器架构满足对海量数据的实时处理能力。二是绿色、节能。以节能、环保为准绳的新技术，应对数据中心能源消耗问题，推动计算产业可持续发展。三是泛在、协同。云计算、人工智能、物联网多技术协同计算需要政府、产业联盟、研发机构、开发社区等不同主体和组织相互联动、共同发展。四是普惠、高效。提高算力的应用能效，降低使用成本，推动与各行业应用深度融合发展，让算力如电力一样触手可及。

具体到产业划分上，围绕算力，计算行业可分为两大部分，一是核心产业，二是外围产业（见图 2－1）。

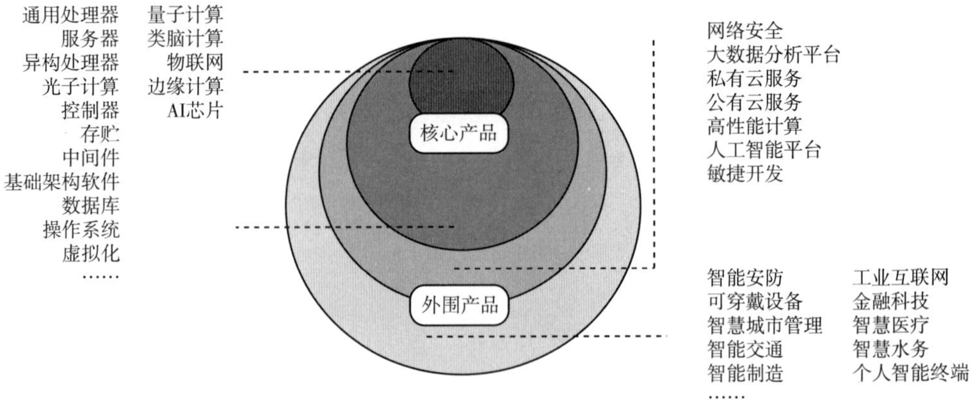

图 2－1 计算行业分类

核心产业是新计算产业的基础，属于 IT 产业，以软硬件的方式对外提供计算与服务能力。既包括传统 IT 产业中的处理器、服务器、操作系统、中间件、数据库和基础软件等应用及相关服务，也包括人工智能芯片、异构处理器、物联网、边缘计算等新兴的软硬件。核心产业中基于物联网、边缘计算的机构将是未来算力时代的重要增长点。

外围产业是新计算产业中核心产业与行业应用相结合所催生出来的、满足个性化需求的应用与服务。以服务和解决方案为主要内容：一方面提供满足行业需求的通用平台与服务，比如公有云服务、人工智能平台、大数据分析平台等；另一方面又推动实现新计算核心产业与行业应用的深度融合，打造工业互联网、智能交通、智慧医疗、智慧城市等与实体产业领域深度融合的解决方案。

作为算力的重要承载，新计算产业正在成为数字经济的核心驱动产业。一方面，新计算产业链庞大，包括芯片、元器件、操作系统、基础软件、应用软件、系统集成等多个部分，是数字经济下具有高附加值的高科技产业；另一方面，新计算产业是一切数字化应用建设及发展的源头驱动，有助于推动处于需求端的制造、交通、能源、医疗等多个行业突破瓶颈，提升生产效率，创新商业模式，优化用户体验，拉动产业增值，创造新的市场增长。

从长远来看，新计算产业发展前景极其广阔，新计算形成的产业群体和生态体系，会在持续赋能各产业数字化的同时，促使整个国民经济产业结构发生变化，进而加快新型现代化产业体系的构建。

三、我国算力发展现状

（一）我国算力发展优势

由国际数据公司 IDC、浪潮信息、清华大学全球产业研究院联合编制的《2021—2022

全球计算力指数评估报告》，其研究范围覆盖六大洲的十余个国家，从计算能力、计算效率、应用水平和基础设施支持四个维度对各国计算力水平进行全面评估，量化揭示了全球主要国家 GDP、数字经济与计算力之间的关联性和相互拉动作用。

第一，从计算力指数排名看，中国位居第二。计算力指数国家排名结果显示，美国和中国分别以 77 分和 70 分位列前两位，同处于领跑者位置；追赶者国家得分在 40 分到 60 分区间，包括日本、德国、英国、法国、加拿大、韩国、澳大利亚；得分低于 40 分的为起步者国家，包括印度、意大利、巴西、俄罗斯、南非和马来西亚。近年来，大部分国家计算力评分均有所提升，中国计算力水平增幅最大达到 13.5%，且大部分指标延续了高速增长。

第二，中国 AI 算力位列全球第一。AI 计算能力反映一国最前沿的计算能力，中国 AI 算力发展领跑全球，AI 服务器支出规模同比大幅增长 44.5%，位列全球第一。同时，AI 算力支出占总算力支出从 2016 年的 9% 增加到 12%，预计到 2025 年将达到 25%。过去 5 年，15 个国家 AI 算力支出的增长中，近 60% 来自中国。同时，报告显示，制造业首次进入全球计算力水平前三名，与互联网业、金融业一起成为算力投入增长最快的行业。

（二）我国算力发展主要短板

目前，国家已从战略、政策层面来推动着技术行业的发展。2020 年 4 月，国家发展改革委首次明确“新基建”的范围，其中就包括以数据中心、智能计算中心为代表的算力基础设施。我国目前的算力发展主要存在如下短板：

一是整个计算产业的创新链条发展依然不平衡、不充分。这也使构建算力的生态体系中存在短板。我国算力产业缺乏整体布局，区域间供需结构性矛盾突出。平台用户间算力资源衔接较难，自主创新人才储备不足，算力产业整体大而不强，模式粗放仍是我国以算力驱动数字经济发展的主要态势。

二是数据总量和数据传输速度增长对算力及其安全性保障提出了新的挑战。物联网、5G 和大数据的发展与应用，让用户、设备、企业、行业、地域间的物理边界逐渐消失，数据总量呈指数级速度增长，数据跨界流转传输的速度也越来越快，算力所面临的挑战尤其突出。而且，过去几十年里，技术发展日新月异，而安全保障却一直滞后于技术。面对如此规模的庞大网络，无论资产监控、流量分析、安全预警还是攻击防护，都需要强大的安全算力来予以支撑。

四、算力基础设施战略规划

算力构筑了第四次工业革命技术体系的底层逻辑，其对人和世界的影响已经嵌入到社会生活的各个方面，并推动着数字技术在国家治理中应用。算力时代既要聚集海量的数据并要提升数据的质量，又要提升算力来把这些高质量的数据用好，这是其推动经济发展的一个显著特点。

（一）我国算力规划与布局

国家发改委会同中央网信办、工信部和国家能源局研究制定了《全国一体化大数据中心协同创新体系算力枢纽实施方案》（以下简称《方案》）。该方案坚持新发展理念，以加强统筹、绿色集约、自主创新、安全可靠为基本原则，统筹围绕国家重大区域发展战略，根据能源结构、产业布局、市场发展、气候环境等，不仅在京津冀、长三角、粤港澳大湾区、成渝以及贵州、内蒙古、甘肃、宁夏等8个算力节点布局建设了全国一体化算力网络国家枢纽节点（以下简称“国家枢纽节点”），发展数据中心集群，引导数据中心集约化、规模化、绿色化发展，而且对国家枢纽节点以外的地区根据区域特点分别进行了节点定位，对数据中心集群及城市内部数据中心进行了布局。《方案》明确了国家枢纽节点的重点任务是，提升算力服务水平，促进数据有序流通，深化数据智能应用。

（二）算力资源布局与定位

按照全国一体化大数据中心体系布局，8个国家算力枢纽节点将作为我国算力网络的骨干连接点，发展数据中心集群，开展数据中心与网络、云计算、大数据之间的协同建设。今后，全国范围内的大型、超大型数据中心原则上将在这8个算力枢纽节点内建设。每个枢纽节点内，规划设立1~2个数据中心集群。根据《国家发展改革委等部门关于同意长三角地区启动建设全国一体化算力网络国家枢纽节点的复函》，该枢纽规划设立2个数据中心集群，即长三角生态绿色一体化发展示范区数据中心集群、芜湖数据中心集群。未来，这2个数据中心集群，将优化算力布局，积极承接长三角中心城市实时性算力需求，引导温冷业务向西部迁移，构建长三角地区算力资源“一体协同、辐射全域”的发展格局。

不同的算力枢纽节点定位不同，发挥的作用也有所不同。贵州、内蒙古、甘肃、宁夏这4个节点，要打造面向全国的非实时性算力保障基地。这4个节点定位于不断提升算力服务品质和利用效率，充分发挥其资源优势，夯实网络等基础保障，积极承接全国范围的后台加工、离线分析、存储备份等非实时算力需求。而京津冀、长三角、粤港澳大湾区、成渝4个节点要服务于重大区域发展战略实施需要，定位于进一步统筹好城市内部和周边区域的数据中心布局，实现大规模算力部署与土地、用能、水、电等资源的协调可持续，优化数据中心供给结构，扩展算力增长空间。

五、东数西算，编织数字经济时代“算力网”

算力作为数字经济的核心生产力，成为全球战略竞争的新焦点。“东数西算”中的“数”指的是数据；“算”指的是算力，即对数据的处理能力。目前，我国数据中心规模已达500万标准机架，算力达到130EFLOPS（每秒1.3万亿亿次浮点运算）。随着数字技术向经济社会各领域全面持续渗透，全社会对算力需求仍十分迫切，预计每年仍将以20%以上的速度快速增长。

除了在京津冀、长三角、粤港澳大湾区、成渝、内蒙古、贵州、甘肃、宁夏启动建设国家算力枢纽节点，国家还规划了张家口集群等10个国家数据中心集群。至此，全国一体化大数据中心体系完成总体布局设计，“东数西算”工程正式全面启动。

（一）“东数西算”工程是基于“全国一盘棋”的顶层设计

就我国目前情况看，数据中心大多分布在东部地区，仅有不到20%的数据中心分布在西部。但建立数据中心不仅需要土地，还需要能源，在东部大规模发展数据中心难以为继。而我国西部地区资源充裕，特别是可再生能源丰富，比如太阳能和风能等。有的地方气候还比较凉爽，也有利于为数据中心散热节约成本，具备发展数据中心、承接东部算力需求的潜力。因此，迫切需要加大国家算力网络的顶层设计，尽快转变以网为中心的发展模式，围绕数据中心重构网络格局。“东数西算”工程应运而生。

（二）“东数西算”工程优化资源配置效率，助力区域协调发展

东部有数，西部算数。实施“东数西算”工程，推动数据中心合理布局、优化供需、绿色集约和互联互通，意义重大，不仅有利于提升国家整体算力水平、促进绿色发展，还将有力带动产业上下游投资，推动区域协调发展。贵州省贵安新区的华为云数据中心就是“东数西算”的一个生动案例。2020年，全国首个大数据综合试验区贵州，运营及在建的数据中心就有20多个。

把热数据放在东部，冷数据放在西部，实现全局能效最优化。对于那些时效性要求较高的业务，如工业互联网、金融证券、灾害预警、移动医疗等，就不适合优先布局于西部。因为如果布局在西部，受网络传输距离较长的影响，可能会出现时延，无法满足有关业务需求。

（三）“东数西算”节能减排，助力“双碳”目标实现

我国算力建设正在飞速发展，水平正在不断提高，全面启动的“东数西算”工程，通过建设高效集约、普适普惠的新型基础设施，推动计算力向绿色化和集约化方向加速演进。通过“东数西算”工程，大量的数据中心建在西部之后，能够提高对绿色电力的使用，“如果使用率能提高到80%，那么到2025年，就能减少1.6个北京市的总碳排放量”。除此之外，推动绿色数据中心创建、运维和改造，鼓励应用高效IT设备、制冷系统、供配电系统、辅助系统技术产品，推动企业深化新型数据中心绿色设计、施工、采购与运营管理等，也能为“双碳”目标实现贡献力量。数字经济发展之后，各个城市在数据中心的支撑下，通过大数据、人工智能等，将会使生产生活效率得到极大提升，节能减碳作用也会由此凸显。

本章思考题

1. 为什么说数据是数字经济时代新的关键生产要素？体现在哪些方面？
2. 数据作为一种新的生产要素，主要带来了哪些挑战？应对策略如何？
3. 算法对你的生活有什么样的影响？请举例说明并简要评述。
4. 为什么说数据、算法、算力是数字经济三大基石？请简要评述。

第三章　网络外部性

▶案例导入

移动通信市场是典型的网络外部性效应市场。所有的移动通信用户构成一个经济网络，网络成员间的相互通信基本不受地点的限制，即“在移动中通信”，而“在移动中通信”的效用随移动通信用户总人数的增加而增加，表现为一种直接网络效应。在一般情况下，新用户在选择电话网络时，更愿意选择原来用户多的网络，因为网络中用户越多，安装基础越大，潜在的通话对象就越多，该网络对用户的价值也就越高。同时，随着移动通信用户的增加，移动通信技术平台的增值服务增加（该部分增值服务可以是短信、交友等业务），从而吸引更多消费者使用移动通信，表现为一种间接网络效应。用户的增多使该运营商有动力增设营业网点，并针对细分的用户群开发个性化服务，从而吸引更多用户选择加入该运营商的网络，表现为一种间接网络效应。

（资料来源：帅旭，陈宏民．网络外部性与市场竞争：中国移动通信产业竞争的网络经济学分析[J]．世界经济，2003（04）：45－51.）

第一节　网络外部性理论

一、外部性理论

马歇尔在1890年《经济学原理》中提出了“外部经济”这一概念。马歇尔的“外部经济”是指经济中外在于企业的因素变化对企业的有利影响，如知识增加、技术进步等导致单个企业的成本下降。这种影响对产业是内在的，但对企业是外在的。庇古继承了“外部经济”的提法，进一步补充了“外部不经济”概念，从而提出了包括外部经济和外部不经济两个方面的完整外部性理论。

货币外部性是通过价格体系起作用的外部效应。比如，甲增加葡萄酒的消费会提高该酒的价格，由此会影响乙的福利，但这种影响只涉及租金的转移，并不影响竞争均衡的帕累托最优。

技术外部性是不通过市场机制起作用的外部效应，比如空气污染、交通拥挤等。只有技术外部性才会造成市场失灵。而在庇古看来，不论技术外部性还是金钱外部性都要求政府干预，产业才能实现社会有效的产出水平。

二、网络外部性

经济学文献中的“网络”概念，不仅仅指互联网，其含义要广泛得多：既指各种电信网和广播电视网等“有形网络”，也指电子邮件使用者网络等无形网络。那么，企业和消费者为何要集聚在一个网络平台上？近20年来兴起的平台经济学（或称“双边市场理论”）对这个问题已经给出了他们的答案：网络外部性。网络外部性是网络产业的本质特征。

（一）同边与跨边网络外部性

经济学对网络经济的研究发轫于20世纪80年代。网络经济学一开始的研究焦点是研究具有网络外部性特性的产业。虽然网络产业经济学较好地分析了网络产业的结构、行为、绩效、竞争策略、政府规制等议题，但在一定程度上，网络产业的基础特性——网络外部性——的来源仍是一个黑匣子。Shapiro（1985）将网络外部性定义为：当使用同一产品的用户数量发生变化，每个用户从消费此产品所获得的效用也随之发生变化。在存在网络外部性时，某种产品对一名用户的价值取决于使用该产品的其他用户数量，因此消费者是否购买或使用该产品，在很大程度上取决于其他消费者是否已经购买或使用了该产品。

上述对网络外部性的定义仅是所谓的同边网络外部性（one-sided network externalities)，现实中还存在另外一种网络外部性，即跨边网络外部性（two-sided network externalities)。跨边网络外部性，也被称为交叉网络外部性、双边网络外部性，指的是一边用户的规模增长将影响另外一边用户使用该平台所获得的效用。在存在跨边网络外部性时，不难想象双边用户最终会集聚在同一个平台上：在电商平台上，买家吸引卖家，卖家也吸引买家；在打车平台上，乘客吸引司机，司机也吸引乘客；在操作系统平台上，手机使用者吸引应用程序开发者，应用程序开发者也吸引手机使用者。

（二）直接与间接网络外部性

网络外部性也分为直接网络外部性和间接网络外部性两种类型。

直接网络外部性：是通过消费相同产品的购买者人数对产品价值的直接影响而产生的。在有n个使用者，从而有n（n-1）种连接的电话网络中，第n+1个使用者将通过给现有连接增加2n个新连接（从而使原来n个使用者的连接价值增加）的方式，给网络中所有其他使用者提供了直接的外部性。除电话网络外，其他的双向通信网络无论是有形的还是无形的，都是具有直接网络外部性的典型产品和服务。在通信网络中，使用者之所以加入同一网络是因为他们想彼此直接联系。

间接网络外部性：是指随着一种产品（如打印机）使用者数量的增加，市场出现更多品种的互补产品（如墨盒）可供选择，而且价格更低，从而消费者更乐于购买该产品（打印机），这就间接地提高了该产品的价值。典型的单向电信网络，如通常的广播电视网和寻呼网，网络外部性是间接的。符合硬件—软件范式的网络也表现出这种间接网络外部性。在这一范式中，硬件与软件之间存在某种消费外部性。使用硬件（如录像机）的人越多，愿意为其提供软件（如录像带）的企业就越多，而软件的品种增加、价格下降会提高硬件的价值。

间接网络效应与直接网络效应的差别在于：消费者所获得的效用并不直接依赖于该产品的网络规模（购买同类或兼容产品的消费者数量之和），而是间接依赖于其互补品的种类与数量。直接网络效应来源于消费者需求之间的互补性，而间接网络效应则来源于产品需求的互补性。当硬件产品的网络规模扩大时，会吸引更多的软件企业为其提供互补品，互补品种类和数量的增加又使硬件产品使用者有了更多的选择，更好地满足了其多元化的需求，间接增加了硬件产品使用者的效用。

（三）规模经济的视角

许多产业和平台经济学家将网络外部性称为“需求面的规模经济”（Demand Economies of Scale），以有别于生产活动报酬递增所产生的“供给面规模经济”。他们认为，在网络和数字经济时代，需求面的规模经济可能比供给面的规模经济更加重要。这种看法也影响了他们的建模手段：平台经济学模型化网络外部性的方式，是在一边用户的效用函数（或利润函数）中加入同边或异边用户的人数，前者用来代表同边网络外部性，后者用来代表跨边网络外部性。这种模型化网络外部性的方式是将单边及跨边网络外部性都当成技术外部性来处理。但在不同的平台上，网络外部性的来源存在些许差异，例如在职业中介平台上，网络外部性的来源明显是厚市场产生的匹配优化效果；在供应链平台上，网络外部性的来源更可能是专业化中间投入的可得性。基础设施共享更是所有类型的网络平台共同的网络外部性来源。

（四）平台间网络外部性

平台间网络外部性源于平台之间的互联互通，是指两个平台之间的双边参与人在互动过程中产生的外部性。参照平台内网络外部性的分类方法，按照来源也可将其分为平台间直接网络外部性和平台间间接网络外部性；按照效果可将其分为正的平台间网络外部性和负的平台间网络外部性。

本节仅简要介绍正的平台间间接网络外部性这种情形，原因在于这一情形在现实中更为普遍。存在正的平台间网络外部性的典型案例是开放平台上的消费者和第三方应用上的商户。开放平台是平台互联互通的一种形式，代表了互联网数据开放的发展趋势。国内外IT巨头先后推出了自己的开放平台，如脸书开放平台、腾讯开放平台、百度开放平台、新浪微博开放平台等。第三方应用可基于开放平台的开放接口对授权数据进行应用开发。通过依托开放平台的海量用户，第三方应用可快速获得大量消费者进而解决平台建立初期的“鸡蛋相生问题”，实现盈利。

第二节　网络外部性与企业定价

网络外部性带来的用户观念变化如何影响市场结构？本节基于垄断企业进行简要探讨，假设用户的效用函数为：

$$U(p,q)=u(q)-c(p,q) \tag{3.1}$$

其中，$u(q)$ 为购买商品带来的效用，$c(p,q)$为消费者的成本函数，q 为消费者的需求量，p 为商品价格。用户的最优购买量在$\frac{\partial U}{\partial q}=0$ 处取得。当市场上存在网络外部性的时候，消费者购买商品所获得的效用会提升，此时用户的效用函数可写为：

$$U(p,q)=qv(q^E)+u(q)-c(p,q) \tag{3.2}$$

$v(q^E)$是网络外部性为用户带来的效用提升，由于购买行为发生在前，所以用q^E代表用户预期的该商品购买总量，并假设一个用户购买的数量对市场总量没有影响。结合用户效用最大化条件$\frac{\partial U}{\partial q}=0$，可以看出，网络外部性的存在实际上提升了整体需求。

在垄断竞争市场上，每个生产者销售同质但不可替代的商品，假设这些商品之间具有双向网络外部性，且用户总是从所有商品的网络外部性中获利。我们记每个生产者制定的价格分别为$p_i(i=1,2,\cdots,n)$，每个产品的需求量为$q_i(i=1,2,\cdots,n)$，并令q^E代表用户对所有产品需求量之和的期望，且这一期望随着市场规模的扩大而增大，我们可以将市场需求函数写为：

$$q_i=h(q_i^E)-\beta_i p_i \tag{3.3}$$

其中，β_i为一个随着市场规模 n 增大而增大的函数，反映了生产者之间的分流效应。假设市场规模足够大，每个生产者指定的价格都不会影响到预期用户数量的期望值，对于单个厂商来说，其利润函数为：

$$\Pi=p_iq_i=p_i[h(q_i^E)-\beta_i p_i] \tag{3.4}$$

当$\frac{\partial \Pi}{\partial p_i}=0$时，厂商利润最大，即有利润最大化条件：

$$p_i=\frac{h(q_i^E)}{2\beta_i} \tag{3.5}$$

此时，单个厂商的最大利润为：

$$\Pi=\frac{h(q_i^E)^2}{4\beta_i} \tag{3.6}$$

从式（3.6）可以看出，随着市场规模的扩大，单个企业的利润将受到两种效应的影响：

第一，竞争效应。随着市场规模的扩大，企业之间容易产生消费者的分流，从而在总体消费者数量不变的情况下，单个企业面对的消费者数量更少，即市场竞争加剧。

第二，网络效应。新企业的进入将增加消费者的支付意愿，引来更多消费者进入市场，进一步提高由网络外部性带来的消费者效应。

第三节　网络外部性与双边市场策略[①]

Rochet 和 Tirole 把双边市场定义为："当平台向交易双方索取的价格总额 $p=p_b+p_s$ 不变时（p_b 为平台向交易方 b 索取的价格，p_s 为平台向交易方 s 索取的价格），平台中任何交易方的价格变化都会对平台总交易量和总交易额产生直接影响，这个平台市场被称为双边市场"。国内学者也把双边市场描述为"哑铃"形结构。Evans 提出双边市场存在的三个必备条件，进一步揭示出平台、交易双方三者间的关系：①两组不同用户；②两组用户间存在交叉网络外部性；③存在一个可以将网络外部性内部化的平台。

一、直接网络效应下的竞争策略

（一）兼容选择

一般而言，兼容选择对新进企业和在位企业存在正反两面的效应。对新进企业而言，如果选择与市场上已有的产品兼容，则可利用已有产品的网络效应快速获得安装基础，达到网络规模临界值形成正反馈，但同时也放弃了自身产品与市场上已有产品的差异性，失去后动优势。对在位企业而言，也存在兼容后带来的整个产业市场份额的扩大和自身在产业中市场份额占比减少的得失权衡。

当在位企业网络效用强或者知名度高、声誉好时，一般偏好采用不兼容战略，因为其规模和能力足够拉动市场增长，并且不希望被小企业搭便车。这种策略不乏成功案例，微软正是采用了技术不兼容策略得以迅速发展并最终垄断操作系统市场。而新进企的决策正好与之相反，当在位企业网络效应强时，新进入企业选择兼容所失去的差异化优势可以通过在位企业强大的网络效应得到补偿，故偏好兼容战略（Michael 和 Shapiro，1985）。当后进技术领先优势不够大时，往往会争取与在位技术兼容，称之为"后向兼容"，通常在位技术具有知识产权，后向兼容需要得到在位技术企业的许可或支付一定的兼容成本；但是，如果后进技术遥遥领先于在位技术时，往往在位技术倾向于与新技术兼容，称为"前向兼容"。当市场处于高速增长期，市场的快速成长将有利于企业迅

① 本小节内容参考自：傅瑜．网络规模、多元化与双边市场战略——网络效应下平台竞争策略研究综述［J］．科技管理研究，2013（06）：192－196.

速建立安装基础达到临界值形成自反馈，拥有成本优势的新技术企业则倾向于不兼容战略。

企业同时面临自身产品更新换代时兼容战略的选择，决策将更多地依赖于新旧产品的定位和总利润的权衡。在市场中的部分消费者已经购买了旧产品且不能进行价格歧视的情况下，如果企业只向新用户高价销售新产品利益更大，企业会选择新旧产品兼容，利用旧产品的安装基础和网络效应来提高新产品的价值和价格；如果企业同时向新老两类用户销售新产品更加有利可图时，企业会选择新旧产品不兼容，促使老用户购买新产品，缩小旧产品的用户规模。垄断企业具有扩大新旧产品的兼容性以图利润最大化的动机，且利润随前向兼容和后向兼容的网络效应的差异而变化。

（二）技术标准

网络效应会使拥有技术标准的企业最终赢者通吃，形成单一标准：企业间微小的技术差异通过网络效应放大后反映在市场上，最终可能决定产品竞争的胜负；同时网络效应使技术标准的锁定产生路径依赖，即一旦某技术标准被广泛采纳，正反馈机制、收益递增以及消费者转移成本都可能促进市场锁定（Lock-in）此标准，即使有更优异的标准出现也难以将其替代，“锁出”了新技术。因此对网络技术标准的追逐和控制成为主要竞争策略之一。

消费者对网络规模的预期是技术标准最终确定的重要影响因素，因此企业常采用“提前宣告”策略影响消费者认知：在位技术向消费者提前宣告自身技术的改进时间，使消费者延缓或放弃采用后进技术；而后进技术则向消费者宣告自身技术的先进性，使消费者认为此领先技术足以战胜在位技术安装基础所带来的优势。下一代技术价值的不确定性也是通过影响消费者预期，进而影响技术标准的确定。

网络效应下，技术所有权也会对标准竞争产生影响，当两种竞争技术都不存在私有产权时，可能出现过多的非标准化；当两种技术都具有私有产权时，领先技术将拥有竞争优势；当只有一种技术具有私有产权时，即使该技术居于劣势，仍可能主导市场。

同时，技术标准选择过程中还会出现超额惯量和超额动量：如果信息完全，且两家企业偏好一致，均衡结果是两家企业都及时选择了该标准；如果企业所获得的信息不完全且偏好不一致，则技术标准的选择会出现超额惯量（可能没有一家企业愿意先转换）或超额动量（两家企业都转换时总体福利下降，但仍出现了转换行为）。

二、间接网络效应下的竞争策略

间接网络效应下，互补品的种类和数量是企业关键竞争要素，如果相互竞争的企业都生产系统产品，则捆绑销售是主要竞争策略；如果企业只生产系统产品中的一种，则一体化策略成为考虑的重点。

（一）捆绑销售

捆绑销售分为纯粹捆绑与混合捆绑两种：生产系统产品的企业如果只销售系统产品，而不单独销售软硬件产品，称为“纯粹捆绑”；如果既销售系统产品又分别单独销售软硬件产品，称为“混合捆绑”。捆绑销售被认为是提高企业利润的有效竞争策略：一是捆绑销售具有杠杆原理；二是捆绑销售是实现价格歧视的有效手段；三是捆绑销售有利于企业间扩大产品差异、缓解伯川德价格竞争。当生产系统产品的企业采取混合捆绑销售时，虽然捆绑后的价格低于独立销售时的价格，但此策略会迫使独立销售的竞争对手降价，最终捆绑销售企业的总利润将提高。相关研究证实在个人电脑办公软件市场，当消费者对互补产品偏好存在正相关时，捆绑销售将使企业获得更多的利润。

但捆绑策略未必始终是最优的，当双寡头企业均生产系统产品且各系统组件可兼容时，单独销售才是占优策略，因为单独销售增加了用户选择的机会，可拉动产业需求；同时单一产品价格下降所带来的兼容互补品产量增长有可能被竞争对手所分享，故企业降价的动机减少，保证了企业的利润。混合捆绑的折扣会降低双寡头垄断企业的利润，这种情况下单独销售策略则成为占优策略。“是否捆绑”“如何捆绑”取决于市场结构、软硬件中的互补程度和消费者的品牌偏好、品牌忠诚度等诸多条件。

（二）纵向一体化策略

间接网络效应影响下，企业存在较强的纵向一体化动机，并且随着网络效应强度的增加，动机也随之加强，因为纵向一体化会提高企业的利润，一体化后企业产品质量的提高增加了边际利润。同时，纵向一体化也提高了消费者福利：企业纵向兼并可消除系统产品各组件间的不兼容性，提高用户效用；纵向兼并后的产品质量高于兼并前的质量，因为一体化后的企业统一了技术标准，成本减少，效率提高；纵向兼并后产品的价格也低于非一体化时的价格，因为纵向兼并避免了上下游的双重加价效应。

企业是否采用一体化策略还与消费者对互补品多样性的偏好程度相关：如果偏好程度相对较小，那么均衡的产业结构是两家硬件企业都保持非一体化；而如果偏好程度相对较大，则两家硬件企业都选择一体化。

三、交叉网络效应下的竞争策略

双边市场的交叉网络效应和消费需求的强依存性的特征导致平台提高对一边的收费，同时等量减少对另一边的收费，交易量会随之而变（Rochet 和 Tirole，2003，2006）；通过价格歧视先影响一边消费者的预期促进该边网络规模的形成，再通过交叉网络效应促成另一边的网络规模可以解决“鸡蛋相生”的问题。因此，定价结构就成为平台企业关键竞争要素；定价策略成为主要竞争策略。但是，“对哪边进行价格歧视”“如何进行双边定价”等关键问题将取决于双边对平台需求弹性的比例、交叉网络效应的相对强度以及用户是单平台接入还是多平台接入等诸多影响因素。

需求弹性保持不变时，可以向需求弹性较高的一边用户采取低价甚至免费策略来扩大该边网络规模，再通过对需求弹性较低的一边用户收取高价来实现平台企业利润最大化。当双边用户通过平台所获得的网络效应不一致时，则对网络效应较小的一边收取低价或免费。这些结论在相关产业中得到了验证：当操作系统市场为垄断结构时，平台主要向应用软件提供商收费，对消费者免费，因为消费者的异质性需求使提供不同质的软件企业得以生存获利，因此也愿意支付较高的费用；媒体产业的定价结构，则是平台向广告商收费，对读者进行补贴。当然，这种对不同接入用户进行倾斜式定价的策略，也必然会导致市场上的多种价格均衡 Rochet 和 Tirole 的定价结构模型得到认可并被广泛应用。

在双边市场中存在两个或两个以上的平台时，如果平台没有实施排他性交易，则双边用户都可以同时接入多个平台，享受更大的网络规模所带来的效用，这种“多平台接入”行为会对定价结构产生影响。当平台一边用户是单平台接入，而另一边用户是多平台接入时，单平台接入用户往往会成为平台企业的“竞争性瓶颈”，这种情况下，平台企业会选择对单平台接入用户制定低价，多平台接入用户制定高价。当双边用户都可以多平台接入时，竞争迫使平台首先提高单边用户的效用，并使之高于竞争对手，争取用户到该边注册，再通过交叉网络效应，使平台赢得两边用户，从而形成垄断，这是双边市场定价理论中的“分而治之”策略，即对一边补贴，对另一边攫取利润。总之，多平台接入条件下，定价结构变得更为复杂，最终平台双边的服务水平、交叉网络效应强度等诸多因素决定了平台的利润水平。

本章思考题

1. 简述网络外部性的基本内涵。
2. 考虑网络外部性对企业定价的影响。
3. 简述网络外部性对市场竞争策略的影响。

第四章 双边市场理论

▶案例导入

美团的业务拓展

美团核心业务定位为本地生活电子商务服务领域的大型互联网平台型企业，构建了集多元生活服务品类于一体的超级平台，是典型的双边市场。美团在近100个城市设有300余个分站，寻找商家合作，争取更低的折扣。同时设置独立于管理部门的品控部，“八重审核”团购产品，对商家品质高要求赢得了消费终端信任，吸引大量消费者向美团集聚。与此同时，美团利用大数据和人工智能等算法挖掘出相关消费数据资源，精准匹配双边用户需求，增强网络效应。美团通过打通白领市场、校园市场，同时与饿了么发起“补贴大战”“抢人大战”，以及与店铺签订“排他性协议”，迅速扩大供给端商家与消费者端用户规模，在平台集聚加速机制作用下消费者更为主动地向平台聚合，为美团迅速扩张“加杠杆”。基于用户交易黏性良好、市场双边网络效应凸显等优势，美团还开展了酒旅、打车、买菜等相关业务，这就体现出用户越多，平台价值越大。

（资料来源：盛虎，肖婉晴，郑皓文．双边市场视角下互联网平台并购对企业成长的影响研究——以美团为例［J］．金融发展研究，2021（09）：46－55.）

第一节 平台经济学

一、平台经济的概念与特征

早在1997年，著名学者尼古拉斯·尼葛洛庞帝在其《数字化生存》一书中就曾提出过“平台”的概念。在他看来，数字化就是为生存和活动于现实社会的人们提供信息传播和交流的“平台”；这里的“平台”虽是虚拟，却能够真实感受到。而后，互联网技术的飞速发展引发了全球范围内产业组织的深刻变革，而平台作为新的组织形式，被逐渐应用于产业经济与商业领域之中，由此导致了平台经济的兴起。平台经济（Platform Economics）是一种基于数字技术，由数据驱动、平台支撑、网络协同的经济活动单元所构成的新经济系统，是基于数字平台的各种经济关系的总称。平台是一种虚拟或真实的交易场所，平台本身不生产产品，但可以促成双方或多方供求之间的交易，收取恰当的费用或赚取差价而获得收益。平台，在本质上就是市场的具化。

平台经济是数字经济时代背景下的新的经济模式，既是对传统经济组织的升级，又是对传统经济形态的革命，其特征主要表现于以下几个方面：

一是属于典型的双边市场。平台企业一侧面对消费者，另一侧面对商家。这个平台上的众多参与者有着明确的分工，平台运营商负责聚集社会资源和合作伙伴，通过聚集交易，扩大用户规模，使参与各方受益，达到平台价值、客户价值和服务价值最大化。但是，平台企业也可能利用在双边市场中的优势地位，产生垄断定价、捆绑销售等行为。

二是存在较强的规模经济性。如果某一平台企业率先进入一个领域，或者由于技术、营销优势占据这一领域较大市场份额时，由于交叉网络外部效应和锚定效应的存在，这家企业就会越来越大，出现强者愈强的局面。同时，市场集中度高有利于降低商家和消费者交易成本，平台企业往往具有较强的规模经济性。

三是具备一定的类公共属性。当前平台经济涉及领域多为事关人们衣食住行的民生领域，公共服务提供者的属性特征突出。平台还具有非排他性和非竞争性的特征，呈现出一定的公共基础设施属性。因此，平台企业虽然大多由私人资本建设运营，但具有较为显著的公共属性。

四是数据要素的重要性较为显著。平台经济根植于互联网，是在新一代信息技术高速发展的基础上、以数据作为生产要素或有价值的资产进行资源配置的一种新的经济模式，其运行天然就会产生大量数据。与此同时，平台企业之间的竞争越来越多地表现为数据资源与算力算法的竞争。因此，各平台企业极为注重数据要素的积累与关联，以提升平台价值、赢得竞争优势。

二、双边市场理论

“双边市场”这一概念自1833年美国掀起的“便士报纸”运动以来已有170多年的历史。Rochet 和 Tirole 对双边市场的定义为：“当平台向需求双方索取的价格总水平 $P = P_b + P_s$ 不变时（P_b 为用户 b 的价格，P_s 为用户 s 的价格），任何用户方价格的变化都会对平台的总需求和交易量产生直接的影响，这个平台市场被称为双边市场。” Rochet 和 Tirole 认为在价格结构上的任何变动都将影响到双方对平台的需求及其参与规模，并影响到交易总量。

进入21世纪后，随着互联网平台经济的兴起，对于网络外部性研究的新发展方向是与双边市场相结合。卡约和朱利安（Caillaud 和 Jullien，2003）在研究中指出平台所有者必须解决“鸡蛋相生”问题，并且提出“将市场双边拉到平台上”的观点。

（一）双边市场的主要特征

第一，交叉网络外部性。交叉网络外部性也称为双边网络外部性、跨边网络外部性，指一方的用户数量将影响另一方用户的数量和交易量，即双边市场的网络外部性不仅取决于交易平台同一类型用户的数量，而且更取决于交易平台的另一类型用户数量，这是一种具有“交叉”性质的网络外部性。

第二，价格的非对称性。价格的非对称性指双边市场对一边的价格加成高于另外一边，两边收费价格高低不同。平台型企业任何一方用户都不是费用固定方，随着双边市场的变动，都有可能会变动。决定哪方补贴、哪方收费，主要是看需求弹性、边际成本高低和转换成本。

第三，相互依赖性和互补性。平台往往借助网络来扩大自己的用户数量，用户数增加时，另外一方生产者也会逐步增加，达到趋于平衡。当用户越来越多的时候，平台的价值会不断凸显，导致强者更强，弱者更弱的趋势。这时，后来进入者会变得非常困难，形成赢家通吃的局面。平台企业形成了良性互动之后，可以和平台内的企业一起合作共赢，互利互助彼此形成了很好的黏性，提高双边经营效率，提升多方收益，依靠此能形成强大的生态圈。买方和卖方的数量又决定了平台的规模和竞争能力。卖方不断满足买方的需求，良性的互动机制便建立了，形成螺旋状的向上发展。

（二）双边市场的分类

1. 基于平台功能的划分

依据功能划分，双边市场可以分为市场创造型、受众创造型、需求协调型三类。

市场创造型市场是指平台企业基于已有的市场，通过协调市场双方，将已有的市场进一步扩大的过程。这类市场具有正向的交叉网络外部性，但技术水平和投入都比较低。

受众创造型市场是指平台企业吸引大量的用户，进一步为销售商提供大量的潜在购买者，吸引销售商投放信息和广告。这类市场存在产生负向外部性的可能。

需求协调型市场是指双边用户一般存在交易关系，平台通过构建新的市场满足双边用户的需求，具有正向的双边网络外部性，不受传统市场形式的制约。

2. 基于交易类型的划分

依据交易的类型，双边市场可以分为交易型和非交易型。

交易型市场是指双边用户之间存在可观测的交易，即交易过程完全在平台上完成，平台企业向双方收取注册费，根据交易量向双方收取佣金。这一类市场往往起到了中介的作用，降低了交易成本。

非交易型市场是指双边用户之间不存在交易，或存在无法观测的交易，平台也无法收取交易费用。

3. 基于用户结构的划分

根据用户的归属问题，可以将双边市场分为竞争瓶颈型、纯粹多归属、部分多归属和单归属市场。用户的归属可以分为单归属和多归属，单归属即用户只在一个平台上进行注册的行为，多归属即用户在两个或多个平台上同时进行注册的行为。

竞争瓶颈型市场是指一边的用户单归属，另一边的用户多归属的市场，市场竞争重点集中在单归属的一边，并在单归属的一边形成竞争瓶颈。

纯粹多归属市场是指两边用户均为多归属的市场，绝大多数双边市场均属于这一分类，如房地产业。

部分多归属市场是指部分用户多归属，而其他用户单归属，如网络招聘平台。

单归属市场是指双边用户均为单归属，这一类市场往往伴随着垄断竞争，如通信行业。

第二节 双边市场的竞争策略

双边市场的竞争策略主要包括以下三个方面：定价战略、差异化战略与排他性交易策略。

一、定价战略

平台定价一直是双边市场研究的一个核心问题。Rochet and Tirole（2003）最早提出了双边市场上平台定价的一般原则：由于存在跨边网络外部性，平台对一边用户制定的价格不仅取决于该边用户的需求以及边际成本，还取决于该边用户对另一边用户所带来的网络效应。因此，平台企业的价格会同时受到另一边用户的需求弹性以及边际成本的影响。

基于双边用户需求弹性的差异，平台企业往往采取不对称定价策略，即对需求弹性较大的一边用户收取低价，扩大其参与规模，然后通过跨边网络外部性的作用吸引需求弹性较小的另一边用户，并对其收取高价，赚取利润。跨边网络外部性越大，平台双边价格的不对称性也就越严重，甚至可能出现平台对一边用户收取高价，却对另一边用户进行补贴（或免费提供服务）的现象。价格结构非中性是平台定价的另一个特征：由于存在跨边网络外部性，平台交易量不仅取决于平台所收取的价格总水平，还取决于价格总水平在双边用户之间的分配情况，即当价格总水平保持一定时，交易量会随价格结构的变化而变化。

除了收取交易费之外，平台企业还可以对双边用户收取注册费（会员费）。平台收取注册费可能是因为平台无法对交易行为进行收费，因而只能通过收取注册费的方式获得营业收入，媒体平台的定价就属于这种情况。此外，收取注册费还可以抑制用户采取多归属行为，增加其对于平台的忠诚度。

网络平台的定价策略改变了我们对免费、搭便车等传统概念的认识。网络平台往往对一边用户免费提供服务，甚至提供补贴，以利用跨边网络外部性吸引另一边用户。换句话说，网络平台是主动、积极地邀请用户搭便车，以产生正向的累积循环效应，这与传统上认为搭便车会产生负的外部性大为不同。此外，网络平台的定价策略也极大地改变了我们对反垄断判定标准的传统认知。按照经典理论的判定标准，企业收取高价的行为是垄断价格；低价、免费、补贴的行为是掠夺性定价；对用户收取不同价格的行为是价格歧视。然而这些定价行为只是双边市场的特征使然。

二、差异化战略

不同平台的商业定位往往是不同的，例如有些平台着重为中高端消费者提供质优价高的产品，而另一些平台则着重为低端消费者提供廉价、实惠的产品；平台商业定位的差异导致不同的产品供给与定价模式。由于双边市场的产品差异化是影响用户采取单归属或多归属行为的关键因素，所以平台往往会实施产品差异化战略。

开放与封闭是平台进行差异化的另一个维度。平台可以选择不同程度、不同类型的开放性来进行差异化，不同的开放策略将吸引不同种类和数量的用户，并产生不同的商业模式。开放与封闭也是个相对的概念。

三、排他性交易战略

平台可以通过与卖方签订排他性契约，来限制卖方不能够同时与其他竞争对手进行交易，并以此来攫取超额利润，甚至达到垄断或者市场圈定的目的。比如苏宁、国美都与不同的大型家电厂商达成了排他性交易。

迄今为止，有不少文献对排他性交易进行了研究，但更多的只是关注传统垂直相关企业之间的排他性交易，在双边市场上的研究十分有限。同时，现有文献主要研究上游企业对下游企业实行排他性交易的行为，由于上游企业是下游企业获取产品的唯一途径，这种方式具有直接性以及强制性。而与此不同的是，如果提供排他性契约的主体是平台企业，那么卖方就有更强的动机来选择其他交易模式，而非通过平台交易。因此，在双边市场中，排他性契约的属性会有所不同。

四、市场势力

在过去，人们倾向于认为互联网和电子商务的发展将降低企业的市场准入门槛，减少消费者的搜寻成本，促进信息的自由流动，并最终强化市场竞争，加快创新速度。的确，中小企业现在可以利用云平台进行存储与计算，可以通过互联网金融募集资金，可以经由电商平台与消费者建立联系，可以通过关键字竞价投放广告，还可以利用线上评分机制建立信誉。随着搜索引擎、比价网站和电商平台的普及，企业再也难以利用不对称信息牟取超额收益。

然而，随着平台经济的兴起，平台企业的市场势力日益壮大，人们开始担忧规模经济和网络外部性的存在将造成自然垄断和赢者通吃的局面。虽然平台经济存在高度的垄断或寡头垄断现象，但这不必然表示经济效率受到了损害，也不意味政府需要立刻反垄断。第一，平台企业往往面临潜在竞争者的高度竞争压力。只要潜在的竞争者使企业保持警觉，企业将被迫收取低价以维持庞大的用户基数，并进行技术创新以保持领先优势。事实上，跨界竞争的普遍存在确保了平台之间的高度竞争。第二，技术的迅速迭代令“熊彼特式创新”频繁发生，这使得平台企业即使占据高市场份额也难以长期保持市场势力。

第三节 双边市场的定价模型

本节介绍最为基础的双边市场定价模型，模型不考虑注册费，仅考虑平台对交易所收的交易费。假设双边市场中生产者和消费者通过平台完成交易，生产者的数量为 m，消费者的数量 n，满足如下方程：

$$\begin{cases} m = H(c) \\ n = F(k) \end{cases} \tag{4.1}$$

其中 c，k 分别为生产者与消费者所面对的平台使用成本，H 和 F 分别对应每一种成本下的生产者或消费者数量。结合传统市场理论中的需求定理，当取得一种商品的成本上升时，对其的需求量便会下降，由此可以得出：

$$\begin{cases} H'(c) < 0 \\ F'(k) < 0 \end{cases} \tag{4.2}$$

在双边市场中，生产者和消费者之间无法直接接触，只有通过平台进行匹配，才能完成交易。进一步假设生产者和消费者匹配到对方的概率与对方的人数成正比，用P_m和P_n分别代表生产者与消费者匹配到对方的概率，有：

$$\begin{cases} \dfrac{dP_m}{dn} > 0 \\ \dfrac{dP_n}{dm} > 0 \\ 0 < P_m, P_n < 1 \end{cases} \tag{4.3}$$

假设消费者与生产者之间不会形成多次合作的关系，则生产者利润为：

$$\pi_m = \begin{cases} P_m v - c, P_m v > c \\ 0, P_m v \leqslant c \end{cases} \tag{4.4}$$

同样，消费者的利润为：

$$\pi_n = \begin{cases} P_n s - k, P_n s > k \\ 0, P_n s \leqslant k \end{cases} \tag{4.5}$$

其中 v 为生产者获得的理论，s 为消费者在一次成功的匹配中所获得的效用。结合式（4.4）、式（4.5）可以看出，消费者与生产者的利润均与对方的人数正相关，即二者之间存在双边网络外部性。

在双边市场中，生产者（消费者）的成本可以看作其生产成本（搜索成本）与平台对生产者（消费者）收取的价格的加总。结合式（4.1）、式（4.4）和式（4.5），可以将参与市场活动的生产者和消费者的人数写成如下形式：

$$\begin{cases} m = m(n, c) \\ n = n(m, k) \end{cases} \tag{4.6}$$

其中，

$$\begin{cases} \dfrac{\partial m}{\partial n} > 0, \quad \dfrac{\partial m}{\partial c} < 0 \\ \dfrac{\partial n}{\partial m} > 0, \quad \dfrac{\partial n}{\partial k} < 0 \end{cases} \tag{4.7}$$

假设生产者的生产成本与消费者的搜索成本是不变的，于是 c 与 k 便可以代表平台向生产者与消费者收取的价格，分别记为p_m和p_n，令 $p = p_m + p_n$，平台的利润为：

$$\pi = m\,p_m P_m + n\,p_n P_n \tag{4.8}$$

考虑到双边市场出清，生产者出售的产品数量与消费者购买的产品数量一致，即：

$$m\,P_m = n\,P_n \tag{4.9}$$

因此 $\pi = mP_m p = nP_n p$。记最终成交量 $N = tmn$，其中 t 为一个大于 0 的实数。平台的利润为：

$$\pi = pN \tag{4.10}$$

双边市场的价格分配问题是双边市场定价中最重要的问题。平台的目的是最大化其利润 π，在对单笔交易所收取的价格一定的情况下，有：

$$\max\pi = tmnp \tag{4.11}$$

首先，定义双边的需求价格弹性与双边网络外部性强度：

$$\eta_m = \frac{\partial m/m}{\partial P_m/P_m} \tag{4.12}$$

$$\eta_n = \frac{\partial n/n}{\partial P_n/P_n} \tag{4.13}$$

$$e_m = \frac{\partial m/m}{\partial n/n} \tag{4.14}$$

$$e_n = \frac{\partial n/n}{\partial m/m} \tag{4.15}$$

假设需求价格弹性 η 与双边网络外部性强度 e 为恒定值，增大 1 单位对生产者的价格，对生产者数量的百分比影响为 $\eta_m P_m$，从而增加 1 单位生产者的价格对总交易量的百分比的边际影响为：

$$(1 + e_n)\eta_m P_m \tag{4.16}$$

在总价格 p 一定的情况下，平台利润最大化的均衡点一定在生产者和消费者提供的边际收益相等时：

$$(1 + e_n)\eta_m P_m = (1 + e_m)\eta_n P_n \tag{4.17}$$

根据上式可以看出，双边市场的定价机制与以下因素有关：

（1）双边价格弹性。如果不考虑双边网络外部性，平台向生产者和消费者收取的价格与其需求价格弹性负相关，即在弹性较小的一边定价较高，在弹性较大的一边定价较低。这一结论与传统市场一致，在双边市场上，价格结构的不对称更为显著，双边市场甚至会对弹性较大的一方以低于边际成本的方式进行定价。

（2）交叉网络外部性。结合式（4.16），以消费者数量变化为例，如果双边网络外部性进一步提升，消费者数量变化带来的生产者数量变化的e_m会增大，将导致平台对生产者收取的价格提升，即双边市场结构会向交叉网络外部性强大的一方倾斜。

第四节　双边市场的法律保障与监管

一、优化完善市场准入条件，降低企业合规成本

（一）推进平台经济相关市场主体登记注册便利化

放宽住所（经营场所）登记条件，经营者通过电子商务类平台开展经营活动的，可以使用平台提供的网络经营场所申请个体工商户登记。指导督促地方开展“一照多址”改革探索，进一步简化平台企业分支机构设立手续。放宽新兴行业企业名称登记限制，允许使用反映新业态特征的字词作为企业名称。推进经营范围登记规范化，及时将反映新业态特征的经营范围表述纳入登记范围。

（二）合理设置行业准入规定和许可

放宽融合性产品和服务准入限制，只要不违反法律法规，均应允许相关市场主体进入。清理和规范制约平台经济健康发展的行政许可、资质资格等事项，对仅提供信息中介和交易撮合服务的平台，除直接涉及人身健康、公共安全、社会稳定和国家政策另有规定的金融、新闻等领域外，原则上不要求比照平台内经营者办理相关业务许可。

（三）加快完善新业态标准体系

对部分缺乏标准的新兴行业，要及时制定出台相关产品和服务标准，为新产品新服务进入市场提供保障。对一些发展相对成熟的新业态，要鼓励龙头企业和行业协会主动制定企业标准，参与制定行业标准，提升产品质量和服务水平。

（四）加强网络支撑能力建设

深入实施“宽带中国”战略，加快5G等新一代信息基础设施建设，优化提升网络性能和速率，推进下一代互联网、广播电视网、物联网建设，进一步降低中小企业宽带平均

资费水平，为平台经济发展提供有力支撑。

二、创新监管理念和方式，实行包容审慎监管

（一）探索适应新业态特点、有利于公平竞争的公正监管办法

本着鼓励创新的原则，分领域制定监管规则和标准，在严守安全底线的前提下为新业态发展留足空间。对看得准、已经形成较好发展势头的，分类量身定制适当的监管模式，避免用老办法管理新业态；对一时看不准的，设置一定的“观察期”，防止一上来就管死；对潜在风险大、可能造成严重不良后果的，严格监管；对非法经营的，坚决依法予以取缔。各有关部门要依法依规夯实监管责任，优化机构监管，强化行为监管，及时预警风险隐患，发现和纠正违法违规行为。

（二）科学合理界定平台责任

明确平台在经营者信息核验、产品和服务质量、平台（含 App）索权、消费者权益保护、网络安全、数据安全、劳动者权益保护等方面的相应责任，强化政府部门监督执法职责，不得将本该由政府承担的监管责任转嫁给平台。尊重消费者选择权，确保跨平台互联互通和互操作。允许平台在合规经营前提下探索不同经营模式，明确平台与平台内经营者的责任，加快研究出台平台尽职免责的具体办法，依法合理确定平台承担的责任。鼓励平台通过购买保险产品分散风险，更好保障各方权益。

（三）维护公平竞争市场秩序

制定出台网络交易监督管理有关规定，依法查处互联网领域滥用市场支配地位限制交易、不正当竞争等违法行为，严禁平台单边签订排他性服务提供合同，保障平台经济相关市场主体公平参与市场竞争。维护市场价格秩序，针对互联网领域价格违法行为特点制定监管措施，规范平台和平台内经营者价格标示、价格促销等行为，引导企业合法合规经营。

（四）建立健全协同监管机制

适应新业态跨行业、跨区域的特点，加强监管部门协同、区域协同和央地协同，充分发挥“互联网+”行动、网络市场监管、消费者权益保护、交通运输新业态协同监管等部际联席会议机制作用，提高监管效能。加大对跨区域网络案件查办协调力度，加强信息互换、执法互助，形成监管合力。

（五）积极推进“互联网+监管”

依托国家“互联网+监管”等系统，推动监管平台与企业平台联通，加强交易、支付、物流、出行等第三方数据分析比对，开展信息监测、在线证据保全、在线识别、源头追溯，

增强对行业风险和违法违规线索的发现识别能力，实现以网管网、线上线下一体化监管。

三、优化平台经济发展环境，夯实新业态成长基础

（一）加强政府部门与平台数据共享

依托全国一体化在线政务服务平台、国家“互联网＋监管”系统、国家数据共享交换平台、全国信用信息共享平台和国家企业信用信息公示系统，进一步归集市场主体基本信息和各类涉企许可信息，力争上线运行全国一体化在线政务服务平台电子证照共享服务系统，为平台依法依规核验经营者、其他参与方的资质信息提供服务保障。加强部门间数据共享，防止各级政府部门多头向平台索要数据。

（二）推动完善社会信用体系

加大全国信用信息共享平台开放力度，依法将可公开的信用信息与相关企业共享，支持平台提升管理水平。利用平台数据补充完善现有信用体系信息，加强对平台内失信主体的约束和惩戒。完善新业态信用体系，在网约车、共享单车、汽车分时租赁等领域，建立健全身份认证、双向评价、信用管理等机制，规范平台经济参与者行为。

（三）营造良好的政策环境

充分听取平台经济参与者的诉求，有针对性地研究提出解决措施，为平台创新发展和吸纳就业提供有力保障。建成全国统一的电子发票公共服务平台，提供免费的增值税电子普通发票开具服务，加快研究推进增值税专用发票电子化工作。尽快制定电子商务法实施中的有关信息公示、零星小额交易等配套规则。鼓励银行业金融机构基于互联网和大数据等技术手段，创新发展适应平台经济相关企业融资需求的金融产品和服务，为平台经济发展提供支持。允许有实力有条件的互联网平台申请保险兼业代理资质。推动平台经济监管与服务的国际交流合作，加强政策沟通，为平台企业走出去创造良好外部条件。

四、切实保护平台经济参与者合法权益，强化平台经济发展法治保障

（一）保护平台、平台内经营者和平台从业人员等权益

督促平台按照公开、公平、公正的原则，建立健全交易规则和服务协议，明确进入和退出平台、商品和服务质量安全保障、平台从业人员权益保护、消费者权益保护等规定。

（二）加强平台经济领域消费者权益保护

督促平台建立健全消费者投诉和举报机制，公开投诉举报电话，确保投诉举报电话有

人接听，建立与市场监管部门投诉举报平台的信息共享机制，及时受理并处理投诉举报，鼓励行业组织依法依规建立消费者投诉和维权第三方平台。鼓励平台建立争议在线解决机制，制定并公示争议解决规则。依法严厉打击泄露和滥用用户信息等损害消费者权益行为。

（三）完善平台经济相关法律法规

及时推动修订不适应平台经济发展的相关法律法规与政策规定，加快破除制约平台经济发展的体制机制障碍。

本章思考题

1. 简述双边市场的基本内涵。
2. 考虑不同类型双边市场的现实例子。
3. 考虑双边市场对企业定价的影响。
4. 简述双边市场的竞争策略。
5. 简述国家对双边市场的相关治理措施。

第五章　平台经济理论

▶案例导入

菜鸟网络

电子商务的发展带动了中国物流业的快速发展，但物流行业作为传统产业，其服务效率和发展速度明显滞后于基于互联网的电子商务的发展，成为中国电子商务发展的瓶颈。阿里巴巴作为国内最大的电子商务企业，其进一步完善电子商务行业的生态系统，与国内主要传统物流快递企业共同投资成立菜鸟网络科技有限公司。2013 年 5 月 28 日，阿里巴巴集团、银泰集团联合复星集团、富春集团等投资机构，与顺丰集团、“三通一达”（申通、圆通、中通、韵达）等主要快递企业宣布共同投资建设“中国智能物流骨干网”，利用物联网、云计算、网络金融等新技术，加速现代物流和电子商务的发展。

菜鸟网络在现有物流业态的基础上，以数据驱动，建立一个开放、共享、社会化的物流基础设施平台，以数据为核心，通过社会化协同，打通了覆盖跨境、快递、仓库、配送、农村、末端配送的全网物流链路，提供了大数据连通、数据赋能、数据基础产品等。菜鸟网络还打通了跨境、仓库、配送链条，将不同的服务商串联在一起，为商家提供了仓配一体化解决方案、跨境无忧物流解决方案等，商家可以专心进行营销，仓储物流等的解决方案只需交给菜鸟网络即可。截至 2015 年 11 月，菜鸟网络通过接入快递公司、仓配服务商、日日顺、苏宁物流、落地配公司等，让中国超过 70% 的快递包裹、数千家国内外物流、仓储公司及 170 万名物流和配送人员的数据都在菜鸟数据平台上运行。2019 财年，菜鸟网络在末端物流解决方案和国际及跨境物流解决方案上持续取得进展。在城市地区，菜鸟驿站在社区及校园的站点、居民区的自提柜，与菜鸟快递合作伙伴的末端配送网络形成重要互补。2019 年 3 月，集团旗下中国零售平台每日产生的包裹中，有超过 10% 经由菜鸟驿站处理。2019 财年内，菜鸟网络通过对中国两家主要快递公司中通快递和申通快递的投资，加强了与快递行业的关系。在国际物流方面，菜鸟网络还服务了超过 75% 的全球速卖通订单和超过 90% 的天猫国际订单，并为全球速卖通、天猫国际、天猫海外的 75 万商家提供进出口服务。

阿里巴巴以电子商务平台为核心，利用其积累的大量网络数据资源，向支付、金融和物流等电子商务相关服务领域延伸和拓展，采取多元化平台扩张战略，在扩大了自身的商业版图、获得更大的发展和盈利的同时，也加快了中国电子商务服务业生态体系的完善。其技术和基础设施平台、互联网金融平台、智能物流平台的建设和发展，也优化了信息技术服务、金融服务和物流服务的商业模式，促进了中国 IT、金融和物流行业的创新和发展。

阿里巴巴的基于平台型商业模式的持续创新，在发展初期的平台用户召集、发展阶段的平台扩张策略，以及跨平台的资源整合利用等商业实践，都是平台型商业模式理论的典型案例。

（资料来源：芮明杰．平台经济：趋势与战略［M］．上海：上海财经大学出版社，2018.）

第一节　平台经济的基本内涵

一、平台及平台经济

（一）平台的定义

学术界对"平台"的定义并没有统一的界定。Wheelwright 和 Clark（1992）、Gawer 和 Cusumano（2002）均认为：平台是对先前的产品的成本、质量和表现进行的根本性的改进，而 Rochet 和 Tirole（2003）认为平台是双边市场。[①] 一般来说，在大数据时代，平台是指不同要素数字化的组织形式，其核心是不同要素及资源的数字化连接。本书综合各类观点，将商品市场平台定义为：形成和促进商品买卖双方或多方之间交易的场所，这个场所可以是实体的，称之为"实体商品市场平台"（又称为线下平台）；也可以是互联网虚拟的，称之为"电商平台"（又称为线上平台）。在现实经济活动中，平台运营商（交易场所提供者和运营者）提供一个或多个线下或线上平台，通过买卖双方提供服务，促成买卖双方或多方之间交易，进而以收取费用、赚取差价等方式获得收益。平台是一种虚拟或真实的交易场所，平台本身不生产产品[②]。

在大数据时代，平台有以下的基本功能：一是通过吸引大量的消费者及厂商并连接起来建立一个流动性的市场；二是通过数字化技术创建有效的渠道，匹配消费者与厂商之间的交易，以此来促进交易与互动，为客户创造价值；三是开发支持交易与互动的核心算法程序及服务，以此来降低交易成本、降低进入障碍、增加平台使用的价值，吸引更多的客户；四是确立平台的规则及标准，鼓励正向行为，限制负向行为等。此外，平台有"二重性"：既是企业（目标是盈利），又是市场（业务是促成交易）[③]。

---

① 传统企业的逻辑：一手交钱，一手交货，是在一条需求曲线上的表现形式。双（多）边平台的逻辑：多头经营，为多条需求曲线上的表现形式。

② 芮明杰．平台经济：趋势与战略［M］．上海：上海财经大学出版社，2018.

③ 作为企业，它要和一般企业一样参与市场竞争，其目标是盈利；作为市场（更确切的是市场的守护者、规制者），它要对其运行状况进行有效的治理，目标是维持市场更好地运作。然而，一些企业（如亚马逊、京东）在作为平台的同时，也进行自营。这种情况可以视为企业作为一个经营者入驻了自己的平台。

实体商品市场平台，即线下平台，是由第三方（平台运营商）或卖方提供的现实交易场所，例如购物商城、建材市场、小商品城等。平台提供商品展示、信息传递等功能，买卖双方可以进行自由交易。平台运营商（政府或商家企业）负责市场的建设、维护和监管，制定交易规则和制度，以联营或征收租金等方式运行管理。

电商平台，即线上平台，主要是指以互联网及其应用为支撑的虚拟交易场所，是随着信息技术的快速发展而产生的新型商品市场平台。线上平台可以满足买卖多方主体信息透明、交易自由、服务提升等多样化、多元化和个性化需求。电商平台运营商是指建设和运营互联网虚拟平台的企业，主要负责电商平台的建设、维护与发展。

（二）平台经济内涵

“平台经济”（Platform Economy）是近几年才在国际文献中频频出现的新词，在国内出现的历史却超过10年，不过在中英文语境中的含义差异较大。该词在国内不仅出现早，而且受关注程度远大于国外，特别是2018年3月5日李克强总理在《政府工作报告》中首次提到“发展平台经济”，平台经济迅速成为人们关注的焦点。

然而，人们对“平台经济”的概念并没有统一认识。虽然国内外学界、业界与政府文件在谈及平台经济时多指“基于互联网或数字平台的新型经济形态”，但所含边界却不同。国内平台经济主要包括电商交易平台为核心的新经济形态，至于近几年兴起的基于互联网的网约车、共享汽车和民宿短租等新经济形态则被划为共享经济（Sharing Economy）范畴。国外文献中论及平台经济时则包括电商交易、社交媒体与网约车等多种新经济形态，而且常与共享经济互换使用，Kenney和Zysman（2016）最早提出此概念时就称，“我们给予数字平台不同的名字。支持者称其为‘创意经济’或‘共享经济’。我们比较喜欢‘平台经济’或者‘数字平台经济’这两个词”。

平台经济是围绕平台、平台之间、平台上多方主体产生的一系列经济现象及其外部性的总和①。国外学者对于平台经济的研究始于双边市场理论，最初关注点在于信用卡购物平台、报刊类平台。双边市场能够通过增加市场一方的费用，同时等量减少另一方收费的方式来影响交易量②。平台可以限制最终用户定价，双边市场必需精心设计一个能够吸引双边用户的价格结构，确保双边用户都能够获得收益，以增加平台的竞争力。而平台经济学是研究平台之间的竞争与垄断情况，强调市场结构的作用，通过交易成本和合约理论，分析不同类型平台的发展模式和竞争机制，并提出相应政策建议的新经济学科。研究内容包括平台的分类、平台的多属性、平台的网络效应、双边用户的召集、平台的定价策略以及平台的运营和控制等。

---

① 也有学者认为平台经济是一种基于数字技术，由数据驱动、平台支撑、网络协同的经济活动单元所构成的新经济系统，是基于数字平台的各种经济关系的总称（赵昌文，2020）。虽然不同学者对平台经济的定义和内容描述不一致，但平台经济概念事关平台、数字（在线或互联网）平台与共享经济概念。

② Evans, D. S., 2003. The Antirust Economics of Multi - sided Platform Markets. *Yale Journal on Regulation* 20 (2), 325 - 379.

平台经济的产生有其必然性（见图5－1）。在当今环境下，经济呈高度复杂化、多样化和不确定性。这些复杂多变的外部环境因素驱动企业进行快速反应，实行专业化分工，通过价值链进行合作，创新发展新模式和新应用，产生空间转移、组织变革，开展多重风险的控制，从而催生了平台，进而推动平台经济发展。图5－1显示了平台经济产生的必然性。

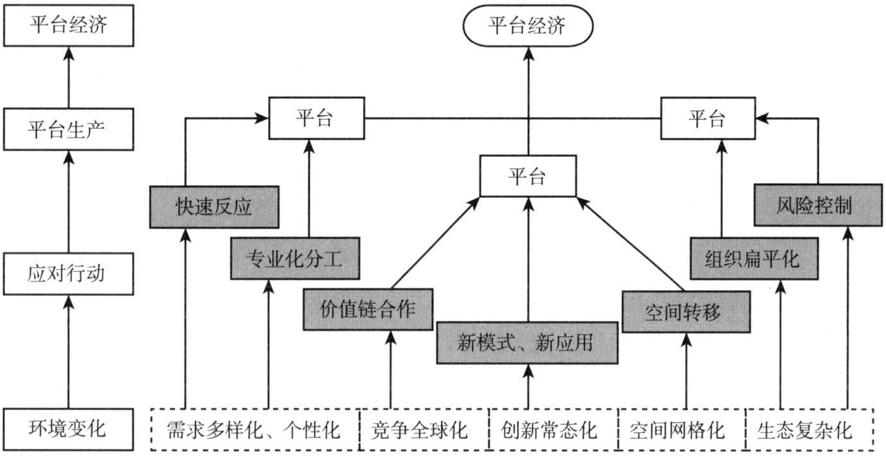

图5－1 平台经济产生的必然性

（资料来源：阿里研究院．平台经济［M］．北京：机械工业出版社，2016.）

（三）平台经济效用

1. 催生新产业链形态

传统产业链是直线型产业链，成本利润沿产业链单向流动。线下商品市场平台也可以通过双边交易市场的形式，新的产销结合商业模式，优化流通行业产业链。而电商平台整合上下游各主体，供给方和需求方通过平台直接对接、沟通，重构供求关系，形成平台式产业链。此时，信息流、商流、物流、资金流等运转更顺畅，资源配置更合理，商业运作效率提高，成本降低。

2. 形成新价值

平台经济形成的价值：一是创新零售商价值链。零售商向商家批发产品，转卖给终端消费者，商家和终端消费者通过零售商了解行业相关信息，即零售商（包括线下、线上）集支付、商品信息、物流等功能于一体。电商平台重点运营电子商务网站，为买卖双方提供信息，达成交易，而将物流、支付等外包给第三方公司。二是创新供需协作方式。传统产业协作主要沿产业链直线进行，不同产业链之间存在进入壁垒。而平台经济下，产业链各环节以消费者最终关联为目标，以消费者为核心进行协同发展。

3. 呈现新型盈利特性

平台的盈利方式更为丰富，体现出新的特点。第一，网络效应是平台商业模式的主要基础来源之一，通过对产生需求的关键定价获取盈利。第二，挖掘买卖双方交易数据成为重要的盈利方式。由于平台运营商联结和主导上下游产业链，因此采用数据挖掘的方式，有效利用市场双方数据而获取利润。第三，盈利环节增多，盈利方式多元化。处理交易环节抽成以及流量等“租金”来源，供应链服务、金融服务、征信等增值服务也成为重要的盈利来源。

(四) 平台经济持续发展的根本问题

平台经济是产生于平台、双边（或多边）市场及其外部性等经济现象的总和。总体而言，围绕平台（平台运营商）产生的一系列经济活动及其外部性构成了平台经济，平台运营商及其参与者的经济活动所构成的交易市场被称为双边（或多边）市场。围绕着平台交易产生的各种衍生经济行为，如物流、金融、咨询、中介、人才培训等形成了平台发展的生态圈，产生了新的价值创造与新型产业发展，这就是平台发展的外部经济性。既然平台经济是指商品交易平台、平台之间、平台上多方主体的经济行为，以及由此导致的全部经济外部性，包括直接平台经济行为，因此平台经济的发展涉及三大根本问题：平台本身的构建与发展；平台的支撑体系完善和效率；如何保持公平的市场竞争环境、有效的监管制度。

二、平台经济的基本构成、主要分类与业务模式

(一) 平台经济的基本构成

根据平台经济定义，平台经济主要由供给方用户、需求方用户、平台（平台运营商）、平台支撑体系四大类主体构成。其功能、关系如图 5－2 所示。

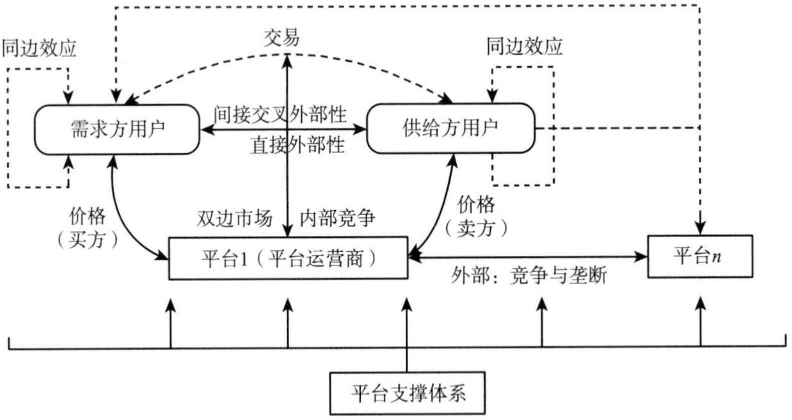

图 5－2 平台经济构成

（资料来源：陈威如，余卓轩．平台战略：正在席卷全球的商业模式革命［M］．北京：中信出版社，2013.）

1. 供给方用户

供给方用户即卖方，包括产品制造厂商、零售商、批发商、特殊个人等，如淘宝平台上的商家、B2B平台上的生产者和销售者，卖方可能属于多个平台，直接与买方发生交易。

2. 需求方用户

需求方用户即买方，包括个人、厂商、零售商、批发商等，如淘宝平台上通过电脑、手机等智能终端购买产品的用户、B2B平台上购买原材料和中间产品的用户、产业链下游批发零售商等。买方也可能是属于多个平台，这主要取决于转换成本。

3. 平台运营商

平台运营商主要包括政府机构、企业等。平台运营商搭建真实或虚拟交易空间，提供平台运行的软硬件系统，维护平台运营，制定交易规则与制度，处理和提供信息，开展服务和补贴活动，利用平台数据进行业务创新等。平台运营商的职责主要是协调和促成平台上的多边参与者完成交易，吸引用户和维持平台的商业生态系统，协调和平衡企业自身和平台的利益，以及平台与互补品开发商、用户和整个行业之间的利益。平台运营商之间存在竞争关系。

4. 平台支撑体系

平台支撑体系即支持平台交易的各种服务提供商，包括金融支付结算提供商、物流服务商、广告服务商、技术服务商、法律咨询服务商等。

（二）平台的主要分类

1. 依据开放程度分类

平台可以按照开放程度，分为开放平台、封闭平台和垄断平台[①]。在开放平台中，市场买方和卖方各成员可以自由进入平台市场；在封闭平台中，现有成员可以阻止后来者进入；在垄断平台中，所有市场位置均为一个垄断者控制。同时根据一体化的程度，可以进一步划分为开放一体化平台、封闭一体化平台。开放一体化平台与开放平台、封闭一体化平台与封闭平台之间的区别在于平台提供者往往是卖方，由卖方向下一体化。

2. 依据连接性质分类

一种更有效的方法是依据连接性质进行分类，将平台分为纵向平台、横向平台和观众平台。

纵向平台促进卖家和买家形成交易，例如购物中心，是通过提供具体的场所促进交易的形成。其他的例子如银行卡通过一种技术平台（而非具体的场所）促进卖家和买家形成交易；游戏控制台连接游戏开发商（卖家）和玩家（买家）；医疗服务匹配系统连接居民和医院；B2B网络连接开发商和买家等。

---

① 徐晋. 平台经济学——平台竞争的理论与实践［M］. 上海：上海交通大学出版社，2007.

横向平台促进不同组成员的相互交流和组合。横向平台的一个典型例子是电子邮件系统，使用系统的各个用户之间地位相同，不存在明显的买卖关系。但是，他们之间存在相互交流与组合的需求。

观众平台通过给予观众（免费）服务和商品来捕捉目标客户，而这种（免费）服务与商品往往受到商户的资助。观众平台的例子包括报纸、（免费）电视频道、（免费）网络搜索引擎和文件共享技术。观众平台的业务模式受到内容提供者的欢迎，虽然内容的生产成本很高，但是，只要能够获得观众的注意，就能将成本转嫁给广告商。在信息时效性强的年代，观众平台的模式尤其受欢迎。内容提供者可以将取之广告商的收入用于补贴内容生产，广告商也乐意进行投资。

平台市场中经常由一方补贴另一方。例如，在某些观众平台中，广告商补贴内容提供者；在某些纵向平台中，卖家补贴买家。这些服务的成本转移至卖家身上，而卖家则从与消费者数量相关的间接外部性中受益。在其他的纵向平台中，买家可能补贴卖家。例如，软件平台如操作系统，经常补贴软件开发商，而向最终用户收费。当供求不对称时，横向平台经常对某些成员进行补贴来调节供求，以此获得动态平衡。

3. 依据功能分类

根据平台功能，将其区分为市场制造者、观众制造者和需求协调者。市场制造者使得属于不同市场方的成员能够进行交易，观众制造者匹配广告商和观众，需求协调者制造能产生间接网络效应的商品和服务。这种分类非常有助于理解平台的主要优点：平台提供廉价的实体环境或虚拟的贸易环境，从而降低市场各方寻找贸易伙伴的交易成本。

市场制造者使得不同市场方的成员互相交易。其他市场方的成员越多，则某市场方内的成员便越看重这项业务，因为这会增加互相匹配的机会以及减少寻找配对所需的时间。

观众制造者匹配广告商与观众。观众越多，对广告信息做出越正面的反应，广告商就越看重这项服务；有用的信息越多，观众就越看重这项服务。依赖于广告支持的媒体，如杂志、报纸、免费电视、黄页和众多网络门户皆是观众制造者。

需求协调者制造产品和服务，这些产品和服务能引起两个或多个市场方客户之间的间接网络外部性。需求协调者属于特殊的少数类别，但在经济学上最为有趣、最少被研究。这些平台并不严格地像市场制造者那样出售交易机会或像观众制造者般出售信息。属于需求协调者的例子有软件平台、支付系统和移动通信等。

（三）平台的结构

平台经济具有复杂性，其由多主体构成，主体之间进行密切的专业分工合作。主体之间的分工合作，逐渐形成不同层次的专业化职能，最终演化成具有清晰层次性的经济结构。

平台自下而上可分为基础层、平台层、应用层和用户层。基础层主要由数字技术基础设施构成。基础层为平台建设和运营提供了基础条件和设施，是平台建设和运营的先决条件。基础层的主体包括电信运营商、软硬件服务商、中介服务组织和政府等主体。平台层由数字网络平台企业构成，如阿里巴巴和腾讯。平台企业负责平台的建设、运营和管理，负责提供虚拟服务空间、基础服务和增值服务。如淘宝平台提供给消费者账户注册和管理、商品搜索、签约支付，提供给网商和服务商开店注册、广告服务、数据服务等；再如微信平台，提供用户朋友圈信息发布、浏览和回复服务，提供给中小企业及个人的公众号服务。应用层，即建立在平台层基础之上，借助平台提供的服务，直接向消费者和企业及服务商提供各种应用和服务。如在淘宝平台，网商向消费者提供的各种产品和服务，向交易服务商提供物流和代运营服务。用户层是各类主体争夺的主战场，是在平台上接受各种服务的客户集合。用户层的主体既包括个人用户，也包括企业用户。在买方市场条件下，只有满足用户的需求，才能获得市场和竞争优势。

（四）平台的业务模式

平台市场中经常出现以下几种业务模式：召集双边客户的业务模式、利益平衡业务模式、规模化和流动性业务模式以及多属业务模式。

1. 召集双边客户的业务模式

平台的一个重要特征是，无论平台如何收费或定价，只要没有另一方的需求，则这一方的需求也会消失。平台业务必须设法召集双边客户，而在召集双边客户的过程中，平台投资和定价策略是至关重要的。召集双边客户的方法之一是，首先获取市场某方的大量客户，免费为他们提供服务，甚至付费让他们接受服务，因为这样鼓励了受益一方参与平台的积极性。通过这样的投资方式，双边平台能够为市场培养（甚至在最初提供）一方或双方的客户，以推动平台获得全面的成功。

2. 利益平衡业务模式

多边市场中，成熟的平台企业仍需要制定和维持一个最优收费结构或价格结构。双边的客户都着眼于自身利益而要求对方支付高价，在大部分的多边市场中，平台的定价结构似乎都严重倾向于市场的某一方，这一方的边际效用远低于市场的另一方。例如，微软的绝大部分收入来自给予最终用户和计算机生产商的授权许可。

3. 规模化和流动性业务模式

成功的多边平台企业，如微软、阿里巴巴、谷歌等，在做主要投资扩大规模之前，都花费时间测试和调整平台以增加流动性。这些企业先在小型市场中试运行，反复试验并找到值得投资的适当技术与设施。这些成功的平台企业都采取了循序渐进的市场进入策略，经过一定的时间再逐渐扩大规模。与传统的网络效应经济理论不同，没有证据表明可以通过迅速占据市场份额达到控制平台产业市场的目的。许多较早进大市场的平台企业最终都不能保持在产业内的领先地位。

4. 多属业务模式

对平台产业而言，通常在市场的至少一方出现多属的情形。现在网民可以选择在多个网站免费注册邮箱（广告商在该页面做广告是需要付费的），所以出现了一个网民的多属行为。多属行为的出现，导致平台之间的竞争。竞争的结果会给用户带来一定的效益。所以竞争的平台就会考虑自己的定价问题。多属行为是双边市场上平台业务的开展过程中比较常见的现象，它能对平台价格水平和定价结构产生重要影响，但是目前理论和经验研究都跟不上现实的发展速度。

三、平台经济的基本特性

（一）虚拟性

互联网电商平台虚拟了交易空间，可以摆脱实体场所的地域与时间的约束。电商平台打通供需双方的非现场直接交易通道，大部分功能在网络虚拟空间运行，由电商网页提供商品信息，线下只有少数运营和维护部门。该特性降低了对实体店的要求，同时减少了实体店的物流、仓库等流通环节转而提高了跨地区物流体系的要求。

虚拟性使电商平台擅长跨地区经营。网络化的特点使平台跨地区进入能力极强，在较低成本下实现空间的无限分布，其扩散能力几乎只取决于物流成本等。

虚拟性使电商平台产生大量数据用于生产创新。信息技术时代大数据成为重要的生产资料，电商平台将人类的交易行为通过数据形式表达，将交易流通过程即时反映出来，同时这些数据存在于网络云端，便于监控与改进。尤其是一些买卖双方关键特征以数据形式被放大和展示，便于深层挖掘买卖双方的需求。

虚拟性使电商平台具有低成本复制的特点，即边际生产成本趋近于零。平台搭建的成本投入较高，但后期增加交易或需求方的成本提升较低，从而鼓励平台创新。以电商平台为例，电商平台的搭建只需有限的固定成本，但是电商平台上店铺和用户却可以无限零成本增加。开店只需商家申请账号，再根据产品特点更新价格、信息和服务。而在传统零售领域，开店则需商铺租赁、工商注册等，费用和协调成本较高。

虚拟性使电商平台利用了互联网的时间与空间的无限延展性、信息交换的方便性、商品与服务展示的可能性，极大地满足了买卖多方主体信息沟通、交易选择、服务优化等需求，已经成为社会、经济、产业、生活等诸多方面发展的重要基础架构。

（二）网络外部性

网络外部性是指通过使用者之间关系网络的建立，达到价值激增的目的。网络外部性为电商平台带来价值杠杆。平台企业不仅为买卖双方提供交易服务，而且带来网络外部性的增值效应。平台经济首先是一个双边或多边市场，一边连接消费者，一边连接企业。每个平台都有一个平台运营商，它负责聚集社会资源和合作伙伴，为客户提供好的产品，通过聚集人气，扩大用户规模，使参与各方受益，达到平台价值、客户价值和服务价值最大化。网络外部性指平台具有的这两种类型的用户，一方所提供的产品或服务的收益水平取决于另一方参与者的数量，双方用户通过平台相互作用而获得价值。一种类型用户的规模会显著影响另一种类型用户使用平台的效用或价值。平台上的两种用户互相依存，互相影响，互相促进，形成独特的网络外部性。买家和卖家是否加入该平台，是一种正反馈过程。在网络外部性下，平台型企业往往出现规模收益递增现象，赢者掌控全局。平台经济的网络外部性可以分为同边外部性、直接外部性和间接外部性。

（1）同边外部性：指一方用户数的增加导致这个网络对于同一方用户的价值升高或降低。例如电商平台中的社交网络功能、消费评价机制。

（2）直接外部性：指平台的价值与使用该平台的用户规模和交易规模相关。

（3）间接外部性：又称交叉外部性，是指平台一类用户数量增加影响该平台内另一类用户的价值。

（三）开放共享性

互联网电商平台在提供基础服务的基础上，开放自身资源，让更多的第三方资源与组织或个人参与到平台的生态系统开发中来，把分散的碎片化的资源、信息、数据等在平台上集聚，从而可以共享，可以提供丰富的应用或者服务。平台的开放集聚特点导致平台经济是一个开放系统，它可以吸引资源，把分散的资源集中起来，合作参与共同开发，从而实现多方共赢、共享，产生规模效应以及集聚效应，提高平台价值。基于开放性，平台也就更容易与其他产业进行合作。

好的平台具备分享信息资源、商品或服务等的能力。平台为分享提供了机制渠道和场所，使分享共享成为新型商业模式的基础。分享平台为供需双方整合碎片化的资源，促进资源合理流动，提高使用价值和效率，节约了社会整体成本。

（四）算法匹配

平台经济的第四个特征是依托算法的信息匹配与资源整合。平台经济是一个双边或多边市场，通过连接上下游、供需端以及第三方服务，降低交易费用、分享价值增值收益的经营实体。企业通过减少不必要的中间环节，创造更多的价值连接，提升效率，带来增值。平台型企业通过连接多边群体，整合多方资源，设立规则与机制，满足多边群体的需求，充当连接、整合的角色。企业还可以通过协同上下游伙伴，甚至同业竞争者，一起设计新格局、新规则，为供应方及需求方带来更大增值。如平台企业百度一方面为广大用户提供搜索服务，一方面通过聚集流量，为商家提供更加精准的广告，提高广告效益。平台企业要能立足市场，关键就是要为双边或多边市场创造价值，从而吸引用户，提升平台势能。

（五）超自然垄断

平台经济具有超自然垄断的特征属性。平台经济兼具规模经济和范围经济。一方面网络平台吸引数以亿级的用户群体，为供给端呈现了兼顾个性化的“规模优势”；另一方面，同一网络平台给用户群体提供的数据产品和服务越来越多，而且提供的多种产品总成本低于分别生产各个产品的成本之和。平台经济具有可以低成本无限复制的特性，即趋近于零边际成本生产的特性。在经济学中，边际成本是指在不包括固定成本的情况下，每新生产一单位的商品所带到总成本的增量。零成本复制，恰恰是平台经济快速成长的奥秘，也是平台经济的魅力所在。以淘宝为例，电子商务平台的建设只需有限的固定成本，但是电子商务平台上的店铺却可以无限零成本复制。只要商家申请账号，淘宝平台就可以接近于零成本开通一家店铺，商家根据自己的资源，经营特色商品和服务。目前，淘宝平台已经拥有千万级卖家店铺，不管增加多少店铺，每增加一个店铺的成本都可以低到忽略不计。规模经济、范围经济、边际成本为零，共同使平台经济具有了超自然垄断的特征，这些属性共同使超级大型平台快速发展。

第二节 平台的定价策略与影响因素

一、双边平台的定价策略

平台需要面对市场的两边，其收入为市场两边的注册费收入即会员费以及与平台交易量有关的交易收费即使用费之和。许多文献都讨论了两种价格模式：会员费（即用户向他选择交易的平台交纳的注册费）和使用费（平台根据用户的交易行为向用户收取的交易费）。将使用费与会员费用进行区分是非常重要的，一方面平台的使用费或者浮动费用会对交易双方的交易意愿产生影响，进而影响到他们通过潜在交易可能获得的净利润；另一方面，平台会员费或者固定费用，决定了平台终端用户的存在及其数量。然而，使用一种或另一种价格模式有时纯粹是一种习惯性的选择。从市场一方的客户的角度来看，客户期望互动值达到平衡，两种价格之间，总是有相同之处（只要价格变化能被补偿，以保持期望效用不变）。只有当选择的参与平台合乎逻辑地与随后选择在这个平台上所做的交易分割开来，区分这两种价格才有意义。这种方法在 Caillaud 和 Jllien（2003）的文章中被采用过，这种情况下，在一个中介平台上实现交易是一种小概率事件①。除此之外，平台还可以采取两步收费制的定价方式。实际上注册费和交易费这两种收费方式也是两步收费制的特殊形式。比如，电子商务平台先向用户收取一个注册费，用户交纳注册费后，就获得了到平台上交易的资格，随后平台按照交易次数向用户收费，这时的收费可以是一个和交易金额有关的费用（按照交易金额的一定百分比收费），也可以是一个独立于交易金额的费用（即每次交易收取固定的费用）。

双边平台的定价一般以平台利润最大化或者社会福利最大化为目标，这与单边市场是一致的。平台定价策略的首要问题是确定从哪边获利和如何定价。双边市场主要采用收取

---

① Caillaud，B.，Jullien，B. Chicken & Egg：Competition among Intermediation Service Providers. Rand Journal of Economics，2003（24）：309 - 328.

注册费、按交易费次数收费或收取特许使用费，以及两步收费制这三种方式。在定价策略上，双边市场和单边市场迥然不同，平台企业面对价格弹性不同且相互之间存在网络外部性的两边，定价的焦点问题是为交易平台两边吸引尽可能多的用户。因此，平台往往不拘泥于某一边的盈亏，而采用不对称的定价策略，以低价大力培育客户基础，通过网络外部性的作用来吸引更多的用户到平台上交易，并在另一边收取高价以保证平台的收入和盈利①。

像企业的垂直统一管理一样，把市场外部性内在化的行为是有益于社会的。因此，应该把平台所行使的类似于市场管理的权利（不利于社会）与达到市场平衡的目标逻辑地区别开来。不论是营利性平台、非营利性平台或者是社会福利最大化平台都会追求这个目标。但 Jullien（2004）指出，福利最大化下的平台定价通常不能抵偿成本，福利最大化就意味着负利润②。

有很多文献对平台市场中的价格因素进行了分析，其中一个重要的发现是，要达到对于多组客户的最优价格，必须调整或平衡一组间的需求结构。对于市场某一边的最优价格低于所需的边际成本确实可能存在③，平台运营成本在两边的分配也许难以清晰地界定。需要把双边市场的两方参与者集合在一起才能使平台产品存在，并使任一方的客户都能购买所需产品，但这就很难说明成本是由哪一方引起的。平台业务趋于把价格倾斜于向市场的某一方，倾斜的力度根据它引起的间接网络外部性的量而定。如果 A 方对 B 方引起的外部性远大于 B 方对 A 方的外部性，则 A 方趋于获得一个较低的价格。然而，目前的理论研究往往要非常依赖精练的假设条件，而且还仅仅集中在讨论静态定价的问题，还未发现对动态定价问题进行的研究。

二、平台定价的影响因素及其模型

（一）平台定价的影响因素

影响平台定价的因素很多，这些因素影响对最终用户征收的费用，并通过平台使其他参与各方的福利内在化（对平台而言是对市场双边的联结）。这种联结行为与标准商业战略明显不同，特别当平台从市场的一边赚不到钱甚至有损失时。例如，媒介平台经常发送免费报纸或播放免费电视，目的不是挤垮对手，而是向广告客户征收更高的费用。Ambrus 和 Rossella（2004），Caillaud 和 Jullien（2003）指出，即便在双边信息对称的情况下，也

---

① 纪汉霖，管锡展．双边市场及其定价策略研究［J］．外国经济与管理，2006，28（3）：15－23.

② Jullien，B. Two－Sided Markets and Electronic Intermediaries. CESifo Working Paper 1345，2004.

③ Parker，G.，Van Alstyne，M. Information Complements，Substitutes，and Strategic Product Design. mimeo，Tulane University and University of Michigan，2002.

会发生平台定价不对称以及其他不对称性情况①。

具体来说，主要有以下因素影响平台定价策略：一是消费者行为研究，主要探讨用户的归属行为、产品多样性偏好差异等；二是平台行为研究，主要考察平台的排他行为和价格承诺以及互联互通等问题；三是研究其他因素对于平台定价的因素，如两边用户的价格弹性、平台差异化、网络外部性等。

（二）Rochet－Tirole 的定价模型

Rochet 和 Tirole（2004）综合了之前对双边市场定价的研究成果，建立了一个使用价值与外部性之间的统一模型。该模型通过建立不同环境下的使用价值的定价，使得现有的模型与间接外部性模型之间建立起更强的联系。该文献还给出了独立利益的定价方式的一般结论②。

1. 用户间不需要付款的情况（即规范模型）

规范模型如图 5－3 所示。

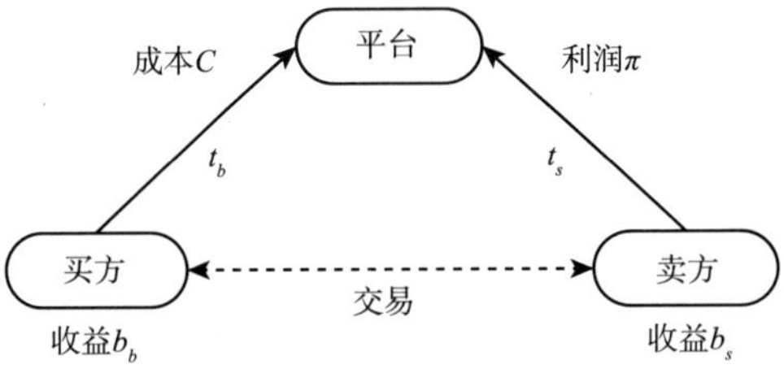

图 5－3 规范模型图示

（资料来源：徐晋．平台经济学——平台竞争的理论与实践［M］．上海：上海交通大学出版社，2007．）

假设有一个双边市场中的两方：$i \in \{B, S\}$ 和一个垄断的平台。平台因为最终用户 i 的使用，而产生固定成本 C_i，并且双边用户的每项交易都会导致平台产生的边际成本为 c。在每一边最终用户那里，当它们加入平台时，无论是平均收益 b_i 或是固定收益 B_i（经常是为负的固定成本），收益与成本可以为负。某一边的最终用户支付给平台的会员费为 A_i，以及每笔交易的平台使用费为 a_i。假设交易量是双边成员总数的乘积 $NBNS$，则具有使用效用 b_i 与成员效用 B_i 的买方净收益为：

$$U_i = (b_i - a_i)N_j + B_i - A_i \tag{5.1}$$

其中，N_j 表示与平台建立联系双边市场另外一边的成员总数。其中一边 i 的最终用户最终决定加入平台的数量就可表示为：

$$N_i = \Pr(U_i \geqslant 0) \tag{5.2}$$

---

① Ambrus, A., Rossella, A. Network Markets and Consumers Coordination. CESifo Working Paper 1317, 2004; Caillaud, B., Jullien, B. Chicken & Egg: Competition among Intermediation Service Providers. Rand Journal of Economics, 2003 (24): 309－328.

② Rochet, J., Tirole, J. Two－Sided Markets: An Overview. mimeo, IDEI University of Toulouse, 2004.

注意，N_i 仅仅取决于另外一方的成员数量 N_j 与“每笔交易的成本”，可用作如下定义：

$$p_i \equiv a_i + \frac{A_i - C_i}{N_i} \tag{5.3}$$

于是经过全微分方程推导得出，在总价格 $p = p^B + p^S$ 的情况下，最优价格结构可以通过最大化交易求得：

$$V(p) = \max\{n^B(p^B, p^S)n^S(p^B, p^S)\} \tag{5.4}$$

于是总价可以有一个线性公式表示：

$$\frac{p - c}{p} = \frac{1}{\eta} \tag{5.5}$$

其中 η 为总价格水平下的交易量弹性，$\eta = -pV(p)/V(p)$；这里 $V(\cdot)$ 代表函数的导数。价格结构在双方交易量函数的导数相等时最优化。

2. 用户间需要付款的情况

用户间需要付款的形式是现实生活中更普遍的情况。但是，之前讨论的收益公式（5.1）却并不适用于这种情况，因为一方用户 i 实际发生的交易量是内生的，不需要与潜在的贸易伙伴的数量 N_j 相等。相对地，每笔交易的净盈余 $b_i - a_i$ 通常也由每一笔交易中对方承担的交易费用 a_j 决定。

这个模型的主要意义在于它表明了在需求函数下，最优化的价格水平是由多种线性条件所决定的，而最优化的价格结构则由相对的市场各方自己的价格需求弹性决定。

第三节　平台竞争与平台经济垄断

一、平台竞争的形成与表现

（一）平台竞争的形成

不同类型的平台竞争都可能影响双边市场，竞争可以是自然形成，也可以是市场一方积极行为的结果。同一平台的主体之间存在内部竞争，两个或两个以上的平台之间存在外部竞争。平台竞争的最大特点是多面性。在传统市场中，吸引顾客的手段可以是在一个市场中以较低的价格提供较高的使用性；而在双边市场中，市场的两边都可以出现竞争。在市场内引入竞争（例如在一个垄断市场中建立双头垄断）会产生两种效果：固有平台市场力量削弱；平台为市场双边制定的价格结构发生变化。垄断平台通过网络外部性的内在化来平衡市场的双边，并且这种行为原则上与社会福利最大化一致。但是引入竞争后，总体价格和相对价格都会受到竞争压力，相对价格会因为市场某边的竞争压力较强而改变，这种平台竞争就导致了平台最终目标与社会福利最大化之间的矛盾①。

（二）平台竞争的主要表现

1. 服务差异化

服务差异化是平台竞争的一种重要手段。客户会认为双边平台提供的是多种不同服务。一般来说，双边市场的服务差异化所产生的效应与传统市场双头垄断定价模型所显示的结论并没有质的区别，这就导致一种特别的伯特兰德（Bertrand）价格战出现，导致平台的利润损耗，但是，与基础模型的一个根本区别是，价格平衡并不与边际成本一致。这是非合作博弈的结果，就是在无负利润前提下消费者使用价值的最大化。鉴于使用价值也会影响市场的另一边，即使平台利润为零，价格平衡的问题也会出现，以致发生典型的市场一边补贴另一边的现象。

2. 客户差异化

之前我们已经注意到，竞争平衡价格取决于市场双边竞争的强度。然而，竞争平衡价格也跟双边平台涉及的客户差异程度有关。假设卖家并不在乎由两个不同平台提供服务，买家却不然。我们先不讨论卖家同时采用两个平台的可能性，不难看到，中介激烈争夺的是卖家。要说服卖家可有两种途径：低平台收费（甚至为零或负）或平台拥有较多的潜在客户。引入竞争会致减价，但哪一方市场会获益更多呢？这由客户差异化的程度决定。当双边市场的客户有差异时，通过一些选择机制，定价原则可以对使用价值发生影响。

3. 多属现象

"多属"本是互联网的技术术语，现普遍意指市场一边或两边采用一个以上的平台的情况，这样，通过一系列的不同途径，会出现互动。当加入平台的固定费用很低或为零时，多属很容易出现。多属现象的存在使得对双边市场的分析和推导公式变得相当复杂。为了使分析易于处理，很多文献只是在现有的某些市场特征的基础上，假定某一市场方出现多属；还有一些文献采用特定假设，即事先知道平衡中的哪一边最终会采取多属策略。处理多属的一个主要困难是市场的一方会主导另一方的可能选择。例如，一个商户可以接受一种信用卡或一种借记卡。如果只是证明两种系统都各有优势，所以两种卡商户都会接受，这显然缺乏说服力。但如果说信用卡的交易费用明显高于借记卡，则商户会拒绝信用卡，迫使消费者使用商户首选的支付手段。显然，市场一边出现多属会影响竞争的强度。

4. 内生性

市场双边客户是否选择加入一个或多个平台，原则上是由一个平台竞争结构内生决定的。Katz（2006）提出了一个模型②，模型中不存在网络外部性，平台服务对于异质客户

---

① Hagiu, A. Optimal Pricing and Commitment in Two – Sided Markets. Rand Journal of Economics, 2006, 37 (3): 720 – 737.

② Katz, H. Your Network or Mine? The Economics of Routing Rules. Rand Journal of Economics, 2006, 37 (3): 692 – 719.

具有横向差异，并且存在可变的使用费，没有会员费，那么（市场双边的）交互多属（reciprocal multi - homing）是平衡的一个可能结果。Gabsewicz 和 Wauthy 则相反地设定了在网络外部性、会员费（没有可变的使用费）、网络外部性敏感度方面异质的客户，结果表明在平台竞争中可以存在多种平衡，但只有一种平衡使所有平台都有正利润。[①] 一个具有内生多属行为的银行卡竞争模型表明，在竞争性平台给定的（会员费和使用费）价格基础上，消费者和商户进行协调博弈，市场双方的选择是独立的，而且能够存在多种平衡使所有平台都有正利润。

5. 动态性

要创建一个双边市场，必须解决"鸡与蛋"动态博弈的问题：要说服买家采用某个平台，就必须首先说服部分卖家，使卖家相信一定会有买家参与市场，反之亦然。大多数模型都只是假定市场处于一种理性预期平衡，双边同时有用户进入，从而回避了这个问题。然而，在很多情况下，一方用户比另一方更早介入市场。根本性的问题是平台是否有能力影响客户对于未来交易量或外部性的预期，尤其是平台对未来价格策略的承诺是否可信，可信的承诺能充分地影响动态博弈。

二、平台竞争的策略分析

平台竞争表现形式的背后一定存在着平台之间为了竞争而采取的一些策略和措施。市场两边的竞争策略分析主要受以下六个因素的影响：平台管理（营利性和非营利性）、最终用户多属的成本、平台差异、基于交易量的平台定价能力、同边（单边）外部性的存在、平台相容性。同时，私有最优化定价结构和社会最优化定价结构也是影响平台定价策略的重要因素。[②]

（一）平台竞争分析

关于平台竞争的研究与近来理论研究中的"鸡与鸡蛋"问题密切相关，现有的文献要么假定存在垄断平台（Baye - Morgan，2001；Rochet - Tirole，2000；Schmalensee，2000），要么假定平台之间完全互联（Laffont et al.，2001），因而不论最终用户选择哪个平台，他们都获得同等的连通性。Parker 和 Van Alstyne（2000）研究的垄断定价，理论依据就是一种货物的需求（线性地）取决于它的价格以及另一种货物的销售量，主要是基于弹性分析理论展开的。他们指出价格结构是网络外部性系数的一种功能。接着他们考虑了生产商进入一个具有竞争对手的（互补或替代）市场的动机。由于互补关系的存在，进入市场的损失也许能被进入后带来的盈利所弥补，因为进入增加了对价格的压力，并提高了核心业务

① Gabsewicz，J.，Wauthy，X. Two - sided Markets and Price Competition with Multi - homing. CORE Discussion Papers，2004.

② 徐晋．平台经济学——平台竞争的理论与实践［M］．上海：上海交通大学出版社，2007.

的利润。Cailaud 和 Jullien（2001）研究了中介之间的竞争，在他们的模型中，平台就相当于媒人，如果它们发现了交易机会，可以使用复杂的定价模式（可以收取注册费和交易费中的一种或者两种）。他们研究的一个重要贡献是，指出优势企业收取交易费比收取进入平台的注册费更能盈利。他们也指出，如果平台不能阻止多属，竞争会更加激烈。他们的研究与本节内容相互补充。例如，他们的研究假定市场任一方的客户同质，因而从有关弹性的问题着手进行归纳，而本节正是从研究弹性的相关问题出发来研究平台的竞争策略选择问题。需要指出的是，在一个与 Caillaud - Jullien 相关的模型中，Jullien（2001）指出当可以实行三级价格歧视的时候，进入就代表一种对优势企业的强烈竞争威胁。

（二）平台竞争策略分析

关于平台之间的竞争策略研究，已有研究主要融合了网络经济学和多边产品定价两种前沿理论。关于网络产业已有大量的研究，从早期 Rohlfs（1974）的研究，到最近的理论进步及对反垄断的应用，到 Katz - Shapiro（1985，1986）开创性的研究成果。但是，这些研究都忽略了多边性及价格分配的问题。相反，关于竞争多边产品定价研究（如 Baumol et al.，1982；Wilson，1993）仅仅探讨了产品之间定价决策的相互依赖性，却没有考虑到网络经济学的核心问题——关联外部性。

无论从积极的或是规范的角度看，双边市场不同于教科书式的对多边产品或垄断的认识。双边之间的互动产生强烈的互补性，但相应的外部性不是通过最终用户使之内在化，这一点与多边产品研究有区别。在这个意义上，我们的理论是网络经济学（强调网络的外部性）和垄断或竞争多边产品研究（强调多边产品之间的交叉弹性）的结合。例如，社会效应中采用的拉姆齐定价并非只由超弹性公式控制，它同时也反映一边对另一边盈余的贡献。

（三）平台竞争策略的模型分析

1. 假设条件

经济价值是由成对的最终用户（买家，上标为 B；卖家，上标为 S）之间的“互动”或“交易”创造的，平台是交易的中介。两个平台参与竞争，吸引市场双边的用户。平台一项交易的边际成本以 $c \geqslant 0$ 表示。

买家和卖家是同质的，买家和卖家从交易中心获得的利益不同，而且都是私隐信息。当在平台 i 上发生交易时，b_i^B 代表买家利益，b^S 代表卖家利益。注意，这里为了简单起见，假定卖家的总剩余不依赖于交易平台，所以卖家利益没有下标。

我们暂时忽略买卖双方担负的固定成本（可以是平台收取的固定费用或固定使用成本）。平台按比例收取的费用为 p_i^B（买家）和 p^S（卖家）。如果 $b_i^B > p_i^B$，从交易中获得总盈余的买家就愿意在平台 i 上交易。但是，如果 $b_i^B - p_j^B > b_i^B - p_i^B$，买家会选择在平台 j 上交易。同样，如果 $b^S > p_i^S$，获得 b^S 的卖家就愿意使用平台 i 交易，如果 $p_j^S < p_i^S$，卖家就选择平台 j 交易。

考虑一对买家和卖家。不失一般性，我们假设每对买家、卖家对应一项潜在交易。但是，只有当双方至少有一个共同的平台时，交易才会发生，也就是至少存在一个平台使双方都愿意在此平台交易。如果双方都“多属”（双方都与两个或多个平台有关联），双方都将选择一个优先平台进行交易。我们要使市场双边发生轻微的不对称，因而要假设：如果一个卖家与两个平台都有关联，那么买家所选择的平台就是交易发生的平台。

2. 买家的行为分析

我们首先推导卖家单属及多属时，他在平台上面临的需求。根据前面的假设条件，买家的“准需求函数”可以表示为：

$$D_i^B = D^B(p_i^B) = \Pr(b_i^B - p_i^B > 0) \tag{5.6}$$

$$d_i^B(P_i^B, P_2^B) = \Pr[b_i^B - p_i^B > \max(0, b_j^B - p_j^B)] \tag{5.7}$$

D_i^B 代表当卖家只与平台 i 有关联时，选择使用平台 i 交易的那部分买家。同样地，d_i^B 代表当卖家多属时，选择平台 i 交易的那部分买家。根据准需求函数的价格结构理论，也就是说卖家单属时与多属时相比，平台 i 的买家数量不会减少，单属同时不多于多属时买家数量之和，那么这些函数满足以下不等式：

$$d_i^B \leqslant D_i^B \leqslant d_1^B + d_2^B \tag{5.8}$$

我们假设（d_1^B，d_2^B）的分布是对称的，这就意味着需求函数也对称，那么无论卖家是单属还是多属，平台之间的买家数量是相等的。最后，对于一个对称的价格结构，我们以 σ 代表以下的指数：

$$\sigma = 2 - \frac{D^B}{d^B} \tag{5.9}$$

根据式（5.9）可知，σ 属于区间［0，1］。该指数可以衡量一部分“独特客户”，这些客户只愿意在他们偏好的平台上交易，我们称之为“单属指数”。当买家面临的需求不取决于卖家是否多属时，买家面临的需求是多属时的 2 倍，此时单属指数等于 0。相反，当买家面临的需求依赖于卖家的多属时，买家面临的需求无差异，此时单属指数等于 1。

3. 卖家的行为分析

假设平台 1 对于卖家较便宜：$p_1^S < p_2^S$。具有收益为 b^S 的卖家面临三种可能性：不交易；只与平台 1 有关联；与两个平台有关联。当 $b^S \leqslant p_1^S$ 时，第一种可能（不交易）是最优的选择。反之，在第二和第三种可能之间进行选择，其实是在较低的交易量平台（只与平台 1 关联）与较高的交易量平台（与两个平台关联）之间进行选择。收益为 b^S 的卖家在单属和多属的预期净盈余分别为 $(b^S - p_1^S)D_1^B(p_1^B)$ 和 $(b^S - p_1^S)d_1^B(p_1^B, p_2^B) + (b^S - p_2^S)d_2^B(p_1^B, p_2^B)$。当 b^S 足够大，这时多属的预期净收益大于单属时的净收益，此时卖家就会选择多属，用公式表示如下：

$$b^S > \hat{b}_{12} = \frac{p_2^S d_2^S - P_1^S(D_1^B - d_1^B)}{d_2^B - (D_1^B - d_1^B)} \tag{5.10}$$

通过上面的分析，现在我们可以总结出卖家的最优决策：低收益的卖家（$b^S \leqslant p_1^S$）将会选择不进行交易；高收益的卖家（$b^S \geqslant \hat{b}_{12}$）将会选择同时使用两个平台进行交易，此时是多属的；中等收益的卖家（$p_1^S < b^S < \hat{b}_{12}$）只使用较便宜的平台（在这里是平台1）进行交易，此时是单属的。

每个平台多削价，以吸引一些卖家（中等收益的那部分卖家）不再进行多属，这种策略称为“操纵”。由式（5.9）和式（5.10）可以推导出 $p_1^S > p_2^S$，同时当 p_1^S 和 p_2^S 收敛到相同的价格 p^S，$\hat{b}_{12}$和$\hat{b}_{21}$收敛到 p^S，这样就确定了$\hat{b}_{12}$和$\hat{b}_{21}$的连续性，但是由于式（5.10）中的$\hat{b}_{12}$不是对称的，所以一般$\hat{b}_{12}$和$\hat{b}_{21}$是不相等的，也就是说卖家单属和多属时的净收益一般是不相等的。

4. 确定平台交易量

现在我们要确定每个平台的交易量，交易量是价格 p_i^B 和 p_i^S 的函数，这里我们只讨论 $p_1^S \leqslant p_2^S$ 的情况（$p_2^S < p_1^S$ 的情况由对称可得）。D^S 代表卖家的“准需求函数”：

$$D^S(p^S) = \Pr(b^S > p^S) \tag{5.11}$$

根据前面对卖家行为的分析可知，一部分卖家 $D^S(\hat{b}_{12})$多属，一部分卖家 $D^S(p^S) - D^S(\hat{b}_{12})$ 只与平台1关联。假设卖家和买家相遇的概率与他们的收益类型无关，

平台1的预期总交易量为：

$$Q_1 = d_1^B(p_1^B, p_2^B) D^S(\hat{b}_{12}) + D_1^B(p_1^B)[D^S(p_1^S) - D^S(\hat{b}_{12})] \tag{5.12}$$

平台2的预期总交易量为：

$$Q_2 = d_2^B(p_1^B, p_2^B) D^S(\hat{b}_{12}) \tag{5.13}$$

其中，$\hat{b}_{12}$由式（3.10）得出。对卖家行为的分析时我们已经了解到$\hat{b}_{12}$和$\hat{b}_{21}$是连续的，也就是在 $p_1^S = p_2^S$ 的条件下，平台1和平台2同时收敛于相同的交易量。

三、平台经济垄断

（一）平台经济的垄断表现

随着2020年11月10日国家市场监督管理总局《关于平台经济领域的反垄断指南（征求意见稿）》（以下简称《征求意见稿》）的出台，业界和学界对于平台经济领域垄断性事实的认识基本达成了一致。在平台企业获得垄断地位的过程中，其垄断特征也逐渐显现出来，集中表现为平台企业盈利模式的演进、平台企业市场地位的增强、平台企业滥用行为的显现等。[①]

1. 盈利模式持续演进

垄断的目的在于追求超额的垄断利润。平台企业在其从无到有的发展过程中，为了进

① 余晖，钱贵明．平台经济垄断：基本表征、理论解释与管制治理［J］．江海学刊，2021（2）：98－104.

一步攫取超额利润，其盈利模式一直处于动态演进过程中。总的说来，根据平台企业收取服务费用对象的不同，其盈利模式的演进可以依次分为三个阶段，即商家（产品和服务的提供商）付费阶段、消费者付费阶段、双边用户共同付费阶段，这三个阶段所产生的垄断利润也依次增强。

2. 市场地位不断增强

市场份额和用户覆盖率是衡量企业市场地位的重要指标。在这里我们主要选择比较成熟且能代表互联网平台企业发展现状的产业，即电子商务、搜索引擎、即时通讯等，通过分析这些平台的市场份额和用户覆盖率，来说明互联网平台经济具有垄断性市场结构的事实。

3. 滥用行为逐渐显现

尽管在位的大型平台企业有着较高的市场份额和用户覆盖率，但是由于平台本身具有多归属性的特点，使在位的优势企业的市场地位不能像传统的电力、铁路等行业一样稳定，它们仍有可能被迅速成长的企业超越。所以为了维护其市场地位，平台企业滥用市场支配地位的行为逐渐增多，这种行为按照传统惯例可分为剥削性滥用和妨碍性滥用两种类型。

（二）平台经济垄断的理论解释

由于对平台企业进行市场界定、市场支配力测算以及算法合谋协议认定等存有难点，所以针对互联网平台是否构成了传统经济学意义上的垄断引起了诸多争议。但毋庸置疑的是，这个行业内确实存在市场集中度过高、定价机制不合理、滥用市场支配地位行为等问题。

综合既有文献，不难得出如下结论：无论是在电子商务领域、搜索引擎领域还是在即时通讯领域，互联互通的平台运营模式、竞争对手的数量、平台的定价策略、平台的所有制结构等都是互联网平台竞争性垄断的市场结构形成的重要影响因素。如果从更为宏观的视角考察平台经济市场结构的演化路径，影响互联网平台市场结构形成的因素还包括技术创新和网络外部效应等。

从上述分析可以看出，针对互联网平台企业竞争和垄断并存的市场结构，目前学者的观点并不一致，较为流行的“垄断层”和“竞争层”的分层式结构以及“基础平台层”和“增值服务层”的分层式结构也只能解释目前互联网平台市场结构的现状，并不能很好地解释清楚竞争性垄断市场结构的来龙去脉，更不用说预测以后的走向了。同时，作为一种技术密集型行业，互联网产业又集中了较多优秀的人才和资本，这注定了该行业的创新不会仅仅集中在商业模式上，更多底层的基础创新及应用型创新会不断涌现，该产业的市场格局也会在长时间内处于以增加效率为基础的不断演化过程中。

（三）平台经济垄断的治理对策

国家支持平台经济创新发展，但是这种发展应该在反垄断和反不正当竞争所限定的框架内，所以如何响应政府号召，健全平台经济规范发展机制，成为多方共同关注的焦点。

1. 继续完善平台经济管制规则和标准

从上文分析可以看出，《征求意见稿》的监管理念严格遵守了《反垄断法》的核心思想，在一些需要结合平台经济领域特点的条款中并没有给出明确指示，这容易导致平台企业的一些新型的涉嫌垄断和不正当竞争的行为缺乏明确的监管条例。相关部门应在现行《反垄断法》的基础上，继续完善《征求意见稿》个别条款内容，对于能够明确监管办法的地方，应尽快予以规范化和条文化；对于公认的重难点内容，应注意规避彻底管死和放任不管等极端现象的出现。

2. 进一步明确平台经济管制范围

随着“互联网+”理念的普及与应用，数字经济在各行各业都得到了快速发展与延伸，这使得现有的监管体系在应对名目繁多的行业种类时显得捉襟见肘。相关部门应在完善平台经济管制通识性规则和标准的基础上，对典型行业进行细化，效仿《电子商务法》来出台一些针对特定领域的法律法规，从而扩大平台经济管制范围。当出现现行法律法规无法适用的案件时，政府可通过介入调解的方式来平息案情，从而减少负面影响，降低社会福利损失。

3. 构建平台经济垄断的协同治理机制

平台经济的飞速发展使得学界对于业界的认识出现了一定的滞后性，这种滞后性往往会导致用老办法管理新业态的现象。所以，在平台经济治理领域应积极推动用户、行业协会与政府等多方主体有机结合，探索协同治理新机制，以降低治理成本，提升治理效率。

随着平台经济的日趋壮大，用户与平台逐渐成为共生的体系。这主要源于，一方面，超大型平台的出现使得可供用户选择平台数量减少；另一方面，平台企业也千方百计地设计不同机制使用户留存下来。在这种情况下，用户和平台逐渐成为一个共生的系统，用户也就拥有了治理平台的动机和可能。由于用户有关平台治理的信息来自于该系统内部，从而更具真实性。双边用户应积极对平台的不正当行为进行揭示与披露，政府部门应对这类信息保持高度敏感性与快速反应能力，通过提前介入来保证弱势群体的合法权益，如明确进入和退出平台的门槛、设置平台所提供的服务质量的安全下线等，从而确保福利的公平分配，减少因垄断而出现的不公平价格、低价销售、拒绝交易、限定交易等行为，从而推动平台经济高质量发展。

行业协会是一种介于政府与企业之间的具有咨询沟通、监督等服务功能的社会中介组织。在平台治理的过程中，平台行业协会应至少承担两方面的责任：一方面，对社会负责，行业协会可以利用自身优势促成建立消费者投诉和维权的中介机构，减少社会监管总支出，并出台行业经营规范约束平台企业的权力范围；另一方面，对平台企业负责，行业协会应以平台利益为重，既参与规划并制定行业标准，提升行业的社会认可度及竞争力，又制定并推广当前政府法律条文所欠缺的条款，并使其成为行业公约，避免短视行为的出现，维护平台经济市场的有序运行。

第四节 平台经济赋能经济高质量发展

平台经济的发展最初从居民生活领域切入，不断向企业生产、政府治理等细分领域拓展，依次经历了信息交互、产品交易、能力和价值交易三大发展阶段，呈现出垂直化、行业化、专业化的发展趋势。互联网平台的发展大致可分为三个阶段，从电商平台到行业平台再到平台经济。随着平台进入的产业领域变得越来越丰富，其对产业和产业组织变革的影响力越来越大，平台逐步由一种商业现象发展为一种经济形态。

一、平台经济引领辐射经济高质量发展

平台经济是推动经济发展的重要引擎。平台一旦建立，就能够吸引各种资源加入，发挥平台的集聚效应，推动整个产业的资源向平台倾斜，创造出巨大价值。平台经济作为创造和聚集价值的桥梁，正日益成为服务经济中最有活力的一部分。谷歌打造了信息汇聚与分享的平台，苹果打造了内容汇聚与交易的平台，而脸书的成功在于其打造了人汇聚与联络的平台，这都充分体现了平台经济的巨大潜在价值。

在区块链、人工智能、大数据、物联网、云计算等新技术引领下，平台汇聚了大量的主体和信息，辐射了较长的产业链，平台的发展自然会带动相关产业链的共同发展。平台整合了信息资源，提升了信息利用效率，提升了资金流和物流运转效率。平台能够增强企业活力，提高产业竞争力，促进地方经济发展，对企业、产业和地方经济发展都有较强的带动作用。究其原因，主要是由于：第一，数字经济平台逐渐融合企业和市场的功能，在资源调配等方面发挥越来越重要的作用。第二，提升政府部门、公益组织和行业协会等运行效率。政府部门、公益组织和行业协会等通过平台履行其部分职能如共享信息、加强舆情管理等，运行效率显著提高。第三，支撑和稳定经济运行及民生保障。数字经济平台通过线上线下的联通互动，助力疫情防控工作有序有效开展，降低疫情对经济运行、就业、民生等的负面影响。

（一）平台经济推动商业模式创新

平台经济推动商业模式创新，在新技术新业态新模式的创新中发挥着重要的作用。平台企业是构建创新生态的重要引领者。例如，2020 年新冠疫情暴发以来，经济活动加速了线上转移，互联网平台在生活服务、在线教育、线上问诊、远程办公等方面发挥重要作用，既便利了百姓生活，又为产业升级提供了新动能，为就业创业提供了新机遇。网信部发布的数据显示，2020 年中国规模以上互联网和相关服务企业完成业务收入 12838 亿元，同比增长 12.5%。其中，互联网平台服务企业实现业务收入 4289 亿元，同比增长 14.8%。

平台经济推动了新技术创新。平台具有孕育新的通用技术的能力，是构建产业创新链的核心组织。一般来说，开放平台能聚合大量研发者和服务提供者，并不断释放出技术开发、运营维护等市场需求，从而推动形成技术创新生态圈，为新技术的规模化成长提供了土壤。技术的引入，大数据、人工智能的发展，加速了资源汇集的效应，推动平台经济呈逆势上涨的态势。同时，平台企业还能有效实现制造商与研发设计机构协同创新，平台大数据也能为制造业企业发掘新的市场需求、提升新产品开发能力提供重要依托。

平台经济推动新业态创新。比如第三方支付产业，第三方支付在解决平台经济发展瓶颈的同时，也推动了自身的发展，涌现出一批知名的第三方支付中介方式，如支付宝、微信支付等，平台经济正推动商业模式、经济形态和人们消费习惯的彻底改变，使整个经济的微观基础发生变化。

（二）平台经济是构筑国家竞争新优势的重要载体

随着数字经济的兴起，各类平台企业不断发展壮大，深刻重塑人类社会生活方式和生产方式，逐渐成为经济转型和国家治理的重要引擎，为数字经济高质量发展注入全新动能。一方面，平台经济健康发展直接壮大了互联网平台产业规模；另一方面，平台经济的深入发展，也可以带动数字产业化和产业数字化的发展，间接赋能数字经济发展。平台经济有利于提高全社会资源配置效率，推动技术和产业变革朝着信息化、数字化、智能化方向加速演进，有助于贯通国民经济循环各环节，也有利于提高国家治理的智能化、全域化、个性化、精细化水平。

平台企业是创造普惠贸易的重要支撑。比如，跨境电商平台的快速发展就降低了国际贸易门槛，使高频次、小金额的跨境贸易迅速增长，推动国际贸易由大企业主导、大宗货物贸易模式向中小企业广泛参与、海量品种以及碎片化交易的新模式转变，成为拉动外贸增长的重要引擎。尤其是新一代跨境电商形成了货物贸易与服务贸易相融合的全链条发展模式，不仅提供跨境商品贸易，而且提供相关的物流、金融、信息、征信等一揽子外贸综合服务，形成了一站式跨境供应链服务，有效解决了中小外贸企业发展的痛点，打通了内外贸一体化的堵点。

平台企业是就业机会和公共产品服务的重要提供者。一些平台企业具有开放、共享和个性化等特点，就业门槛较低、层次丰富，吸纳就业的能力强，能为不同文化程度、技能禀赋的劳动者提供大量就业机会，在促进就业方面发挥着重要作用。此外，一些超大规模平台企业已经具有了数字基础设施的公共产品属性，能为社会提供较为丰富的公共服务。

平台经济作为重要的产业形式和发展模式，是加快制造业服务化转型的重要推动力。在竞争日益激烈的当下，制造业企业更需要利用有效的中介平台打通制造和流通之间的瓶颈，实现产品制造链和商品流通链的有效衔接。例如，面对行业利润持续走低的局面，家电企业纷纷转向电子商务平台，借助其庞大的用户资源和快捷的销售渠道，创新营销模式，降低运营成本，创造新的盈利点，获取更高利润。

二、构筑国家发展新优势的平台经济发展对策

做大做强平台经济，需从构筑国家竞争新优势的战略高度出发，坚持发展和规范并重，把握平台经济发展规律，建立健全平台经济治理体系，以平台为重心做强数字经济产业体系。平台经济有利于提高全社会资源配置效率，推动技术和产业变革朝着信息化、数字化、智能化方向加速演进，有助于贯通国民经济循环各环节，也有利于提高国家治理的智能化、全域化、个性化、精细化水平。在大数据、物联网、人工智能等科技创新的背景下，我国的产业和互联网进一步融合，平台经济通过资源整合和共享，促进了我国经济的高质量发展。《国务院办公厅关于促进平台经济规范健康发展的指导意见》（国办发〔2019〕38 号）指出，互联网平台经济是生产力新的组织方式，是经济发展新动能，对优化资源配置、促进跨界融通发展和大众创业万众创新、推动产业升级、拓展消费市场尤其是增加就业，都有重要作用。

一是切实增强平台企业的自主创新能力。创新是平台产生并持续成长的动力。平台企业只有不断创新，紧跟技术前沿，追随用户的需求，才能长盛不衰地屹立于平台经济的潮头，创新为平台企业吸引到更多的用户，也带来了更加丰厚的收入。要更好地激发平台企业的积极性，提高平台企业在数字技术领域的国家重大战略规划、科技重大专项等方面的参与度，推动大科学装置等国家基础科学研究资源向平台企业开放，鼓励平台企业加大研发投入。

二是大力加强数字人才队伍建设。增加高等院校、职业学院的相关学科设置，发挥社会培训机构和平台企业的力量，大力开展职业培训，加快解决专业技术人才短缺的问题，同时增强对全球优秀人才的引进力度。

三是不断丰富产业互联网的应用场景。我国超大规模消费市场和完备的产业体系为培育具有世界竞争力的平台企业提供了坚实基础，下一阶段，需继续提高平台企业与消费、产业以及公共服务部门融合渗透的能力，鼓励平台企业与传统产业深度融合，发挥其在推动产业数字化中的支撑作用和高效整合创新资源的优势，带动传统产业转型升级，进一步推动产业互联网发展。

四是构建推动平台数据开放共享的有效机制。平台企业沉淀的海量数据是十分重要的战略资源，需加快建立健全数据确权、交易、管理、使用、安全评级、个人隐私保护等相关制度，促进各行业依法共享平台数据资源，构建平台企业主导的数据产业链。

本章思考题

1. 简述平台经济的基本内涵。
2. 简述平台竞争的主要策略。
3. 简述平台经济产生的必然因素。
4. 简述中国平台经济的发展阶段、问题与原因。
5. 以某个平台企业为例，简述其运营模式。

第六章　数字经济的核算范围及分类方法

▶案例导入

数字经济概念的变化对数字经济规模的影响

目前各国及各研究机构估算的数字经济规模存在巨大差异，其中很重要的原因是各国对数字经济的定义不同。

2019年，美国和澳大利亚发布了截至2017年数字经济规模的估算值。澳大利亚和美国的数字经济的占比分别为5.8%和6.9%，比较接近。中国各机构研究人员也发布了中国数字经济的估算规模。许宪春和张美慧（2020）按照美国经济分析局（BEA）估算的中国2017年数字经济的占比为6.46%，蔡跃洲和牛新星（2022）估算的GDP占比为16.66%，而中国信息通信研究院估算的2017年美国的数字经济占GDP比重为59.68%，中国占比32.9%，澳大利亚的占比不到20%。

不同国家和机构计算的数字经济的规模相差如此之大，并非只是因为数据来源和方法的不同，而更重要的是源于测算时对数字经济范围界定的不同。美国和澳大利亚对数字经济的定义是信息和通信技术（ICT）部门以及计算机网络存在和操作所需的数字化基础设施、使用该系统进行的数字交易（电子商务）和数字经济用户创建和访问的内容（数字媒体）。相比之下，蔡跃洲和牛新星（2022）将数字经济范围边界划分为数字部门、数字技术资本/ICT资本在非数字部门/传统产业中发挥的替代效应及数字技术资本/ICT资本使用产生数据要素、提供有效信息所发挥的协同效应等三部分对应的增加值。中国信通院对数字经济的定义更加广泛，除了ICT部门以外，利用数字技术产生的就业及增加值都包括在数字经济的范畴内。由于中国信通院定义的数字经济范围要广泛得多，因此，测算的数字经济的占比远远高于美国和澳大利亚公布的数据。

（资料来源：OECD. A Roadmap Toward a Common Framework for Measuring the Digital Economy［J/OL］. Report for the G20 Digital Economy Task Force，2020.

中国信息通信研究院. G20国家数字经济发展研究报告［J/OL］. 2018.）

第一节　数字经济定义演变与内涵界定

数字经济是伴随着数字技术的发展而产生的。数字技术是与电子计算机相伴而生的科学技术，是一种可以将包括图、文、声、像等各种信息转化为计算机可以识别的语言进行加工、储存、分析以及传递的技术。自计算机的发明开始，物联网、云计算、人工智能（AI）、大数据分析及新商业模式（数字平台）等各类数字技术不断涌现，数字技术从科学走向实践，在各个产业的应用不断扩大，为各行业不断创造新的价值。随着数字技术在各产业应用的扩大，如何获取数据且将数据转化应用，已经成为企业竞争力的关键。现今，数字技术革命推动了人类生产生活的数字化变革，孕育出一种新的经济形态——数字经济，数字经济成为经济增长的核心驱动力。

数字经济是互联网及信息技术的发展到一定阶段的产物，与技术革新息息相关，反映了技术的快速发展。当今世界还处于数字化的早期阶段，不同国家的数字技术的发展及应用水平也存在差异，因此至今对于数字经济仍然缺乏足够的认识及清晰的理解，也很难形成一种一致且标准的定义。由于数字技术处于飞速发展的阶段，数字经济的定义往往滞后于技术变革的速度，因此，对数字经济的概念进行定义时，需要具有一定的灵活性。

一、数字经济定义的演变过程①

自20世纪90年代中期首次提出“数字经济”的定义以来，随着数字技术在企业和消费者中应用的迅速发展，数字经济的定义也在发生变化。

在20世纪90年代末，数字经济主要涉及的领域是互联网的应用，俗称的“互联网经济”。随着互联网应用范围的扩大以及信息技术的进步，自2000年代中期开始，企业数字化成为了经济主要的增长点，数字经济不仅局限于互联网，演变为包括信息通信技术（ICT）在各种机构内部以及在组织和个体间交易的应用等更广泛的领域。

近几年，数字经济更多地偏向与数字技术相关的服务及产品在各经济体的应用，这一过程通常被称为“数字化”，定义为：“企业通过使用数字技术将产品和服务进行数字化转型。”数字产品和服务正在更广泛的领域中实现快速扩展，不仅仅局限于新兴的高科技领域，更多的是通过对传统部门进行数字化转型，实现新的经济增长点。

数字经济的概念由早期的互联网经济发展到数字经济时，包括了人工智能、物联网、云计算、大数据分析、3D打印以及远程操作系统和数字平台等新的商业模式，并且随着数字技术及其应用的扩大而变化，是对不同时期新型经济业态的概况和描述。

二、数字经济的定义②

技术革新促进了数字经济的不断变化，而且由于侧重点不同，各机构和各国对数字经济的定义也存在差异。

---

① UNCTAD. Digital Economy Report 2019［M］. New York：United Nations Publications，2019：25.

② OECD. A Roadmap Toward a Common Framework for Measuring the Digital Economy［J/OL］. Report for the G20 Digital Economy Task Force，2020. https：//www. oecd. org/sti/roadmap－toward－a－common－framework－for－measuring－the－digital－economy. pdf.

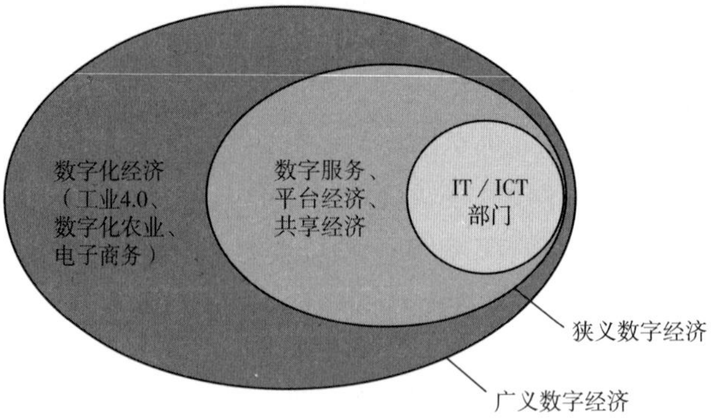

图 6－1　数字经济的演变

（资料来源：The Digital Economy Report，2019，UNCTAD－adapted from Bukht and Heeks，2017.）

现有的数字经济的定义由于视角的不同或者研究对象侧重点的差异，产生了不同的定义，例如，侧重生产数字化时，需要基于生产定义的数字经济衡量产品中间使用和投资的数字化；对数字经济产生的增加值和收入进行宏观经济分析时，需要一种更加传统的基于行业的定义。另一方面，在价值链方面对数字化进行分析时，需要一种侧重于交易面的定义，即产品是否通过数字化手段订购或交付。与此同时，关注住户行为数字化可能侧重于数字经济的非货币方面，这一定义超越当前国民经济核算的生产边界。

由于数字经济侧重点的不同，产生多种定义，OECD（2020）指出，对“数字经济”或“数字部门”缺乏统一的定义时，对于衡量数字经济的规模是一种障碍，因此寻求某种被广泛认可而且能够支持所有相关分析的定义是非常必要的，同时也是一项挑战。可见，对数字经济定义的讨论是复杂的，同时也是非常重要的。

目前，国际上对数字经济的定义大体分为核心、狭义和广义三大类（参照图 6－1）。OECD 提出通过对数字经济涉及的产品和参与环节进行组合，设计一种允许不同视角不同侧重点，且具有足够的灵活性的框架对数字经济进行定义，尝试以分层的方式定义数字经济，各种分层包含了三大类的数字经济。这些不同层次的定义存在于一个“综合”的数字经济的定义之下，这些分层可以允许各国根据政策或衡量的需要，扩大或缩小数字经济的范围。

（一）数字经济的“总体”定义

OECD 提出的数字经济的“综合”定义是：数字经济包括所有依赖数字投入或因使用数字投入而得到显著加强的经济活动，包括数字技术、数字基础设施、数字化服务和数据。

（二）数字经济的“分层”定义

在“总体”定义之下，数字经济存在以下各层面的定义（见表 6－1）：

（1）数字经济的核心定义：仅包括 ICT 产品和数字服务生产商的经济活动。

（2）狭义的数字经济定义：除核心定义的数字经济范畴以外，还包括依赖于数字技术投入的相关企业的经济活动。

（3）广义的数字经济定义：除核心和狭义的范围之外，还包括企业因数字化出现明显提升的经济活动。

（4）不包括在 GDP 生产范围的数字化互动和活动，如免费数字平台的使用（包括免费的公共数字平台）。

（5）涵盖所有数字化交易的经济活动，是由数字经济的另一视角，根据交易的性质进行界定。这种衡量方法侧重于订单或交付方式，而不是根据企业生产方式来进行划分。

表 6－1　　数字经济的分层定义

<table>
<tr><td colspan="4">数字化社会</td></tr>
<tr><td colspan="3">广义</td><td rowspan="5">依赖数字技术或由于数字技术投入而显著提升的其他的经济活动
（不包括在 GDP 的核算范畴内）</td></tr>
<tr><td colspan="2">狭义</td><td rowspan="4">由于数字技术投入而出现显著提升的相关生产者的经济活动</td></tr>
<tr><td>核心</td><td rowspan="2">依赖于数字技术投入的相关生产者的经济活动</td></tr>
<tr><td>ICT 技术、ICT 产品和信息服务生产者的经济活动</td></tr>
<tr><td colspan="2">数字交易活动，基于交易进行划分</td></tr>
</table>

资料来源：OECD. A Roadmap Toward a Common Framework for Measuring the Digital Economy [J/OL].

☞ 相关链接

各国对数字经济的定义

虽然目前各国政府、企业和国际组织已经在使用数字经济的定义，但是不同国家和机构对数字经济的定义并不一致。从分类方法来看，大致可分为两种：第一种被称作自下而上的定义，根据企业的产出或生产过程来决定它们是否应该被纳入数字经济。第二种定义是自上而下的定义，首先确认数字化的趋势，然后分析实体经济中数字化的影响程度。

狭义的自下向上的数字经济的定义是以传统方式将数字经济定义为符合数字经济特征的行业或生产部门的相关指标（如增加值总和、就业人数）的总和，进行测算时，往往只涵盖最基本的数字相关活动，而未能反映数字化对其他行业和产品产生的更广泛的影响。这种定义是数字经济核算的最可行的方法，因为利用 SNA 现有的框架和定义，可以将新的经济活动转换为统计数据。例如，美国 BEA 认为数字经济包括三种主要类型的商品和服务：数字化的基础设施需要互联计算机网络才能存在和运行；使用该系统和数字媒体进行的电子商务交易或数字经济用户创建和访问的内容以及大数据。澳大利亚统计局将数字经济定义为：数字化的基础设施（计算机硬件、软件、电信设备和支持服务，形成并促进计算机网络的使用）；数字媒体（数字音频、视频和广告广播服务）和电子商务。

广义的自下向上的定义包括了所有使用数字投入作为其生产过程的行业。这些投入包括数字基础设施、设备和软件以及大数据。在 2016 年 G20 峰会上，数字经济被定义为：以数字化信息和知识为关键生产要素，以现代信息网络为重要活动空间，有效利用信息和通信技术作为生产力增长和经济结构优化的重要驱动力。这一定义避免了狭义的自下而上定义的局限性，但是因为只关注产出的性质，仅能反映生产方面的数字经济发展。中国对数字经济的定义与 G20 的定义近似。

第二种自上而下的定义从识别在数字化发挥作用的趋势开始，并将数字经济定义为其综合影响的结果，包括数字技术的进步和社会对数字技术的采用所带来的趋势。因此，它超越了经济领域，反映了不同领域的需求，为数字经济的包容性和可持续增长创造必要条件。这些趋势包括平台化及越来越依赖数据和电子商务或在线提供政府服务等。自上而下的定义不仅考虑企业、行业或部门，还考虑所有生产和社会过程中的数字化程度，以及随之而来的劳动力市场需求和法规的变化。数字经济超越了 ICT 部门，涵盖了经济和社会的大多数部门，同时超越企业和市场，包括个人、社区和社会。但是自上而下的定义不适合经济核算，因为这是一种开放式的概念，描述的是数字化经济，而不是数字经济，与宏观经济指标缺乏一致性。如国际货币基金组织所观察到的，如果数字经济包括所有简单使用数字化数据的活动，那么整个经济可能很快就会被纳入这一概念，这可能使其变得不明确。

（资料来源：OECD. A Roadmap Toward a Common Framework for Measuring the Digital Economy [J/OL].）

第二节 数字经济的核算范围

对数字经济核算范围的界定是进行数字经济核算的首要步骤。数字经济定义的范围不同，核算范围也将产生差异。根据 OECD 对数字经济的定义，对数字经济的核算范围也可分为几个层次。

表 6 - 2 将数字经济的不同层次放入投入产出矩阵中，产出部分显示数字、非数字及 GDP 生产范围以外的社会三种类型，在投入部分按照数字投入水平分为高、中和低/无。

如表 6 - 2 所示，所有数字产品的产出，无论生产中使用的数字投入水平如何，均被视为数字经济核算的核心部分。数字经济核心部分的核算仅限于对 ICT 生产的核算。狭义和广义的数字经济核算包括的不仅仅是数字部门的产出，而且包括了在生产过程中使用数字投入的各企业的产出。

表 6 - 2　　传统数字经济中的数字经济的核算

		产出		
		数字	非数字	社会
生产中的数字投入	高	核心核算： 数字内容、ICT 产品及设备生产者的经济活动	狭义核算： 依靠数字投入的相关生产者的经济活动	数字社会
	中	核心核算： 数字内容、ICT 产品及设备生产者的经济活动	广义核算： 数字投入数字技术投入引起生产者显著提升的经济活动	
	低/无	核心核算： 数字内容、ICT 产品及设备生产者的经济活动	传统经济	传统社会

注：数字社会及传统社会不属于 GDP 核算的范畴。
（资料来源：OECD. A Roadmap Toward a Common Framework for Measuring the Digital Economy [J/OL].）

非数字产品中判断属于狭义或广义的数字经济核算范畴的决定因素取决于生产过程中的数字产品的投入水平。依赖于数字投入或者是由于数字投入产生的相关经济活动，这类产出属于狭义的数字经济范畴；生产过程中数字投入水平处于中等水平，并不依赖于数字投入，但是由于数字投入生产力水平得以增强的相关企业的产出属于广义数字经济范畴。

表 6 - 2 中传统经济的产出，首先是不包含数字产品的产出，并且生产过程中无数字投入或者数字投入水平非常低。当今社会，几乎所有企业在进行业务往来时都可能采用数字化手段，包括电子邮件、互联网使用及电子化收付款手段等。但是并非所有企业都应纳入广义数字经济核算范畴，而应仅包括那些因数字化而生产得到显著提升的企业。

上一节中数字经济的第 5 层定义是根据交易方式定义是否属于数字经济，而不是根据生产过程来进行划分，属于另一种观点的数字经济，未包含在表 6 - 2 中。

一、数字经济分层核算范畴

（一）核心数字经济的核算范畴

数字经济的核心定义与现有的国际标准（ISIC 4.0 修订）中对 ICT 产品和服务的定义保持一致。对各国统计部门来说根据数字经济核心定义所包括的产出进行核算是相对简单的工作。以此定义进行核算时，将 ICT 生产者的所有产出，包括二次生产的产出进行加总核算，而不是根据最终产品。虽然核心核算中很多属于数字经济的活动并不包括在内，但可以提供一个明确的指标，说明 ICT 产品和数字服务的生产者在经济中所占比重的增长。

（二）狭义数字经济的核算范畴

狭义数字经济的核算范围除了核心数字经济外，还要加上依靠数字投入的各种经济活动。虽然这一定义仍然与现有的 GDP 生产边界保持一致，但它并不聚焦于最终产出或交易方式。相反，界定狭义数字经济的标准是商品或服务的生产过程是否依赖于数字化。数字化创造了许多完全依赖数字投入的新商业模式（如数字服务或数据存储等），但本身并不生产 ICT 产品或 ICT 及信息服务。与纳入广义数字经济范畴的公司不同，狭义的数字经济中的数字投入使公司生产成为可能，而不是促进生产。例如，生产者和消费者之间进行交易的中介平台，包括公共数字平台，都依赖于数字技术的投入。这类平台企业使用信息和通信技术，但不被认为是信息和通信技术产品和服务的生产者。

（三）广义数字经济的核算范畴

广义的数字经济核算范围是狭义的数字经济加上因数字投入出现明显提升的经济活动。

ICT 产品和服务也改变了传统公司，这些传统公司现在利用数字化来改善公司的商业活动。例如，传统的金融服务仍然从事帮助客户获取及重新分配资金等业务，然而在许多国家，金融公司改变了原有的服务方式，采用数字化方式提供服务。

当今社会几乎所有的公司在业务中都使用一些信息通信技术产品，例如，个人电脑或电子邮件等。为了避免出现“数字经济”的核算范畴包含几乎所有经济活动，因此需要设立一个门槛，仅纳入数字投入导致企业生产出活动出现显著上升的企业的产出。

在现实世界中，数字和非数字活动之间往往没有明确的严格界限。在某些国家，某些特定行业可能通过使用数字投入产出得到显著增加，但并非所有国家都是如此。例如，某些国家的农业和采矿业是国家经济的重要组成部分，使用有限的数字投入后，大大提高了增加值水平，如果将这些行业包括在数字经济中，数字经济可能就被高估了。

基于这一定义进行国际比较仍然是可行的，可以明确各国数字投入在生产投入过程中所起到的重要作用。对于哪些行业包括在内及哪些行业不包括在内可以进行汇总发布。尽管许多国家存在类似性，但是由于定义中存在固有的灵活性，因此各国对于经济中“依赖于或者使用数字投入，包括数字技术、数字基础设施、数字服务和数据后的显著提升”的特定产业的判定存在一定差异。这一定义的目的并非衡量数字化创造了多少增加值，而是统计部门用于判断生产者或行业是否应被视为数字经济的一部分的标准。

（四）数字社会

数字社会的核算范畴是广义数字经济范畴加上其他依靠或因数字投入出现明显提升的经济活动。

这一数字经济的定义超越了国民核算体系中的生产边界，包括那些并非经济生产的数字活动，但这一类活动能够增加消费者剩余、福利及其他社会收益，例如信息和知识的传播等，因此包含在最大范畴的数字经济定义中。严格来说，数字社会并未包含在数字经济中，但是这一层次的定义可以为政府制定相关政策提供参考。例如，该定义可用于有关数字隐私、个人数据和数字福祉等政策。数字技术和大数据的应用从根本上改变了人们的生活和工作方式、相互之间的互动、经济参与以及与政府的接触方式等。并非所有这些活动都包括在 GDP 的核算范围内，因此不应明确将这部分定义为数字经济的一部分。由于数字化无处不在，导致了经济/社会边界的模糊，因此制定数字经济衡量框架时需要注意数字化对社会的非经济方面的影响，从这一角度出发的数字社会的定义可以发挥相应的作用。

（五）数字化订购和/或数字化交付

数字经济的另一种衡量标准就是将包括所有数字化订购或数字化交付的商品和服务定义为数字经济。定义基于两个不同的概念：数字订购和数字交付。

数字化订购的商品和服务相当于目前已经广泛使用的电子商务定义，包括通过计算机网络，通过专门为接收或下订单而设计的各种用于销售商品或服务的方法。

数字化交付包括使用专门为此目的设计的计算机网络以电子格式远程交付的所有服务。这一类包括管理服务所需要的计算机网络服务，以及其他无形商品和服务。将数字交付服务加入现有的电子商务定义中，是为了确保所有数字交易都涵盖其中。

这种基于交易性质区分产出的方法已被纳入《数字贸易核算手册》（2019 年）及数字供给—使用表（SSUTs）中。这一定义聚焦于产品的订购和交付，可能包括一些非数字化产品，核算时的产出可能包括核心、狭义和广义的数字经济的范畴，但是与上述三种定义的范畴并不完全一致。

这一定义可以用于国际比较，因为各国可以根据商品和服务是否以数字方式订购或交付进行客观比较。数字贸易就是基于类似的概念进行核算的。虽然数字化订购的比例在不同国家存在差异，同时订购和交付的具体产品和服务也会有所不同。一些国家可能有相当成熟的电子商务市场，涵盖的商品和服务范围非常广，但对某些国家来说，数字订购和交付可能集中于部分商品和服务。

第三节　数字经济的分类

由于各国各机构对数字经济的定义并不一致，因此数字经济包括的产业部门的分类同样没有一种广泛认同的标准。

一、OECD 关于数字经济的分类

根据数字经济的分层定义，OECD 对数字经济分类进行以下分类。

（一）ICT 部门、信息产业、数字化部门和相关产品

根据 UNSD（2008）对 ICT 的定义，ICT 部门主要是指通过包括传输和显示在内，利

用电子手段进行信息交流和处理功能的部门，是制造业和服务业的结合。该定义的一个重要特征是它打破了制造业和服务业之间传统的 ISIC 二分法。

ICT 产品是数字经济的基础，信息产业包括内容和媒体部门，是 ICT 的补充。根据 UNSD（2008），信息产业被定义为主要从事关于信息、文化和娱乐等生产、出版及分发等一系列经济活动，以下部门为核心指标：

- ISIC581 出版图书、期刊及其他出版活动；
- ISIC591 电影、影视节目活动；
- ISIC592 录音和音乐出版活动；
- ISIC60 广播及节目编制活动；
- ISIC639 其他信息服务活动。

与数字经济相关的更宽泛的部门划分方法是考虑各部门中的数字化水平。基于 7 个不同的指标，Calvino et al.（2018）提出了一种根据数字化水平进行行业分类的方法。公司利用数字资产的投资、人力资本的类型和生产所需的技能或公司进入市场的方式及公司与客户和供应商互动的形式等各种指标将行业分为高、中高、中低和低数字化水平。这种分类方法的好处是能够利用当前行业的总量进行加工处理。随着时间的推移，数字分组所包括的行业可能发生改变，此分类方法可以监测行业的数字化转型，但是不适合衡量数字经济本身的规模（OECD，2019）。

（二）ICT 产品和数字订购产品

在国际贸易中对 ICT 部门和 ICT 产品或服务进行分类时，ICT 部门和 ICT 产品的定义得到进一步的细化。ICT 货物贸易遵循世界海关组织（WCO）2017 年协调体系（HS2017）的分类，该体系由联合国贸易和发展会议（UNCTAD）和联合国可持续发展秘书处（UNSD）根据 HS2010 和 HS2012 版本进行调整。最新的清单（2018）包含 94 种 2017 年 HS6 位数定义的商品，在《数字贸易衡量手册》（OECD－WTO－IMF，2020）中总结为以下四个主要类别：

- 计算机和周边设备；
- 通信设备；
- 电子设备（面向消费者）；
- 信息通信技术的杂项组件和商品。

ICT 产品有时也被称为数字产品，但需要注意的是，数字产品不同于数字订购产品。例如，在线订购鞋子是一种数字交易，但并非数字产品。通常产品不能进行数字化交付，如视听等服务可以进行数字化交付。3D 打印的代码可以进行数字交付，这一代码将被视为一种服务，即使它最终产生一种产品。

（三）ICT 服务、ICT 支持服务和数字化交付服务

与商品不同，服务可以远程交付，这使得服务的分类更加复杂，因为可能包括线下或

者线上交付的 ICT 服务（如 IT 系统设计、软件开发）、ICT 支持服务，以及数字化交付的服务（如编辑、管理服务和教育服务）。

ICT 服务的核心定义是 ICT 部门的服务部分，包括以下行业类别：

- ISIC 5820 软件发布；
- ISIC 61 电信；
- ISIC 60 编程和广播活动；
- ISIC 619 其他电信活动；
- ISIC 6202 计算机咨询和计算机设施管理活动；
- ISIC 6201 计算机编程活动；
- ISIC 6311 数据处理、托管和相关活动；
- ISIC 9511 计算机和周边设备维修；
- ISIC 8549 其他教育。

ICT 支持服务目前国际上还没有统一的定义，但根据 UNCTAD（2015），ICT 支持服务包括所有可以通过电子方式指定、执行、交付、评估及消费的活动，也就是所有通过 ICT 网络进行远程交付的服务。

根据《数字贸易计量手册》（OECD – WTO – IMF，2020）的定义，数字交付服务是指通过计算机网络以电子形式进行远程交付的所有数字化交付服务。

ICT 支持服务和数字交付服务在概念上非常相似，其主要区别在于，ICT 支持服务不一定需要计算机网络的方式提供服务。另外，ICT 支持服务和数字交付服务包括的范围要大于基于 ICT 部门的 ICT 服务。例如，2018 年，ICT 服务出口约为 5680 亿美元，而数字交付服务出口达 2.9 万亿美元，占全球服务出口的 50%（UNCTAD，2019）。

（四）数字平台

目前 OECD（2019b）关于"数字平台"（DIPS）的定义是一种提供数字服务的在线实体，通过互联网促进在两个或多个相互依赖的用户间的交流互动。

OECD – WTO – IMF（2020）将 DIPS 定义为：为多个买家和多个卖家之间的直接互动提供便利并收取费用的平台，而平台对正在出售的商品或服务没有经济所有权。

（五）云计算服务

云计算服务在统计方面存在许多困难，针对目前产品分类，在定义方面已经有了一些发展。OECD（2014）将云计算定义为基于一系列电子信息资源的计算服务，以某种灵活、具有弹性、按需的方式进行访问，管理成本低。

这一定义包括所有的云计算服务，包括消费者通过互联网访问云服务供应商的应用程序；开发的应用程序或将其他应用程序远程部署到供应商的基础设施（平台服务）；以及付费使用供应商的底层硬件、存储和其他基本服务。

二、BEA关于数字经济的统计分类

美国经济分析局（BEA）为了更好地测度数字经济，在2018年发布了数字经济测度框架体系，将数字经济分为三大类，以下对各分类的内容进行说明。

（一）数字化赋能基础设施

数字化赋能基础设施是指支撑计算机网络与数字经济存在及使用的相关基础物理材料和组织构架。包括以下小分类：

- 计算机硬件：构成计算机系统的物理元件，包括显示器、硬盘、无线通信设备等。
- 计算机软件：程序以及其他利用设备（比如个人电脑和商业服务器）可操作的信息，包括商业软件和公司内部出于自身使用目的开发的软件。
- 通信设备与服务：通过电缆、电话或卫星等方式远距离传输信息所需的设备及服务。
- 建筑物：数字经济生产者提供数字货物和服务所需的建筑物以及为数字产品提供支持服务的建筑物。具体包括数据中心，半导体装配工厂，光导纤维电缆、开关、中继器的安装间等。
- 物联网：支持互联网的设备，比如通过嵌入式硬件可以连接到网络并互相交流的电器、机器、汽车等。
- 支持服务：数据基础设施的支持服务，包括数据咨询服务以及计算机维修服务。

（二）电子商务

电子商务是指基于计算机网络进行的买卖交易活动，具体包括以下三个分类：

- 企业与企业之间的电子商务（Business-to-Business，B2B）：企业与企业之间使用互联网或者其他电子途径进行的交易。生产商、批发商以及其他生产最终消费货物和服务的行业从事的企业间或企业内的电子商务。
- 企业与消费者之间的电子商务（Business-to-Consumer，B2C）：使用互联网和其他电子途径进行的企业与消费者之间的交易，又称为零售电商。
- 消费者与消费者之间的电子商务（Peer-to-Peer，P2P）：共享经济，又名平台支持的电商，是基于数字应用工具进行的消费者与消费者之间的交易。包括但不限于行车调度、住宿租赁、快递服务、景观美化、食品外卖、消费品租赁、家政清洁。

（三）数字媒体

数字媒体指人们在数字设备上观看、创造、获取或储存的内容，区别于消费者购买租赁的书籍、报纸、音乐、视频等传统物理产品，数字媒体属于在线访问的数字产品，具体包括以下三个分类：

• 直接销售的数字媒体：企业向用户出售的直接收费的数字产品。

• 免费数字媒体：一些公司向消费者免费提供数字媒体服务，如 YouTube 和 Facebook，通常企业会通过刊载广告获利。

• 大数据：一些企业把生产大数据集作为它们的业务之一，利用数字媒体收集消费者偏好与行为，进而依托出售这些信息而获利。

三、中国关于数字经济的统计分类

2021 年国家统计局发布了《数字经济及其核心产业统计分类（2021）》，标志着我国数字经济的分类取得了突破性进展。国家统计局发布的数字经济的分类标准，主要是以 G20 杭州峰会提出的《二十国集团数字经济发展与合作倡议》，以及《中华人民共和国国民经济和社会发展第十四个五年规划和 2035 年远景目标纲要》《国家信息化发展战略纲要》《关于促进互联网金融健康发展的指导意见》等政策文件为依据，确定了数字经济的基本核算范围。以《国民经济行业分类》为基础，基于《国民经济行业分类》（GB/T 4754—2017）同质性原则，对国民经济行业分类中符合数字经济产业特征的和以提供数字产品（货物或服务）为目的的相关行业类别活动进行再分类。

国家统计局将数字经济定义为：以数据资源作为关键生产要素、以现代信息网络作为重要载体、以信息通信技术的有效使用作为效率提升和经济结构优化的重要推动力的一系列经济活动。根据这样的定义，将数字经济产业范围确定为：01 数字产品制造业，02 数字产品服务业，03 数字技术应用业，04 数字要素驱动业，05 数字化效率提升业 5 个大类。将数字经济核心产业定义为：为产业数字化发展提供数字技术、产品、服务、基础设施和解决方案，以及完全依赖于数字技术、数据要素的各类经济活动，01—04 大类就是数字经济核心产业。

（一）数字产品制造业

数字产品制造业包括可支撑数字信息处理的终端设备的制造、相关电子器件和元件的制造以及高度应用数字化技术的智能设备的制造。除了为数字化产品或服务提供支撑的设备制造，还包含数控机床、工业机器人、服务消费机器人、可穿戴智能设备、智能车载设备、智能无人飞行器等高度应用数字化技术，本身即为数字化产品的制造。具体包括以下分类：

• 计算机制造：包括计算机整机制造、计算机零部件制造、计算机外围设备制造、工业控制计算机及系统制造、信息安全设备制造、其他计算机制造 6 个行业。

• 通信及雷达设备制造：包括通信系统设备制造、通信终端设备制造、雷达及配套设备制造 3 个行业。

• 数字媒体设备制造：包括广播电视节目制作及发射设备制造、广播电视接收设备制造、广播电视专用配件制造、专业音响设备制造、应用电视设备及其他广播电视设备制造、电视机制造、音响设备制造 7 个行业。

- 智能设备制造：包括工业机器人制造、特殊作业机器人制造、智能照明器具制造、可穿戴智能设备制造、智能车载设备制造、智能无人飞行器制造、服务消费机器人制造、其他智能消费设备制造 8 个行业。

- 电子元器件及设备制造：包括半导体器件专用设备制造、电子元器件与机电组件设备制造、电力电子元器件制造、光伏设备及元器件制造、电气信号设备装置制造、电子真空器件制造、半导体分立器件制造、集成电路制造、显示器件制造、半导体照明器件制造、光电子器件制造、电阻电容电感元件制造、电子电路制造、敏感元件及传感器制造、电声器件及零件制造、电子专用材料制造、其他电子器件制造、其他电子元件制造、其他电子设备制造 19 个行业。

- 其他相关数字设备制造：包括记录媒介复制、游艺用品及室内游艺器材制造、文化用信息化学品制造、医学生产用信息化学品制造、计算器及货币专用设备制造、增材制造装备制造、电线、电缆制造、光纤制造、光缆制造、工业自动控制系统装置制造 10 个行业。

（二）数字产品服务业

数字产品服务业包括各种数字产品的批发零售、租赁维修等活动，具体包括以下内容：

- 数字产品批发：包括计算机及软件和辅助设备批发、通信设备批发、广播影视设备批发 3 个行业。

- 数字产品零售：包括计算机及软件和辅助设备零售，通信设备零售，音像制品、电子和数字出版物零售 3 个行业。

- 数字产品租赁：包括计算机及通信设备经营租赁、音像制品出租 2 个行业。
- 数字产品维修：包括计算机和辅助设备修理、通信设备修理 2 个行业。
- 其他数字产品服务业：其他未列明的数字产品服务业。

（三）数字技术应用业

数字技术应用业包括提供数字信息技术产品的服务和提供相关支持的服务，具体包括以下分类：

- 软件开发：包括基础软件开发、支撑软件开发、应用软件开发、其他软件开发 4 个行业。

- 电信、广播电视和卫星传输服务：包括固定电信服务、移动电信服务、其他电信服务、有线广播电视传输服务、无线广播电视传输服务、广播电视卫星传输服务、其他卫星传输服务 7 个行业。

- 互联网相关服务：包括互联网接入及相关服务、互联网搜索服务、互联网游戏服务、新闻业、互联网其他信息服务、互联网安全服务、互联网数据服务、互联网其他信息服务、其他互联网服务 9 个行业。

• 信息技术服务：包括集成电路设计、信息系统集成服务、物联网技术服务、运行维护服务、信息处理和存储支持服务、信息技术咨询服务、地理遥感信息服务、遥感测绘服务、其他测绘地理信息服务、动漫、游戏数字内容服务、其他数字内容服务、呼叫中心、其他未列明信息技术服务业 13 个行业。

• 其他数字技术应用业：包括三维（3D）打印技术推广服务等各类三维（3D）打印技术推广服务活动，包括 3D 打印服务、3D 打印技术推广等以及其他未列明的数字技术应用业。

（四）数字要素驱动业

数字要素驱动业包括互联网应用及相关服务、数字内容及媒体以及信息基础建设等，具体包括以下分类：

• 互联网平台：包括互联网生产服务平台、互联网生活服务平台、互联网科技创新平台、互联网公共服务平台、其他互联网平台 5 个行业。

• 互联网批发零售：包括互联网批发、互联网零售 2 个行业。

• 互联网金融：包括网络借贷服务、非金融机构支付服务、金融信息服务 3 个行业。

• 数字内容与媒体：包括广播、电视、影视节目制作、广播电视集成播控、电影和广播电视节目发行、电影放映、录音制作、音像制品出版、电子出版物出版、数字出版、互联网广告服务 11 个行业。

• 信息基础设施建设：包括架线及设备工程建筑、电气安装、架线及设备工程建筑、电气安装、其他房屋建筑业、架线及设备工程建筑、电气安装、其他建筑安装 8 个行业。

• 数据资源与产权交易：是指对数据资源与数字产权的交易活动，包括资源与产权交易服务行业。

• 其他数字要素驱动业：包括供应链管理服务、安全系统监控服务、工程和技术研究及试验发展 3 个行业。

（五）数字化效率提升业

数字化效率提升业是指借助数字技术，使产业效率得到大幅提升的行业，存在于所有行业之中，此分类属于广义数字经济的范畴。具体包括以下分类：

• 智慧农业：指利用遥感、地理信息系统、全球定位系统、物联网、无人机等现代信息技术、RFID 射频识别、自动进食、人工智能、大数据、云计算等现代信息技术、数字化、信息化、智能化等手段开展农林畜牧业的种植养殖育种等活动，包括数字化设施种植、数字林业、自动化养殖、新技术育种等。

• 智能制造：指利用数字孪生、人工智能、5G、区块链、VR/AR、边缘计算、试验验证、仿真技术等技术和设备在制造业开展的生产和制造活动。包括数字化通用及专用设备制造、数字化运输设备制造、数字化电气机械、器材和仪器仪表制造等。

• 智能交通：指借助数字化技术和互联网平台进行的运输、管理经营和维修护养，包括智能铁路运输、智能道路运输、智能水上运输、智能航空运输等。

• 智慧物流：指以信息化技术为依托的装卸搬运、仓储、邮政、快递等服务。包括智慧仓储、智慧配送等。

• 数字金融：指借助数字化技术和互联网平台进行的银行、保险、资本融通与交易市场的服务，包括银行金融服务、数字资本市场服务、互联网保险、其他数字金融。

• 数字商贸：指在商品流通环节中有数字化技术适度参与的各种上门活动，包括数字化批发、数字化零售、数字化住宿、数字化餐饮、数字化租赁、数字化商务服务等。

本章思考题

1. 如何界定数字经济？为什么要对数字经济概念进行界定？
2. 简述数字经济的发展如何影响数字经济的定义。
3. 简述数字经济的不同核算范围存在哪些差异。
4. 国家统计局对数字经济是如何分类的？

第七章　数字经济的核算方法

▶案例导入

全球数字经济的规模

中国信息通信研究院在2021年发布的《全球数字经济白皮书》中，对47个国家数字经济的规模进行了测算。根据信通院测算的结果，2018年47国的数字经济规模达到30.2万亿美元，2019年增长1.6万亿美元，2020仅增长0.8万亿美元，为32.6万亿美元，增幅有所降低。全球数字经济GDP占比达到了43.7%，而且增速高于GDP的增长速度。发达国家的数字经济GDP占比为54.3%，远超发展中国家27.6%的水平。

从国别来看，在47个国家中，美国数字经济规模一直保持第一，达到了13.6万亿美元，占全球比重的41.7%，第二位的中国仅有5.4万亿美元，美国的数字经济规模远超其他国家。德国、日本和英国位居第三至第五位，规模分别是2.5万亿、2.48万亿和1.9万亿美元。在数字经济的占比规模方面，德国数字经济占比为66.7%，英国为66.0%，美国为65.0%，韩国为52%，中国的数字经济占比低于上述国家，为38.6%，但增长位居世界第一，达到9.6%。

在疫情冲击之下，2020年47国经济遭遇负增长（-2.8%），而全球数字经济同比增长3.0%，显著高于同期GDP增速5.8个百分点，说明数字经济成为全球经济增长的新引擎和核心力量。如何推动数字经济快速增长成为一国经济增长及提升一国国家竞争力的关键因素。

（资料来源：中国信息通信研究院：《全球数字经济白皮书——疫情冲击下的复苏新曙光》，2021.）

第一节　数字经济核算面临的挑战与方法的选择

当前处于以人工智能、大数据、云计算、区块链、物联网、VR、量子科技等为核心的新一代信息技术的迅速崛起，人类迈入了数字化时代。上述新兴技术在现代经济社会开发与应用形成的新经济形态，被称作数字经济，现在成为世界各国及国际社会关注的新的经济领域，经济学界也在积极开展对数字经济的测算。

数字经济的测算面临很多困难与挑战，首先是未能形成统一且被广泛接受的定义，因此各种测算结果难以进行比较；其次是数字经济作为新的经济形态，发展非常快，每当出现了新的技术，数字经济范围就会扩大，是一种动态过程。

一、数字经济核算面临的挑战

数字经济的出现代表着新型经济的诞生，新型经济当中包括了新产业、新业态、新商业模式和新就业模式，与传统经济存在差异。对于新型经济的统计核算，沿用传统的方法必然会出现问题。数字经济的诞生也给传统的生产统计、投资统计、收入统计和价格统计等统计方法和调查制度带来了新的挑战。

（一）数字经济的产生对生产统计的调查方法和调查范畴带来了新的挑战

目前的生产统计以法人单位和个体经营户为主要调查对象。但是新型经济出现后，例如共享单车、共享充电等共享经济，以及网约出租、线上医疗咨询等新经济形态，参与者往往是住户和居民个人，传统的生产统计调查方法无法完整地采集相应的生产数据，从而导致相关生产活动的低估。

另外，计算机软件规模的迅速发展，对投资统计调查制度方法带来了挑战。目前我国计算机软件固定资本的形成是根据工业和信息化部提供的计算机软件产品销售收入进行统计，但是该数据在反映计算机软件固定资本形成方面存在明显的不足。目前的计算机软件产品销售收入并未区分销售的软件是国产还是进口，也未反映软件是作为消费使用还是投资使用。在数字化转型背景下，企业、政府都大力开发自用型软件，计算机软件产品销售收入不能反映自用型软件的生产和使用情况，因此目前的投资统计调查制度无法对此部分的产出进行统计。

新经济带来新的职业种类不断涌现，对收入统计调查制度方法带来挑战。数字经济时代，出现了一系列新的职业种类，如程序员、游戏设计师、算法分析师等，这些新职业由于入门门槛较高，人才较为稀缺，收入水平、收入增长快。现行的居民收入统计数据主要依靠住户调查获得，但是现有的住户调查中高收入户样本代表性不足，导致居民收入数据低估的问题更加突出。

线上交易是新经济的一个明显特征，如今网上购物群体庞大，而且线上商品价格日趋低廉，且价格变动更加灵活，对价格统计调查制度方法带来挑战。传统的价格统计调查是确定篮子商品，每种商品确定规格品和采价点，定期采集价格数据，并采用固定权重计算指数。在数字经济条件下，产品更新换代频率提高、生命周期缩短、新产品不断涌现，并且，数字产品的质量提升快，价格下降也快。另外，越来越多的商品进行线上销售，商品价格与线下相比更加低廉，占比越来越大，但还未被列为采价点。因此，现有的一篮子商品更新慢、代表性不足，而且质量调整不及时，导致推算的价格指数存在系统性偏差。

（二）数字经济的发展对国民经济统计标准也是一种挑战

随着信息技术的迅速发展，新产业、新业态不断出现，并且传统产业与数字产业在不断融合，产业界线越来越模糊。已有的行业分类标准无法区分传统产业与数字产业，现有的国民经济行业分类已无法适应数字经济的发展带来的行业分类的变化。因此，数字经济给已有行业分类标准带来了非常大的挑战。

我国最新的《统计用产品分类目录》于2010年制定，但是，数字经济的发展导致新产品的大量涌现，3D打印机、无人机、大数据等产品未被列入2010年的目录。数字经济条件下，新的职业不断出现，如2019年，我国公布的13个新职业，其中12个与数字化有关；2020年公布的10个职业，6个与数字化有关。另外，现行的就业统计标准是在调查时点之前的一周为取得劳动报酬或经营收入而从事了1小时以上劳动。数字经济条件下，越来越多的“零工”出现，现有的就业统计未能对这部分就业人员进行统计。随着数字经济的发展，现有的产品分类标准、职业分类标准以及就业统计标准都面临着巨大的挑战。

（三）数字经济发展使国民经济统计应用面临挑战

在数字经济时代，政府统计已经不是社会经济数据的主要来源，政府统计的权威地位受到挑战。在数字经济时代，企业和政府部门获得了大量的微观数据，如何保护好商业秘密和个人隐私，又能够充分开发应用这些宝贵的数据资源，是经济社会统计面临的挑战。

二、数字经济核算方法比较与选择

伴随着信息技术的快速发展，数字经济已被各国视为经济增长的“新引擎”，许多国家将与数字经济相关的产业定位为重点支持和发展产业。如今，各国纷纷将发展数字经济作为国家经济发展战略的重点。数字经济的发展水平如何代表着一个国家的综合实力和未来的发展前景。在这样的背景下，准确衡量一国的数字经济规模及发展水平是当前国内外统计机构与研究学者面临的亟待解决的问题。

目前，许多国际组织、研究机构及各国政府统计机构对数字经济进行了测度。主要分为指数编制研究、增加值测算研究、构建卫星账户研究等。

其中指数编制是数字经济测算最成熟的方法，通过设立多个维度的指标对不同地区间的数字经济发展情况进行对比，得到数字经济整体或者是具体的某个领域发展的相对情况。

目前OECD、欧盟、联合国国际电信联盟等国际组织根据各自不同的目的设置了相应的指标体系，对不同国家的数字经济发展水平进行了比较。我国的研究机构也设置了数字经济的指标体系，对各省份或者各城市的数字经济发展水平进行比较。

数字经济指数虽然在一定程度上反映了数字技术的应用对各国及各地区的数字经济和社会发展程度的影响，但是最大的问题在于指数所涵盖的范围有限，不可能包含数字经济的方方面面。而且，指标体系无法反映一国数字经济的具体规模。

数字经济增加值测算的研究，最早是由 Machlup（1962）对知识经济的测算，之后，Porat（1977）对信息经济的增加值进行了测度。康铁祥（2008）借鉴 Machlup－Porat 测算方法测算了中国 2002—2005 年数字经济的规模。近年，美国经济分析局（BEA）利用供给使用表对美国数字经济增加值和总产出等规模进行的测算的方法被广泛使用。澳大利亚统计局（ABS）借鉴 BEA 的测算方法，对澳大利亚数字经济增加值及其对整体经济的贡献程度进行测度（ABS，2019）。许宪春和张美慧（2020）采用 BEA 的方法对我国 2007—2017 年数字经济增加值与总产出等指标进行了测算。这些测算都是以数字经济的核心指标作为核算对象，主要测度的是数字产业的生产活动，而数字经济融合的研究，由于数据受限，并未纳入核算范围。

中国信息通信院测算的数字经济包括数字产业化和产业数字化两大部分。其中数字产业化是核心数字产业，而产业数字化是数字经济融合部分的测算，理论上涵盖了广义的数字经济。增长核算账户框架测算资本存量时采用 Gold Smith 方法。测算时运用大量数据，不仅能测算数字经济规模，还能明确数字经济的影响因素，能够整合各个产业数字经济融合情况。中国信通院数字经济核算方法被纳入 G20 峰会最佳国家实践，被广泛引用。但是，该方法中增长核算账户框架需要在一些假定条件才能应用，这在一定程度上降低了核算结果的可信性，模型计算需要大量数据，数据获得性较差，部分数据需要进行推测。推算时产生大量异常值需要进行调整。

相较于增加值测算和相关指数编制的方法，数字经济卫星账户能够反映国民经济各行业从事数字经济特征活动的情况，是测度数字经济实际发展规模及其对整体经济的贡献程度较为可行的方法。然而，目前国际上关于数字经济卫星账户的理论和实践研究还处于不断完善的阶段，受现有统计数据的限制，较难实现宏观层面数字经济卫星账户的实践编制。

综上，现有数字经济测算的各种方法存在各自的优缺点。指数测度方法相对较成熟，需要的统计资料较少，可以根据实际情况增减指标，具有较强的可操作性，适用于国家间地区间的横向或纵向比较。但是，指数测度方法表示数字经济的直接衡量指标，指标选取的主观性较大，反映的是数字经济的发展趋势，并不能反映实际规模。美国经济分析局采用的增加值测度方法，数据较容易获取，方法简单，可操作性强，但是核算范围较小，不能核算数字经济的全部内容。中国信通院的测度方法理论上涵盖了广义数字经济的范围，但是由于计算需要大量数据，数据的获得性较差，部分数据需要推算。卫星账户是数字经济核算较为理想的方法，但是目前仍然属于探索阶段。在选择衡量数字经济的方法时，就应根据目前这些方法的特点进行判断。

第二节　数字经济统计核算方法

目前，数字经济成为各国经济发展的新热点及动力，是各国经济发展的重要体现。近年数字经济对一国的产业及居民的生活产生重大影响，如何对数字经济进行核算是各国政府统计部门面临的挑战。为了系统地核算数字经济，各国的统计机构开始尝试建立数字经济卫星账户（Digital Economy Satellite Account，DESA）。数字经济卫星账户的建立是观测数字经济运行情况较为可行的方法。

一、数字经济卫星账户

数字经济核算体系是以国民经济核算体系（SNA）为依托构建的理论体系。国民经济核算体系是为了详细记录各类经济主体的各项经济活动指标，系统而全面地描述一国国民经济运行状况而形成的核算体系，由联合国（UN）、欧洲共同体（EC）委员会、国际货币基金组织（IMF）、经济合作与发展组织（OECD）和世界银行共同组织修订并发行的国际统一的国民经济核算标准。

国民经济核算以账户（accounts）的形式，将经济的方方面面放入一个体系中进行整体记录，正如被称为"国家总账簿"或"一国经济的会计"一样，是一种可以综合体现一国经济循环结构的统计，包括产品和劳务以及相应资金的流量和存量，经济部门之间交易的实际情况。另外，由于国民经济核算当中存在一些特殊经济活动受到中心核算框架的限制，SNA1993 提出在原有的主体系统的基础上，提倡编制"卫星账户"作为扩展的核算体系，对那些直接纳入中心框架将使内容受到一定限制的特殊活动，通过建立卫星账户对其进行全面描述。卫星账户是传统国民经济核算的辅助统计，通过构建卫星账户的方法可对特殊形态的经济模式及相关产业的运行状况进行专门的统计监测与分析，是传统宏观经济统计数据的有效补充。

数字经济卫星账户是目前国际组织正在积极推广的一类卫星账户，与环境卫星账户、旅游卫星账户、住户卫星账户以及卫生卫星账户等功能类似，是设立于国民经济中心框架外，按照国际统一的国民账户的概念和分类要求单独设立，能够反映数字经济规模及其对宏观经济贡献的账户体系。

二、OECD 构建的数字经济卫星账户

为了更好地核算数字经济的规模，OECD 构建数字经济卫星账户，用于更好地反映数字经济下企业运行发展的特征。

OECD 专家小组构建了数字经济的概念框架（见图 7－1），在此框架中，数字经济的卫星账户既连接 SNA 的中心体系的相关规定，同时又能开展独立核算。

OECD 构建的数字经济将框架中将所有具备数字化订购、促成平台、数字化传输等特征的商品和服务及数据作为数字经济的核算范围。部分不包含在 SNA 生产范围内的生产活动也在数字经济的核算范围。数字交易的行为主体包括生产者、使用者和促成者，客体即参与数字交易的产品。上述主、客体在其设计的数字经济卫星账户供给使用表中得以较为详尽地体现。

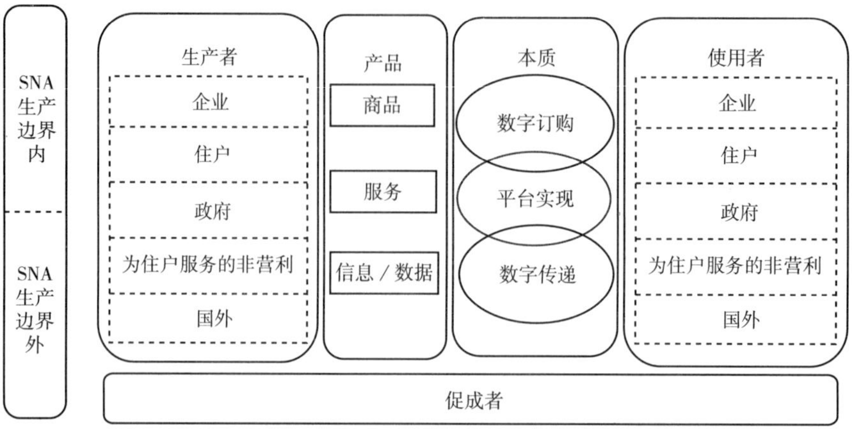

图 7-1 OECD 构建的数字经济概念框架

OECD 专家小组的概念界定与传统 SNA 核算的主要区别在于：首先，对于数字经济的生产者主体，除传统企业部门等主体外还增设了住户部门，使得生产者与使用者保持一致，以求应对数字经济中居民参与生产活动的核算难点。其次，对于数字交易的辅助性主体，单列为促成者（Enablers），以描述数字经济的支撑性产业，如 ICT 产业的基础设施及辅助性服务等；同时，对于数字交易的客体，除传统商品与服务外还增加了信息/数据产品，以核算数字经济中“免费”服务等非货币化交易背后的数据价值交换。最后，对于核算中的经济交易，包含了至少具有数字交易三大特性之一的经济交易，而排除了不具备任何数字特征的经济交易。

三、数字经济卫星账户的构建方法

（一）数字经济卫星账户的整体架构

数字经济卫星账户（DESA）的整体架构如图 7-2 所示。DESA 的主要功能是将隐含在 SNA 中心框架中的数字经济活动做显性化处理，弥补了数字经济增加值和数字经济相关指数在统计协调和分析功能上的不足，不仅能够统计数字经济的发展规模及其对整体经济的贡献水平，还能够对传统行业与数字经济的融合情况进行观测。①

数字经济的核算对象包括数字核心产品和服务以及与数字经济相关联的经济活动，由核心表式和总量指标组成，反映了数字经济的发展水平以及数字经济与国民经济各行业的融合程度。

DESA 核心表式是数字经济供给表和使用表，反映了数字产业之间的供给和使用状况，以及数字经济产业的资本形成及生产（包括 SNA 生产边界外的数字经济活动）、就业等信息状况。通过这两个表能够得到数字经济总产出和中间投入数据，进而能够获得数字产业

① 张美慧．数字经济供给使用表：概念架构与编制实践研究［J］．统计研究，2021，38（7）：10.

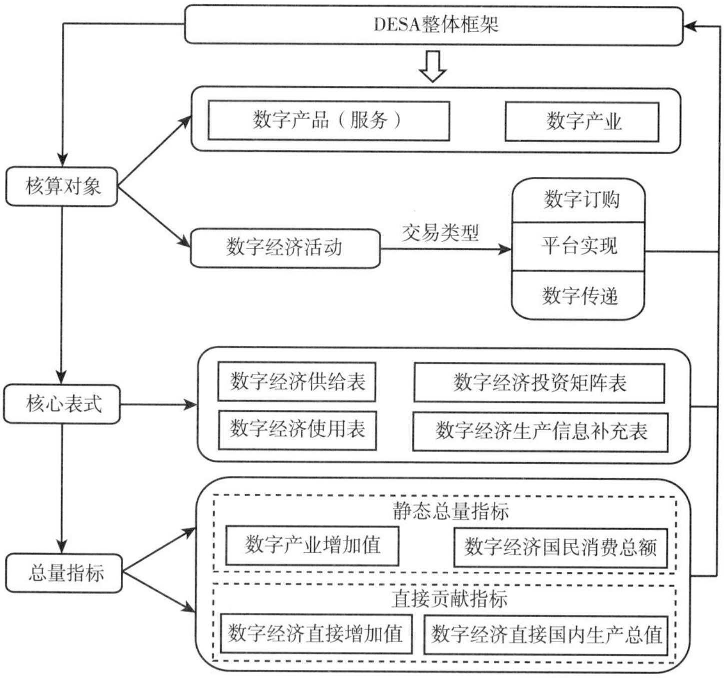

图 7－2 数字经济卫星账户的整体框架

增加值和数字经济国民消费总额以及数字经济直接国内生产总值等总量指标，为测度数字经济发展规模、监测其对整体经济的贡献程度提供参考。

（二）数字经济的供给表和使用表

SNA2008 将原来的以企业单位为基础编制 U 表（分产业商品投入表）和分产业商品产出表的 V 表改进为“供给—使用表（Supply and Use Tables，SUT）”，供给表（S 表）在明确流通利润的基础上记载由谁（国内的某项经济活动还是海外进口）提供产品和服务，使用表（U 表）则表示在横向上，产品和服务如何作为中间品或最终品被各部门或主体使用的。另外，作为各种经济活动的生产成本，在纵向记录了对哪种产品和服务进行了中间使用，并且产生多少增加值，构成增加值的各个项目也进行了详细记录。供给使用表既是用于基本统计的框架，同时又是编制投入产出分析表的基础。

数字经济 SUT 反映了各数字经济产业中的非数字产业的投入及非数字产业数字化的情况，并且将国民经济核算体系中相关数字交易活动进行分类处理，更好地体现各行业中的数字经济活动。在数字经济 SUT 中，包括数字产品及服务、非数字产品及服务，另外也包括数据及“免费”数字服务等 SNA 生产边界外的产品。

（三）数字产业的增加值和数字经济直接增加值

数字经济 SUT 中的数字产业的增加值是指 ICT 产业和电子零售商的增加值。ICT 产业的增加值在现有的统计数据中较容易获取，电子零售商产业是指零售和批发商通过数字方式从事购买转售货物或服务。

相较于数字产业增加值，数字经济直接增加值统计范围更广，包括数字产业的增加值、传统产业为数字经济特征活动提供直接支撑产生的相应增加值。数字经济直接增加值只测度国民经济各行业通过数字经济特征活动（数字经济生产活动、数字经济交易活动）产生的直接增加值，不包括数字经济的诱发效应。但是数字经济直接增加值核算面临的最大的问题是非数字产品在生产过程中通常同时包含数字活动和非数字活动，难以将总产出和中间投入部分的“数字化”和“非数字化”进行剥离。目前数字经济规模的测算大多是数字经济产业增加值之和。如果建立了数字经济 SUT，就可以将传统产业中与数字经济相关联的部分进行剥离，进一步测算出数字经济直接增加值。

第三节 数字经济发展水平的评估

国际机构及各国的研究部门都在积极建立衡量数字经济发展水平的指标体系，但是目前仍未形成统一的评价标准。以欧盟和 OECD 为代表的指标体系关注于数字经济发展的社会属性，以国际电信联盟和世界经济论坛为代表的指标更加关注数字经济的基础设施。

一、OECD 数字经济指标体系

OECD 在数字经济的测度及衡量方面进行了大量的工作，2014 年发布了《衡量数字经济：一个新的视角》（Measuring the Digital Economy：A New Perspective），将数字经济分为智能化基础设施投资、赋权社会、创新能力、促进经济增长与增加就业岗位等 4 个维度，设置了 38 个指标，并根据各指标的包含的内容进行衡量（见表 7－1）。

表 7－1 OECD 数字经济的指标体系

维度	指标	维度	指标
智能化基础设施投资	宽带普及率	赋权社会	互联网用户量
	移动数据用户		互联网用户在线活动评估
	互联网发展（域名注册量）		用户从事在线活动复杂度评估
	网络宽带速度评估		互联网学生用户评估
	网络资费		儿童在线状况评估
	互联网连接设备及 App 的使用		教育中的信息通信技术使用评估
	跨境电子商务		工作场所信息通信技术使用评估
	企业网络安全评估		消费者的在线购物
	对网络安全及隐私信息威胁的感知		对跨境网站使用评估
	网络安全和隐私保护评估		住户对数字政务的使用评估
			健康医疗的信息通信技术使用评估

续表

维度	指标	维度	指标
创新能力	企业的 ICT 研发支出	经济增长与就业	ICT 投资
	从事 ICT 生产和生产创新企业评估		ICT 经营动态
	企业的 ICT 工具使用评估		ICT 增加值
	微观数据统计		信息产业劳动生产率
	ICT 专利		通信服务质量
	ICT 设计		企业电子商务
	ICT 商标		ICT 人力资本
	ICT 创新知识扩散		ICT 工作岗位及 ICT 行业就业情况
			ICT 贸易和价值链

二、欧盟数字经济指标体系

欧盟也非常重视开展制定衡量数字经济的发展水平的指标，自 2014 年发布了数字经济与社会指数（Digital Economy and Society Index，DESI）以来，欧盟一直在通过 DESI 对欧洲数字经济的进展表现进行跟踪。2014 年 DESI 主要从宽带接入、人类资本、互联网应用、数字技术应用和公共服务等 5 个方面的 31 项指标对欧洲各国的数字发展水平进行衡量（见表 7－2）。最新发布的 2021 年 DESI 指标进行了修正，共分为三级指标、4 个主维度、10 个次维度、33 个指标对欧盟数字经济和社会发展程度进行比较衡量。2021 年 DESI 是基于 2020 年的数据，反映了 2020 年欧洲数字经济及社会的数字领域概况。DESI 中的各项评价指数的资料来源于欧盟统计局个人信息、COCOM 和欧盟统计局关于住户、个人及企业的 ICT 使用的调查、各类研究资料等，具有充分的积累和数据支撑。

表 7－2　　OECD 数字经济的指标体系

主维度	次维度	指标
1. 人力资本	1a 互联网用户基本技能	1a1 最低要求的数字技能
		1a2 基本数字技能
		1a3 具备基本的软件技能
	1b 高级技能和发展	1b1 ICT 专家
		1b2 女性 ICT 专家
		1b3 企业提供的 ICT 培训
		1b4 ICT 毕业生

续表

主维度	次维度	指标
2. 宽带连接	2a 固定宽带使用率	2a1 整体宽带使用率
		2a2 100Mbps 以上宽带使用率
		2a3 1Gbps 以上宽带使用率
	2b 固定宽带覆盖率	2b1 快速宽带（NGA）覆盖率
		2b2 固定高能网络（NGA）覆盖率
	2c 移动宽带	2c1 4G 覆盖率
		2c2 5G 准备状况
		2c3 5G 覆盖率
		2c4 移动宽带使用率
	2d 宽带价格	2d1 宽带价格指数
3. 数字技术融合	3a 数字化强度	3a1 具备基本数字化程度的中小企业
	3b 面向企业的数字技术	3b1 电子信息共享
		3b2 社会媒体
		3b3 大数据
		3b4 云服务
		3b5 AI
		3b6 促进环境可持续性的 ICT
		3b7 电子清单
	3c 电子商务	3c1 中小企业的网上销售
		3c2 电子商务交易额
		3c3 跨境网上销售
4. 公共服务数字化	4a 电子政务	4a1 电子政务用户
		4a2 线上表格填写
		4a3 为市民提供数字化公共服务
		4a4 为企业提供数字化公共服务
		4a5 数据公开

三、联合国电信联盟 ICT 发展指数

联合国国际电信联盟 1995 年开始发布《衡量信息社会报告》，在报告中发布了将近 200 个经济体的 ICT 发展指数（ICT development index，IDI 指数）。该指数 IDI 针对 ICT 接入、使用和技能 3 个维度，设立了 11 项指标，可对不同国家和不同时段进行比较（见表 7 -3）。IDI 指标主要测量的是 ICT 相关的基础设施建设、产业应用、人力资本等方面的情况，虽然测量指标相对较少，但是由于具有长期的研究积淀，为各国政府、各部门及研究

机构提供了较强的借鉴意义。

表 7-3　联合国国际电信联盟 ICT 发展指数

一级指标	二级指标
ICT 接入	固定电话覆盖率
	移到电话覆盖率
	用户平均国际互联网带宽
	家庭电脑普及率
	家庭互联网接入率
ICT 使用	互联网用户率
	固定宽带使用率
	移动宽带使用率
ICT 技能	入学年限中位数
	初中入学率
	高等教育入学率

四、世界经济论坛网络准备度指数

世界经济论坛（WEF）从 2002 年开始发布网络准备度指数（NRI），重点分析全球信息化领先国家和地区的排名、主要经验和做法，NRI 在信息化领域的国际测评中具有相当的权威性。NRI 由环境指数、就绪指数和使用指数三部分组成。NRI 设置了 4 个一级指标，10 个 2 级指标和 53 个三级指标，对之后的数字经济的指标体系具有一定的参考价值（见表 7-4）。

表 7-4　世界经济论坛网络准备度指数

一级指标	二级指标	三级指标
A. 环境指数	1. 法规环境	立法机构的效力、与 ICT 相关的法律、司法独立、法律解决争端的效率、司法独立性、知识产权保护、软件盗版率及软件安装比率、合同执行所需程序、合同执行所需天数
	2. 商业和创新环境	最新技术的可获得性、风险资本的可获得性、总税率和利润率、创业所需时间、创业所需程序、市场竞争强度、高等教育的入学率、学校管理质量、政府对高新技术的采购
B. 环境指数	3. 基础建设	发电量、移动网络覆盖率、互联网带宽（每用户 kb/s）、互联网安全度
	4. 可支付能力	手机通话费用、固定宽带月租费、互联网和电话竞争指数
	5. 技能	教育体系质量、数学和科学教育的质量、中等教育入学率、成人识字率

续表

一级指标	二级指标	三级指标
C. 应用指数	6. 个人应用	个人手机拥有量、个人互联网利用率、家庭的电脑拥有量、互联网入户率、每百人固定宽带使用、每百人移动宽带使用、个人社交网络的使用
	7. 商业应用	企业的技术应用、创新能力、每百万人 ICT 专利合作申请、企业电子商务的 ICT 技术应用、B2C 电子商务的应用、员工培训程度
	8. 政府应用	ICT 对政府未来规划的重要性、政府网上服务指数、政府对 ICT 的推广的成就
D. 影响指数	9. 经济影响	ICT 对商业模式的影响、每百万人 ICT 专利合作申请量、ICT 对组织模式的影响、知识密集型工作的占比
	10. 社会影响	ICT 对获取基本服务的影响、学校互联网接入、ICT 使用与政府效率、电子参与指数

五、国内数字经济指标体系

我国信息产业部于 2001 年正式推出了国家信息化水平总指数（NIQ），用于评价国家和区域的信息化水平。NIQ 由信息资源的开发和应用、信息网络建设、信息技术应用情况、信息产业发展情况、信息化人力资源、信息化发展的环境等 6 个维度，包含了人均带宽、电话使用频率、互联网数据库总容量等 20 个指标。这些衡量指标是我国最早期对数字经济衡量的标准。

信息化发展指数是中国政府 2013 年发布的《信息化发展规划》中引入的信息化发展指数Ⅱ，用于评价社会信息化发展水平的综合性指标。信息化发展指数Ⅱ从 5 个方面进行评估，共有 12 个具体指标（见表 7－5），对准确把握我国及各省信息化发展水平提供了科学的依据。

表 7－5　　信息化发展指数Ⅱ指数体系

分类指标	分类指标权重	具体指标
1. 基础设施指数	22%	电话拥有率（部/百人）
		电视机拥有率（台/百人）
		计算机拥有率（台/百人）
2. 产业技术指数	17%	人均电信业产值（元/人）
		每百万人发明专利申请量（件/百万人）
3. 应用消费指数	21%	互联网普及率（户/百人）
		人均信息消费额（元/人）

续表

分类指标	分类指标权重	具体指标
4. 知识支撑指数	19%	信息产业从业人员占比（%）
		教育指数
5. 发展效果指数	21%	信息产业增加值占比（%）
		信息产业研发经费占比（%）
		人均国内生产总值（元/人）

2015 年腾讯联合京东、滴滴等机构统计了涵盖腾讯的微信、支付、城市服务、众创空间等 10 余个核心平台的全样本数据，以及京东、滴滴、携程等企业的行业数据，构建了中国“互联网 +”数字指数。该指数下设基础、产业、创新创业、智慧民生 4 个分指数，共涵盖 14 个一级指标、135 个二级指标，内容涉及社交、新闻、视频、云计算、三次产业的 17 个主要子行业、基于移动互联的创新创业、智慧民生等，直观反映了“互联网 +”数字经济在 31 个省（自治区、直辖市）、351 个城市的落地情况。

2017 年，中国信息通信研究院、新华三集团、上海社会科学院、赛迪顾问以及财新智库等机构都发布了关于数字经济的各种评价指数，其中影响较大的是中国信通院的数字经济指数。

中国信息通信研究院发布《中国数字经济发展白皮书（2017）》测算中国数字经济增加值和数字经济指数（DEI），用于反映观测全国数字经济的景气状况。DEI 指数分为 8 个先行指数、11 个一致指数和 4 个滞后指数（表 7－6）。

表 7－6　中国信通院的数字经济指数体系

先行指标	一致指标	滞后指标
大数据投融资	ICT 主营业务收入	第一产业增加值
云计算服务市场服务	ICT 综合价格指数	工业增加值
物联网终端用户数	互联网投融资	第三产业增加值
移动互联网接入流量	电子信息产业进出口总额	信息消费规模
移动宽带用户数	电子商务规模	
固定宽带接入时长	互联网服务市场规模	
固定宽带用户数	“互联网”＋协同制造	
固定资产投资完成额	“互联网”＋协同制造	
	“互联网”＋智慧能源	
	“互联网”＋普惠金融	
	“互联网”＋高效物流	

新华三集团于 2017 年 4 月首次发布《中国城市数字经济指数白皮书（2017）》，是首个针对中国城市数字经济发展水平的评估体系。该指数结合当前热门技术应用和城市发展状况，从城市信息基础、城市服务、城市治理、产业融合等角度，评估中国各城市数字经

济发展水平，首次评估覆盖了全国40个城市。

上海社科院发布的《全球数字经济竞争力指数（2017）》将数字经济分为主体产业部分和融合应用部分。通过大规模采集和分析全球120多个国家的数字经济发展数据，形成综合性及多维度的评价，通过对基础设施、数字产业、数字创新和数字治理5个方面、12个指标对数字经济竞争力进行了评价。

赛迪顾问于2017年发布的《2017中国数字经济指数（DEDI）》将数字经济划分为基础型数字经济、资源型数字经济、技术型数字经济、融合型数字经济和服务型数字经济5个方面，涵盖34个二级指标，选取的数字经济指标许多具有鲜明的中国特色。

财新智库在2017年5月发布的中国数字经济指数（China Digital Economy Index，CDEI）采用对比法，主要关注数字经济对整个社会效率提升的能力，具体分为产业指数、融合指数、溢出指数和基础设施指数等4个一级指标。产业指数分为大数据产业、互联网产业劳动投入、人工智能产业等3个二级指标；融合指数分为工业互联网、智慧供应链、共享经济、金融科技等5个二级指标；溢出指数包括制造业占比、其他行业对数字经济的利用率及其他行业分别占比等3个二级指标；基础设施指数包括数据资源管理体系、互联网基础设施、数字化生活应用普及程度等3个具体指标。这些指标衡量了数字经济对整个社会的影响。

由上可见，国际和国内都在构建衡量数字经济的各种指标体系，各种体系关注的焦点各有特定和长短，在一定程度上反映了当今数字经济的发展状况和水平。但是这些指标体系各有侧重点，反映了数字经济的某个方面的发展水平，还未能有一种涵盖数字经济方方面面的标准的测算体系。

第四节　数字经济规模的测算

数字经济作为新兴的经济类别，如何测算各国数字经济的规模成为迫切且急需解决的课题。2018年底，G20发布了《数字经济测算工具箱》，收录了G20主要国家和国际组织数字经济核算的方法和成果，总结出目前存在的30多个测量指标和方法。其中数字经济规模的测算更加困难和复杂，而且大多处于探索阶段。现有的测算方法大部分是测算数字经济的增加值，而且大多是对数字经济的核心指标进行的核算，而广义指标的核算更加复杂，且数据不充分，仍然处于探索阶段。

一、马克卢普对知识产业增加值的测算

马克卢普在1962年出版的《美国知识的推广和分配》一书中提出了“知识产业”的概念，并且对知识产业增加值进行了测算。马克卢普对国民生产总值进行测算，采用的是“最终需求法”，测算范围包括了教育、研究与发展、传播媒介、信息设备、信息服务5个产业及其相关下辖部门。具体的测算公式为：

$GNP = C + I + G + (X - M)$

其中，GNP 为知识产业的国民生产总值；C 为个人对知识产品的消费；G 为政府对知识产品的消费；I 为知识产品的资本形成；X 为知识产品的出口；M 为知识产品的进口。

马克卢普测算 1958 年美国知识产业产出为 1364.36 亿美元，占国民生产总值的 28.5%，1947—1958 年，美国知识产业以 10.6% 的速度增长；1958 年，美国从事知识生产的劳动力已占总就业人数的 31.6%。

表 7－7　　1958 年美国知识产业分支测度表

知识产业分支	价值（百万美元）	占比（%）	国民生产总值占比（%）
教育	60194	44.1	12.6
研究与开发	10990	8.1	2.3
通讯媒介	38369	28.1	8
信息设备	8922	6.5	1.9
信息服务	17961	13.2	3.8
知识生产总量	136436	100	28.5

马克卢普对知识产业的测算可以说是最早的关于数字经济的测度，为数字经济测算研究提供了早期的经验。但是此方法存在一些问题。首先，马克卢普对于知识产业核算范围的界定与现在的国民经济核算体系（SNA）并不相符。知识产业的核算范畴超出了现在 SNA 规定的范畴，例如知识产业中对于家庭劳动中的家庭教育的核算就不属于 SNA 的核算范畴。由于现有的统计数据未能很好地反映知识产业的部分，因此，马克卢普将知识产业与其他产业进行剥离时，有的数据采用估算的方法，而且在计算时，将很多属于中间投入的知识活动作为“最终需求”计入了知识活动总规模，因此计算结果存在被夸大的可能。马克卢普面临的知识产业数据的核算范围的问题，也是当前在数字经济核算时必须解决的问题，马克卢普的测算可以说是开创了数字经济研究的先河。

二、马克·波特拉对信息产业的测算

美国经济学家波拉特继马克卢普之后，对信息经济开展了测度研究。1977 年，美国商务部资助马克·波拉特出版了《信息经济》，此书对信息产业的增加值进行了测算。

《信息经济》中波拉特对信息活动等相关概念进行了界定，以是否提供信息商品为依据，将美国信息部门分为一级信息部门与二级信息部门。一级信息部门包括市场中所有的信息产品和信息服务的交易，主要由八个行业组成，其中包括政府部门中提供信息服务的部门。二级信息部门包括政府公共部门和民间管理部门。

对于一级信息部门，采用了“最终需求法”和“增加值法”。“最终需求法”采用的是与马克卢普相同的测算公式，测算口径以联合国 1968 年国民经济核算体系（SNA）为标准；“增加值法”则用从业人员报酬、营业盈余、生产税净额与固定资产折旧进行测算。

对于以下部门进行了不同的处理：直接从制造业中剥离了计算机、电信设备等信息产品；对于金融业和不动产业，进行深入讨论和分析后确定一级信息部门的比重；对于医疗、卫生、运输、检测等部门，需要做具体的调查来确定信息生产与服务的份额。

对于二级信息部门采用的是增加值法，把二级信息部门的增加值看作是由提供这种服务所消耗的劳动力以及资本这两种资源的价值构成的，计算公式为：

二级信息部门增加值 = 二级信息部门从业人数 ×（二级信息部门劳动者平均工资 + 二级信息部门人均固定资产折旧额）

波拉特将社会劳动者划分为三大类型，即信息劳动者、非信息劳动者和复合劳动者。其中信息劳动者包括知识生产者与发明者、知识分配者、市场调查与管理人员、信息处理工作者和信息机械操作者。

波拉特测算时，将信息产业从国民经济的各个部门中进行识别，可以将经济领域中的所有的信息产业及信息劳动力识别后进行量化。该方法明确了信息产业与国民经济内在联系，以及信息产业与其他产业部门的关系，在世界各国得到了广泛的运用。但是波拉特采用的测算方法存在一些问题，例如任何部门的增加值均由劳动者报酬、固定资产折旧、生产税净额与营业盈余所决定，使用工资与固定资产折旧进行估算明显地低估了二级信息部门的增加值。

三、康铁祥（2008）对数字经济规模的测算

康铁祥（2008）借鉴了 Machlup - Porat 的测算方法对我国 2002 年数字产业的增加值和非数字产业中数字活动的增加值进行了测算。康铁祥（2008）将非数字产业中的数字活动称为“数字辅助活动”，数字经济的测算公式如下：

数字经济总规模 = 数字产业部门的增加值 + 数字辅助活动创造的增加值

数字产业部门的增加值由 2002 年 122 部门投入产出表中的通信设备制造业、电子计算机整机制造业、其他电子计算机设备制造业、电子元器件制造业、家用视听设备制造业、其他通信及电子设备制造业、信息传输服务业、计算机服务和软件业等 8 个行业的增加值加总得到。

非数字产业中数字辅助活动所创造的增加值由非数字产业部门对数字产品及服务的中间消耗占总消耗的比重来确定，公式如下：

$$\begin{matrix}\text{数字辅助活动}\\\text{创造的增加值}\end{matrix} = \sum_i \frac{\text{第 } i \text{ 非数字部门的数字投入}}{\text{第 } i \text{ 非数字部门的全部投入}} \times \begin{matrix}\text{第 } i \text{ 非数字部门}\\\text{的数字增加值}\end{matrix}$$

上述测算需要假设同一行业部门的非数字部门在投入产出结构上是同质，而且所有非数字部门中数字产品投入与非数字产品投入对部门增加值的贡献是无差别的，而且此方法侧重数字产业的生产方面，测度的全面性和系统性有所欠缺。

四、美国经济分析局（BEA）对数字经济增加值的测算

BEA 根据互联网及其相关的信息通信技术（ICT）界定数字经济，具体包括（1）依

托计算机网络存在和运行的数字赋能基础设施：由计算硬件、软件、电信设备和服务、结构（包括建筑物、数据中心、半导体纤维工厂、宽带安装）、物联网、支持服务等6个方面构成；（2）数字交易（也称电子商务）：由企业对企业（B2B）电子商务、企业对消费者（B2C）电子商务、点对点（P2P）电子商务（也称作平台电子商务）组成；（3）数字经济用户创造和接入的数字媒体：由直接销售的数字媒体、免费数字媒体和大数据组成。

BEA根据北美标准产业分类从“供给使用表”中识别了约5000种产品和服务，并请专家从中识别了200多种产品和服务。

确定了数字经济包含的商品和服务后，使用“供给使用表”确定这些产品和服务所在行业，假设数字经济中间消耗占数字经济总产出的比重与相应产业中间消耗占总产出的比重相同，那么，

$$\frac{i\text{行业数字经济中间消耗}}{i\text{行业数字经济总产出}}=\frac{i\text{行业中间消耗}}{i\text{行业总产出}}$$

可以得到：

$$\frac{i\text{行业数字经济增加值}}{i\text{行业数字经济总产出}}=\frac{i\text{行业增加值}}{i\text{行业总产出}}=i\text{行业增加值率}$$

通过上述关系，可以得出行业数字经济的调整系数：

$$i\text{行业数字经济调整系数}=\frac{i\text{行业数字经济增加值}}{i\text{行业总增加值}}=\frac{i\text{行业数字经济总产出}}{i\text{行业总产出}}$$

利用行业数字经济调整系数、各行业增加值和200多种商品的产值，即可得到数字经济增加值。

五、许宪春和张美慧（2020）对数字经济规模的测算

许宪春和张美慧（2020）基于国际比较的视角，对2007—2017年中国数字经济规模进行了测算。由于比较对象是BEA和ABS对美国和澳大利亚数字经济规模的测算结果，因此核算范围与BEA一致，核算方法也相同。

首先，将核算范围定义为数字化赋权基础设施、数字化媒体、数字化交易和数字经济交易产品等4项内容。其次，从《统计用产品分类目录（2010）》的97个产品类别中筛选数字经济产品，并进一步在国民经济行业分类中确定生产该产品的产业。

为了与BEA核算保持一致，数字化赋权基础设施只考察了电信设备与服务、计算机硬件和计算机软件三部分；数字化媒体包含互联网发行与出版、互联网广播、流量与下载、相关支持服务等内容；数字化交易仅筛选了B2B批发和B2C零售，生产数字经济产品未列入核算范围。以下是各部分测算的具体方法：

（一）数字化赋权基础设施的测算方法

按照《国民经济行业分类（2017）》，所属产业是门类I的“信息传输、软件和信息技术服务业”的全部内容（由各年《统计年鉴》获取增加值）与门类C“制造业”中的

第 39 大类“计算机、通信和其他电子设备制造业”（由投入产出表可获取增加值）。由于投入产出表仅可获取 2007 年、2010 年、2012 年、2015 年和 2017 年的数据，缺失年份的数据，需要根据投入产出表计算出“制造业数字经济的调整系数”，即“计算机、通信和其他电子设备制造业增加值”占“制造业增加值”的比重，利用调整系数与对应年份制造业增加值相乘，得到制造业数字经济增加值。

（二）数字化交易增加值的测算

按照《国民经济行业分类（2017）》对应的门类 F“批发和零售业”中的“互联网批发”“互联网零售”和“贸易代理”3 个小类，假设各数字经济相关产业中，数字经济中间消耗占数字经济总产出的比重与其所属行业中间消耗占总产出的比重相同，引入“数字经济调整系数”，公式为：

行业数字经济调整系数 = 行业数字经济增加值/行业总增加值

那么利用此系数，数字经济增加值就是行业总增加值与“数字经济调整系数”的乘积，用公式表示为：

行业中数字经济增加值 = 行业增加值 × 行业数字经济调整系数

根据《中国经济普查年鉴》的数据，测算互联网批发、互联网零售和贸易代理 3 个小类的主营业务收入之和占批发和零售业主营业务收入的比重，以此作为批发和零售业数字经济调整系数，结合历年批发和零售业的增加值（统计年鉴可查），即可计算得到 2007—2017 数字化交易增加值。

（三）数字化媒体产品的增加值的测算

按照《国民经济行业分类（2017）》，数字化媒体对应的行业包含门类 R“文化、体育和娱乐业”中的第 87 大类“广播、电视、电影和录音制作业”，以及“音像制品出版”“电子出版物出版”“数字出版”3 个小类，还包含门类 I“信息传输、软件和信息技术服务业”中的“互联网搜索服务”“互联网游戏服务”“互联网其他信息服务”“其他互联网服务”“信息系统集成服务”和“信息处理和储存支持服务”6 个小类。

“广播、电视、电影和录音制作业”的增加值是利用《中国投入产出表》的数据，估算“文化、体育和娱乐业”增加值结构系数，然后利用该系数结合“文化、体育和娱乐业”增加值估算 2007—2017 年“广播、电视、电影和录音制作业”增加值。测算“音像制品出版”“电子出版物出版”与“数字出版”3 小类的增加值，需要利用《中国经济普查年鉴》的数据，计算普查年度 3 小类营业收入占“文化、体育和娱乐业”营业收入的比重，假设该比重等于 3 小类增加值占该门类增加值的比重，并认为短期内比重不变，结合历年“文化、体育和娱乐业”增加值数据，得出“音像制品出版”“电子出版物出版”与“数字出版”3 小类的增加值，进而得出数字化媒体增加值。

由于门类 I 的 6 个小类与数字化赋权基础设施的内容重合，因此，依据投入产出表的数据，按 90% 和 10% 进行拆分，即增加值的 90% 计入数字化赋权基础设施，10% 计入数字化媒体。

许宪春和张美慧（2020）对数字经济规模的测算，由于对标 BEA 限定的核算范围，因此核算范围并未涵盖所有数字经济。例如数字化赋权基础设施增加值的测算就未包含对于同时用于数字经济活动和非数字经济活动的为数字经济运营提供场所的建筑物和具有嵌入软件能够联网的汽车或其他设备等，由于难以将其中用于数字经济活动的部分准确筛选出来，因此未进行统计。数字化媒体中还包含了免费数字媒体，由于这部分数据较难获取，因此未纳入数字化媒体的核算范围之内。数字化交易可以划分为 B2B、B2C、P2P 三种类型，但受现有数据的限制，未测算 P2P 类型交易。

数字经济中包含了所有数字化的货物和服务，然而在《统计用产品分类目录》中，部分产品同时拥有数字化与非数字化的成分，这类产品被称为“不完全数字化产品”（Partly Digital Product），从这类产品中剥离出数字化的成分需要更多详细的数据作为支撑，而目前与数字经济相关的基础数据还不够完善，因此，不能对这类产品的数字与非数字化内容作出准确划分。

六、中国信息通信研究院对数字经济规模的测算

中国信息通信研究院从 2015 年开始发布数字经济白皮书，对数字经济的核算不仅局包括狭义指标的数字经济规模，而且涉及了广义的数字经济的核算。信通院的测算方法被纳入 G20《数字经济测算工具箱》，测算结果被广泛引用，具有较大的影响力。2019 年的《白皮书》将数字经济由原来的“两化”——数字产业化和产业数字化扩展到“三化”——数字产业化、产业数字化、数字化治理；2020 年，《白皮书》进一步将“三化”扩展到“四化”——数据价值化、数字产业化、产业数字化、数字化治理。

由于数据的可得性和核算方法的局限性等因素，中国信息通信研究院对数字经济增加值规模的核算仅包括数字产业化和产业数字化两大部分。数字产业化部分即信息通信产业，主要包括电子信息设备制造、电子信息设备销售和租赁、电子信息传输服务、计算机服务和软件业、其他信息相关服务，以及由于数字技术的广泛融合渗透所带来的新兴行业，如云计算、物联网、大数据、互联网金融等。数字产业化部分增加值按照国民经济统计体系中信息产业各行业的增加值直接加总，此部分增加值数据相对稳定，并容易获取。

对于产业数字化部分，就是测算数字技术与其他产业融合应用的部分，也就是传统非数字产业部门使用数字技术和数字产品带来产出增加和效率提升部分的规模，测算的是 ICT 产品和服务在其他领域融合渗透带来的产出增加和效率提升。这部分测算由于难以获取准确数据，甚至数据不可得等因素，具有非常大的不确定性，但是此部分的计算是对广义数字经济规模核算的尝试。对产业数字化对这部分的测算需要把不同传统产业产出中数字技术的贡献部分剥离出来，对传统行业利用 ICT 技术和产品的部分进行加总得到传统产业中的数字经济总量。由于资本存量等各种数据存在缺失，信通院采用了永续盘存法推算 ICT 资本存量，对于缺失数据采用混频动态因子算法及灰色预测法等进行推算。信通院在

推算过程中采集了大量数据，并使用各种统计方法进行推算补充缺失数据，为衡量传统产业的数字化部分的经济规模提供一定的依据。

☞ 相关链接

建立数字经济投入产出表

建立数字经济投入产出表测度数字产业是目前许多学者尝试的方法之一。数字经济投入产出表的构建需要将投入产出的基本流量表的部门重新归类划分。陈亮（2021）编制了2012年和2017年数字经济投入产出表，并估算了两个年份的数字经济的规模。

编制数字经济投入产出表的第一步是确定数字经济部门。通常认为数字经济包括数字产业化和产业数字化两大部分，数字产业化即为数字经济基础部分，具体行业包括电子信息制造业、信息制造业、软件服务业等；产业化数字即为数字经济融合部分，包括传统产业由于应用数字技术所带来的生产数量和生产效率提升，其新增产出构成数字经济的重要组成部分。基于2017年投入产出表，数字技术工业部门包括计算机、通信设备、广播电视设备和雷达及配套设备、视听设备、电子元器件、其他电子设备、仪器仪表等7个部门；数字技术服务业部门包括电信、广播电视及卫星传输服务、互联网和相关服务、软件服务、信息技术服务、货币金融和其他金融服务、广播电视电影和影视录音制作等7个部门。

第二步是编制6部门的投入产出表。将2017年的投入产出表中上述关于数字经济的14个部门合并为2个部门，即数字技术部门和数字服务部门，然后将其余部门中的数字经济活动剥离出来，成为数字经济融合部门。将数字经济剥离后的其他部门合并为第一、第二和第三产业（见表7-8）。

表7-8 数字经济投入产出表

		中间使用						最终使用	总产出
		第一产业	第二产业	第三产业	数字技术部门	数字技术服务部门	数字经济融合部门		
中间投入	第一产业								
	第二产业								
	第三产业								
	数字技术部门								
	数字技术服务部门								
	数字经济融合部门								
增加值									
总投入									

投入产出表编制中，将数字经济由传统产业中进行剥离时采用的剥离系数有多种方法。通常使用的有两种，一种为利用抽样调查和典型调查的数据，就是根据行业抽样企业

中的数字经济占总产值的比重作为行业的剥离系数。但是此种方法存在由于抽样企业不同，结果发生变化的问题，存在误差较大。

另一种方法是利用各部门劳动人数的数据。根据部门中数字经济劳动者占部门劳动者总人数作为行业剥离系数。数字经济劳动者人数和部门劳动者总人数可以根据人口普查资料中“分行业劳动者从业数据”进行计算。

根据各种方法将传统产业的数字经济部分剥离后，列为数字经济融合部门，合并为第一、第二和第三产业的三个产业。

构建了数字经济投入产出表，不仅仅可以测算数字经济的规模，还可以对数字经济与各部门的关联效应、内部结构变动等进行分析，还可用于预测数字经济发展趋势等，在测度数字经济贡献方面具有独特优势。

（资料来源：陈亮．数字经济核算问题研究［M］．北京：中国财经出版传媒集团，2022.）

本章思考题

1. 数字经济核算主要面临哪些挑战？
2. 简述数字经济统计核算方法。
3. 简述衡量数字经济发展水平的指标体系。
4. 数字经济规模的测算方法主要有哪些？

第八章　数字货币与数字金融

▶案例导入

数字货币 Libra

2019 年 6 月 18 日，美国互联网公司 Facebook（现名 Meta）发布《Libra 白皮书》，向民众展示新推出的加密数字货币，其宣称采用了一种类货币局“一篮子货币”制度来维持币值的稳定，最初锚定美元、英镑、欧元和日元这 4 种法币以维持数字货币的价值。《白皮书》中写道，“Libra 的诞生是为了让全球所有人，不论贫富，只要有一部智能手机，就能使用方便快捷、成本低廉且安全可靠的金融服务”。主要目标有三：改善现有货币体系，提供无国界的低波动性数字货币；实现普惠金融，为社会各阶层提供适当的、有效的金融服务；打造全球支付新体系，优化跨境支付流程。北卡罗来纳大学格林斯伯勒分校管理学教授 Nir Kshetri 也坦言，在通货膨胀率高、利率高和汇率不稳定的经济体中，包括 Libra 在内的加密货币对消费者和企业具有不小的吸引力。而为其背书的金融机构包括 Visa、Master、eBay、PayPal 等国际金融支付巨头，更是让 Libra 出生自带光环。

在《白皮书》公布后的 4 个月内，美国国会对包括 Facebook CEO 马克·扎克伯格在内的主要负责人召开了两场高规格的听证会，针对 Libra 项目在反洗钱、反恐怖主义融资、反贩毒集团等非法利用方面，以及是否会侵犯个人隐私方面提出了较多疑问。面对 Libra 野心太大在监管方面避重就轻的态度，包括法国、德国在内的众多西方国家开始明确表态抵制 Libra 进入欧洲，随后迫于国际市场压力，Visa、Master、eBay、PayPal 宣布退出 Libra 协会作壁上观。在接二连三的打击下，Libra 项目做出让步，2020 年 4 月 Libra 协会发布新版《白皮书》，对 Libra 的支付系统做出主要改动，表示除多币种代币外还将提供单币种稳定、持续开发一个满足金融合规性和全网范围风险管理的框架等。2020 年 12 月，Libra 项目宣布改名为 Diem，并对方案做进一步调整，进一步迎合监管机构。然而，多次改革并未改善 Diem 的境遇，2022 年 1 月 31 日，Diem 项目 CEO Stuart Levey 发表声明，宣布 Diem 将出售集团资产给具有联邦储备局背景的 Silvergate Capital Corp，理由是在与联邦监管机构的交流中认识到项目无法推进，因此做出出售资产的决定。

纵观 Libra 项目，从始至终都无法获得监管机构的认可，究其原因在以下三个方面：第一，Libra 项目将严重威胁非国际储备货币国家的货币主权地位。Libra 的支付优势，会使全球资金流入其储备体系，但跨境资金流动却不受限制，这意味着在非国际储备货币国家可以随意使用 Libra 进行支付，这会影响非国际储备货币国家的货币主权地位。第二，

Libra 缺少透明稳定的运行机制，进而威胁金融稳定。Libra 是否具有足额的储备资产应付赎回？和其他稳定币一样，Libra 仍面临来自发行方的信用风险，因为其币值稳定有赖于发行方严格执行足额抵押的安排，但面临信任危机时几乎没有应对方案。第三，Libra 将削弱货币政策有效性、扰乱经济调整周期。Libra 将分流、替代一部分主权货币的使用，这将削弱货币当局对主权货币的控制力，影响货币政策有效性、扭曲货币政策传导机制。这一影响在 Libra 流通的所有国家都会发生，而不仅仅是储备货币国家。

综上所述，Libra 项目的失败本质还是在于目前仍然没有国家信用支撑、没有中央调节机制，其币值如何得到稳定值得怀疑。从货币演进过程看，货币的本质是广泛充当商品交易媒介，要让社会广泛接受，必须要有实物或者信用支撑。随着社会发展，货币的外延在不断扩大、形式不断演进，由实物黄金到纸黄金、再到国家信用支撑的本币（由纸币到活期存款，由中央银行货币发行到商业银行信用创造），均是自然形成的货币。按照这一逻辑，数字货币是否就没有了发展的前途？是否只能沦为资本家投机的产物？现实也许不是这样的。

（资料来源：作者搜集整理.）

第一节 数字货币

进入 21 世纪以来，在电子信息和数字技术的推动下，支付手段出现了翻天覆地的变化，国内的支付宝、微信、云闪付，国外的 PayPal、Stripe 都极大地简便了人们的支付方式。而近些年来，以比特币（Bitcoin）、以太币（ETH）等为代表的电子货币支付形态逐渐出现，虽然没有得到全球官方的一致认可，但在部分贸易领域——特别是灰色地带，这些电子货币占据了不少的市场份额。除此之外，各国政府开始研究推出央行数字货币，一种具备政府信用的法定货币，也准备进入日常的支付范围。那么，央行数字货币、各种电子货币、虚拟货币以及各类私人数字货币之间的联系和差别如何，各类数字货币适用范围如何？本章首先介绍实践中出现的各种“类货币”的基本含义，然后从发展阶段、法律属性、价值稳定性等多个维度对比央行数字货币与其他数字货币，从设计、使用以及优劣势等方面对比特币、Libra 这两种具有代表性的私人数字货币，探讨央行数字货币与比特币、Libra 的区别与联系。

数字货币是一种不具备实体形式的，仅以数字形式存在的货币。广义上的数字货币包含虚拟货币、电子货币、加密货币等。虚拟货币一般指仅为私人发行的在特定互联网范围内可以使用支付的一种手段，电子货币一般指法定货币的数字化表现形式，加密数字货币则代表采用分布式记账技术发行的去中心化的一种数字货币，既有法定货币也有虚拟货币的情形。

一、虚拟货币

国内外关于虚拟货币的定义并没有统一的结论，欧洲中央银行将虚拟货币定义为不受监管的数字货币；英格兰银行认为，虚拟货币是私人发行的数字货币，是没有国家信用作为支撑、不受监管的数字货币，如比特币；Wagner（2014）认为，非法定货币的数字货币都是虚拟货币；李翀（2003）认为，虚拟货币是没有实物形态而以电子形式存在的货币，也就是电子货币；李建军、朱烨辰（2017）认为，虚拟货币是私人发行的、在特定网络范围内使用的支付数字手段。

虚拟货币可以分为广义的虚拟货币和狭义的虚拟货币。广义的虚拟货币指一切不具有物理实体，以数字形态存在的货币；狭义的虚拟货币是指由私人发行的，仅能在特定虚拟环境中、不受监管使用的代币。狭义的虚拟货币并非实质意义上的货币，可由法定货币进行购买和兑换，但无法反向实现兑换，也就是说它是一种商品，并不是法定货币。

二、电子货币

对于电子货币的定义，相对而言较为统一。最早对电子货币给予定义的是国际清算银行（BIS，1996），其对电子货币的定义为："记录消费者能够使用的资金或价值的储值或预付产品，这些产品储存在消费者持有的设备上。" 1998 年巴塞尔银行监管委员会发布电子货币的定义："电子货币是指在零售支付机制中，通过销售终端、不同的电子设备之间，以及在公开网络上执行的储值和预支付机制。" 欧洲中央银行（ECB）（1998）认为：电子货币是"以电子方式存储在技术设备中的货币价值，是一种预付价值的无记名支付工具，被广泛用于向除电子货币发行人以外的其他人的支付，但在交易中不一定涉及银行账户"。可以看出，电子货币并不是一种货币，而是一种支付机制（包含个人金融账户、交易方式在内），背后以法币为基础。总结而言，电子货币包含三个方面的内容：具备个人账户代表货币价值、货币储存在个人账户或电子发行机构存储中心、具备货币的支付目的。随着互联网的发展，电子货币逐渐走向多元化，包括验证码、二维码、生物认证等多种支付手段已经出现在了人们的日常生活之中。

三、加密数字货币

加密数字货币是一种旨在用作交换媒介的数字货币，它使用密码学来保护和验证交易，以及控制特定数字货币新单位的创建。加密数字货币与美元或英镑等法定货币不同，加密数字货币建立在区块链等数字技术之上，去中心化是其最大的特点。对于加密数字货币的定义，现阶段国内外虽然没有明确的定义，但对待加密数字货币的态度比较相似。美国联邦税局（IRS）将加密数字货币定义为：可与法定货币兑换的虚拟货币，进行交易也应当纳税，因此实质上IRS将加密数字货币定义为某种数字商品；Yermack（2013）认为，加密数字货币是互联网发展下的一种新兴数字产品，并不具备法币的功能。这类货币包括比特币、以太币、Libra等加密数字货币。但除此之外，还有一种新的加密数字货币形式出现，那就是央行数字货币（Central Bank Digital Currency，CBDC）。央行数字货币是基于现有银行体系的法定数字货币，其发布以央行为中心（非去中心化），通过引入数字技术将国家法定货币转化为数字法币，具有代表性的即为中国发布的数字人民币（e-CNY）[①]，这也是本书主要讨论的数字货币形态。

第二节 央行数字货币

一、央行数字货币的产生

各种经典货币理论对货币的本质和形态演变有着不同的解释和表述，但归结起来不能否认的共识是：货币是商品世界的一般等价物，是一切商品和劳务的价值表现形式，货币存在的基本价值和目的是为实体经济服务，而实体经济对货币最基本的需要是为其提供价值尺度和流通手段，即满足商品世界价值衡量、计算的需要，以及充当商品交换的手段和价值转移的工具。这就是货币的基本职能，也是货币本质的规定性，是判断一种事物能否成为货币的基本标准。经济不断发展的需要推动货币职能不断延展，传统货币理论将货币职能概括为五大职能，实际中支付手段与流通手段融合，是货币最为基础的应用和体现。随着世界经济的发展日益复杂，货币与经济社会的融合更加紧密，金融的演化多变也使货币同样需要具有与之匹配的形态满足发展的需要。

货币在历史上经历过多次形态变迁，如中国最早从贝壳、动物骨头到铜钱、镍钱，再到金、银，最后到纸币形态延续至今。演化过程有冶炼技术提升带来的变化，也有为了便携性创造新货币的举动，但本质上而言，依然是为了满足经济发展的需要而伴随的演化。21世纪以来，数字经济的发展和数字社会的需要，货币的变革也变得理所应当，央行数字货币就此孕育而生。

首先，央行数字货币转变了货币的物理形态，使得货币成为加密的数字符号，大大提升了货币在社会流通使用中的便捷性、安全性和高效性，增强了币值的稳定机制，为数字经济发展创造了更好的货币和金融环境。

其次，央行数字货币有助于弥补原有货币发行的缺陷，提高货币发行的精确性和管理精确性。央行数字货币在不改变作为国家法定货币信用的前提下，引入数字技术提升法币

---

① 严格意义上数字人民币现阶段还不属于中国法定货币，2020年10月23日，央行就《中华人民共和国中国人民银行法（修订草案征求意见稿）》向社会公开征求意见，意见稿规定人民币包括实物形式和数字形式，为发行数字人民币提供了法律依据。待该法顺利通过后，数字人民币方能名正言顺地成为我国的法定货币。

的安全性、隐私保护等级，有利于弥补原有货币体系的不足。

最后，央行数字货币相比于法定纸币，有利于节约制造成本、交易成本，提高交易效率，集中统一发行遵循货币发行权归属演进的基本逻辑。在保持货币精准发行的同时，保持供给机制上的弹性，有利于维持币值稳定和系统稳定。

基于此，本书定义：央行数字货币是一种电子化、由国家央行发行的法币，面向一定人群或者机构的现金替代品或补充品。央行数字货币可以通过区块链技术发行，也可以基于其他的数据结构发行。

二、央行数字货币的类型

目前央行数字货币主要分为零售型、批发型和综合型三种数字货币。零售型央行数字货币主要供社会大众和企业使用，目的是替代或补充现有的法定货币 M0；批发型则用于银行间结算服务提高支付效率，并降低与现有支付系统相关的成本和复杂性。此外，结合“公私合营”性质的综合型央行数字货币的方案也被提出，并被多国列入考虑范围。

（一）零售型央行数字货币

零售型央行数字货币可以理解为现金的数字化，其由央行直接发行，主要用于替代现金，发行内容包括数字现金和数字账户。数字账户模式下，普通居民要在央行开设账户，直接影响央行的资产负债表，央行会涉及大量的现金管理和宏观金融问题。零售型央行数字货币由央行独家发行，并与原有现金货币保持 1∶1 等价关系，价格稳定。零售型央行数字货币最初由 Koning 在 2014 年提出，现阶段包括巴哈马、东加勒比、牙买加等国家已经进行了试点。零售型央行数字货币投入使用可能会带来两方面影响：一方面造成“狭义银行”、央行工作效率降低等问题，数字货币由央行发行不可避免会挤兑商业银行，产生与商业银行竞争存款的问题；另一方面，零售型央行数字货币的发行更有利于中央银行进行货币政策管理，加强货币政策传导渠道，带来更大的货币政策空间。

（二）批发型央行数字货币

批发型央行数字货币主要指央行对金融机构账户的数字化革新，这类数字货币实际上并不是在全国范围内发行一种新型数字货币，仅仅是利用数字技术提高大额支付系统的支付清算效率、提高批发类金融系统速度，应用范围仅限于金融机构不面向公众。投身于批发型央行数字货币的国家主要有加拿大的 Jasper 项目、新加坡的 Ubin 项目以及日本央行与欧洲央行共同参与研发的 Stella 项目，基本都是发达国家在参与。

（三）综合型央行数字货币

综合型央行数字货币的探索，最早可以追溯到《中国法定数字货币的理论依据和架构选择》一文。文中指出，法定数字货币的运行可以有两种模式选择：一是由中央银行直接面向公众发行数字货币（也就是零售型）；二是遵循传统的“中央银行—商业银行”二元模式（综合型），这分别对应的就是单层运营和双层运营。但较为人知的是 Adian and Mancini（2019）在 *The Rise of Digital Currency* 中提出的概念“综合型 CBDC”。他们提出在 CBDC 的解决方案中，最好采取公私合伙的方式，由央行向 CBDC 投放机构提供结算服务，后者 100% 交纳储备金购买 CBDC，并在监管下承担其他功能。

这种类型的 CBDC 成本更低、风险更小，可以分别保持中央银行在提供信任和效率方面的优势，以及私营部门在创新和与客户互动方面的优势。立陶宛央行报告中对综合型 CBDC 论述为：“综合型 CBDC 不属于批发和零售 CBDC 的范畴，实际上是指由私人银行或支付机构发行假设有准备金支持的账户或代币，得到中央银行充足无限的银行准备金供应。”中国人民银行数字货币研究所所长穆长春在 2020 年 10 月 25 日的外滩金融峰会上表示，中国的 CBDC 采取的是双层运营模式，即由央行向指定的数家机构发行央行数字货币，再由这些指定机构分别面向其客户或是社会公众发行数字货币，这种双层模式就是一种公私合作发行 CBDC 的做法。2019 年底，数字人民币相继在深圳、苏州、雄安新区、成都启动试点测试，截至 2022 年，已逐步扩大到 15 个省市 23 个地区。除中国之外，韩国、尼日利亚等国家也同样在探索采取类似的央行数字货币发行构架。

第三节　央行数字货币与其他数字货币之间的区别

央行数字货币与虚拟数字货币的区别在于前者属于法币，而虚拟数字货币属于私人领域的货币，可以将其视为一种商品。央行数字货币与电子货币的区别在于，电子货币只是个人金融账户和交易方式的集合，本质上其依赖线上的金融机构或金融平台对个人或单位金融账户内的资金进行管理。而央行数字货币是法币的一种数字表现形式，线下交易可以不依赖网络，具备离网交易的能力。相对而言，由于各国对加密数字货币的规定不一致，因此本部分主要讨论央行数字货币与其他加密数字货币之间的区别。

一、央行数字货币与私人数字货币的本质区别

从发行主体的性质划分，加密数字货币可以分为私人数字货币和央行数字货币。在各国推出央行数字货币之前，现实中已经出现了相当多的私人数字货币，即私人机构以区块链技术为支持，发行具有去中心化、匿名性、广义记账等特征的新型数字化货币，也被称为非法定数字货币，典型代表有比特币、以太币等。虽然私人数字货币并不具备国家信用的背书，但其发行和流通对后续央行数字货币的发行和运行模式具有一定的探索性意义。

（一）发行主体不同

央行数字货币由国家中央银行发行，而私人数字货币由私人部门发行。私人数字货币

之所以能够称为“货币”，只是因为其在私人领域内具备一定的支付能力，但本质上依然是一种在特定场景中充当支付工具或者支付中介功能的商品，始终以法币为计价单位。相比起有国家信用背书的央行数字货币，私人数字货币无法有效维持货币的价值稳定，往往具有投机性。

（二）发行构架和核心技术不同

私人数字货币自诞生之初，就以去中心化为标榜，采用区块链技术作为底层逻辑。央行数字货币因为是法定货币，具备满足货币政策的需要，对发行量、货币价格、流通领域、利率变化都具备一定的调控能力，因此必须以央行为“中心化”的构架，具有垄断地位。私人数字货币采取的核心技术一般都是区块链技术，货币数量固定。但央行数字货币是法币，因此发行量由央行决定，背后采用的技术则属于机密，但许多国家也表态不排除使用区块链技术进行货币发行。

（三）公共服务属性不同

发行央行数字货币是用于满足现实生活中人们对支付便利性和安全性的需要而采取的一种法币数字表现形式，具备核心的法币支付功能，与法定纸币同样属于国家管理货币、金融的范围，其公共职能也与法定纸币一致。而私人数字货币无法提供法币所具备的免费清偿服务和核算单位价值稳定功能，且存在交易成本高、安全隐患大、交易处理能力有限等一系列问题。对于公共服务职能来说，私人数字货币的诞生本就打着挑战国家信用货币的名号，因此完全没有公共服务职能可言。另外，虽然私人数字货币宣传去中心化不受管理约束，但相互之间的交易（币与币之间的买卖，非商品与币之间的交换）必须通过数字货币管理平台进行，相互之间的兑换依然以法币价值为背书，因此严格意义上私人数字货币也完全依赖于法币的公共服务职能（商品与币之间的交换，依然需要参照法币进行定价）。

二、央行数字货币与比特币类数字货币的区别

（一）比特币的起源历史

2008 年 10 月 10 日，中本聪发表了一篇名为 *Bitcoin：A Peer – to – Peer Electronic Cash System* 的论文，并附上了追寻网址：bitcoin. org[①]。在这篇论文中，中本聪首次提出了比特币（BitCoin，BTC）的概念，运用区块链技术建立一个基于加密技术的去中心化支付系统，解决了交易信任问题。该系统通过使用工作量证明机制和点对点网络对公开的交易进行记录，交易双方在不需要第三方机构的情况下，也能正常进行比特币交易。2009 年 1 月 3 日，比特币区块链的创世区被中本聪挖出，并产生 50 个 BTC 的区块奖励，标志着比特

---

① 中本聪本人至今未在现实中得到确认，其名字 Satoshi Nakamoto 也未被确认为真名。

币的正式发行。2009 年 1 月 12 日，美国人 Hal Finney 从中本聪处获得 10 个 BTC，由此产生了第一笔比特币转账交易。再之后，比特币挖矿潮兴起，全球各地都趋之若鹜，至今未有停息的迹象。

（二）比特币的运行机制

每一笔比特币交易都会被区块链网络中的节点记录下来，以此增强交易公信力，保护双方的利益。但如果所有节点都参与记录的话，容易因为计算量太大和网络延迟等因素造成账本信息不一致，也难以避免记账人会篡改交易信息。因此比特币采用工作量证明（Proof of Work）共识机制，让所有节点通过解决工作量证明难题的方式参与竞争，竞争成功的节点拥有新区块的记账权，并能够将记录的信息广播出去。其他节点接收后将根据此消息进行数据同步，确保账本一致。这种竞争记账权的过程，叫作“挖矿”，参与挖矿的节点，叫作“矿工”。矿工挖矿成功后可以获得区块奖励，即一定数额的比特币，还可以收取该区块上的比特币交易的手续费。在利益的驱使下，节点会积极参与挖矿并维护交易记录的真实有效，挖矿越多意味着你收取手续费的机会就越大。比特币的发行只有一种方式，即挖矿产生。不过，比特币并不能通过挖矿无限产生，其算法规定了每产生 210100 个区块（约 4 年），比特币的区块链奖励就要减半一次。由于比特币的发行总量恒定为 2100 万个，预计会在 2140 年挖完。这个规定确保了比特币不会由于人为增发而发生严重的通货膨胀，名义上可以保护比特币的价值。

☞ 补充资料

比特币挖矿与比特币手续费的区别

提到比特币，大家都会想到挖矿，挖到的比特币可以用于出售获取利益，这也是现今比特币之类的加密数字货币最主要的热点问题。但是我们需要区分两个概念，比特币出售的法币价值，与利用比特币支付所需要的手续费。

比特币之类的数字货币的出现，标榜着去中心化、匿名性两大概念（其实就是不受政府监管），因此获得了投资者们的青睐。部分投资人认为比特币的特性会改变现有货币支付体系，未来发展潜力巨大；另一部分投资人则只是单纯地将比特币作为商品进行投资，利用价格变化差异获取利益。比特币的买家与卖家之间想进行比特币交易需要寻找合适的交易双方，以确定比特币交易的价格，但这种去中心化的加密数字货币存在严重的信息不完全问题，为了解决交易双方的信息问题提高交易效率，比特币交易所就此诞生。交易所同样宣称属于去中心化的机构，不受任何国家和特定机构的监管，价格不容易受到他人的控制。交易方式就像传统的股票证券交易所一样，交易者可以在比特币交易所提供的交易平台上，输入市价单或限价单来买卖比特币，交易的媒介为法币。现阶段交易量较大的比特币交易平台有 OKEX、FTX、Binance、ZB、Gate. io 等等。由于交易价格完全公开，因此价格的变动完全取决于投资者对比特币未来的走势判断，其中最主要的影响因素就是各国的监管态度。

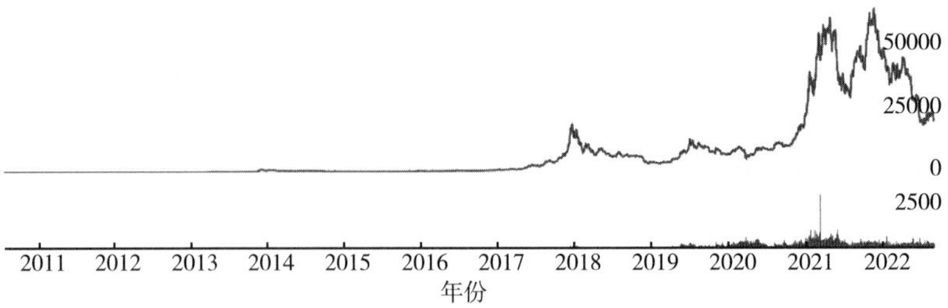

比特币历史价格走势图

资料来源：BTC126。

较为讽刺的是，虽然比特币的支持者们坚定地认为比特币由于去中心化因此安全性较高，但交易并非去中心化依然需要挂靠交易平台，而比特币的匿名性和难以追踪性又导致了对货币安全的反噬。2014 年 2 月交易所 Mt. Gox 宣布其平台的 85 万个比特币被盗；2015 年 1 月交易所 Bitstamp 被黑客攻击，共计 510 万美元的比特币丢失；2016 年 8 月 Bitfinex 表示被盗比特币 119756 枚，价值约 6500 万美元；2019 年 5 月著名的比特币交易所 Binance 表示，由于被黑客攻击丢失了 7000 枚比特币，价值约 4100 万美元。所有这些被盗的比特币均由于匿名性无法追回，部分平台与金融机构合作订立保险合约，但终究是少数。较为戏剧性的是 2016 年被盗的 Bitfinex 平台，其处理方式为：被盗损失先均摊到所有用户账户，平台给予每位受损用户相应数量的 BFX 代币（暂定价值 1∶1 美元），未来可向 Bitfinex 平台赎回损失款项。

比特币交易手续费低廉，同样也是比特币出现时宣传的优点之一。传统货币在跨地区、跨国流通时，抛开汇率因素也存在交易手续费且费用不低。而比特币交易则不然，比如 2021 年价值约 1000 万美元（500BTC）的一笔大额比特币转账，从某钱包交易时手续费远远低于 1 美元（约 0.00003685BTC），这一转账费用远低于传统的金融清算渠道。但其实比特币交易收取手续费并不是一定的，比特币的交易属性并非强制性要求在个人拥有的区块上进行交易一定要收取手续费，手续费的价格是可以人为设置的。早期比特币价格较低时，转账一般都不收取手续费，只是后来比特币价格较高、适用范围较广时手续费的收取变得频繁起来。从现实中来看，现阶段人们对比特币法币价格的追捧已经丧失了原本比特币创始人赋予的交易费用低廉这一意义，大家争相挖矿并进行出售以获取利益。

另外，影响比特币收取手续费的因素一般与金额无关，现阶段主流手续费标准按照字节收费，比如每千字节收取 0.0001BTC 的手续费（不足 1 千字节的交易按照 1 千字节算）。而比特币转账时字节大小跟转账金额是无关的，只与 UTXO 相关①。比如张三、李四分别给王五转 6BTC，如果张三用的是一个面额为 6BTC 的 UTXO，李四用的是 6 个面额都为 1BTC 的 UTXO，那么很显然李四的这笔转账字节要大得多，支付的费用也更高。

（资料来源：作者搜集整理.）

---

① 比特币的交易由交易输入和交易输出组成，每一笔交易都要花费（spend）一笔输入，产生一笔输出（output），而其所产生的输出，就是“未花费过的交易输出”，也就是 UTXO。

（三）比特币的监管

自 2011 年比特币开始看齐美元掀起全球热潮后，比特币的走势逐渐开始获得各国监管平台的关注。德国是世界上首个承认比特币合法地位的国家，2013 年 8 月德国就宣布承认比特币的合法地位，并将比特币作为私人货币纳入监管；英国于 2013 年将比特币认定为特殊的私人资金，比特币损益征收资产利得税，购买商品征收商品服务税，但与法币兑换不征税；2014 年美国将虚拟货币管理和比特币牌照列入相关法规进行管理，认定比特币为商品或资产，开始对比特币实施监管；2017 年日本将比特币定义为资产与合法支付手段，开始允许居民在超市商场使用比特币进行支付；加拿大承认比特币的合法地位，2013 年 12 月，世界上首个比特币 ATM 机在温哥华投入使用。

全球禁止和明确限制比特币的国家仅在少数，如孟加拉、玻利维亚、厄瓜多尔、吉尔吉斯斯坦限制机构和个人持有、交易比特币以及使用比特币购买商品。中国对待比特币的态度一直较为强硬，但不反对个人持有。2013 年 12 月 5 日中国央行等五部委发布《关于防范比特币风险的通知》明确了比特币的性质，认为比特币不由货币当局发行，不具备法偿性与强制性等货币特征，不能且不应当作为货币在市场上流通；2017 年 9 月 4 日，中国央行等七部委联合发布了一份《防范代币发行融资风险的公告》，目的是打击当时开始盛行的 ICO 代币发行活动；2021 年 5 月 19 日，中国人民银行、金融业三大协会联合发声抵制虚拟货币炒作，再次强调了《关于防范比特币风险的通知》和《关于防范代币发行融资风险的公告》的内容，同时地方开始清理各类私人数字货币挖矿矿场。2022 年 7 月俄罗斯央行也宣布将禁止使用加密货币和 NFT 等数字资产支付商品和服务费用，印度也在考虑禁用加密数字货币的流通。

除此之外，包括瑞士、澳大利亚、南非、巴西等国家则明确采取不干预比特币发展的监管政策，任其发展，但同时也考虑发行本国政府的央行数字货币。

（四）比特币与央行数字货币的区别

综上而言，比特币与央行数字货币的区别主要有以下几个方面：

（1）信用背书。央行数字货币以国家信用为背书，以国家法律形式赋予央行数字货币在任何情况下都具备的无限法偿性。而比特币仅以私人信用背书，不具有无限法偿性或者有限法偿性，产生违约时风险完全由持有者承担。

（2）发行机制。央行数字货币由一国的最高权力机构授权决定，委托中央银行进行发行，同时中央银行有权依据政策要求进行货币发行数量、方式的调整。比特币的发行完全取决于用户开采速度，数字货币的总量是一定的，而数量上的限制又决定了比特币的稀缺性，先到先得的规则注定了货币的分布是不均匀且不公平的。

（3）获取途径。央行数字货币由官方发行，本质上是法定纸币的数字版本，用户的数字货币获取只需要在特定机构处进行兑换即可，获取成本极低。比特币的获取需要挖矿（当然也可以直接购买，但成本极高），比特币的底层数字逻辑注定了新增比特币只能进行大量繁杂的运算获得，因此个人拥有的计算设备越强力，获得的比特币数量就越多。

（4）价值波动。央行数字货币的发行是对部分纸币在某些应用场合的替代，就像纸币其本身不具有价值，但是一种具有公认性的价值符号，各国汇兑依照法定货币的汇率进行兑换，央行数字货币也不例外。比特币不然，其本身包含了相当大的投机成分，价值完全取决于市场追求者对币值的认定，容易出现极大的价值波动。

（5）货币匿名性。央行数字货币的特征是可控匿名，除了发布数字货币的央行外，其他机构及个人均无法获得数字货币交易背后的个人信息，能有效防止逃税、转移资产、犯罪活动等行为。比特币具有高度匿名性，交易过程从注册到交易都是匿名进行，几乎无法追踪，因此现阶段也被大量用于非法交易。

三、央行数字货币与 Libra 数字货币的区别

比特币由于其强投机性、监管漏洞、非公平性等原因，其成为世界货币的可能性早在 2015 年左右已经被各国政府抛弃。基于此，随着数字货币的进一步发展，新技术的加持下诞生了新的一些加密数字货币，这类货币通常与法定货币或黄金挂钩，以增强其价值的稳定性，典型代表就是 Libra。

（一）Libra 的概念

本章导入案例中已经简述了 Libra 的历程，但对于 Libra 到底是什么我们还需要进一步作解释。Libra 是一种以去中心化的区块链技术为依托的加密数字货币，其价值与一篮子法定货币挂钩，并由储备资产作支撑，不易发生通胀，且具有较高的流动性。根据 Meta 发布的《Libra 白皮书》，Libra 定位于国际代币、全球性支付工具，用于跨境转账、日常支付等金融服务，Meta 公司是构建其金融服务体系的基础。每创造 1 个 Libra 就要通过法定货币按照 1∶1 进行购买，并将所得法定货币转入其储备资产。Libra 的储备资产不是单一物，而是由一篮子货币（最初的设定是 50% 美元、18% 欧元、14% 日元、11% 英镑及 7% 新加坡元）和高流动性的短期政府证券按照一定的比例构成。因此，各国的货币与 Libra 之间可以确定一个相对稳定的兑换比例，进行自由兑换。

（二）Libra 相较传统法币的优势

看到 Libra 与法币挂钩，容易让人联想到当年美元的布雷顿森林体系，从《Libra 白皮书》上来看，其致力于补充传统金融的如下短板：

（1）Libra 借鉴了 IMF 特别提款权的设计，在一篮子货币挂钩的模式下，将多种稳定货币按照一定比例组合，使得传统货币之间的相对价格变动得到抵消。相比于众多国家的法定货币，Libra 更稳定，特别是经济发展较弱、政治环境和经济环境较差的国家，同时也能将汇率波动风险降低到最小。

（2）Libra 利用区块链技术和网络技术的基础，提供线上支付和结算服务，特别能降

低跨境业务的交易成本。比如传统跨境汇兑，在各大金融机构之间结算动辄 3～5 个交易日的时间成本以及附带的汇率波动风险，在网络技术面前不值一提，数字技术可以瞬间完成结算。此外基于 Libra 的交易费用比传统方式要低（至少设计之初如此），使用者也无须太多的时间成本花费在交易上。

（3）Libra 的一篮子货币设定，还可以避免传统货币滥发造成的贬值威胁。例如各国政府在刺激本国经济时，向市场投放大量货币是常事，如果控制不好容易引发通货膨胀，造成货币信用危机。相比之下 Libra 由于采用储备制，可以脱离中央银行而形成独立闭环，只要获得公众的认可，Libra 的价值不会受到当地货币购买力的影响。

（三）从 Libra 到 Diem

导入案例中已经详细描述了 Libra 不被各国认可的现状，2020 年 12 月 Libra 宣布改名为 Diem，同时宣布改制，仅以 1∶1 的汇率锚定美元。但是当 Diem 锚定美元后，这类稳定货币已经不是超主权货币，而是沦为了美元的附庸，以数字形式作为美元的价值载体，从此 Diem 也转变为了中心化货币。不过 Diem 面临的最大问题依然是监管问题，各国政府对加密数字货币的监管要求不一，各国经济差异对货币政策有不同的要求，然而 Diem 全球化的运作体系，注定无法作出单一性的调整。此外，在反洗钱、毒品管制等方面各国都有不同的主张，这也会导致 Libra 的监管上存在无法协调的分歧和不确定性。

除了项目本身存在的这些问题外，如何应对可能的个人隐私数据泄露也是一个大问题。推出 Libra 的母公司 Meta 之前发生过大规模的用户数据泄露，如果 Libra 顺利推行 Meta 将成为一个管理全球数十亿重要金融账户的企业。这些个人金融账户信息会包含收入、跨境支付、消费等多个维度的数据，虽然 Libra 在《白皮书》中称协会本身不会保存个人数据，但交易由验证者节点处理和储存，依然无法保证是否会遭到网络攻击而损失数据。

最后，Libra 协会能否保持自身的独立性和稳定性也存疑。Libra 协会目前包括了涵盖支付、技术和交易平台、电信、区块链、风险投资等行业的 28 家头部企业，未来预计会扩展到 100 家，共同负责管理 Libra 的发行和储备。由于无法直接进行监管，难以保证这些行业巨头进行共谋获取自身利益，独立性和稳定性存疑。

（四）央行数字货币与 Libra 的区别

央行数字货币的发展与加密数字货币的发展历史息息相关，但行业普遍认为 Libra 无疑加速了世界各国对央行数字货币的探索与推行。根据《Libra 白皮书》内容，Libra 被定义为具有超级主权的数字货币，若实施成功，Libra 协会将成为全球性的“中央银行”，这将会对任意国家的货币主权发起挑战。央行数字货币与 Libra 同属于稳定币，不同之处在于央行数字货币直接代表着法币，而 Libra 只是跟一篮子货币挂钩以保持币值的稳定性。综合来看，央行数字货币与 Libra 存在以下区别：

（1）发行目的上，Libra 从当前部分金融服务低效、价格高昂、访问成本高、不够全球化等原因出发，意在构建一种全球性的金融支付工具，以满足跨境支付的要求。而央行数字货币只代表本国货币主权，为民众提供更方便安全的支付方式和目的而出现，交易支付同法币清算逻辑是一致的。

（2）技术实现上，Libra 采用区块链技术作为底层逻辑进行构架，同时采用基于拜占庭容错（BFT）的共识协议，在处理高并发事物时相比比特币工作量证明（POW）共识机制更有效。而央行数字货币不预设技术路线，中央银行依然充当“中心”控制货币的发行与记账。

（3）货币信用方面，Libra 以资产储备池为基础发行，以及 Libra 协会信用背书，数字货币价值无国家信用背书。央行数字货币由国家信用背书，央行信用担保，具有无限法偿性，安全性高，价值也具有天然的稳定性。

（4）金融监管方面，央行数字货币以中央银行为中心，可控匿名性实现对货币的跟踪与监管，同时也可以满足国家宏观审慎和货币政策监管。而 Libra 是基于市场的加密货币，不受政府和中央银行控制，货币的全球性主张无法被主权国家干预，这对一些信贷疲软、货币稳定性差的主权货币造成了一定程度的挑战，因此也容易受到政府和中央银行的警惕和抵制。

第四节　全球央行数字货币实践

一、中国央行数字货币实践

（一）中国央行数字货币发展阶段

相对而言，中国的央行数字货币系统性研发工作较早，2014 年中国人民银行就专门成立了研究团队进行数字人民币的设计，就数字货币发行和运行框架、关键技术、流通环境以及面临的法律问题、宏观金融体系问题等影响进行多方研究。2016 年《中国金融》第 17 期专版“央行数字货币研究和探讨”，展示了银行数字货币研究团队对中国数字货币设计的进展。2017—2019 年是中国央行数字货币发展的第二阶段。2017 年 1 月 29 日央行数字货币研究所成立，5 月深圳央行数字货币研究所成立，2018 年 6 月央行控股的深圳金融科技有限公司成立，2018 年 8 月宣布将在深圳开展央行数字货币移动支付试点，2018 年 9 月南京金融科技研究创新中心和中国人民银行数字货币研究所（南京）应用示范基地正式成立，2019 年 3 月央行在苏州设立长三角金融科技有限公司。相关研究工作也取得了较大的进展，央行数字货币研究所开展了二元模式下中央银行到商业银行的央行数字货币全生命周期闭环机制和系统试验，构建了中央银行和商业银行实际参与的法定数字货币原型系统，包括发行、转移、回笼全过程。同时在技术领域也完成突破，制定了金融分布式账本行业标准、在深圳建立贸易金融区块链平台、搭建数字票据交易平台等。2019 年 7 月，国务院正式批准央行数字货币的研发工作，准备工作完毕后进行城市试点。2020 年至今是中国央行数字货币的试点测试阶段，2020 年 5 月先行在深圳、苏州、成都、雄安和冬奥会场馆内进行内部封闭试点测试，2020 年 10 月深圳向符合条件的市民发放了 2000 万元的数字人民币消费红包，2020 年 12 月苏州向符合条件的市民发放了 2000 万元的数字人民币消费红包，再之后上海、海南、长沙、西安、青岛、大连、天津市、重庆市、广州市、福州市、厦门市、浙江省承办亚运会的 6 个城市也陆续加入试点范围。

（二）中国央行数字货币——数字人民币

数字人民币的原型系统按照二元模式进行设计，第一层参与主体包括中央银行和商业银行，涉及数字人民币发行、回笼，以及在商业银行之间转移；第二层是商业银行到个人或企业用户的央行数字货币存取，央行数字货币在商业银行库和个人或企业的数字货币钱包中转移；第三层是个人或企业用户之间的央行数字货币流通，通过数字钱包进行转移。

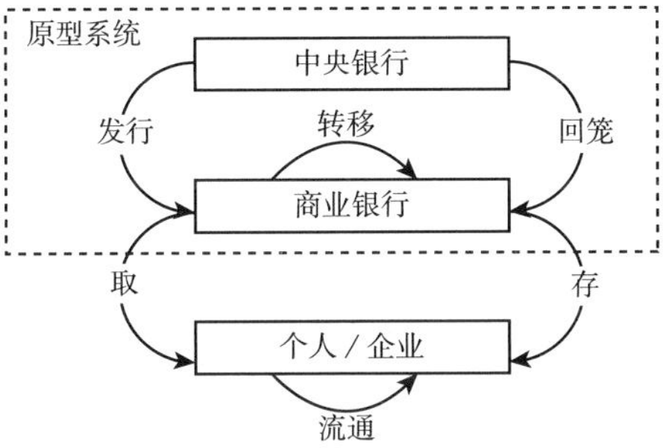

图 8－1　央行数字货币运行框架

（资料来源：姚前．《中央银行数字货币原型系统实验研究》．）

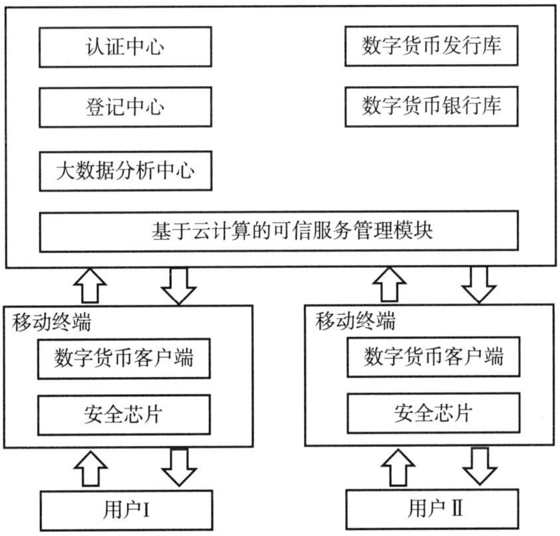

图 8－2　央行数字货币构成要素

（资料来源：姚前．《中央银行数字货币原型系统实验研究》．）

数字人民币由央行主导，保持实物货币发行的同时发行加密数字货币，数字货币属于M0的一部分，央行数字货币的发行和回笼基于“中央银行—商业银行”的二元模式，央行数字货币体系的核心要素为一种币、两个库、三个中心。具体而言，该体系包括以下几项主要构成要素：

- 央行数字货币私有云：用于支撑央行数字货币运行的底层基础设施。
- 数字货币：由央行担保并签名发行的代表具体金额的加密数字串。
- 数字货币发行库：人民银行在央行数字货币私有云上存放央行数字货币发行基金的数据库。
- 数字货币商业银行库：商业银行存放央行数字货币的数据库，可以在本地也可以在央行数字货币私有云上。
- 数字货币数字钱包：指在流通市场上个人或单位用户使用央行数字货币的客户端，此钱包可以基于硬件也可以基于软件。
- 认证中心：央行对央行数字货币机构及用户身份信息进行集中管理，它是系统安全的基础组件，也是可控匿名设计的重要环节。
- 登记中心：记录央行数字货币及对应用户身份，完成权属登记；记录流水，完成央行数字货币产生、流通、清点核对及消亡全过程登记。
- 大数据分析中心：反洗钱、支付行为分析、监管调控指标分析等。

在央行数字货币体系中，由央行的数字货币发行库、商业银行的数字货币银行库和用户端（如手机）的数字钱包构成，三者关系如下：根据数字货币发行总量，央行统一生成数字货币（即生产数字货币基金），存放在央行发行库中；根据商业银行数字货币的需求申请，将数字货币发送到相应商业银行存放数字货币的数据库，即数字货币从发行库到银行库[①]；用户申请提取数字货币时，数字货币从银行库到流通环节，进入用户客户端的存储介质中（如手机内），即从银行库到用户的数字钱包；在流通环节，数字货币实质是在两个用户各自数字钱包间进行转移来完成支付，此时支付分为在线交易和离线交易。

二、美国央行数字货币实践

（一）美国央行数字货币的发展阶段

美国联邦政府对央行数字货币的态度存在三个不同阶段：第一阶段反对央行数字货币的发行，因为基于账户的商业银行系统是美国金融体系的重要组成部分，也是美元霸权的重要手段。此外美国消费者习惯使用信用卡付账，数字货币的应用有限。第二阶段讨论发行的可能性，有理由相信世界各国对央行数字货币的探索——特别是中国央行数字货币的

① 在发行阶段，扣减商业银行存款准备金，发放等额央行数字货币。在回笼阶段，作废银行数字货币，等额增加商业银行存款准备金。

试点对其推动本国央行数字货币发行有强烈的刺激作用，世界各国都希望摆脱美元霸权地位，而数字货币是一个绝佳的契机，美国也意识到这一问题，因此才有特别的转变。第三阶段讨论具体发行细则，新冠疫情的冲击使得美联储加快了推进央行数字货币发行的脚步，2020 年 3 月美国众议院和参议院通过了包含发行数字美元或美元数字钱包的计划，希望尽快推动美国央行数字货币的发行。

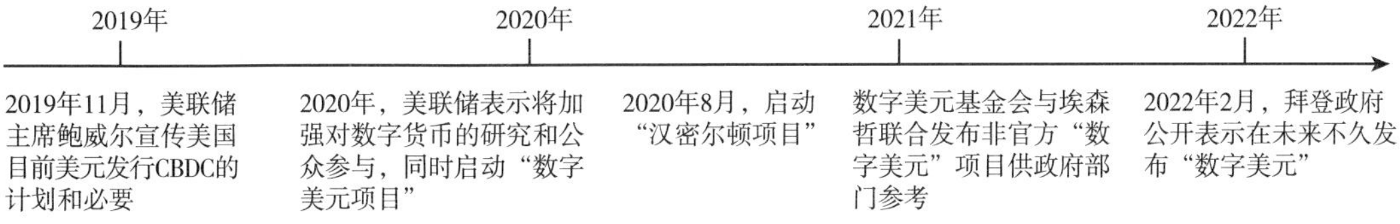

图 8－3　美国央行数字货币进展时间表

（二）美国央行数字货币——数字美元项目

对于数字美元的收益是否大于成本，以及设计数字美元的最佳方式，美国的监管机构似乎仍未达成共识。美国事实上是通过“一外一内”两条路线同步推进，前者由美商品期货交易委员会（CFTC）前任主席领导下的“数字美元计划（DDP）”围绕数字美元的一系列智库型研究和公开讨论展开；后者则是美联储内部保密度较高的偏技术和战略性的研讨，以及有关数字美元是否落地和如何落地的最终决策。“汉密尔顿项目”（Hamilton Project）和“数字美元项目”侧重潜在的数字美元，后者于 2020 年 6 月 30 日被美国参议院银行委员会引用。“汉密尔顿项目”于 2020 年 8 月启动，将研究合作划分为多个工作阶段，为期 2 ~3 年。第一阶段将涉及联合构建和测试适用范围广、用途广泛的假设央行数字货币体系。在后面的阶段中，研究人员将通过编码和测试各种架构评估技术取舍，以了解它们如何影响央行数字货币的设计目标。“数字美元项目”是埃森哲（Accenture）与数字美元基金会（Digital Dollar Foundation）于 2020 年 1 月启动的非营利性合作项目，旨在促进有关数字美元潜在好处的研究和讨论。根据 2021 年 5 月发布的新闻稿，尽管设计细节十分有限，但项目宣布将在未来 12 个月启动至少 5 个试点项目，以评估数字美元的价值及探索数字美元的未来设计。由于美联储央行数字货币尚未发布，因此本书以“数字美元项目”为例分析美国央行数字货币未来的发展。

1. 数字美元的双层体系结构

“数字美元项目”的双层银行系统，最上层美联储为货币发行机构，商业银行、金融机构为货币代理机构，数字美元将维持双层体系架构：商业银行（以及其他可获得美联储支持的受监管中介机构）将以其储备金交换数字美元，并以类似于通过 ATM、电子钱包的分配方式将其分配给客户。数字美元将有助于升级货币基础设施（最终的公共物品），并促进私营部门和市场创新。因此，《白皮书》中指出，其不认为数字美元与私营部门支付和稳定的代币计划的发展相对立，私营部门将在支撑美元的公共基础设施之上进行创新和发展。

2. 数字美元的支付模式

代币化数字美元作为一种新的金融媒介，将与分布式账本技术等新的交易基础设施相结合，提供一种新的支付渠道，中央银行的货币可以在此基础上进行发送和接收。支付模式包括三个方面：

（1）零售支付。数字美元将为数字贸易提供新方式，可降低成本，进一步分散支付渠道。还可通过商业银行和可靠的支付中介机构将数字美元分配给最终用户，通过类似数字钱包的机制来扩大用户对服务的访问上限，从而提升金融包容性。此外，数字美元可以让当前无法获得银行服务或银行服务不足人群享受到数字金融服务。

（2）批发支付。如今的批发支付依赖国家支付系统，通常通过银行间清算来进行。当前的批发型大额交易是基于账户的，并主要由在美联储开设账户的银行和支付供应商执行。代币化数字美元将提供一种访问中央银行资金的新方式，可扩宽机构获得大额支付的渠道。从结算角度看，代币化数字美元可进行货银对付（DvP）或同步支付（PvP）。

（3）国际支付。数字美元可建立更直接的货币关系，降低风险，解决当今代理行模式时间延迟的问题，进而增强国际支付竞争实力，促进金融市场一体化。在跨境和离岸交易中使用数字美元，将允许以中央银行货币开展汇款和大额支付的数字支付，包括离岸证券结算的可能性。

三、欧洲央行数字货币实践

（一）欧洲央行数字货币项目——EURO chain

2019 年 12 月 17 日，欧洲中央银行发布报告“Exploring Anonymity in Central Bank Digital Currencies”，公布了基于欧元的央行数字货币布局，准备构建一个能够允许用户对低价值交易具有一定隐私权、对高价值交易进行强制性反洗钱和打击恐怖主义融资审查的简化的央行数字货币支付系统。

该项目属于批发型央行数字货币，重点关注企业区块链的创新和通过区块链技术提供银行间协作效率。项目设定原则如下：

首先央行数字货币被设定为具有类似现金功能，对于低价值交易强调用户隐私性。其次，该项目基于双层模型的中介机构来构建，中央银行并不直接为央行数字货币用户提供服务，而是依靠拥有中央银行账户的中介机构提供央行数字货币服务，由中介机构通过调整准备金余额获取央行数字货币，中介机构代表客户处理交易提供托管服务。再次，中央银行是唯一被允许发行央行数字货币并能够将它们从流通中剔除的实体。最后，专门设立 AML 机构负责审查，主要验证涉及大额交易的用户身份，并防止央行数字货币被转移至被禁运的用户账户中。

具体的运行涉及四个机构，包括两个中介机构，一个中央银行以及一个 AML 机构。

中介机构可以访问央行账户，并且可以利用在央行储备的准备金余额向客户提供央行数字货币。中介机构还可以代表客户处理交易，在整个 EUROchain 网络中，每一方都由一个节点代表，使得资产能够在多方间迅速转移。

EUROchain 项目现今依然处于 PoC（Proof of Concept）阶段，虽然包括法国、德国、意大利、爱尔兰、匈牙利、芬兰、荷兰、葡萄牙、西班牙、瑞典等二十几个国家的内部多方合作，但基于利益的问题项目难以推动。2021 年 2 月，在欧洲央行发布的对加密货币监管的正式意见中，欧洲央行重申了在未来四年内创建数字欧元的承诺。根据该文件，欧洲央行希望数字欧元不受私人稳定币立法法律的约束。2021 年 7 月，欧洲中央银行宣布启动数字欧元项目并展开相关调查研究。2021 年 9 月，欧洲央行行长 Christine Lagarde 在接受采访时提到："我们将开始调查数字欧元，并同时做好准备回应人们对数字货币的需求，提出一个"不会危及整个银行系统"的基于欧洲的解决方案，该调查将于 2021 年 10 月开始，持续约两年。" 2021 年 11 月，欧洲央行执行委员会委员 Fabio Panetta 表示，预计在 2023 年开始将缩小央行数字货币的设计决策范围，2023 年将开发出数字欧元的雏形。Fabio Panetta 还表示数字欧元应该是一种有吸引力的支付方式，但其设计应防止其成为一种价值储存手段，从而威胁到银行和私人资金。

（二）日本—欧洲央行联合项目—Stella

2016 年日本央行与欧洲央行启动了合作项目 Stella，截至目前已经完成了第四阶段的测试。整体而言，日本央行与欧洲央行的 Stella 项目是一个循序渐进的实验计划，主要以批发型央行数字货币为研究对象。

第一阶段：2017 年 9 月发布《通过区块链技术实现资金结算体系流动性节约功能》。这一阶段测试了支付系统分布式账本技术缓解下流动性节约机制（LSM，即净额结算），主要针对欧盟的 TARGET2 和日本央行金融网络系统两大全额结算系统平台中的大规模支付程序。实验结果发现基于分布式账本技术的方案可以适应实时全额结算系统的要求，能够满足日本和欧盟当前的结算需要。

第二阶段：2018 年 3 月发布《区块链技术下如何实现 DvP 结算》。第二阶段测试了资产结算系统，即券款对付（DvP）方式在分布式账本技术环境下的应用。测试结果证明 DvP 方式在分布式账本技术环境下是充分可行的，同时分布式账本技术使 DvP 方式可以在不同账本间实现，甚至不需要账本之间有任何关联，通过哈希时间锁合约就可以解决这一问题。

第三阶段：2019 年 6 月发布《跨境交易中的同步付款》。研究主要方向为跨境支付中的创新性对策，尤其是从交易安全出发如何完善跨货币区的跨境支付。相比国内支付，跨境支付更往往会带来更高的交易成本、速度慢、安全性不高。项目在分布式账本平台 Fabric 上进行了测试，同时还选择了中心账本的构建进行试验。测试结果确认通过哈希时间锁合约的跨境结算可以在同步结算的前提下实现信用风险的降低。

第四阶段：2020 年 2 月发布《如何在分布式环境下实现交易信息匿名性同时进行管

理》，主要测试私密性和可审查性之间的兼容性问题。所谓私密性是指交易数据对未授权的第三方完全隐藏，或者至少可视的部分交易数据不足以完全推断其详情。在中心化的模式下，可审查性是较为容易实现的，但隐私全无。Stella 项目关注在不同设计下，隐私强化技术、基于分布式账本技术的金融市场基础设施和可审查性之间是否可以兼容。通过三阶段的实验，报告结论显示也是可行的。

四、世界其他国家数字货币实践

（一）新加坡：Ubin 项目

早在 2016 年，新加坡金融监管局（MAS）就推出了 Project Ubin，探索使用区块链和分布式账本技术（DLT）进行跨境付款和证券清算、结算。新加坡属于东南亚的金融中心，MAS 在 2015 年提出“智慧金融”的概念，认为金融科技的变革会带来传统货币跨境支付的颠覆，提前布局有利于稳固新加坡的金融中心地位。参与 Ubin 计划的不仅包括英国和加拿大央行，还有不少全球顶尖的科技公司和金融机构加入，包括淡马锡、星展银行、汇丰银行、摩根大通、花旗银行、渣打银行；技术上的合作伙伴包括埃森哲、R3 联盟、IBM、ConsenSys、微软等。为刺激进一步的行业发展，Ubin 项目原型网络的功能和连接接口的技术规范已经公开，新加坡政府也鼓励 Ubin 项目的参与者研究如何利用这些学习。

新加坡金融管理局早前主要以研究批发型 CBDC 为主，2021 年才开始推出研究零售中央银行数字货币的计划。批发型 CBDC 项目的应用场景多为金融系统的结算与清算场景，使用者多为大型金融机构，因此使用主体数量较少，且使用场景相对单一。但是批发型 CBDC 可以更高效地运用区块链技术提高金融机构间清算效率。

2021 年 7 月，法兰西银行（BdF）和 MAS 宣布成功使用 Ubin 计划 CBDC 的批发跨境支付和结算实验。该实验由摩根大通的 Onyx 支持，模拟了新加坡和法国之间共同网络上涉及多个 CBDC（m－CBDC）的跨境交易。该实验是第一个应用自动化做市和流动性管理功能来获得跨境支付和结算效率的 m－CBDC 实验。该实验模拟了新加坡元（SGD）CBDC 和欧元（EUR）CBDC 的跨境和跨货币交易，并使用基于 Quorum 技术的许可、启用隐私的区块链进行。

2021 年 11 月，MAS 推出了零售中央银行数字货币计划，即 Project Orchid。MAS 强调了零售型 CBDC 的潜在用例，包括数字化支付，普惠金融以支持个人和初创公司，与稳定币和其他国家 CBDC 的潜在竞争。

（二）加拿大：Jasper 项目

加拿大 Jasper 项目是加拿大中央银行与私营部门合作参与分布式分类账技术（DLT）试验。Jasper 的研发分为四个阶段。在该项目中，加拿大央行调查了 DLT 用于结算高价值银行间付款的问题，测试了 DLT 技术在清算和结算高价值银行间付款的效率，探索了数字货币与其他资产（如外汇和证券）集成的潜在好处，并与新加坡金融管理局和英格兰银行合作，为下一阶段的试验建立跨境货币结算系统。

2021 年 7 月，加拿大央行发表相关文件称，CBDC 总体来说对于加拿大是有益的也可能是必要的，它可能是一个更简单的竞争政策工具，降低现有的网络交易费用。2021 年 10 月，加拿大央行副行长 Timothy Lane 在华盛顿智库组织的虚拟小组会议上说："我们还没有决定发行零售型 CBDC，因为在当前情况下，我们认为没有迫切的需求。如果人们开始减少使用纸币和硬币，这可能会让银行更有理由引入自己的数字货币。"

（三）韩国银行数字货币计划

韩国银行于 2020 年 4 月启动了一项为期 22 个月的试点计划，以研究 CBDC 的法律和技术影响。

央行数字货币由韩国银行发行，与预存款支付、结算性存款等形式不同，通过电子形式实现，基础结构以 DTL（分布式记账技术）为主。与数字人民币类似，韩国的数字货币的发行与回收业务由韩国银行负责，而流通业务则由民间机构负责，记录数字货币的持有现况、交易明细等的账户通过区块链方式进行管理。韩国银行相关人士表示，CBDC 试验体系可以看作与现金流通过程是一样的。不经过金融机构，直接以个人或企业为对象发行并流通 CBDC 存在一定的局限性，因此韩国银行采取像现金一样通过金融机构间接流通的方式。

韩国银行于 2021 年 5 月通过公开招标程序选择一家技术供应商为其数字货币构建试点平台。该试点计划计划于 2021 年 8—12 月运行。2021 年 7 月 20 日，韩国央行宣布将与韩国互联网公司 Kakao 的子公司 Ground X 合作进行试点。虽然 CBDC 试行计划已经正常推进，但是对于在试点完成后是否发行 CBDC，韩国央行尚未发表评论。

（四）尼日利亚：e – Naira

2021 年 10 月 25 日，尼日利亚中央银行正式推出央行数字货币 e – Naira，由金融科技公司 Bitt 开发。该国央行数字货币的发行很大程度上是为了应对不断贬值的法定货币 Naira，根据 Trading View 的数据，其汇率从 2016 年 6 月的 1Naira 兑 0.0050 美元下跌到 2021 年 9 月的 1Naira 兑 0.00239 美元，跌幅高达 52.12%。尼日利亚中央银行认为 e – Naira 可以提高该国政府在部署有针对性的社会干预措施以及通过正规渠道增加汇款的能力。

e – Naira 使用的是区块链技术，数字资产储存在特定数字钱包中，可用于支付交易、数字转账，转账成本几乎为零。尼日利亚央行对 e – Naira 实行严格的访问权限控制。与基于代币的加密资产不同，e – Naira 是一种基于账户的机制，交易原则上均可追溯。尼日利亚央行对从银行存款转移到 e – Naira 钱包的资金进行每日交易和账户余额限制，降低对商业银行及其他金融机构的影响。采用分层身份验证系统，降低使用 e – Naira 从事洗钱犯罪行为的可能性。

截至2021年10月底，尼日利亚央行表示已向金融机构发放5亿奈拉（约合121万美元）的数字货币，发行当日已有33家银行、2000名客户和120家商户在平台注册。

第五节 数字金融

一、数字金融的概念

对于数字金融的具体定义现阶段解读较多，从狭义上界定，部分学者认为数字金融与金融科技、互联网金融有所区别，数字金融的定义更趋于中性、覆盖面也更广泛，是传统金融通过科技赋能方式形成的新产物。数字金融是指金融机构利用数字技术实现支付、融资等在内的金融业务以及创新金融产品、业务模式等；互联网金融是指金融机构利用互联网技术实现支付、投融资等金融业务；金融科技是指金融机构通过技术手段推动金融产品、服务模式、业务流程等方面的创新（黄益平等，2018）。从广义上来看，在数字中国构建、发展的今天，“数字金融”这一名词应存在更广义的概念理解方式，互联网发展、金融技术创新与数字技术的发展都属于电子信息技术变革的产物，本质上这三者没有区别，只是不同发展阶段的特性体现而已，都是金融与科技交叉作用下的创新范式，都代表传统金融业务与数字化科技的融合，没有必要作细致且清晰的划分。而此观点得到了诸多学者的拥护与支持，原因可能是从定位内容的层面解释，金融科技与互联网金融均强调技术革新对金融的赋能作用。此外，金融科技作用于传统金融的路径涉及数字化技术的应用，如移动互联改变金融的便捷性，大数据改变信息搜集的成本和处理效率，云计算改变传统金融的成本和效率等，基于该层面的解释内容，金融科技的内涵与数字金融概念又有较大范围的重合。

基于已有学者们的定义结合实际问题，本书对互联网金融、金融科技与狭义数字金融暂不做专业细致的区分，定义数字金融为：所有具备数字化技术与传统金融服务业务结合特征产生的新型金融服务手段、模式，包括主流银行等融资机构结合移动互联、大数据、区块链等数字化技术后的传统资金借贷业务，也包括网络借贷、众筹等，同时也包括金融科技在金融领域的具体实现手段、路径、领域等。

二、数字金融的类型

（一）数字普惠金融

1. 数字普惠金融的定义

根据世界银行的定义，“普惠金融”（Inclusive Finance）是指能够广泛获得金融服务且没有价格、非价格方面的障碍，能够为社会所有阶层和群体提供合理、便捷、安全的金融服务的一种金融体系。2015 年，中国国务院发布《推进普惠金融发展规划（2016—2020）》，定义普惠金融：是指立足机会平等要求和商业可持续原则，以可负担的成本为有金融服务需求的社会各阶层和群体提供适当、有效的金融服务。总的而言，普惠金融是一种立足差异，向大众平等推行的、合理的、便捷的进入服务。

数字普惠金融并不是一个新的名词，数字普惠金融本质上是借助数字金融服务手段提供的普惠金融服务，是传统普惠金融的延伸和现代普惠金融发展的一个新阶段。2016 年 G20 杭州峰会发布的《G20 数字普惠金融高级原则》给出了数字普惠金融的一个定义，数字普惠金融泛指一切通过数字金融服务以促进普惠金融的行动。它包括运用数字技术为无法获得金融服务或缺乏金融服务的群体提供一系列正规金融服务，其所提供的金融服务能够满足他们的需求，并且是以负责任的、成本可负担的方式提供，同时对服务提供商而言是可持续的。

2. 数字普惠金融的特征

普惠金融的服务对象本就是对无法获得金融服务或缺乏金融服务的群体，因此其呈现出如下特征：

（1）金融服务覆盖面广：目标人群金融需求数额小、周期短、分散化。传统的金融服务与需求不匹配，容易产生产品的逆向选择等问题。数字金融的数字技术平台效应和规模效应可以帮助金融机构整合多种服务，不但可以扩大服务的覆盖范围，还会降低获客成本。

（2）金融服务类别丰富：包括移动支付、网络借贷、互联网理财、数字保险等。移动支付业务交易速度快、具有规模效应和成本优势。而互联网金融征信可以评估借款人的借款用途、偿还能力及信用历史等，为解决信息不对称问题提供了可能，使得网络借贷、理财和保险也能迅速发展。

（3）金融服务成本低：由于数字技术的应用，金融服务的获取途径不再局限于银行网点，在手机移动端即可便捷地获取服务，降低金融机构的经营成本和获客成本。

（二）数字征信

从征信权威上来看，数字征信可以分为两大类，分别是以政府（一般是一国的中央银行）为主体的央行征信（也即传统征信）和以市场为主体的互联网金融征信。央行征信主要覆盖在金融机构、税务系统有信用记录的企业和人群，评价体系基本以存贷款、借贷违约、纳税遵从等方面为主。互联网行业的发展也只是推动了征信数据的构建速度与数据互通（典型的即为税务和金融数据互通），本质上没有太多变化，是否违约依然是考察的最主要条件。而互联网金融征信则是由专业化的、独立的第三方机构通过依法采集、整理、加工个人或企业的信用信息，并依法对外提供信用报告、信用信息咨询、信用评估等服务的活动，来满足社会主体在信用交易过程中对信用信息查询的需求。数字技术的飞速发展让征信覆盖面得以从银行账户信息、纳税信息、法律信息转向消费、社交、兴趣等更加全面广泛的要素组成，再通过融合线下渠道及其他渠道的数据，利用大数据、云计算和信用评估模型等现代化技术手段，对获得的信息数据进行信用评估，最终将信用评估结果应用于不同的业务场景。

总体来说，新形势下的互联网金融征信具有如下特征：

1. 数据多元化

传统的征信是以央行征信中心为主，其数据来源于商业银行等金融机构，数据主要是借贷人的信息，比如：身份信息、银行借贷信息、还贷信息、非金融负债信息及其他的公开信息。而互联网金融征信中的数据信息实际上是用户自己提供的，比如：用户在电商平台的交易记录与评价信息、在社交平台的兴趣爱好等信息。

2. 覆盖范围广泛化

以央行征信中心为主的传统征信，征信人群只涵盖了在商业银行有过贷款记录的，因此很难对没有过借贷行为的人群进行信息评估。互联网金融征信则覆盖了所有使用互联网的用户，可以很好地弥补在央行征信系统中缺少征信的人群。另外，应用场景也从信贷领域拓展到住房、租车、旅游等生活消费领域。

3. 征信主体市场化

传统征信主体一般为央行征信中心、相关政府部门及传统的征信机构等。由央行主导的公共征信体系虽然在数据质量上有所保障，但是缺乏市场机制，运行效率偏低，并且系统的维护成本较高。而互联网金融征信主体更为市场化，是属于营利的运营机构，并遵从市场自由竞争优胜劣汰法则，进行平等交易、自负盈亏。

4. 信用评估全面化

传统征信体系的信用评估是基于信用个体的历史信息，而互联网金融征信的信用评估在历史信息的基础上，同时结合信用主体实时、动态的个人行为数据，从而更加准确地判断出信用主体未来的信用状况并做出精准的信用评价。

总体来看，现代互联网的数字征信建立在大数据收集的基础之上，如果缺乏这些信息互联网数字征信将变得跟传统征信无异。

国外具有代表性的企业为2009年成立的Zest Finance，基于大数据手段为个人用户提供信用评估服务。利用大数据计算建立远多于传统评价的预测分析模型，如欺诈模型、身份验证模型、预付能力模型、还款能力模型、还款意愿模型以及稳定性模型，进行集成学习或者多角度学习，并得到最终的消费者信用评分。

国内具有代表性的数字征信企业主要是两家：芝麻信用和微信支付分。正如前所述，这两家数字征信企业依靠的就是自身平台的数字业务，通过对消费者收入、消费结构、借贷、纳税、缴费等特征性数据进行分析，给出个人信用分数。但具有局限性的是这些信用分数只在本平台有效，跨平台无效，且无法被市场其他主体认可。2018年1月，央行联合8家个人征信机构联合成立百行征信[①]，直接原因就是近年互联网公司在各个场景滥用信用分的乱象。2020年7月，百行征信完成了企业征信业务经营备案，成为国内首家同时拥有个人征信和企业征信双业务资质的市场化征信机构。

---

① 这8家机构分别是芝麻信用、腾讯信用、前海征信、中诚信征、拉卡拉、华道征信、鹏元征信和中智诚征信。

（三）数字支付

大约从2000年开始，信息和通信技术的进步为新的支付方式开辟了道路，如移动支付（Mobile Payment）和电子支付（E-payment）。与支票或信用卡等传统支付渠道相比，数字支付（Digital Payment）方式交易成本更低，具有更大的潜力。数字支付包括传统银行的数字支付业务以及第三方机构的数字支付业务。传统银行以个人银行账户为基础，通过数字化形式进行交易支付，如电子账户线上支付、手机客户端线上支付、电话验证支付、短信验证支付、二维码支付、NFC支付、人脸识别支付等。最新的数字支付类型是央行数字货币，例如中国的数字人民币，现阶段的使用只能通过下载数字人民币App（未来也将向第三方支付开放），然后进行交易与支付。与传统支付手段差别最大的是，利用数字技术得以实现线下支付，并不需要在线网络支持。

第三方机构的支付业务手段与传统银行业数字支付无异，但大量的支付手段是由第三方机构支付业务最先开展，之后才传递到传统银行的数字支付业务范围，最典型的即为二维码支付。第三方支付机构之所以存在，是因为第三方支付企业特有的产品创新和便捷服务，可以满足大量中小企业和普通消费者的日常需要。第三方支付企业通过服务于电子商务企业以及产业链相关企业，解决了包括网上交易、零售支付乃至B2B大额支付在内的种种障碍，满足了支付多样化需求，在一定程度上减少了企业在途资金占用，提高了支付效率，节约了社会资源。世界各地常见的第三方支付平台包括中国的支付宝、微信支付，美国的PayPal，俄罗斯的QIWI、Yandex. Money、WebMoney，欧洲的Sofortbanking、Paysafecard，澳大利亚、新西兰的POLi，马来西亚的Maybank2U，新加坡的eNETS，印度的Paytm，韩国的Toss，日本的Webmoney。

但从便利性和安全性上来看，中国的支付宝、微信支付远超其他第三方支付平台。例如支付宝的资损率是0.0001%，PayPal的资损率大概是0.3%，而其他外卡在线交易资损率是1%。造成这一现象的原因是多样的，比如国外第三方平台支付费用远高于国内，因此可以将更多的利润用于覆盖风险损失。

（四）数字保险

从广义数字保险来讲，互联网的出现就改变了保险的生存模式。原本需要在线下一对一进行的询价、保单设计、报价、投保、核保、缴费至后续服务，全部都可以在线上通过数字化管理。数字科技的发展为保险业带来了较大的发展机会，例如原本需要在线下设计和推广的高成本保险产品，现在可以通过互联网大数据技术手段解决，迎合用户需要的数字保险创新产品不断出现，同时数字渠道的销售和反馈参与面广泛，大大降低了运营成本等。综合来看，数字保险的巨大优势体现在：消费市场增量险种在互联网长尾效应下不断创新，依据渠道反馈和大数据结合，实现了保险产品的精准设计，渠道环节实现网络化、碎片化和场景化。

从狭义上来讲，有别于传统保险业务的数字保险的创新模式并不多，2010年出现的

Friendsurance 数字保险提供商提供了一种新的思路。在数字保险提供商平台上，个人可以联合起来在同等保护水平上降低保险费用。平台上每位成员都必须投保并向平台支付一定金额的款项，这笔资金一部分转给保险公司，另一部分存储在该小组可用的账户中。在发生小型保险事故的情况下，使用小组账户中的资金可以用来弥补损失，保险公司因此可以降低小额保险案件的高额管理费用。如果没有或只有少数保险事故发生，将返还该小组一部分已存储在账户中的资金。这一准则可使投保人缴纳较低的保险费用，平台也会因处理小型保险案件，从相关保险公司获得补助。Friendsurance 公司这种保险模式，明显有别于传统保险业务，利用的就是数字时代信息更透明的优势。平台提供一定范围的用户聚集权利，通过共同议价降低投保费用，赔付模式也会让投保人降低追赔成本，保险企业能够降低业务成本。

（五）数字众筹

众筹，即大众筹资，具有低门槛、多样性、覆盖广、辨识度高等特点。数字众筹是基于数字科技，通过互联网渠道向社会募集资金的一种行为，该模式最早起源于 2009 年成立于美国的 Kickstarter。数字众筹与传统的天使投资、风险投资不同，数字众筹得以将项目内容通过互联网向全世界播报分享，参与人具有较高的互动性能力直接进行沟通，同时数字众筹平台的每个项目都可以被所有人浏览，投资人也可以从众多的项目中进行筛选。数字众筹的形式包括股权众筹、债券众筹、奖励众筹（通常以实物产品为回报）、公益众筹（也称为捐赠众筹）。

以中国的淘宝众筹（奖励众筹）为例：淘宝众筹隶属于阿里巴巴集团，2014 年 3 月 1 日上线，类型均为奖励众筹。2015 年预期募集资金 2.8 亿元，实际总筹资 10.7 亿元，超过 3100 个项目成功筹资，其中千万级项目 14 个，累计获得 617 万人次支持。部分项目如表 8－1 所示。

表 8－1 2015 年淘宝奖励众筹千万级别经典科技项目

产品名称	筹资额（万元）	投资人次
小米下一款手机产品	3559	35595
萝卜车	2366	55753
小 K 迷你智能微插	2144	348122
小蚁智能行车记录仪	1619	54230
曼申云智能锁	1510	23941
智能支付手表	1468	44054
Hornets 大黄蜂竞速超跑	1336	69301
雷霆 i 智能 360 神器	1219	34846
大白儿童空气净化器	1217	1573
Pap 口袋影院	1198	9860
云马智行车	1159	5879
小狗 vv 除螨仪	1095	3187

（资料来源：淘宝众筹网.）

但现阶段国内数字众筹的前途未明，2015 年 8 月 10 日，证监会发下《关于通过互联网开展股权融资活动的机构进行专项检查的通知》，但没有具体的操作细则与监管准则，因此对于数字众筹行业发展尺度难以把控。且部分众筹项目也在非法集资的边沿甚至越界，股权融资面临着是否合法的政策性问题。此外，对于项目资金的审核、监管等问题，现阶段也没有较好的政策与之匹配，风险较高。

（六）数字基金

近年来，数字技术的发展带来了众多互联网新内容，与金融业的渗透融合产生了不少的新业态，数字基金就是其一。对于原本个体参与门槛高、认购起步金额高、高技术性等特征的传统基金模式，在数字技术的加持下完全打开了新市场。以支付宝为例，2013 年 6 月支付宝推出余额宝理财产品，背后就是天弘基金。这类新基金形态有几大特点，其一是数字科技平台与基金公司高度融合，以往需要前往基金公司开设账户进行一系列线下操作的流程消失；其二满足了新型客户群体投资要求，传统基金门槛高的问题被打破，最低 1 元即可认购；其三更优质的用户体验，打开软件即可看到基金的即时信息，操作也可以一并完成；其四较低的风险与较高的流动性，数字基金多为货币基金风险低，用户可随时提取资金到自己账户。

支付宝的数字基金打开了新的大门以后，传统金融行业也陆续推出各自的数字基金产品，如招商银行的朝朝盈，民生银行的民生如意宝，工商银行的工银薪金宝。基金发行公司也开始放开限制，推出了各类数字基金产品，更不用说走在更前头的第三方支付公司，如腾讯的微信理财通、京东的小金库、网易的现金宝等。

三、数字货币与数字金融

数字货币的出现无疑提高了金融的发展效率，但数字货币是否会改变金融的属性？从数字货币起源与发展，我们已经了解到数字货币特别是央行数字货币（以下简称“CBDC”）本质上属于法币的一种形态，多数国家将其作为 M0 投放市场，并不对央行数字货币做特殊的金融处理，因此不会改变金融的属性，充其量也只会增加新的金融工具的数量。总体而言，数字货币的出现有如下几方面的影响：①

（一）提高金融系统效率

零售型 CBDC 将从三个方面提升金融效率：一是促进支付系统的升级，CBDC 的发行和运营将带动相关支付设备的升级和支付场景的优化，提升全社会零售端支付清算效率，提升消费者使用数字货币的便利消费体验；二是 CBDC 的推广将减少纸币的使用和流通频

① 由于世界各国对除央行数字货币以外其他数字货币成为稳定币的态度大体趋于否定，这里我们只以央行数字货币为例进行探讨。

率，减轻金融机构因为纸币运输、保存、安保等方面的相关费用；三是可利用 CBDC 产生的大数据整理企业自身、企业供应链以及与企业经营相关的管理信息等，并借助云计算、人工智能等技术手段，加快信息的分析速度，提升金融机构信息获取质量。

批发型 CBDC 则可利用分布式账本技术推进“增效降费”。“增效”主要体现在 CBDC 可提升大额交易结算系统的效率，CBDC 实现了交易结算系统 7×24 小时全天化实时服务（如新加坡 MAS 的 Ubin 项目），而目前很多国家/地区的跨行、跨国交易都是非实时交割的，并因单方延迟交付或交易迟滞而降低了资金的使用效率。“降费”主要体现在 CBDC 可显著降低跨境支付的成本。在传统的跨境支付中，一笔汇款需要占用银行链条上的流动性，且完成时间越长流动性占用越久，这构成了跨境支付的主要成本。而 CBDC 的跨境支付效率的提升，将大幅减少流动性占用所产生的成本，降低跨境支付的费用。

（二）改变国际支付清算系统

技术进步带来的变革是无法通过政治干预压制的，基于区块链的数字货币将现有 Swift 结算时间由几天提升至秒级，大幅提高了结算效率，同时还降低了跨境结算的成本。目前来看，已经有部分国家央行提出在法定数字货币跨境交易领域进行合作，如日本在 2021 年来加速推进 CBDC 的研发就是基于这一考虑。可以预见的是，未来央行数字货币一旦大规模应用于跨境结算场景，将会对包括 Swift 在内的国际支付清算系统带来较大的冲击。

（三）加速普惠金融

CBDC 在流通中能提供更高的兼容性和更便捷的服务，有利于推动普惠金融。CBDC 的法币特性会使得任意场景都必须无条件接收，通过提供更丰富的终端选择和更多的便民服务搭载，改善弱势群体的使用感受，会提高整体的普惠金融质量。此外，CBDC 作为支付手段参与普惠金融，由于货币的可控匿名性使得银行可以及时掌握情况，使用全面、有效的数据评估数字普惠金融的进展，从而实现对普惠金融的有效调控与监管。

（四）影响第三方数字支付

CBDC 不是第三方支付的替代，但无疑也会影响第三方支付的发展。类似电子钱包之类的第三方支付工具同样具备使用 CBDC 的权利，因为 CBDC 是法币的一种形态，其数字形式的存在不影响工具的有效性。但在长期中必然会对第三方数字支付产生冲击。其一，CBDC 交易费用更低，且 CBDC 有专用钱包用于支付、转账、存贷、还贷等业务，这些业务与第三方支付范围高度重合。例如现阶段微信支付或支付宝从账户中提现至银行卡需要支付一定的手续费，而 CBDC 普及后就可以略过这一步，CBDC 支付设备普及后甚至可以直接使用 CBDC 支付而不经过第三方支付。其二，CBDC 的隐私保护程度更高，CBDC 的可控匿名性特性，使得交易数据只会存在于一国的中央银行，而不会被第三方储存开发，但现阶段所有在第三方支付平台上的交易记录都存在于这些私人企业服务器上，用户隐私存在一定泄漏的可能性。其三，长期中很可能对互联网金融企业基于用户数据开发的效应增值服务产生重大冲击，但也会促使第三方支付平台进行业务优化整合，最终有利于普惠金融。

本章思考题

1. 简述央行数字货币与私人数字货币的区别。
2. 简述央行数字货币与传统货币的区别。
3. 简述央行数字货币的类型及功能。
4. 思考以 Libra 为原型的稳定币能否成功。
5. 思考数字货币的发展未来可能给数字金融带来怎样的变化。

第九章 数字税

▶案例导入

苹果公司的税源纠纷

2013 年，美国参议员 John MoCain 和 Carl Levin 在华盛顿举行的关于企业避税问题的听证会上发表讲话，认为苹果公司这一软硬件制造商使用包括其爱尔兰子公司在内的“复杂的离岸实体网络”来逃避缴纳数十亿美元的美国税款。同年该听证会披露，苹果公司及其子公司在过去 10 年中，在爱尔兰缴纳税款的实际税率仅为 2%。2014 年欧盟委员会负责竞争政策的副主席 Joaguin Almunia 说：“在当前公共预算紧张的情况下，大型跨国公司公平纳税尤为重要。根据欧盟国家的援助规则，成员国的税收规则应适用公平和非歧视原则，政府不能采取措施允许某些公司缴纳低于其应纳的税款。”这一言论被普遍认为直指包括苹果、亚马逊等跨国企业在内的互联网巨头存在非法避税行为。原因就在于苹果公司利用欧盟数字税收体系与爱尔兰税法漏洞，通过“双层爱尔兰”和所谓的“荷兰三明治”等机制成功避税，另外苹果公司自身生态链中的 App Store 利用线上平台出售软件及付费应用，也逃避了大部分地区的税务监管（2020 年苹果线上业务收入占总收入的 23%）。

2016 年，欧盟最高反垄断监管机构委员会做出一项决定：爱尔兰必须向苹果公司补征 2003—2014 年其未缴纳的 130 亿欧元税款。欧盟委员会负责竞争政策专员 Margrethe Vestager 表示：“根据欧盟国家援助规则，成员国向选定的公司提供税收优惠是非法的。爱尔兰给予苹果公司非法税收优惠，这使其多年来支付的税款比其他企业少得多。事实上，这种选择性待遇使苹果公司对其欧洲利润部分支付的有效企业税率从 2003 年的 1% 降低到 2014 年的 0.005%。”但事情还没结束，2020 年 7 月 15 日，欧盟第二高等法院做出了有利于苹果公司的裁决，认为欧盟委员会未能“按照必要的法律标准”证明爱尔兰的税收协议给苹果公司带来了不公平的优势。2020 年 9 月 25 日，欧盟委员会对法院允许苹果公司免于支付 130 亿欧元税款的裁决提出质疑，并将对此项法庭裁决再次提出上诉。

按照传统商业模式，苹果公司无疑应当据实缴纳税金，但互联网信息时代在数字科技的加持下，各国政府对数字服务——特别是跨国性质的服务如何收税变得异常被动。随着数字经济越发繁盛，生来即是全球化的技术特性会让各国税务机关更加难以对数字经济进行监管，此时一国的力量已经无法平衡经济法原则，各国通力合作才是最终手段。

（资料来源：作者搜集整理.）

第一节　数字税的内涵

自 2016 年起，世界范围内掀起了一股数字税立法的热潮，以便解决各国之间的税收争端与填补法律空白。传统上，税收立法一般由各国立法者依据税收主权先制定国内法再进行国际协调，但是数字税立法活动具有极强的程序特殊性。各国试图先在经济合作与发展组织（OECD）和二十国集团（G20）的“税基侵蚀与利润转移”项目（简称“BEPS 项目”）下达成一致性规则，形成多边税收协定后，再进行国内的立法转化。2021 年 10 月，OECD/G20 发布了《应对经济数字化税收挑战的双支柱措施声明》（以下简称“双支柱声明”）。包括我国在内的 136 个声明国承诺在 2023 年底之前参与“支柱一”方案中“金额 A”规则的相关谈判，并将按照谈判中拟定的规则进行国内立法，以确保各国一旦达成多边税收协定，具有一致性的数字税国内法和国际法能够同时生效。

需要注意的是，数字税到底是不是一种新的税种，国内外无论是学者抑或是政府组织，还尚未有统一的定论。一种观点是将数字税定性为新的税种，如 2020 年 12 月法国政府按计划向数字巨头“GAFA”开征数字服务税①。法国政府认为，在数字经济中用户创造价值理念是人所共知的，它表达了这么一个观点，用户数据是平台的价值来源，不应是免费的，而一国政府代表用户利益向提供数字产品和数字服务的企业征税，合情合理。另外一种观点认为不应当是一种新的税种，如我国原财政部财政科学研究所所长贾康认为应当对数字服务征税持审慎态度，中国制造业数字化改造过程中，企业购买的设备、零部件以及研发设计、人员培训等行为，都已纳入增值税征税范围，若再征数字税，将会引发重复征税问题。此外，还有一种观点认为，对数字经济进行课税依然按照各国既定的税收法律框架执行，只是对数字经济进行课税时所引发的包括税收管辖、税源分配、征收管理等内在行为确定法律依据即可，无须开征新的税种。如阿尔巴尼亚、俄罗斯、安哥拉、巴林、孟加拉国、南非、挪威、韩国、阿拉伯联合酋长国等国对数字经济征收 15%～20% 的增值税，日本、新西兰等国对数字经济征收消费税，澳大利亚对非本地电子商务公司向其消费者销售的低价值商品征收 10% 的商品及服务税等②。

以上可以看出，从狭义上来说，数字税可以理解为对数字服务供应商取得的数字服务收入征收的一种税。从广义上来说，包括三个方面：其一是对电子商务行为征税，本质上是在国家主体内部的一种流转税；其二是针对跨国性质的互联网企业，涉及数字经济创造的价值在各国、各地区之间如何分配的问题，本质上是一种所得税；其三是将数字经济创造的营业收入征税，本质上是一种营业税。

---

① “GAFA”是谷歌（Google）、亚马逊（Amazon）、脸书（Facebook）及苹果（Apple）的缩写，征收的形式为对企业涉及的互联网广告、个人数据使用和市场销售收入征收 3% 的税收。

② 这里需要注意的是，各国由于对商品、服务征税的定义存在巨大差异，因此不可代入我国税法中各类税收的征收框架进行横向比较。

第二节 征收数字税的理论依据

全球各国对数字税的征管虽然有争论，但高度统一的认知是立法征税势在必行。源于世界各大互联网企业——当然也包括越来越多的线上业务企业——搭乘数字信息时代的快车，使得各国税制功能受到侵蚀。从“无代表不纳税”的赞同原则出发，数字经济发展的背后是国家宪法的支撑自然也应当纳税。巨量不受监管的数字经济载体创造了庞大的价值，却难以以合理、公平的方式征收数字经济税收（甚至可能出现任何一个国家都无法对其征税的局面），这与税法的初衷是相悖的。综合来看，数字经济对如下原则存在强烈的侵蚀性。

一、税法公平原则

税法公平可以区分为能力公平与受益公平，数字企业可能出现与传统企业完全不同的纳税路径。首先是能力公平，国家的税制设计要求所有企业创造了 1 单位的价值，就应当按照税法规则缴纳 1 单位的税收，但数字企业相对于其他经济形态而言，其先天性存在规避税负的特性，能够制约数字经济纳税行为的税收制度缺失时，企业无论是使用正当的税收筹划抑或游走在灰色地带的避税，都能更容易获取较低的纳税成本。此外，“羊群效应”引发的大规模效仿会进一步侵蚀国家税基，导致税收公平失衡。其次是受益公平，受益公平要求纳税地与公共产品服务地相一致，即在何处享受公共服务就在何处缴纳税款，否则极易产生“搭便车”行为，造成地区间公共服务压力失衡。但这一要求在数字经济背景下变得更加难以界定与掌控，特别是跨国间要素流动中，如何划定纳税义务与享受公共服务的权利变成了一个重要问题。

二、税收效率原则

税收效率原则通过强调税收中性，要求征税满足市场资源配置效率。随着工业经济向数字经济转型给中国劳动力与就业市场带来了诸多变革和深远影响，数字技术打破了原有劳动形式中时间和空间对劳动者的壁垒，给劳动者的就业自由度和择业自由度提供了更多选择，提高了劳动力的资源配置效率。但需要注意的是，越来越多的数字企业将企业注册地与业务发生地划分开来，注册地偏向于海外“税收洼地”，业务发生地往往发生在消费活跃地区。原因在于数字技术的发展降低了远程交易的成本，使得企业跨入了合法逃税门槛。企业既享受了“税收洼地”的财政收益，又造成了业务发生辖区的经济“失血”与就业损害。在既定条件下，区域贸易与要素流动也会因此扭曲。在注册地辖区未对远程交易征税或只征收少量税收的情况下，这类税收“套利”之举使数字企业获利丰厚。包括中国在内，许多国家未对个人境外购买的低价值商品征税，成为此类交易在全球范围内迅猛发展的重要原因。利润转移至“所得税洼地”的情形通常更为普遍，负面后果也更严重。

三、税法实质性课税原则

税法实质性原则要求在征税时应根据客观事实确定是否符合课税要件，并根据纳税人的真实负担能力决定纳税人的税负，而不能仅考虑相关外观和形式。传统经济下的实体存在（常设机构等）、非远程（本地）交易和线下交易的结合，使这项原则较易实施。数字经济的发展改变了这一局面，业务提供者可能是线上的离岸供应商，互联网的开放性难以对离岸供应商进行税收约束，同时也难以定位消费者。以远程交易为例：目的地规则意味着由市场地辖区对应税销售征税，但除非离岸供应商提供一系列相关信息，包括用户是谁、在何处购买、购买什么、购买多少以及何时购买，除非本地个人用户自觉申报纳税。如此一来，数字流量带来劳动价值增值的同时，税务部门却无法对其进行征税，产生税收流失。税务部门如果要有效执行实质性课税原则，那么就需要掌握更多的信息与支付更高的成本，就数字经济的特性而言，这通常并非易事。

四、税收成本原则

税收成本，是指除去纳税数额以外，由于征税而付出的经济代价，包括征税成本、纳税成本以及因税收活动扭曲经济行为而导致的额外成本。数字经济的发展除了使纳税成本变低以外，征税成本与负外部性都大幅上升。数字经济的技术特性决定了税务机关难以识别交易双方的纳税义务，加大了征管难度。同时数字背景下实体营业机构的逐步消失，使税务稽查的难度也陡然上升。此外，传统的记账方式要求交易双方均有涉及的账簿、凭证，但数字经济的隐秘性使税务机关难以追踪参与双方的交易痕迹。这些问题均会使税务部门的征管、监管难度上升，虽然现阶段大多国家税务机关也都采用数字技术进行税务管理，但相比于传统商业，征收和监管的成本都急剧上升。由此导致的额外征税成本，最终会被全体一般纳税人所均摊，造成额外成本的增加，也不符合税收中性的原则。

第三节 数字税立法路径及原理

一、数字税立法路径

对于数字税及其立法，如前所述，众多观点大致可概括为两类。第一类观点认为，数字税就是与数字经济相关的各类税种的统称，或者是涉及数字经济的多个税种组成的体系。这种观点遵循的数字税立法逻辑是：通过对现行税法制度的改进匹配数字经济产业发展，其立法路径是在既有税法框架下，对与数字经济相关的增值税、消费税、所得税等制度予以改进或优化。第二类观点认为，数字税是一种全新的税种，数字税的立法并非依靠既有的税收制度，而是要结合数字经济的发展特点，对相关课税要素设立一套独立的税收制度。数字经济发展较早、立法思想同样较快的欧盟及北美洲地区，较早提出了数字服务税、均衡税、预提所得税等设想，部分国家（如法国）已经付诸实施。基于上述对数字税的两类理解，可以提出数字税立法的两种路径：一是在现行税法框架下的制度改进，二是制定专门的数字税法。对于上述两种立法路径，OECD 都有关注，一方面强调对既有所得税、增值税等制度的改进和完善，另一方面又将征收数字税作为过渡性措施。而在国内税收立法层面，无论主张选择上述哪种立法路径，都应从基本原理、基本价值、基本原则等视角，明晰立法的必要性与可行性、合理性与合法性，并由此形成对立法战略、立法技术等方面的基本共识。

二、数字税立法原理

数字税立法属于经济立法，各类经济立法均应依循差异性原理、经济性原理和规制性原理，即应当针对现实存在的不合理的或有害的差异，确立多种可实施的规制手段，以消除或减少相关差异，并通过降低交易成本，使经济运行“更经济”，从而实现经济与社会的良性运行和协调发展目标。数字税立法不仅应遵照上述三大原理，还应基于数字经济的特性，体现税收立法上的可税性原理。

（一）差异性原理

“经济”与“法律”差异是普遍存在的，而各国的税制特点会使得这样一种差异扩大化，加剧数字经济与税收制度的不匹配。在国际层面，各国的数字经济发展存在差异，直接影响其税收利益分配，需要构建相应的数字税制；在国内层面，对数字企业与非数字企业的差别征税问题，亦需要通过构建数字税制加以调节。正是由于上述国家之间、企业之间存在的信息能力和分配能力差异，导致数字企业或信息能力较强的一方持续更多获益，并由此影响相关利益分配的失衡，因而才需要通过推进数字税立法加以解决。数字经济领域的相关差异导致的不公平问题，亟待对传统税法制度作出变革。只有重新厘定相关国家的税收管辖权、税收收益权，才能通过税权结构的调整，实现税收利益的公平分配。这既是数字税立法的重要目标和内容，也是制度变革的动力之所在。为此，依循差异性原理，数字税立法应当基于数字经济领域的客观差异，重新配置相关税权，使税收利益的分配更加公平，从而有效解决不合理的差异问题。

（二）经济性原理

无论何种税收制度，在开征之前都必须考虑税收中性这一重要问题，对数字经济征税同样如此，数字税立法应当有助于（最起码是无害的）促进整体经济的发展。数字税立法亦应有助于降低相关交易成本，促进数字经济发展，使整体的经济运行更有效率。与此相关联，在数字税的具体立法路径选择方面，究竟应在两种路径中“二选”，还是沿两种路径同时推进，仍要看如何选择更有助于促进数字经济乃至整体经济的发展。依循经济性原理，在回应数字经济发展与现行税法制度错配方面，需要考虑哪些不合理的差异需要解决，如何在课税要素方面进行制度设计才能促进经济发展。同时，在立法路径选择上也要进行成本收益分析。从经济性原理的视角审视数字税立法，更有助于揭示或说明如何进行制度设计更具有合理性。

（三）规制性原理

针对现实存在的差异，应当运用规制手毁进行相应的法律调整，从而实现“更经济”的目标。税法的规制手段主要包括两个方面，即积极的鼓励促进、消极的限制禁止。与此相关联，数字税立法需要处理好“鼓励型规范”与“限禁型规范”的搭配，两类措施各自占比的多少，决定着税法制度是包容性制度抑或攫取性制度。只有构建具有包容性的税制，才能有效促进数字经济乃至整体经济的发展，并在更高层次上体现数字税立法的合法性。在纳税主体、征税对象等课税要素上，如同其他税法一般，需要对不同行业、不同类型企业进行分门别类，既满足政府税收需要，也兼顾重要行业发展，引领先发型企业保持创新力，也扶持中小企业成长，推动数字经济产业的均衡健康发展，从而实现税收规制的目标。

（四）可税性原理

对数字经济、数字产业、数字企业、数字价值等可否征税，需要考虑多种因素，尤其要符合可税性的基本要求。只有数字企业的行为具有营利性和收益性，才具备征税的基本条件，其行为才可能成为法定的应税行为。数字税立法不仅要回应现实的差异性，还要符合可税性的要求，这样才能运用有效的税法规制手段，实现经济性的目标。因此，是否具有可税性，会直接影响数字税立法的可行性。国家征税要遵循可税性原理，现已成为基本共识。面对数字经济的发展，无论在现行税制下对相关税种进行扩展，还是开征专门的数字税，都必须符合可税性的要求。为此，对于作为数字经济时代基本要素的数据是否具有可税性、数字服务行为应否征税等，仍需展开深入研讨，这些都是数字税立法需解决的基础问题。

总之，上述四大原理密切相关，依循差异性原理和可税性原理，有助于说明数字税立法的必要性与可行性；而依循经济性原理和规制性原理，则有助于明晰数字税立法的合理性与合法性。

第四节 征收数字税面临的挑战

随着数字经济时代的全面到来，数字经济领域交易类型和市场规模的不断扩大，数字经济的低税负事实明显地影响了税收中性、市场公平，导致国家的税收流失，也不利于居民与社会福利的提高。在国内，税收流失问题中尤其以电子商务中的C2C模式的税收流失问题最为严重，学界有许多学者都对C2C交易中的税收流失进行了估计，如李昊源（2016）测算了我国2014年的网络零售市场税收流失约2100亿元；蔡昌2017年测算估计C2C模式的增值税和个人所得税的流失额之和在2016年时约700多亿元，2017年这一数值可能增长到1000亿元。在税收征管领域，数字经济的全球性、隐蔽性、快捷性、渗透性挑战了传统税收征管模式赖以存在的基础。数字经济使传统贸易模式下的交易数量减少，税基受到侵蚀，互联网交易的无纸化、无痕化使现有的税收征管与稽查体系无从下手。在传统的经济模式中，企业是整个经济运行的核心，在数字经济领域，交易平台具有的“虚拟性”和强大的聚集力、消费者进入成本几乎为零等几大特征，使网络交易平台的重要性与日俱增，交易平台上聚集着数以亿计的参与者，打破了交易的时空与地域限制。数字经济下交易所具有的这些显著异于传统交易的特征，对传统的税收征管模式提出了全新的挑战。①

一、流转税类的征管挑战

在电子商务的B2C和C2C交易中，现行流转税类征管面临的问题，其一是对低值商品交易征收流转税的成本可能高于征收到的税收收入；其二是对服务和无形交易征收流转税的复杂性使对跨境交易、在线交易征税变得困难；其三是C2C交易是电子商务的一个重要类型，C2C中相当多的个人商家还没有建立税务登记，这给税收征收带来很大障碍；其四是不同类型收入应该适用不同的流转税税率，数字经济使区分收入类型变得困难；其五是部分国家实行增值税制度，增值税抵扣需要依赖专用发票，未登记注册的个人或家庭、商家不具备开票权限，自然也难以挽回税收流失。以中国的增值税为例，按照我国《增值税暂行条例》的规定，自然人不能认定为增值税一般纳税人。② 而增值税一般纳税人和小规模纳税人计税方式不同，征收税率不一致，申报时间周期有差异，最关键的是一般纳税人可以开具和取得增值税专用发票（只有增值税专用发票才可以作进

① 现阶段涉及税收征管挑战的税种包括增值税、所得税、印花税等税种，鉴于各国税制的不同但税源性质一致的特点，本书例举流转税与所得税两类税种进行分析。

② 《中华人民共和国增值税暂行条例实施细则》第二十九条规定，年应税销售额超过小规模纳税人标准的其他个人按小规模纳税人纳税。《增值税一般纳税人资格认定管理办法》第五条规定，个体工商户以外的其他个人纳税人不办理一般纳税人资格认定。

项税抵扣），而小规模纳税人不能自行开具专票（只能开具普通发票），如果需开具专票需要请税务局代开。从事 C2C 销售的自然人认定为小规模纳税人一般可以降低自然人商家的税收负担和合规成本，但却给增值税管理带来了一定的困难。由于线上交易具有非实名化、容易篡改等特点，税务机关需要掌握商家详细的交易数据才能保证其销售额的真实准确。我国 2019 年 1 月 1 日正式实施的《中华人民共和国电子商务法》虽然规定从事电子商务工作必须进行登记，但税务机关仍需要掌握商家的交易数据才能保证税收应收尽收，如何获取数据、处理数据、保障数据安全成为下一步亟待解决的难题。且随着微博、微信等渠道开展的商务活动逐渐规模扩大化，原本法律中规定“个人销售自产农副产品、家庭手工业产品，个人利用自己的技能从事依法无须取得许可的便民劳务活动和零星小额交易活动不需要进行纳税”，但如何分辨其交易内容是否需要纳税也存在巨大的难度。

二、所得税类的征管挑战

（一）企业所得税征管挑战

具有代表性的是欧盟委员会于 2018 年提出的针对跨国数字企业——尤其是平台类企业实施的短期征税办法。以在价值创造的地方征税为出发点，欧盟委员会 2017 年对辖区内跨国数字企业的纳税情况进行了调查，发现欧盟辖区内数字企业的实际平均税率为 9.5%，而传统企业的实际平均税率为 20.9%；跨国数字企业的实际平均税率仅为 10.1%，而跨国传统企业的实际平均税率为 23.2%。[①] 一般情况下跨国公司会在主要产品和服务所在地设立实体机构，但高度数字化的企业通过互联网在全球范围内从事经济活动无须设立常设机构，向消费者提供数字产品和服务获得巨额利润，然而巨额的利润却没有公平地在各市场辖区国家被征税，造成跨国数字企业与市场辖区内其他企业税负的不平等。并且在现行企业常用的转移定价的方法下，在资本作用下的市场区域范围内，市场价格很可能无法完全反映市场的实际情况，并很有可能导致没有任何利润可以分配给业务所在地公司。母公司通过设计相应的合同，将公司的资产尤其是无形资产再分配给其他子公司，并由母公司承担合同产生的对应风险，而这些母公司又设立在低税率区或者无税率区，造成绝大部分的税源流失。又或者将子公司设立在低税率区或无税率区，母公司将无形资产的所有权转让给子公司，使子公司有权从母公司中分配到大部分应税利润，并以此规避向高税收管辖区纳税，从而产生了税基侵蚀问题。

由于该问题是各国税制差异所导致的，因此如何解决需要各国通力合作，共同通过全球税收治理达成一致，保障各方收益。

---

① 数据来源：European Commission：Tax Policies in the European Union Survey 2017。

☞ 经典案例

数字巨头亚马逊的避税筹划

2020年，美国公司亚马逊集团总营收为3860.64亿美元，净利润达到213.31亿美元，市值更高达1.74万亿美元（差不多是5个半阿里巴巴，16个京东）。但惊人的是亚马逊公司直至2020年才开始在美国本土缴纳联邦税，2017年亚马逊净利润为30亿美元，获得了1.37亿美元的联邦退税，相当于联邦税率为-2.5%；2018年亚马逊净利润101亿美元，但在享受了美国联邦税收抵免和扣除公司高管的股权补偿后，公司获得1.29亿美元的联邦退税，相当于获得-1%的联邦税率；2019年，亚马逊纳税终于不再是0，然而对于116亿美元的净利润，联邦所得税只缴纳了1.62亿美元，税率实际上只有1.2%左右；尽管2020年亚马孙收入暴增（+37%），但是实际纳税也只有不到3亿美元。这是如何做到的？

其一，利用工资薪金方面的税收优惠。美国联邦税法部分税收优惠政策规定，人员福利、工资、期权、股权激励都可以作为工资薪酬进行税前抵扣，特别是股权激励，依照行权时价格与股票实际价格之差进行抵免税前应纳税所得，这就导致股价越高税收减免的额度越大，员工也乐见其成。自2008年以来亚马逊股价涨幅超过800倍，年化收益率高达37%，公司与员工均获得了满意的结果。

其二，利用投资方面的税收优惠。虽然美国前总统特朗普一直指责亚马逊不纳税，但其2017年修订的税法法案无形中推动了亚马逊的进一步避税。2017年的税改允许企业固定资产、设备当即可以进行减值抵税，而无须按以前的几年到十几年的时间进行折旧。亚马逊的成长轨迹正是伴随着大量的仓储、库房、研发中心、云计算中心的建设，此政策一出亚马逊在当年的减值额度上升了40%，再次获得了优厚的避税回报。

其三，利用企业亏损避免缴税。中国的企业亏损损失，最长抵扣年度不得超过5年，而美国的政策规定这一期限长达15年。因此亚马逊实际上这20多年以来绝大部分财年都显示亏损，利用不断地投资制造成本，直到拉高到盈利水平，彻底避免纳税。

其四，利用海外避税框架。亚马逊在欧洲卢森堡构建的“避税模式”是后来众多跨国企业模仿的典范。2005年之前，亚马逊便开始发展欧洲业务，那时美国还是全球征税，联邦税率35%，境外所得汇回需向美国纳税。亚马逊的欧洲避税架构，是由两个卢森堡公司搭建的：一个是卢森堡壳公司，即亚马逊欧洲控股技术公司，该公司先与亚马逊美国签署“成本分摊协议”，向亚马逊美国支付少许费用，获得亚马逊欧洲的相关知识产权。第二个是卢森堡经营公司，即亚马逊欧盟，负责经营亚马逊整个欧洲的零售业务。经营公司再与壳公司签署独家许可协议，向壳公司支付约为经营收入90%以上的费用，获得亚马逊欧洲知识产权的使用权。之所以能避税，是因为对于卢森堡经营公司，即便根据卢森堡税法，经营公司需要向卢森堡支付所得税，但由于经营公司支付大量费用（约收入90%以上）给了壳公司，所以所得额极少。对于卢森堡壳公司，由于其是家卢森堡有限合伙企业，而卢森堡合伙企业本身不征税，仅在合伙人一方征税，而合伙人又位于美国，所以壳公司在卢森堡根本就不是纳税主体。但根据美国税法（税改前），壳公司又是外国公司，外国公司产生的利润汇回美国前，无需向美国纳税。以此，亚马逊通过两个卢森堡公司，将欧洲销售利润税率降至了1%以内，远低于美国原法定税率35%。

（资料来源：作者搜集整理.）

（二）个人所得税征管挑战

C2C的交易模式带来了税收征管的巨大挑战。以我国为例，目前主要依靠两种方法对个人所得税税源进行监控：一是行政事业单位和公司企业代扣代缴，即由代扣代缴单位承担税源监控责任；二是纳税人自行申报，目前我国有自然人电子税务局网站和“个人所得税”App可以进行线上申报。由单位代扣代缴的征税模式较为有效，但个人所得税自行申报的征缴能力还相对薄弱。然而，数字经济的迅速发展及其交易特性，交易空间已无限制，交易各方也有足够的手段隐藏自身信息，税务机关难以找到交易主体。数字经济的迅猛发展导致了大量新型商业模式的不断涌现，从网络直播到在线教育，从餐饮外卖到共享服务，多样化的自营职业和分时就业使得就业者的流动更加灵活，取得收入的手段更加多样化，使确定纳税人所获收入的来源和性质在实践中成为一个巨大的挑战。与传统模式相比，这类收入的获取还存在两个方面的判定难题：

首先，互联网平台利用数字技术结合行业特点衍生出新的发展模式，导致销售和服务、产品和技术、行业之间的界限越来越模糊，对交易获得的收入类型定性分类变得困难。如近些年已经发展成熟的直播平台，平台主播获得观众打赏收入如何定性就成为了难题，到底应当作为劳务报酬所得，还是工资薪金类所得，抑或是偶然所得有过不少的争论。再比如，个人将自身知识进行包装经营，通过数据的形式在网络进行交易，这类经营所得的性质在稿酬所得、特许权使用费所得和经营所得之间的界限是模糊的。

其次，数字经济相较于传统经济的新特点，也改变了传统的雇佣形式，加剧了劳动合同的虚拟化、组织形式的平台化、雇佣形式的灵活化、劳动关系的多元化。由于“雇佣”“合作”等概念的界限不明确，导致网络用工的劳动关系性质很难判定，进而无法判断个人的收入是薪酬还是报酬，而这两种收入征税的依据是不同的。

三、税源划分的挑战

除了征管方面的挑战外，数字经济所带来的税源分享也面临重要挑战，依据流转税类与所得税类的差异，税源划分问题也可以分为三方面的因素：

其一，基于“用户价值创造”和“营销型无形资产”的理念，除了生产者所在地享受了价值增值带来的税收收益外，消费者所在地区同样也有理由参与税收分享。因为商品生产出来必须得到消费才有价值体现，消费者作为价值链中的最后一环是必不可少的，数字企业虽然能够跨越地理区间实现价值传递，但消费者所在地为消费者提供了公共产品与服务，同样促进了消费者对企业数字产品的消费。因此数字企业应当为用户享受的公共产品和服务"买单"。

其二，数字经济下的产品提供方与传统商品提供方的差别，只在于数字企业的企业登记注册地与其业务发生地往往是分离的，尤其是电子商务和线上销售的商业模式，使企业可以完全不设立分支机构即可开展业务。但业务的最终完成需要依赖线下实体的配合，线上业务无法脱离线下业务独立开展，因此线上业务的价值和线下业务的价值也就很难区分开来。"消费地"有理由因为线下服务的发生而主张其税收分享的权利。

其三，数字经济时代增值税中的"生产地原则"① 和"消费地原则"② 产生了新的差异。全球征收增值税的国家，发生国际贸易时往往采取"消费地原则"，出口商品不征税，在国内已征收的增值税（进项税）税额会退还给出口企业（出口退税），而进口国则按照当地税制征收相应的进口税类，一般保持与进口国国内一致的税基与税率。因此"消费地原则"能够在一定程度上维护增值税税收中性原则，避免社会福利受损。而"生产地原则"与之相反，多见于一国或地区内部征收管理，采用销项税减进项税的形式进行抵减，商品流通中产生增值行为时就进行征税，而不是保留到最终消费环节征税。但数字经济时代中，"生产地原则"不再适应的症结在于如何分配生产地与消费地之间的税源。税收是政府公共产品的对价，数字企业快速发展，强化了当地自身利益，但却加剧了生产地原则带来的市场要素扭曲，这一问题在生产相对落后、人均公共支出压力大的欠发达地区尤为严重。

第五节　数字税发展现状

一、OECD 双支柱方案

早在 20 世纪 90 年代西方发达国家电子商务兴起时，1998 年渥太华部长级会议上 OECD 财政事务委员会（Committee on Fiscal Affairs，CFA）共同商讨了电子商务相关税收共同认知草案，并于 2001 年发布《税收与电子商务：渥太华税收实施框架条件》（*Taxation and Electronic Commerce：Implementing the Ottawa Taxation Framework Conditions*）报告，明确了电子商务征税五项原则，包括：中性原则、效率原则、确定和简易原则、有效和公平原则、灵活原则。这一阶段国际重点关注税收问题中的流转税（主要是增值税）。2008 年国际金融危机以来，国际社会开始认识到数字经济重新挑战了各国财政管辖范围，OECD 国家开始重视税基侵蚀与利润转移（BEPS）问题。2015 年 OECD 完成了 BEPS 项目大部分的最终报告，《应对数字经济的税收挑战》位列第一项行动计划，但该行动计划对数字经济带来的问题缺少根本性对策。此时，国际重点关注协调的税收问题主要是企业所

① "生产地原则"是指在跨辖区交易时，增值税在增值发生的每个税收管辖区都要征收增值税。
② "消费地原则"是指在跨辖区交易时，增值税只在税收辖区内发生的最终消费征税，生产地不征税。

得税，没有提及考虑个人所得税问题。2018 年 3 月 OECD 包容性框架（Inclusive Framework）工作组完成了《经济数字化带来的税收挑战——2018 年中期报告》，对数字经济商业模式、价值创造过程进行了系统性描述，但依然缺少税收治理统一方案。直到 2019 年，OECD 正式提出双支柱方案，旨在重新划分数字经济下的国际税收权。

OECD 双支柱方案是第一个具有国际性意义的全球数字税治理方案，截至 2021 年有包括中国在内的 140 个国家参与，其中 136 个国家认同第一阶段提出的税收治理框架①。双支柱方案包括支柱一和支柱二两套方案，在 2020 年 1 月，OECD 包容性框架发布了《关于双支柱方案应对经济数字化税收挑战的声明》，此后又于 2020 年 10 月发布了《经济数字化带来的税收挑战——支柱一和支柱二蓝图报告》②。

（一）支柱一方案主要内容

1. 适用标准与剩余利润再分配比率

该方案适用于全球年营业额超过 200 亿欧元、利润水平超过 10%（税前利润/收入）的跨国企业，需要将“剩余利润”（超过 10% 的利润部分）的 25% 分配给市场国，即金额 A，重新分配的剩余利润依据归源于各市场国的收入比重在市场国之间进行分配③。金额 B 是跨国企业关联实体在各国从事营销与分销活动的回报部分，该回报的确定仍基于独立交易原则（ALP），但为简化转让定价管理，将营销与分销活动回报率基准设定为 10%，也即如果跨国企业在某国的关联实体从事基准范围内的营销与分销活动，该活动回报即为收入的 10%。值得注意的是，声明指出，在特殊情况下，根据跨国企业披露的财务报告，如果其业务分部财务指标达到方案适用标准，该业务分部也将适用本规则。以亚马逊为例，其 2020 年销售额为 3860 亿美元，利润率为 6.3%。根据方案适用标准，亚马逊整体利润率水平虽未达到 10% 标准，但如果其某业务分部的销售额与利润率都达到了适用标准，方案规则同样可以适用于该业务分部。采掘业与受监管的金融服务业免于适用本方案规则。

2. 新征税权与多边公约（Multilateral Convention，MLC）

OECD 建议以多边公约（MLC）的形式确认新征税权（市场国金额 A），以便各国在方案生效期限之前将“新征税权”概念纳入国内法。MLC 可以为所有参与国提供一个平台或框架，从而确保参与国之间既使没有双边税收协定，金额 A 机制也能得到有效执行。MLC 包括确定与分配金额 A 的必要规则，简化的管理程序、信息交换程序，以及争议预防与具有强制和约束力的解决机制。

---

① OECD 双支柱方案并非只针对数字经济进行征税，严格意义上来说这属于全球税收治理体系中的一步，但数字经济所引发的税收治理问题确实是推动双支柱方案上台的最大因素。因为传统企业不会出现税源划分困难和征管难以实现的状况，但数字企业恰恰相反，生产地原则与消费地原则都受到了巨大的冲击。

② 支柱二方案应于 2022 年完成立法，并于 2023 年生效，UTPR 立法应在 2024 年生效。

③ OECD 将在协议生效 7 年后对执行情况进行评估，在方案成功实施的前提下（尤其是数额 A），营业额门槛标准将进一步调低至 100 亿欧元。

3. 剩余利润分配的联结规则与收入来源规则

市场国能够参与剩余利润分配的前提条件是，跨国企业在该市场国的经营必须达到联结关系标准，联结关系依据跨国企业在该市场国的销售收入绝对数是否达到联结关系标准确定，这一标准现以不低于100万欧元收入即认为构成联结关系。对于经济规模较小的经济体（GDP总额低于400亿欧元的国家），联结关系标准为25万欧元。跨国企业在某一特定市场国的收入需要依据收入来源规则确定，该收入应当归源至产品或服务被使用或消费的终端市场国。

4. 消除双重征税与税收确定性

适用跨国企业将受益于争议预防与解决机制，可以具有强制和约束力方式解决所有与金额A有关的双重征税问题，包括转让定价与营业利润争议（金额B部分）以及前述征税权重叠引发的双重征税问题。同时MLC将要求所有签署方废止所有单边数字服务税及其他有关类似机制，并且承诺未来也不会引入此种机制。并且，自2021年10月8日起至2023年12月31日或MLC生效之前，各国不会对任何企业征收新颁布的数字服务税或其他有关类似机制。

（二）支柱二方案主要内容

支柱二方案框架包括以下两部分:[①]（1）全球反税基侵蚀规则（GloBE），包括所得纳入规则（Income Inclusion Rule，IIR）与低税支付规则（Undertaxed Payment Rule，UTPR）。前者可以就集团组成实体低于最低税率标准的差额部分对母公司进行征税；后者在IIR未能对集团组成实体的低税所得征税的情况下，可以拒绝税收扣除或要求进行对等调整。（2）基于协定的负税规则（Subject to Tax Rule，STTR），该规则允许来源国对某些低于最低税率的关联方支付（如利息、股息）征收有限的来源地税收，该来源地税收是GloBE所涵盖的可抵免税收。

GloBE具有通用方法地位，包容性框架（IF）成员可以不采纳该规则。但如果采纳，他们应当以与支柱二方案规定相一致的方式实施与管理。同时，接受其他IF成员对GloBE的应用，包括对规则适用顺序以及安全港应用所达成的协议。

1. 适用门槛标准与最低税率标准

GloBE适用于满足国别报告（BEPS项目行动13）确定的7.5亿欧元门槛标准的跨国企业。对于跨国企业总部所在国，即使跨国企业没有达到门槛标准，这些国家也可以自主决定是否对跨国企业适用IIR规则。跨国企业的最终母公司如是政府实体、国际组织、非营利组织、养老基金或投资基金将排除在适用范围外。符合OECD《协定范本》的“国际航运收入”定义标准的收入也排除在适用范围外。

适用于所得纳入规则（IRR）与低税支付规则（UTPR）的最低税率标准为15%，适

---

① 详见OECD官方网站上《Tax Challenges Arising from Digitalization》，分为“Report on Pillar One Blueprint”“Report on Pillar Two Blueprint”两部分。

用于负税规则（STTR）的最低税率标准为9%①。来源国可以对低于该最低税率标准的关联方支付（如利息、股息等）差额部分进行征税。支柱二方案旨在通过全球合作建立不同税收司法管辖区的税收竞争底线，确保跨国企业利润受到最低税率的约束，阻止有害税收竞争，构成了对 BEPS 问题的“兜底”措施。其核心规则包括针对保护居民国利益的所得纳入规则（Income－inclusion Rule）保护市场国利益的征税不足付款规则（Under－taxed Payments Rule）。

2. 有效税率检验

有效税率检验是 GloBE 的核心环节，只有当跨国企业的有效税率低于最低税率标准时，母公司所在国才能依据 GloBE 对税负差额部分征税。有效税率检验应按国别进行计算，这与方案按国别适用相一致。有效税率为通用定义的涵盖税收与税基的比率，其中的税基是以财务会计收入为基础，经少量调整得到。根据 STTR 规则征收的税收，在计算出于 GloBE 目的有效税率时，应当计入涵盖税收（分子）中。此外，对于现行的股息分配税收体系，如果收益在3～4年内进行分配，且已按照不低于最低税率标准征税，则不会产生额外税收责任。

3. 公式化的实质性活动扣除

公式化的实质性活动扣除旨在将实质性活动的固定回报排除在 GloBE 的适用范围之外，从而使 GloBE 聚焦于“超额收入”部分。具体扣除标准及过渡期安排为：扣除标准为有形资产与工资账面价值的5%；过渡期为10年，起始年度按照有形资产账面价值的8%、工资账面价值的10%扣除，前5年有形资产与工资逐年递减0.2%的扣除，后5年有形资产扣除逐年递减0.4%、工资逐年递减0.8%。跨国企业在某特定国家收入低于1000万欧元，且利润不足100万欧元，该国可适用最小免除规则（de minimis exclusion）免于适用 GloBE。

4. GloBE 的两个规则考量

GloBE 包括所得纳入规则（IIR）与低税支付规则（UTPR）。对于持股低于80%的情形，IIR 基于自上而下分配方法分配的补征税款适用所有权分配规则，即最终母公司所在国实际补征税款为：如100%持股应补征的税款与实际持股比例的乘积。UTPR 从低税组成实体补征税款，低税组成实体包括那些位于最终母公司所在国的实体。此外，GloBE 规定，处于国际化经营初始阶段的跨国企业可免于适用 UTPR。其中，“处于国际化经营初始阶段的跨国企业”是指境外有形资产不超过5000万欧元，且在不超过5个境外管辖区域运营的跨国企业。免于适用 UTPR 仅限于跨国企业首次纳入 GloBE 适用范围后的5年期间。对于那些在 GloBE 开始生效时就纳入 GloBE 适用范围的跨国企业，5年期限从 UTPR 生效的时点开始计算。

---

① 根据美国众议院筹款委员税收建议稿及参议院国际税收改革框架讨论稿，目前最新 GILTI 建议税率为16.5625%（基于建议的26.5%企业所得税率），并按国别确定实际税负，以履行对方案的承诺。

（三）双支柱方案的局限性

双支柱方案对于划分国际税收管辖权提出了新思路，对于解决数字企业避税问题提出了新措施，都有很大突破，是一种进步。但总体而言，仍具有较大局限性，很难从根本上解决数字经济对当前国际税收秩序的挑战。

1. 支柱一方案的潜在问题

其一，政府集团主导分配难度大。传统经济时代 OECD 实行的是基于来源国先行占有、全球范围自下而上的分配方式，政府集团主导企业利润的分配可能是有效的。但数字经济时代拟采用多国政府主导、全球范围自上而下分配跨国企业的剩余利润金额 A 部分，这在信息不完全和各自利益争夺的谈判桌上很难实现，各国政府并不会听从于某单一政府的主导。特别是美国这一数字企业发源大国，本身就对海外企业利润回流进行征税，如果需要对海外利润重新分配无疑削弱了其政府税收，这是难以实现的。

其二，规则选择困境。即使第一步得到了各国的认同，但进行剩余利润分配过程中，采取何种会计准则，适配何种税法计算剩余利润等，都会导致纷争。

其三，不符合税收中性原则。从早期的渥太华税收实施框架来看，支柱一方案明显不符合税收中性原则，对于经营利润较高的企业征收消费地市场税收，而对未达到标准的企业则不作考虑，某种程度上也有了劣币驱逐良币的可能性。①

2. 支柱二方案的潜在问题

支柱二方案相对宽松，也更容易实施和推广，但其中所涉及的技术难题也很多，复杂程度较高。存在的问题有如下几方面：

其一，未能兼顾发展中国家利益，可能会引起大范围的抵制。细看支柱二方案征税范围，大部分互联网跨国企业均来自发达国家，IIR 规则的设计也更多考虑发达国家之间的税制协调，而企业所得税是发展中国家的重要收入来源，发展中国家对企业所得税的依赖程度远高于发达国家。发达国家与发展中国家本身面临的 BEPS 问题严重程度就不一致，但在此方案下却承担了相同的义务。

其二，与其他国际税收方案可能产生冲突。最直接的体现就是可能与支柱一方案和双边税收协定产生矛盾。支柱一方案要求符合条件的跨国企业将剩余利润分配至市场国，但剩余价值的分配金额与支柱二方案中 15% 的最低有效税率对应的利润孰高孰低是很难确定的，如果要避免冲突支柱一方案的常规利润就要更高才行。

其三，与国家内部税制可能产生冲突。在“双支柱”方案正式生效之前，部分国家出于保护本国税收收入的目的，开征了数字服务税。虽然 G7 承诺将不再征收数字服务税，但未来单边数字服务税是否以及何时全面停征仍是未知数。在现有支柱二方案中，数字服务税并未包含在实际有效税率的计算中，然而这一税种的持续征收将给数字企业带来额外

---

① 美国在 2019 年针对法国推出的数字服务税法案发起调查，原因就在于法国的数字服务税仅针对谷歌、苹果、亚马逊等 30 多家互联网巨头企业，美国认为新税将“不公平”地针对美国科技公司。

的税收负担。因此，如何协调遗留的数字服务税和支柱二方案之间的关系仍是各国应当考虑的问题。

二、法国数字经济税收征管现状

（一）数字服务税

法国政府是最早的数字服务税开征国，2020 年法国正式推出数字服务税（也称 GAFA 税，目标直指 Google、Apple、Facebook、Amazon 等数字企业）。法国本土并没有跨国性的互联网巨头，因此成为了第一个实质性向国际互联网巨头开刀的国家。其实早在 2010 年，法国文化部就宣称“法国应当向互联网公司征收广告收入税以补贴本国文化产业”。法国出台数字服务税法案的主要原因在以下两方面：（1）自 2013 年启动 BEPS 行动计划以来，数字经济的发展逐渐走向“经济数字化”，不仅需要引入数字服务税，还要改变现有的税收规则。对此，法国一直是开征数字服务税的坚定倡导国；（2）法国推行数字服务税更是为了顺应民意的同时增加财政收入。2018 年 11 月，法国民众抗议政府加征燃油税，该抗议引发了对财富分配不均问题的不满。抗议者认为法国现行税收体制下普通民众负担高额税款，而互联网巨头尤其是大型跨国企业却通过一些手段合理避税，这显然是有失公平的。再加上法国多年来持续财政赤字，在这种情形下法国政府出台数字服务税是对民众诉求的回应。

法国作为欧盟的重要成员国，其立法开征数字服务税对其他成员国起到了示范作用。虽然欧盟各成员国对数字税的征收尚未达成一致意见，但 BEPS 对欧盟各国经济发展的影响及衍生出的政治、经济利益冲突使各国意识到改革是必经之路，德国、意大利和西班牙后续开始起草并出台征收数字税的相关法规。

1. 纳税范围

所有涉及提供广告的购买、播放及储存服务，与用户相关数据的管理与传输服务以及用于广告目的的数据销售服务，为在线用户提供数字平台以便进行商品或服务交易，均属于征税范围。判断某项服务是否是在法国提供的服务，是基于用户是否通过位于法国的互联网端口进行访问，但集团内部间的服务被排除在数字服务税征税范围之外。

2. 起征点

法国政府对符合上述条件的纳税人，无论该纳税人是否在法国注册成立，只要在一个自然纳税年度内即可。起征点为包括全球数字服务收入超过 7.5 亿欧元、且在法国本土收入超过 2500 万欧元的网络广告商、数据销售商和特定的网络平台。若纳税人属于需要编制合并财务报表的集团公司，则应当将整个集团公司年销售收入作为判断是否应税的标准。

3. 税基与税率

数字经济税的税基是纳税人在全球范围内提供应税服务所获得的所有销售收入（不含

增值税价）乘以与法国相关服务的占比，其税率为3%。在税率的制定方面，法国主要基于两方面考虑：一方面是与意大利、西班牙等国的3%保持一致；另一方面是为提高国内互联网企业发展积极性，避免大规模企业的流失。

4. 税款抵扣

数字服务税可作为该企业所得税的税前列支项目，但数字服务税不属于所得税范畴，因此不适用于税收协定。

（二）针对数字经济的增值税改革

为了改善因互联网企业兴起导致的大规模增值税流失的情况，法国政府于2019年9月23日提出了一系列在线市场缴纳增值税的措施，加大对电商增值税缴纳的监督和审查力度，并将这些指标施纳入《2020年金融法》，以确保法国居民从在线市场购买的商品就缴纳增值税。2019年9月26日，法国发布了2020年预算草案，提出应对电子商务增值税欺诈的措施，并确认该法案在2020年1月31日正式生效。新的增值税反欺诈法案主要包括三项内容：第一，法案要求所有电商平台卖家都必须上传法国增值税税号，并要求电商平台向税务机关提交报告，包括有关其自身标识元素的信息（如在线平台的名称、营业地址、增值税号等）以区分用户的标识元素（如私人名称、标识或税号、地址等或企业名称营业地点、增值税号等），对线上卖家进行评估，不符合税务要求的卖家将被暂停其在电商平台上的账号，并禁止其向法国买家销售商品。第二，电商平台应对卖家的偷税漏税行为承担连带责任。如果平台无视法国税务部门的要求，继续允许没有履行增值税义务的卖家在线销售商品，平台将代替卖家承担相应的纳税责任，替卖家缴纳税款。该项要求实际把矛头指向了电商平台，电商平台将在更多缴纳税款和减少卖家数量之间进行抉择。第三，电商平台要扩大向税务部门报告卖家数据的范围。根据法案的最新要求，电商平台除了要一如既往地提供卖家的信息和交易记录数据，同时还要确定卖家在法国交易所产生的增值税应税营业额，以此计算其应该缴纳的增值税。如果平台的交易记录和增值税申报情记不相符，那么平台可能面临未申报金额5%的罚款。这对平台提出了极高要求，平台不再是单纯被动地进行用户数据的搬运和传输，而是需要主动对其进行增值税计算，这使平台要解决更多的技术和管理问题。

三、英国数字经济税收征管现状

（一）数字服务税

英国单边数字服务税是在2018年秋季预算中首次宣布的，这是对数字经济向国际公司税框架提出挑战的临时回应。2020年4月英国数字服务税开始生效。根据英国的官方网站公布的《DST咨询稿》，英国数字服务税适用于提供数字服务活动的集团。如果与数字服务活动相关的收入超过了年度门槛，则该集团必须提交单边数字服务税申报表，并缴纳单边数字服务税。英国将三种活动视为数字服务活动：（1）社交媒体服务；（2）互联网搜索引擎；（3）在线市场。这意味着英国采用的单边数字服务税征税范围比法国单边数字服务税征税范围窄。

英国数字服务税的年收入门槛也采用了双门槛制度：集团公司源于数字服务活动的全球收入为5亿英镑，且这些收入中有2500万英镑可归因于英国当地消费市场。但与法国不同的是，英国数字服务收入的前2500万英镑将获得免税。对超过的部分，通常按2%的税率征收。另外英国也具备“安全港规则”，企业可以不选择标准方法缴税，而选择使用替代税基来计算应纳税额。替代税基将使在英国数字服务活动中亏损或营业利润率低的集团受益。该规则为，如果企业不选择标准方法缴税，税基的计算公式为：

税基 = 利润率 ×（符合数字服务税的营业额 − 免税额）× α

系数 α 旨在对于利润率极低且按照标准方法纳税税负过重的企业，暂定为0.8。如果一般企业利润率超过2.5%，采用该纳税方法无疑会使得实际纳税税率超过2%，企业肯定会放弃该方法纳税。

（二）建立数字税务账户

2015年，英国宣布开始建设数字税务账户，它既是纳税人在数字税务系统中的办税工具和身份证明，也是政府与纳税人互动的重要接口。到2016年初，英国已实现98%的公司税以及99%的增值税在线申报。2018年，英国政府推出新的履行公司尽职调查计划，要求持有从欧盟以外进口的商品的公司参与该项计划，对来自海外的客户进行尽职调查，并保留相关储存商品的详细记录。从2019年4月1日起，大部分企业、个体经营者以及房屋出租者按季更新增值税信息。2020年英国基本实现纳税申报和缴纳税款完全通过数字税务账户进行操作，通过纳税申报表进行报税从此成为历史。利用税务部门已有信息、第三方信息以及纳税人自己掌握的信息，形成纳税人的数字税务账户，做到涉税信息一目了然，从而实现对数字经济合理、系统、高效地税收征管。

（三）针对数字经济的增值税改革

英国面对数字经济的增值税征收原则为消费地征税。英国政府认为互联网经济导致电子贸易全球化，任何国家都不可能采取单一的纳税方式完成税收平衡，需要国际协议来确认一致的全球制度，因此其也是OECD框架的坚定支持者。现阶段英国税务部门依照如下方式确认增值税的缴纳：

如果是向企业或私人消费者提供实物，实物货物的供应应被视为是在货物发货时所在的地方制造的。即便使用电子通信方式订购货物，也不影响其增值税处理方式，货物的位置和缴纳增值税的地点将不会被网上订购改变。

如果向企业提供无形货物或服务，数字化产品的供应亦被视为服务供应，而非商品。自2010年1月1日起，在客户注册增值税的地方提供服务的基本规则是，商家的服务被视为在客户所属的地方提供。以个人身份接受商品的个人，在其通常居住的地方以及其拥有业务或固定机构并从中受益的地方被视为其所属地。如果供应商和客户属于同一欧盟成员，则由供应商承担增值税；如果它们属于不同的欧盟成员，则执行反向征收程序。

如果向私人消费者提供无形商品或服务，自2015年1月1日起，增值税确认以客户所在地为供货地点。在此之前，供应地就是供应者所在的地方。新规定适用于各类在线行为。

四、中国数字经济税征管现状

中国作为后起的互联网大国，数字经济发展已经进入全球第一梯队。中国的税制决定了数字经济交易涉及的税收征管问题主要集中在消费和所得两个环节，在国内消费环节主要征收增值税，在跨境交易领域征收增值税、关税，在所得环节主要征收企业所得税和个人所得税。

（一）国内增值税部分

根据《中华人民共和国增值税暂行条例》规定，货物或服务销售单位或个人均为增值税纳税义务人，增值税无论国内国外均采取消费地原则征收。因此，相对而言对数字经济征收增值税时各地具有较为均衡的税收分配。而在征税对象覆盖方面，中国在法律方面留下了较有远见的余地，数字经济中的各项交易行为均被纳入税收管理。对于网络交易中难以确认交易双方的问题，随着中国个人纳税征信体系的建立以及以消费地原则为准则的前提，互联网交易中的信息不完全问题也能得到较大的改观。

（二）企业所得税部分

中国在企业所得税征管上，采用地域管辖权与居民管辖权双重标准，非居民企业如果取得的所得与本国设立机构、场所相关业务一致的，税率与居民企业相同（25%）；如果不一致，按照20%的税率征收企业所得税。对于居民企业，取得的所得无论境内外，无论是否利润回流国内，均应当申报企业所得税。境外所得部分如已在国外纳税，已纳税款可以从境外所得依照中国企业所得税法计算应纳税额中抵扣，未抵扣完的部分可以往后结转5年。相对而言本国企业难以在海外逃税，但随着中国深入参与OECD双支柱方案，企业境外所得纳税政策未来可能会有进一步修订。

（三）个人所得税部分

个人所得税是以自然人取得的各类应税所得为征税对象的税种。我国互联网交易市场中存在大量的自然人或个体户，如C2C网络零售、网约车、互联网直播等网络交易形式中大部分的商品销售者和服务提供者都是自然人或个体工商户，理应按照《个人所得税法》的规定缴纳相应的个人所得税。但长期以来，电商范围的个税缴纳规定并不明确，税务机关也难以实现对这类税源的全面监管，由此导致了大量的税款流失。为了保障电子商务各方主体的合法权益，规范电子商务行为，维护市场秩序，促进电子商务持续健康发展，我国第十三届全国人民代表大会常务委员会于 2018 年 8 月 31 日通过了《中华人民共和国电子商务法》，规定电子商务经营者应当依法办理市场主体登记，依法履行纳税义务。这一法案的出台，使以往游走在灰色地带的代购和微商均受到了更为严格的监管，有助于缓解纳税公平。

（四）跨境数字交易部分：增值税、关税与消费税

在 B2B 模式下，企业线上业务主要以广告和信息发布为主，中国互联网相关法规规定了交易必须得到政府许可，否则属于违法行为。因此 B2B 模式的线上业务实质上也被归入了传统商业模式，增值税、关税与消费税均依照现有法规进行缴纳。

在 B2C 模式下，由于中国采取的是消费地原则计征增值税，国内企业向国外个人销售商品或服务，符合规定的产品在本国境内无需纳税或少纳税。如果是国内个人向国外企业购买商品，原则上海淘和代购都需通过快件邮递的形式进出海关，按照个人购买自用品征收相关税收。但随着近年来跨境贸易的急剧增长，开始对税务和海关部门产生了一定的挑战，一定程度上也对正常的传统进口贸易产生了不公平竞争。2016 年中国发布《关于电子商务零售进口税收政策的通知》公告，自 2016 年 4 月 8 日起，电子商务零售进口商品按照货物征收关税和进口环节增值税、消费税，以购买跨境电子商务零售进口商品个人作为纳税义务人，以实际交易价格（包括货物零售价格、运费和保险费）作为完税价格，电子商务企业、电子商务交易平台企业或物流企业可作为代收代缴义务人。同时规定，个人跨境进口商品的单次交易限值为人民币 2000 元，个人年度交易限值为 2 万元，超过限额部分按照一般纳税规则征收相关税收（2019 年这一标准分别提升至 5000 元和 2.6 万元）。

五、美国数字经济税征管现状

以“硅谷”为代表的创新文化，奠定了美国互联网企业的垄断地位，这些数字企业的经营规模趋于全球化，并在大部分国家或地区处于垄断地位。一旦其他国家开始对跨国数字巨头征收数字经济税，受损的必然是美国本土，因为其对本土公司海外子公司回流国内的利润征收企业所得税（现阶段约 13%），因此在国际上美国政府极力反对各国针对美国本土公司的海外利润征税行为。美国虽然也是成员国，但它对 OECD 提出的双支柱方案并不支持支柱一的方案，而是极力推崇支柱二方案，希望通过建立全球统一最低税率约束跨国企业。

而对于美国国内的数字经济创造的利润，为了平衡各州间的利益与数字产业发展，美国贯彻实行中性、简便、透明的税收原则，给予互联网行业充分的发展空间，营造保护数字经济发展的环境。其政策包括：

（一）出台《互联网免税法案》

1998 年，美国政府出台了《互联网免税法》，该法规定州和地方政府不得向企业或个

人征收网络接入税，法律明确规定互联网行业和电子商务行业无需向各州和地方政府缴纳税款，各州和地方政府没有权利对互联网、电子商务征税。

（二）出台《市场公平法案》

电子商务免税政策在促进互联网行业尤其是电子商务领域快速发展的同时，也给经济社会带来了负面影响。网络零售商在销售商品时无需缴纳销售税，而传统实体店的零售商在销售商品时需要缴纳销售税，造成了网络零售商和传统零售商之间承担的税负不平等，破坏了市场公平机制，同时也造成州和地方政府流失了大量税收收入。2013 年美国发布《市场公平法案》，该法案赋予了各州和地方政府对网络销售交易的征税权。

（三）建立统一征管机制

为了解决各州税源不平衡的问题，美国联邦政府建立了统一管理平台，要求州政府和各级地方政府对电子商务交易收入征收单一税率、统一商品目录及定义，构建包含税收法律政策的共享数据库，各州采用统一征税权分配原则，坚持目的地课税原则，从而杜绝了生产地强弱不均带来的纳税不平衡。

六、意大利数字经济税征管现状

意大利政府 2019 年通过的《预算法》中引入数字服务税的规定，并于 2020 年 1 月 1 日生效。意大利数字服务税的双门槛为：集团公司全球总收入不低于 7.5 亿欧元，且从意大利本地市场获得的服务收入不低于 500 万欧元。对于此项数字服务收入，征收数字服务税税率为 3%。

意大利单边数字服务税仅适用于用户参与度高的活动，主要以 B2C 和 B2B 为主，只要应税服务的用户某一纳税期间内位于意大利国境内，就将该收入视为应税收入。范围主要包括：（1）在线投放广告收入；（2）促进用户之间互动的数字平台；（3）销售收集用户数据。

七、新加坡数字经济税征管现状

2018 年，新加坡颁布了《商品和服务税（修订）法案》，该法案规定从 2020 年 1 月 1 日起，向新加坡居民或企业提供数字服务的非居民企业需要在新加坡境内缴纳商品和服务税（GST），境外的非居民数字企业是 GST 的主要纳税义务人。其中，应税服务是指非居民企业利用数字技术提供的数字服务，具体包括数字化的内容、数字媒体营销、电子化的数据管理等。GST 设置了应税服务的收入门槛标准，对于在全球范围内提供数字服务而取得的收入高于 100 万新币且在新加坡境内取得的数字服务收入高于 10 万新币的非居民数字企业，需要在新加坡境内履行缴纳 GST 的纳税义务，税基及税率依照本国法律执行。

此外，新加坡一直致力于数字经济领域的政策监管，并最早将第三方移动支付纳入税收征管体系之中，强调与传统支付行业一样履行纳税义务，强调税收公平原则。2019 年初，新加坡政府颁布了《支付服务法案》，要求支付账户中的金额不得超过限制金额，提出互联网交易应当缴纳所得税和货物劳务税。在所得税的征管上，若支付地在新加坡境内则新加坡有相应的征税权。对于货物劳务税的征管，第三方移动支付平台需缴纳 3% 的货物劳务税。

八、印度数字经济税征管现状

为了解决在数字经济下传统常设机构原则不适用的难题，印度电子商务税收委员会创造性地提出了“显著经济存在”的概念。在常设机构原则中，是否存在有形固定场所是判定的主要依据。

2016 年 6 月 1 日，印度开征均衡税（也称均衡 1.0），若非居民企业在印度境内因销售商品或服务而取得的年收入额超过 100 万卢比或者单笔收入额超过 10 万卢比，则该非居民企业在印度境内就构成了“显著经济存在”，应当对付款方提供特定服务取得的所得收入总额或应收账款总额课征 6% 的均衡税。

2020 年，印度通过《财政法案》推出“均衡 2.0”，将电子商务运营也纳入均衡税范畴，对非居民电子商务运营商从其制造、提供或促进的电子商务供应或服务中获得的收入征收 2% 的税收。电子商务运营商可以包括以下任何一种：电子商务运营商所拥有商品的在线销售；电子商务运营商在线提供服务；电子商务运营商促进的在线商品销售、服务提供或二者兼有；以上几种的任意组合。

九、日本数字经济税征管现状

日本政府在数字经济税方面主要涉及消费税与企业所得税，但均为补充法律空缺，而非新的税种。日本于 2016 年 12 月对《消费税法》进行了修订，对于电子信息服务业务取得的收入，消费税将通过电子书籍、音乐广告发布等电信线路（互联网等）提供的劳务定义为“提供电信利用服务”。将是否对该劳务的提供征收消费税的判定基准，从劳务提供者的事务所所在地修改为“劳务接受者的住所等”，也即从生产地原则改为消费地原则，这一认定方式包括国内国外部分。在所得税方面，非本国居民企业就日本国内取得的所得征收居民企业同等税率 23.2%，若无法律主体的社会团体被视为法人的，税率降为 2.5%。

十、其他国家数字经济税征管整体情况汇总

其他国家数字经济税征管整体情况见表 9-1。

表 9-1

国家/地区	状况	生效日期	全球收入门槛	国内收入门槛	税率	适用的税基
非洲税务管理论坛(ATAF)	公告	不确定	—	—	1%~3%	来源于数字服务的收入包括但不限于：在线广告服务；数据服务；在线市场或中介平台提供的服务，包括住宿、租车和任何其他运输在线市场；数字内容服务，包括访问和下载数字内容；在线游戏服务；云计算服务；通过社交媒体平台提供的除上述服务以外的服务；通过互联网搜索引擎提供的除上述服务以外的服务
比利时	公告	预计2023年	7.5亿欧元	5000万欧元	3%	收入来源：针对其用户在数字平台上销售广告；在数字平台销售来自用户活动的数据；通过促进数字平台用户之间的商品或服务供应的交换，为这些用户提供数字中介服务
巴西	提议	不确定	30亿巴西雷亚尔	1亿巴西雷亚尔	1%~5%	收入来源：在数字平台上为巴西用户提供广告；提供数字平台，允许用户相互联系和互动以便在彼此之间直接销售商品或提供服务，前提是其中一个用户位于巴西；来自巴西用户的数据传输，这些数据是由此类用户生成或在他们使用数字平台时收集的
加拿大	公告	不确定	10亿加元	4000万加元	3%	收入来源：提供数字界面，使用户能够与他人建立联系并与他人互动；基于用户数据的广告服务
奥地利	已实施	2020年1月1日	7.5亿欧元	2500万欧元	5%	在奥地利提供的数字接口或任何类型的软件或网站上的广告服务收入
捷克	提议	不确定	7.5亿欧元	1亿克朗	5%	收入来源：数字界面上的广告；数字接口上传输有关用户的数据；提供数字接口实现商品和服务的提供
匈牙利	已实施	2017年7月1日	1亿福林	无	7.5%	收入来源：在匈牙利广播或刊登广告的营业额
波兰	已实施	2020年7月1日	—	—	1.5%	收入来源：获得视听媒体服务；视听商业交流
西班牙	已实施	2021年1月16日	7.5亿欧元	300万欧元	3%	收入来源：在线中介服务；在线广告服务；跳过数字接口手机用户数据的销售
突尼斯	已实施	2020年1月1日	—	—	3%	收入来源：全部线上销售行为
土耳其	已实施	2020年3月1日	7.5亿欧元	2000万里拉	7.5%	收入来源：任何视听、视觉或数字内容的销售；交互数字平台交易收入

（资料来源：KPMG，“Taxation of the Digitalized Economy：Development Summary”，October 27，2020.）

本章思考题

1. 简述数字税的基本含义。
2. 简述数字税立法要遵循的主要原理。
3. 简述数字税征收的主要挑战。
4. 思考 OECD 双支柱方案对我国互联网企业的影响。
5. 未来我国如果参与 BEPS 项目，对我国税收体系会有怎样的冲击?
6. 在现有国际税收治理条件下，试对我国数字企业在海外避税做一个框架性分析。

第十章　数字经济下的国际贸易

▶案例导入

浙江数字贸易发展探索与经验

作为我国数字经济发展的桥头堡，浙江省早在2003年就提出建设“数字浙江”，2017年，数字经济成为浙江“一号工程”，2021年，浙江全面启动数字化改革。近20年的数字化发展使得浙江发展数字贸易具备了良好基础和先发优势，在政策、产业、市场等方面已形成成熟的运作模式。2020年浙江省数字服务贸易进出口总额达1807.39亿元，同比增长27.69%，占服务贸易总额的42.1%。“十三五”期间，全省跨境电商规模实现翻两番，跨境网络销售额从309.7亿元扩大到1387.1亿元，年均增长35%。其中，浙江省天猫国际、考拉海购、云集、贝贝等头部平台占据了全国60%以上的进口电商市场份额。

在以数字贸易为代表的新型贸易制度探索中，浙江省初步形成了以“服务贸易创新试点与重点培育、跨境电商先行先试与全面发展、自贸区关键突破与赋权扩区、数字贸易先行示范”为特征的政策体系。服务贸易创新试点推动数字服务产业新发展。杭州多次入选服务贸易创新发展试点，推动浙江省数字服务产业体系与贸易市场创新融合。在计算机信息、物联网、大宗商品、跨境电商、文化、旅游、教育、金融保险等领域，已形成以杭州、宁波、金华（义乌）、舟山等地为代表的服务产业促进和服务贸易发展治理体系。数字贸易先行示范区是数字贸易中心建设的先期探索。2020年，浙江省商务厅、省委网信办联合印发《浙江省数字贸易先行示范区建设方案》，提出将浙江省打造为“全球数字贸易变革策源地、数字支付结算创新地和智慧供应链平台汇聚地”的目标，并就制度建设与产业培育提出发展目标与举措，为浙江省建设全球数字贸易中心探索新发展路径。

资料来源：《数字贸易发展与合作报告2021》。

第一节　数字贸易内涵、特征与分类

一、数字贸易的概念内涵

围绕数字贸易的概念内涵，相关国际组织和主要经济体已经进行了广泛讨论。各方虽然仍未就数字贸易定义达成统一的表述，但是对数字贸易本质内涵的认识已趋于一致。

“数字贸易”的概念最早可追溯到2013年7月美国国际贸易委员会（United States International Trade Commission，USITC）发布的《美国与全球经济中的数字贸易》报告①，该报告将“数字贸易”狭义地解释为通过互联网传输而实现的产品和服务的商业活动，具体的交易标的为：音乐、游戏、视频、书籍等数字内容，社交媒体、用户评论网站等数字媒介，搜索引擎，其他产品与服务。但是该定义下的数字贸易交易标的的范围非常狭隘，与现实经济活动存在较大的脱节。2014年8月美国国际贸易委员会对“数字贸易”的概念进行了修订，将其解释为：互联网和互联网技术在订购、生产以及递送产品和服务中发挥关键作用的国内商务和国际贸易活动，强调数字贸易是由数字技术实现的贸易。2017年，美国贸易代表办公室（United States Trade Representative，USTR）发布的《数字贸易的主要限制》报告中提出了更加宽泛的数字贸易概念，即：通过固定网络或者无线数字网络传输的产品和服务，包括通过电子商务平台销售的数字产品和服务，还包括实现全球价值链的数据流与众多的应用和平台。2020年，经济合作与发展组织（OECD）、世界贸易组织（WTO）和国际货币基金组织（IMF）基于统计目的将“数字贸易”定义为：通过数字订购和数字交付开展的贸易，并提出数字贸易的概念性框架。2021年，欧盟委员会将数字贸易定义为通过电子手段实现的商品或服务贸易，包括在线视频、音乐等在内的纯数字的贸易以及包括通过网络购买实体图书等的部分数字化的贸易。

综上所述，目前数字贸易的定义非常宽松，但通常包括以数字方式或以实物方式交付的商品或服务的数字交易这一特征。本书引用《中国数字贸易发展与合作报告2021》中的定义：数字贸易是信息通信技术赋能、以数据流动为关键牵引、以现代信息网络为重要载体、以数字平台为有力支撑的国际贸易新形态，是贸易模式的一种革命性变化。这一定义表明：第一，信息通信技术和现代信息网络是数字贸易的基础；第二，数据流动在数字贸易中发挥着牵引和驱动作用；第三，数字平台是数字贸易中信息形成、汇聚和交换的重要枢纽。

二、数字贸易的特征

为了更加全面地了解数字贸易，有必要进一步辨析数字贸易与传统贸易的异同，具体如下：

（一）数字贸易与传统贸易的相同之处

无论是数字贸易还是传统贸易，其本质仍然是交换活动，因此二者的行为本质、内在动因和经济意义是相同的。

---

① 《美国与全球经济中的数字贸易》：https：//usitc. gov/publications/332/pub4415. pdf.

1. 贸易的行为本质相同

无论是传统贸易，还是数字贸易，本质上都是商品、服务、生产要素在不同主体之间的转移。虽然实现方式有所变化，但这并没有改变贸易作为交换活动的本质。

2. 贸易的内在动因相同

绝对优势理论、比较优势理论认为，一国应该生产自己具有绝对（相对）优势的产品，而用其中一部分交换其具有绝对（相对）劣势的产品，这样贸易双方都将获得更高的福利水平。也就是说，无论是传统贸易还是数字贸易，其内在动因均为专业化生产和劳动分工以及由此产生的规模经济。

3. 贸易的经济意义相同

数字贸易与传统贸易具有相似的经济意义，例如，克服各类资源在各主体间流动的障碍；调整各个区域内资源的供求关系与价格；密切各主体之间的经济联系，弱化信息不对称；促进资源更合理利用，使得各主体均可发挥其资源、技术的比较优势；激发各主体的创新活力，提高生产效率与经济效益。

（二）数字贸易与传统贸易的不同之处

相对于传统贸易，数字贸易在贸易对象、贸易方式、贸易产品和贸易监管体系等方面存在显著的差异（见表 10－1），具体如下：

1. 贸易对象不同

传统贸易的贸易对象由具体实物组成，主要是有形的货物和生产要素。数字贸易的贸易对象多为知识产权密集型的产品和服务，具有高知识、高技术、高互动、高创新的特征。一方面，数字贸易的对象并不是单纯的货物或服务，而是二者的结合。例如，表面上看，互联网汽车和智能手机是汽车和手机的贸易和消费，但这些产品背后还包含不断更新的网络和软件服务，汽车和手机成为了交付服务的载体。另一方面，数字贸易中数据交流不再是贸易的附属产品，而可能成为主要的贸易对象，数据本身成为国际贸易双方买卖的交易对象。

2. 贸易方式不同

由于高昂信息成本导致的信息不对称，传统贸易需要固定经营场所或常设机构，且传统贸易的货物规模大、价值高，主要采取海运、铁路等运输方式，受时间和空间的制约较大。信息技术的广泛采用极大地降低了数字贸易的信息成本，使得中间商存在的必要性大幅下降。同时，供求双方可以直接通过转移数据和信息等方式交付电子形式的信息和商品，省略了物理交付的生产、储存和运输成本，这也导致贸易活动的供应链体系也逐渐呈现扁平化的特征。此外，数字技术的广泛应用大大降低了贸易门槛，为中小企业和个人消费者提供了通过互联网平台直接购买或提供商品和服务的可能，中小企业和个人消费者成为数字贸易的主体，客对客电子商务（C2C）和商对客电子商务模式（B2C）成为数字贸易时代的重要商业模式。

3. 贸易产品不同

与传统贸易形式相比，数字贸易使得产品的个性化与多样化程度得到了极大的提升。由于成本和规模的限制，在传统的商业活动中，市场上的产品通常只能覆盖20%的主流需求，并占据了80%以上的市场份额，剩余的80%的零散和小规模需求则因为无法达到市场的最低进入规模而被排除在外。然而借助互联网和交易平台，更多的消费者有机会接触更契合自身偏好的商品。与此同时，数字技术的应用对于企业供应链管理效率的大幅改善也使企业可以更为精准地进行订单和库存的管理，甚至可以直接针对客户需求进行定制，由此减少因盲目试错而产生的损失。

4. 贸易监管体系不同

各国海关、商务部等监管部门，WTO等国际组织是传统贸易的主要监管机构，国际经贸治理以互惠关税削减、扩大市场准入为核心内容。随着数字贸易的发展，数字贸易对“边界后措施”一体化程度的要求更高，数字产品的市场准入、数据的跨境自由流动、网络安全等数字贸易所特有的新型贸易壁垒对数字贸易的制约程度不断上升，成为贸易谈判的主要内容。

5. 企业盈利模式不同

从事传统贸易的企业往往专注于某一类产品的生产，追求规模经济，尽管企业内部生产和经营涉及多个行业部门，但各个部门之间仍然独立核算。从事数字贸易的企业的盈利模式与前者有较大不同。首先，全网搜索和分析技术的出现催生了大量的新型平台企业，这些平台企业利用数字技术能够同时实现规模经济和范围经济；其次，企业竞争策略转向争夺客户资源，通过增加客户资源实现规模经济和范围经济的融合互补；最后，企业竞争力的提升路径转向提高信息处理能力，数据挖掘能力的提升直接扩大企业可获取的规模经济和范围经济优势，使企业不仅可以通过规模经济获得生产率、成本和价格加成优势，还可以将规模经济优势转化为范围经济优势，提高抵御风险的能力。

表 10－1　　传统贸易和数字贸易的区别

项目	传统贸易	数字贸易
贸易主体	跨国企业为主	互联网平台企业的作用凸显
贸易对象	以有形的货物和生产要素为主	知识产权密集型的产品和服务以及借助平台企业实现交易的传统货物
贸易运输方式	主要采取陆运、海运等方式，通关需要更多的实物文件	无纸化和电子化趋势明显，数字产品和服务采用数字化传递方式
贸易时效性	交易周期长、贸易成本高	信息通信技术的应用缩短了贸易周期，缩小了交易成本，大幅弱化了地理等因素制约
关键技术	生产制造、交通物流	信息通信技术
监管部门	海关、检验检疫、外汇管理局	数字内容审核部门、产业安全部门
贸易政策	双边及区域贸易协定等	数据监管、隐私保护等

（资料来源：作者归纳整理.）

三、数字贸易的分类

根据数字贸易的概念，可将数字贸易分为数字货物贸易、数字服务贸易和数据贸易三类。数字货物贸易包括交易对象为数字货物的贸易和以数字方式交易的货物贸易。数字服务贸易包括数字内容服务贸易和以数字方式提供的服务贸易，前者包括数字媒体和软件贸易等，后者包括数字旅游、数字教育、数字医疗以及数字金融等。数据贸易则是由数字技术发展产生的新兴贸易方式，包括搜索引擎和数据跨境流动等，表 10 - 2 展示了数字贸易的分类。

表 10 - 2　　数字贸易分类

传统贸易方式的改变		新兴贸易方式的出现
数字货物贸易	数字服务贸易	数据贸易
• 跨境电子商务 • 交易对象为数字货物的贸易	数字内容服务贸易： • 数字媒体（数字音乐、数字电影、数字动漫影视、电子出版等） • 软件贸易等 服务贸易数字化内容： • 数字旅游 • 数字教育 • 数字医疗 • 数字金融 • 其他	高度依赖跨境数据流动： • 搜索引擎 • 大数据和云计算服务 • 社交媒体 • 企业 App • 制造业跨境数据服务：远程制造服务、3D 打印

（资料来源：作者归纳整理.）

第二节　数字经济下对国际贸易理论的反思与实践新路径

一、数字经济下对国际贸易理论的反思

（一）数字贸易对传统贸易理论的挑战

数字贸易对于传统贸易理论的最大颠覆可能来自数字要素本身。根据古典贸易理论以及新古典贸易理论，一国在某一领域参与国际贸易的先决条件是在该领域的生产率或者密集使用的要素上具有比较优势。数字贸易也遵循这一逻辑，一些基于数字贸易的分析和研究指出，数字贸易的兴起削弱了劳动力、原材料等传统比较优势的作用，并强化了诸如数字基础设施、人力资本、数字技术以及与数字经济相关的制度等一类新的比较优势在支持

和促进相关领域出口活动中的作用。同时，传统贸易理论下的生产率和要素禀赋等比较优势形成具有典型的外生性特征，然而，数据要素的内生性和动态性特征将直接冲击基于外生比较优势的传统贸易理论。具体而言，在数字经济条件下，一国的数据要素禀赋不再一成不变，而是会随着生产和贸易的扩张不断自我强化，使数据要素比较优势呈现出内生性和动态性发展态势，并导致相关国家的进出口结构与全球贸易格局呈现出“强者恒强”的特征。

（二）数字贸易对新贸易理论的挑战

20 世纪 80 年代，Krugman（1979）、Helpman（1981）在垄断竞争的市场结构框架下从规模经济的角度探讨了国际贸易的成因，为当时国际贸易中广泛存在的产业内贸易提供了令人信服的理论解释。然而，上述研究仅通过垄断竞争市场结构的设定将规模经济引入国际贸易理论，而数字技术的使用除了导致更大的规模经济，更形成了显著的范围经济。具体而言，由于数字要素的内生性，使贸易市场的产品分类更加细化，企业生产呈现出更加典型的规模经济特性。更重要的是，数字要素能够近乎无成本地跨部门共享使用的特性带来了显著的范围经济，不同部门产品之间不存在对数字要素的争夺，甚至当数据要素能够通过某种产品生产获得时，一种产品产出的增加能够进一步提升另一种产品产出的潜力。

（三）数字贸易对新新贸易理论的挑战

随着数字贸易的日渐兴起，新新贸易理论前提假设逐渐与数字贸易现实发生冲突，这意味着数字贸易将对新新贸易理论带来重大挑战。

首先，数字贸易兴起挑战了“国际贸易的固定成本显著高于国内贸易”这一假设。异质性企业贸易理论认为，由于企业进入国际市场的难度要比国内市场大，企业选择出口就要付出更大的进入成本。而在数字贸易中，企业利用互联网和数字技术就能快速完成原先很难完成的甚至无法完成的部分环节，越来越多的中小企业将加入国际贸易并从中获利。显然，在数字贸易背景下，企业进入国际市场所需的固定成本将越来越低，并不断趋近于国内贸易的固定成本。

其次，数字贸易兴起挑战了“异质性主要体现为生产率差异”这一命题。异质性企业贸易理论认为，企业生产率的高低决定了企业是否有能力出口。而在数字贸易中，企业生产率的差异变得不再重要，企业智能化水平才是异质性的主要来源。企业的关键性生产资料是数据，通过分析贸易流量和信息，企业判断形势并规划自身行为以实现智能制造的目标。此外，制造业也不再只是单纯的第二产业，而将成为融合第二产业与第三产业为一体的新型智能化制造业。企业在实现智能制造的过程中，不断推动消费互联网向产业互联网转型，进而通过重新分配社会资源，提高社会福利。

再次，数字贸易兴起挑战了“跨国公司最基本的生产要素是资本和劳动”这一假设。跨国公司内生边界理论假定企业只有资本和劳动两种生产要素。而在数字贸易中，数据是相对于资本和劳动而言更重要的生产要素。企业通过搜集数据、分析数据和应用数据，最大限度地降低生产成本和交易成本，满足消费者日益增长的个性化需求，不断增强企业的核心竞争力。

最后，数字贸易挑战了“国际贸易存在冰山运输成本”这一假设。异质性企业贸易理论假定国际贸易均存在冰山运输成本，显然这一假定并不适用于服务贸易。因为服务贸易不存在所谓的冰山运输成本，数字贸易中的数字产品与服务也不会因为在区域间传输而“融化”消失。

二、数字技术影响国际贸易的作用机制

本节重点关注数字技术影响国际贸易的作用机制，主要从贸易成本、贸易构成两方面展开讨论。

（一）数字技术降低了国际贸易成本

数字技术降低了距离对国际贸易的影响，提高了搜索产品的效率，简化了跨境交易。根据世界银行的测算，1995—2014 年，全球总贸易成本年平均下降约为 15%。其中，运输成本和物流成本的下降占贸易成本变动比重最大，占比接近 50%；其次是信息和交易成本的下降，占贸易成本总变化的 30%；最后，由贸易政策壁垒造成的贸易成本，占服务贸易成本变动的 15%，占货物贸易成本变动的 11%。

1. 运输成本和物流成本

运输成本取决于运输产品的种类、国家之间的距离以及来源国、目的地国和过境国的交通基础设施。在全球价值链时代，国际贸易成本已经不仅仅是运输成本和物流成本，更强调时间延迟和不确定性造成的时间成本，对于从不同来源采购的进口商而言，一次交货的中断可能会阻碍整个生产过程。

技术进步对物流和运输成本产生了显著影响。首先，基于人工智能和大数据的中继运输网络能够实时进行行程规划，将驾驶员和驾驶工具连接起来，极大地提高运输效率。其次，由大量的物联网传感器组成的货运跟踪系统降低了物流成本。该系统一方面有效降低了运输中丢失的货物数量，另一方面提高了集装箱的使用效率，降低了集装箱的支出成本。最后，智能机器人的使用降低了存储和库存成本。使用先进的机器人技术能够最大限度地降低存储成本并加快向最终客户分送的速度，大型电商公司已经开始密集使用人工智能和机器人设计分销网络，规划最有效的交付路线并充分利用其仓库。

2. 信息成本和交易成本

因为难以找到潜在买家和卖家，也难以查明企业声誉、验证信息并执行合同，开展远距离的国际贸易往往比较困难。如果贸易成本很高，企业就无法利用不同市场之间的价格差异套利，导致同种产品在不同地区巨大的价格差异。

在线平台、物联网和区块链、实时翻译等技术能够有效削减国际贸易中的信息与交易

成本，克服信息不对称和信任匮乏等问题。在线平台通过匹配买家和卖家，降低了买卖双方获取市场信息和向潜在客户提供信息的成本。对消费者而言，在线平台提供的反馈和担保机制提高了其对在线卖家的信任；对企业而言，通过在平台上建立品牌树立声誉，能够更有效地获得更多的出口市场客户和市场份额。

基于物联网和区块链技术打造的电子可追溯系统能够为企业提供产品来源和真实性的信息，提高供应链透明度。实时翻译软件的出现大幅度降低了国际贸易中的语言壁垒，扩大了贸易机遇，尤其有利于语言技能不发达的中小企业参与国际贸易。

3. 贸易政策和贸易壁垒

合规性要求是最重要的一类贸易壁垒。消费者要求保证产品满足其需求，贸易当局需要确保进口产品符合国家法规，从而产生了广泛的非关税贸易壁垒。虽然国际上的监管协调和标准互认减轻了合规负担，但非关税壁垒仍然是贸易成本的主要构成部分。此外，合规性要求的负担在复杂的全球生产网络中成倍增加，影响所有从事国际贸易的企业。

采用电子证书等自动化认证方式能够有效减少合规审查花费的时间和资源，增加出口部门的收入。同时，电子认证还可以降低证书欺诈事件发生的概率并提高透明度，加强贸易伙伴之间的信任以及在全球价值链上的联系。

（二）数字贸易改变了国际贸易的组成结构

数字技术使经济活动发生深刻变革，降低了贸易成本并改变了贸易模式，本节接下来关注数字技术对服务贸易、货物贸易和知识产权贸易的影响。

1. 服务贸易

数字技术的发展，尤其是网络技术的发展使越来越多的服务能够以数字化形式供应，而对数字化服务的需求进一步推动了数字基础设施的快速发展，这些因素共同促进了服务贸易的迅猛增长，表现为数字服务贸易占全球服务贸易总额的比重由 2008 年的 46.2% 上升到 2020 年的 61.1%。

同时，贸易成本降低增加了可数字交付服务的贸易。互联网、电子邮件和在线平台等数字技术大大降低了国际通信成本，减少了物理距离的限制，导致了服务贸易结构发生重大变化。2005 年以来，增长最快的服务出口是数字化服务，包括电信、计算机和信息服务、其他商业服务和金融服务，这些服务部门贸易增速甚至超过了旅游和运输等传统服务部门。

最后，除了促进传统服务贸易以外，数字技术还创造提供服务的新方式。比如远程控制机器人领域的发展能够减少服务贸易监管壁垒和人员流动成本对服务贸易的限制，创造出新的服务交付方式。录制音乐行业也正在逐渐减少实体销售和数字下载等服务提供方式，转向使用互联网提供大量流媒体服务。

2. 货物贸易

数字技术推动了全球生产网络的发展，有利于部分产品贸易规模的上升，但也将导致部分产品贸易下降甚至消失。

首先，贸易成本的降低扩大了以前交易成本较高的货物贸易。对于时间敏感性产品，虽然数字化不能够缩短国家间的距离，但物联网和人工智能技术能够极大地提高运输效率，减少交付的时间成本。对于认证密集型产品，数字技术使产品属性和生产过程更加透明，消除了信息不对称，降低了查验和监管的成本，促进需要认证和标签产品的贸易量。对于合同密集型产品，由于国际贸易合同的复杂性，规模较小的贸易商往往需要依靠昂贵的贸易中介参与国际贸易，数字技术能够极大地减少国际贸易的信息和交易成本，高效匹配潜在的卖家和买家，促进需要特定关系投资的货物贸易的增长。

其次，信息技术产品贸易扩大。在过去的几十年，信息技术产品的贸易规模呈指数级增长，为了协调信息技术产品的国际贸易，部分 WTO 成员国于 1996 年签署《信息技术协定》诸边协定，该协定涵盖了计算机、电信设备、半导体制造等大量高科技产品以及这些产品的零部件。信息技术部门是全球贸易规模增长最快的部门，2016 年《信息技术协定》扩围谈判覆盖的产品贸易估计约为 1.6 万亿美元，几乎是 1996 年协定签署时的 3 倍。如今，信息技术产品的贸易额占据全球商品出口贸易总额的比重约为 15%。

最后，可数字化产品的贸易下降。数字技术大大降低了复制、创建和传播文本、图像和音乐等创造性产品的成本，导致这些创造性工作的实体产品交易量下降。此外，3D 打印技术的发展使得从互联网下载产品数据并在本地生成实物产品成为可能，从而减少对中间产品和最终品国际贸易的需求，并增加 3D 打印耗材的贸易量。对 3D 打印技术投资的迅猛增长趋势也表明，在未来越来越多的商品将通过数字传输进行本地生产。

3. 知识产权贸易

数字技术的发展彻底改变了知识产权制度和国际贸易之间的联系。在过去知识产权被认为是交易产品和服务中增加值的一部分。音乐、电影、书籍和杂志甚至是软件的贸易必须通过交换光盘和印刷品等物理媒介实现。然而，在数字技术下，这些产品的交易不再是简单的物理媒介所有权转移，必须通过相关法律条款和有限许可证来进行规范，比如苹果公司应用商城的条款便明确指出："通过应用商城提供的应用程序只是许可使用，而不允许用于销售。"此外，这些知识产权通常保留用于某些私人的、非商业的用途。

此外，数字技术将从根本上改变内容创建和访问的方式，并可能改变版权的管理方式。一方面，互联网的普及极大地降低了在全球范围内创造和传播创造性作品的成本，然而，因为未经授权地复制和传播创意产品的可变成本降低到极低水平，互联网也可能促进盗版作品的传播；另一方面，互联网作为一个新的分销渠道，改变了创作者分享作品和获得收入的方式，然而由于目前新的商业模式和创作激励等机制仍在不断发展，互联网对创意产品供应和获取的影响仍不确定。

三、数字贸易与跨境电子商务

（一）全球数字贸易的发展

随着基于数字技术开展的线上研发、设计、生产、交易等活动日益频繁，全球数字服务贸易稳步增长。2020 年，全球数字服务贸易规模达到 3.17 万亿美元，在服务贸易中的占比从 2011 年的 48.0% 稳步提升至 2020 年的 63.6%，其中，信息通信服务贸易在数字服务贸易中增速最高，比重提升最大，远超其他服务贸易领域。2011—2020 年，信息通信服务贸易平均增速为 7.7%，在数字服务贸易中占比从 16.8% 提升至 22.2%。

虽然 2020 年暴发的新冠疫情对全球经济造成较大冲击，数字服务贸易发展仍展现出较强韧性。具体而言，2020 年，全球数字服务贸易虽然同比下降 1.8%，但下降幅度远低于传统服务贸易的 20.0% 和货物贸易的 7.5%。可能的原因包括：一方面，相比旅行、运输等高度依赖自然人流动和接触的传统服务贸易部门，数字服务贸易依托数字手段交付对应的服务，其服务供给和交付环节受新冠疫情冲击有限，贸易增速下降主要由于新冠疫情冲击导致的市场需求不足。另一方面，新冠疫情加速了传统服务贸易部门数字化转型速度和新兴数字服务产业发展。具体而言，疫情的出现推动了金融保险、教育医疗等有条件实现数字手段交付但仍未实现数字化交付的服务部门加速由线下转移至线上，同时，在线办公、短视频、云计算等新兴数字服务产业获得了难得的发展机遇。

（二）全球跨境电子商务的发展

全球跨境电子商务市场规模持续扩大。信息通信技术推动传统货物贸易方式转型升级，跨境电商平台、智慧物流等贸易新模式新业态给国际贸易注入新活力。

1. 全球电商规模快速增长

和传统的线下零售贸易相比，电子商务拥有更少的时间限制、更广泛的地理覆盖范围、更高的便利性等特点，通过将整个贸易流程数字化，不断推动国际贸易高质量发展。2014—2020 年，全球零售电子商务销售额与份额实现双增长，零售电商销售额从 1.34 万亿美元增长至 4.28 万亿美元，零售电商销售额占全球零售总额的比重从 2015 年的 7.4% 增长至 2020 年的 18%。全球 B2B、B2C 电商市场规模迅速增长，据联合国贸易和发展会议测算，2019 年，全球前十大货物贸易出口国的 B2C 跨境电子商务销售额达到 4400 亿美元，同比增长 9%，高于 2018 年增速 2 个百分点，2020 年全球 B2C 电商市场规模约为 3.7 万亿美元。随着智能手机、互联网进一步普及以及疫情影响，线上购物需求将继续保持快速增加。特别地，新冠疫情推动了消费方式的转变，对供给和需求均产生了较大的影响，如美国的电商渗透率由 2019 年末的 16% 上升至 2020 年的 21.3%。

2. 全球网购消费者数量快速增长

全球跨境电子商务发展前景广阔。网购人数的稳定增长，为跨境电商发展提供强劲动能。2019 年全球共有 14.8 亿人口使用线上购物，同比增长 7%，约占全球人口的 1/4。虽然大部分网购以国内网购为主，但随着跨境物流、支付及配套措施便利性提升，跨境网购发展迅速，从 2017—2019 年，全球跨境网购占网购总人数占网购总人数的比重从 20% 上升至 25%，巨大的消费者规模支撑着全球跨境电商的蓬勃发展。

3. 电商企业投资并购活跃

数字经济具有天然的规模经济，随着竞争加剧，竞争对手有动力、有条件进行合并，推动市场集中度不断提高。其中，电子商务是高科技行业中最成熟、获得投资最多的一个部门。2012—2016 年，全球私营电子商务企业共获得 467 亿美元投资。2017 年，CB Insights 数据显示，全球电商行业投融资事件达 941 起，总投资额接近 200 亿美元，同比增长 103.9%，电商领域日益增长的并购活动未来仍将继续。通过大规模的投资并购，全球领军互联网企业均已构建以平台为核心的生态体系。亚马逊、阿里巴巴等以跨境交易平台为核心，向上下游产业延伸，构建云服务体系。脸书、腾讯等以社交平台为核心，推广数字产品，发展在线生活服务。以平台为核心的生态体系不断完善，为企业跨界融合创造条件。

四、数字产品与全球价值链

在整个数字产品价值链中，数据流支撑着数字服务发展，在广告传媒等领域，数据本身有时就是交易的“产品”，但在大多数细分和类别中，数据不是产品，而是数字业务的平台和手段，没有数据流，数字产品无法交易，也无法对产业提供数字化服务。数字产品和数字贸易对全球价值链的影响包括两个方面：一是数字产品替代传统货物产品或者传统服务产品，形成数字产品价值链；二是数字产品改变传统制造和服务价值链的部分环节（或者任务），实现数字产品对全球价值链的深度嵌入。

（一）数字产品替代传统产品形成新全球价值链

OECD 认为，国际贸易和国际投资实现了生产和服务的全球配置，而不同生产和服务环节在不同国家之间配置形成了全球价值链，并实现最终消费品的全球销售。不同产品的全球价值链长度和参与全球价值链国家数量都是不同的，各国制度和要素禀赋不同，参与全球价值链的程度也不同，但无论是货物领域还是服务领域，都存在着数字产品替代货物和服务的现象。数字内容价值链如图 10 – 1 所示。

1. 货物领域

在货物领域，传统的书籍、唱片，游戏、报纸和杂志等内容制造业以及地图、文献搜索等其他内容制造业逐渐形成数字内容产业。数字内容价值链是数字产品价值链演变最快的行业。目前，数字内容价值链被不断细分，形成了从内容的创建、内容的包装到内容分发的数字内容价值链。

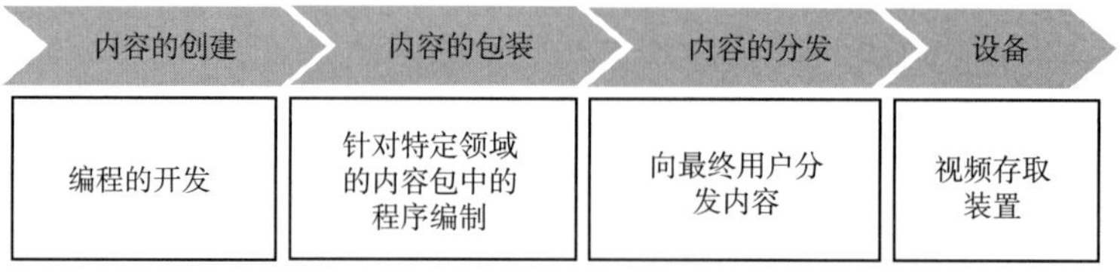

图 10 – 1 数字内容价值链

2. 服务领域

数字产品价值链的另一种形态是数字服务平台类型的数字产品替代传统的服务，形成服务全球价值链，主要包括数据处理、托管及相关服务，网络搜索服务，社交服务和云计算服务等一系列服务产品。

（1）在线信息和数据检索服务价值链。由于网络是无国界的，搜索引擎从诞生之初就建立在全球价值链上，例如全球最大的搜索引擎谷歌通过抓取并全文检索全世界数十亿互联网网页，向用户提供在线信息和检索服务，用户仅需通过关键词搜索等操作便能轻松地获得想要搜寻的信息。

在线信息和数据检索服务全球价值链中的使用者就是需要查询相关信息的消费者，只要有网络，都可以进入到谷歌提供的全球价值链体系中，因而在线信息和数据检索服务全球价值链在需求端是高度分散的。不同于其他制造和服务价值链，在线信息和数据检索服务的使用是免费的，但对于有些内容服务，网络服务提供商是要收费的。此外，由于搜索引擎服务商在价值链中提供免费服务，其利润来源主要是广告收入以及其他专业服务收入。

（2）社交网络互联网服务全球价值链。社交网络包括硬件、软件、服务及应用。早期社交网络服务网站以在线社区形式表现，用户通过聊天室进行交流。随着 Blog 等新的网上交际工具的出现，用户可以通过建立个人主页来分享信息。2012 年 3 月 6 日，马克・扎克伯格发布 Windows 版的桌面聊天软件飞书信（Facebook Messenger），形成了多功能的交流平台，主要包括墙功能、捅程序、礼物功能、活动、上传、市场（广告）、标识语言、应用程序、应用程序接口、直播、物联网和热门话题等功能，社交网络实际上满足了人们生活、学习和工作等多样性需求。

社交网络互联网服务全球价值链的最大特征是其不仅仅是一个聊天工具，更提供了包括各种学习和生活内容的网络多功能平台，通过社交网络互联网服务全球价值链联通设立社交网络的服务提供商和使用社交网络的个人与企业。

（3）云计算服务全球价值链。云计算通过提供无处不在、便捷的、按需使用的网络访问，为需要存储、处理数据的企业和个人用户提供专业的数据处理服务。用户通过进入可配置的计算资源共享池，以用量付费的模式使用包括网络、服务器、存储和应用软件等诸多服务。云计算企业是在云计算服务全球价值链中的服务提供商，提供包括数字处理的硬件和软件服务。同时，通常情况下，云计算企业在本国安装云计算设备就可以为任何国家的企业用户和个人用户提供服务。然而，当一国要求云计算企业将计算设备安装在本国区域，且需要数据备份以后才可以跨境传输时，云计算企业可以通过在该国设立数字中心从而为当地用户提供服务，这种情况下，云计算服务全球价值链变异为多个数据中心下的全球价值链模式。

（二）数字产品嵌入全球价值链

除数字产品完全替代传统产品形成新的全球价值链外，数字产品也可以通过提供辅助性服务或部分替代传统产品的方式嵌入已有全球价值链，影响已有的全球价值链。

1. 提供辅助性服务，并不影响产品的功能

在线购物平台成为企业和消费者采购和消费的主要方式，这一转变从价值链环节、支付方式以及流动渠道等方面影响全球价值链。首先是减少了全球价值链的环节。如果是中间投入品，在线平台减少了各类供货会，也免去了去商店采购的环节；如果是消费品，网上订购代替了实体商店，减少了贸易商环节和实体商店环节。其次是改变了支付方式，越来越多的交易采用电子支付方式。最后是改变了价值链的流动渠道，随着网络使用的普及，货物在线购买和销售比重越来越高。在服务领域，机票、球票、音乐票等也逐渐采用电子订购和传输方式。

2. 替代部分产品的功能

数字产品会替代部分产品的某个功能，对全球价值链产生实质性影响，例如工业互联网作为数字产品的平台，会削弱并替代原有工业生产中人力资本等要素的功能，并改变全球价值链的运行轨迹。工业互联网是指全球工业系统与高级计算、分析、感应技术以及互联网连接融合的结果，它通过智能机器间的连接并最终将人机连接，结合软件和大数据分析，形成机器对机器的价值链，这将对全球的制造业价值链和供应链体系产生革命性的影响。工业互联网会改变传统的大规模生产方式，逐步演变到智能产品，智能连接产品，智能产品构成产业系统，而工业互联网是构成多个产业系统融合的基础，其更强调整体系统的互联性。

因此，工业互联网是机器世界的神经网络，是整个人类未来人工智能承载的一个平台。工业互联网的发展必然对全球价值链的布局产生影响，传统的全球价值链布局依据要素禀赋和一国货物贸易的自由化程度，但当工业互联网渗透到整个制造业环节以后，跨国公司的布局会受到是否进入工业互联网的影响，并影响贸易利益分配。

第三节　数字贸易壁垒

一、数字贸易壁垒的概念与产生的原因

（一）数字贸易壁垒的概念

一方面，数字贸易也面临传统国际贸易面临的信息不对称和贸易管控措施等贸易障碍；另一方面，数字贸易还必须面对种类更加繁杂的新型障碍。具体而言，传统贸易壁垒是对进口商品或劳务进行人为限制，比如为限制商品进口而实施的进口许可证制和进口配额制，又或者为限制商品进口而制定的法律法规或条例限制，比如技术贸易壁垒、绿色贸易壁垒及歧视性的政府采购等。数字贸易的贸易对象为互联网渠道中的产品和服务，其中数据流和信息流的作用更为突出，因此，数字贸易壁垒多是对数据与信息进行人为限制。

2014 年美国国际贸易委员会在第二版的《美国与全球经济的数字贸易》[①] 中定义了数字贸易壁垒的七种形式：一是本地化要求，该规则要求企业在本国进行数据的存储、管理和处理，并且使用一定数量的本地内容；二是市场准入限制，指政府限制外国企业进入本国市场；三是个人信息保护，指政府采取措施监管跨境数据流动，防止个人信息暴露，保护个人信息安全；四是知识产权侵权，指数字贸易中的知识产权、专利等侵权问题；五是不确定的法律责任，指本国因没有对数字贸易企业的法律责任进行明确规定，当侵权行为发生后所出现的法律纠纷；六是审查措施，本国政府往往会采取审查措施来限制部分不良网络信息的查询与访问；七是海关措施，指海关方面的某些措施可能并不明确或者过于复杂。

2017 年 3 月，美国贸易代表办公室将数字贸易壁垒分为数据本地化障碍、技术障碍、网络服务障碍和其他障碍等四个类型。2017 年 8 月，美国国际贸易委员会将限制数字贸易发展的主要贸易监管和政策措施归纳为数据保护及隐私（包括数据本地化）、网络安全、知识产权、内容审查、市场准入及投资限制等六个方面。

（二）数字贸易壁垒产生的原因

随着数据日益成为国家战略性资源，各国政府越来越意识到跨境数据流动所蕴含的国家安全风险，也意识到需要加强对数字技术应用和重要数据流动的限制。同时，消费者对个人隐私信息安全的关注也不断上升，要求避免因跨国数据流动而损害公民权利。这些担忧成为各国提出并构建数字贸易壁垒的直接动因。除此之外，数字贸易壁垒的成因也包括扶持与保护数字经济、控制关键数据资源、保护个人数据、维护网络信息安全等因素。

1. 扶持本国数字产业

由于各国数字经济发展不均衡，数字经济发展所依托的关键技术和核心软硬件产品主要由少数国家生产，数字产品和服务的制造和销售也越来越向少数互联网运营企业集中。一些具有先发优势的国家在数字技术领域更为先进，提供数字产品和服务的能力更强，从而在数字贸易方面更有优势。2020 年，发达国家数字经济占比为 54. 3%，而发展中国家数字经济占比仅为 27. 6%，且多数发展中国家无论是数字经济规模还是数字技术水平与发达国家相比都有明显差距。

因此，为了扶持本国数字产业发展，在数字技术研发和应用、数字产品和服务供给能力处于劣势的国家更有可能实施数字贸易保护政策，更倾向于限制那些可能对本国数字经济产业发展形成直接竞争的数字产品和服务自由进入本国市场。同时，实行扶持重要产业和核心技术发展的政策，对特定企业发放补贴，在政府采购中优先选择本国企业提供的数字产品和服务等。这些措施形成了针对外国企业的数字贸易壁垒。

2. 控制关键数据资源

随着社会信息化不断进步，数字信息作为一种新型和特殊的资源，其蕴含的经济、社

---

① 《美国与全球经济的数字贸易》，https：//usitc. gov/publications/332/pub4716. pdf.

会、军事和安全价值均不断提升。跨境交付的数字产品和服务必然包含大量经济动态、社会统计甚至军事安全信息，通过大规模采集和分析跨境数据，外国情报机构可以获得极具价值的情报。因此，越来越多的国家出台一系列法律法规对跨境数据传输进行限制。例如，中国要求美国苹果公司在贵州建立数据中心，依法将用户团体及个人信息数据或者重要数据存储在中国境内。

3. 保护个人隐私

2018 年 5 月，欧盟《一般数据保护条例》（*General Data Protection Regulation*，GDPR）生效。GDPR 一方面为欧盟个人和企业提供更好的数字产品和服务、创造有利于数字网络和服务繁荣发展的环境，以及最大化地实现数字经济的增长潜力；另一方面也极大地提高了个人数据保护的标准，限制了跨境提供货物或服务以及数据和资金的跨境流动。GDPR 的出台对于外国企业在欧盟范围内开展数字贸易造成很大影响，欧盟以外的数字产品和服务运营企业面临两难选择：要么提高个人数据保护标准以达到欧盟要求，自行承担合规成本；要么放弃欧盟市场，承担前期投资损失。虽然欧盟实施 GDPR 的本意是保护个人和企业数据安全，但是在实质上也形成了其他国家在欧盟展开数字贸易活动的壁垒。

二、数字贸易壁垒的表现形式

数字贸易自由化有助于在全球范围促进数字经济发展，增加各国民众福利，但是各国不同形式的数字贸易壁垒并没有逐步降低，其数量日益增长，涉及范围不断扩大，形式更加复杂多样。

（一）数字贸易关税壁垒

数字贸易的内容与形式与传统货物贸易有很大的不同。数字贸易产品的载体并非有形载体，而是无形的数据流，数字贸易产品也并未包括在现行的海关估价体系分类中。数字贸易的兴起对以传统贸易为基础的国际贸易规则和惯例产生了很大的挑战与冲击。在目前全球并无统一数字贸易规则的情况下，各国数字贸易关税壁垒越来越明显。

数字贸易关税壁垒主要是指对 ICT 产品及其投入征收关税和实施贸易救济的措施（对数字商品征收反倾销税、反补贴税和保障措施）。WTO 信息技术协议虽然降低了数字产品的关税，但因有些国家没有签署相关协议，对数字贸易产品贸易仍实行较高的关税。

欧洲 DTRI 指数显示，目前只有中国香港、挪威和新加坡对数字产品实行零关税，且没有建立数字产品的贸易保护措施。拉丁美洲和亚洲对信息技术产品及其投入征收的最高关税率和平均最惠国关税率最高，其中阿根廷、中国、巴基斯坦和越南的最高关税率达 35%。同时，有 13 个国家对数字产品实施了贸易救济措施，采取的措施主要是反倾销，很少运用保障措施，没有发现征收反补贴税。

（二）数字贸易非关税壁垒

虽然WTO第12届部长级会议将电子传输临时免征关税的做法延续到2023年12月的下一届部长级会议，但是各国仍可以设置非关税壁垒对数字贸易进行限制。数字贸易非关税壁垒是指除关税外的其他影响数字贸易的政策措施，包括贸易限制、投资限制、财政限制、自然人跨境流动限制和知识产权等。

1. 贸易限制

贸易限制是指对商品和服务进出口实行的各种限制，包括数量限制、许可证要求、政府采购、技术性贸易壁垒等。数量限制是指一国限制数字商品的进出口或限制在线销售特定产品，甚至要求部分产品进行本地化生产。许可证要求指一国企业必须获得许可证或授权才能从事电子商务活动。技术性贸易壁垒包括电信标准、产品安全认证、产品审查与测试要求、加密要求等一系列技术标准与要求。

政府采购是指一国政府对数字商品和服务的优惠采购制度，往往要求产品和服务提供商放弃专利、源代码或商业秘密等。如印度在政府采购中要求国内制成品占比，对国产设备实施优惠政策，对影响安全的电信产品要求优先考虑国内制造。欧洲DTRI指数显示，金砖国家和墨西哥、印度尼西亚、尼日利亚、土耳其的政府采购限制指数居前15位，澳大利亚、日本、韩国和美国是15个限制较强的国家。欧盟在政府采购方面相对比较开放。

2. 投资限制

投资限制是指限制外国公司进入本国市场的政策措施，包括外国最大持股要求、合资要求、最低资本金要求、外国公司数量配额等一系列限制外国所有权的措施、董事会和经理人国籍或居住地要求、投资和并购的国家安全审查、与外国投资有关的其他限制性措施等。

投资限制经常针对某个产业或者某个企业，主要表现为当地含量要求和当地存在等限制。例如，各国对于电信业的投资往往都有着本地化的所有权限制，这种限制有可能是对于企业注册地的要求，或者是对企业董事会成员中本国成员数量的要求。此外，一些国家还会对数字领域的投资规模、投资企业进货渠道、销售渠道做出限制要求。

美国是世界上使用上述方法限制外资投资最为娴熟的国家，而且每次均以国家安全作为限制外商投资的借口。2019年以来，美国政府针对中国华为公司的制裁就很好地诠释了这种做法。实际上，似是而非甚至是“莫须有”的理由让这种贸易壁垒可能造成的伤害更大。近年来，这种做法逐步从发达国家向发展中国家蔓延。比如，印度、俄罗斯都有着比较严格的外商直接投资限制。不可否认，这种做法的确比较好地保证了本地企业，但对于国际数字贸易的限制却非常大。

3. 财政限制

财政限制是指与数字产品相关的税收与补贴政策，包括数字产品的歧视性征税、在线服务的歧视性征税、数据使用税、补贴和税收优惠等歧视性政策等。2020年欧洲DTRI指数显示，新兴经济体采取的财政限制措施最强，限制指数排名前十的国家大多是新兴经济体，只有法国和日本分别排名第六和第八。在税收方面，巴西对数字商品和服务高额征税，鼓励企业在当地生产个人电脑；土耳其对计算机光盘、CD、DVD 和其他技术设备征收版权税；尼日利亚除对数据服务征税 5% 外，还另外加征 2% 的增值税等。在补贴方面，印度尼西亚和俄罗斯实行歧视性的财政补贴，印度尼西亚只对国内企业提供出口融资等。

4. 自然人跨境流动限制

自然人跨境流动限制包括岗位数量配额、劳动力市场测试和居住期限等。如罗马尼亚采取了对公司内受让人、合同服务供应商和独立服务供应商等三类外国自然服务供应商实行配额、对非欧盟公民进行劳动力市场测试、对服务供应商的最初居住时间控制在 90 天内等自然跨境流动限制。欧洲 DTRI 指数显示，对所有类型服务供给实行劳动力市场测试的国家主要是新兴经济体，如中国、巴西、文莱、巴基斯坦和秘鲁，但也有澳大利亚、奥地利、比利时和法国等发达经济体。

5. 知识产权

知识产权是指与数字产品相关的知识产权法律制度，包括版权、专利、商标和商业秘密，例如，在商标与版权方面对外国人或公司实行差别待遇，强制要求披露商业秘密，对知识产权侵权行为执法不力等。

数字贸易环境中，知识产权保护问题与数字贸易的冲突更加明显，知识产权保护问题也变得更加重要，国际贸易知识产权问题主要有以下几类：一是知识产权地域性造成的问题，例如，平行进口、权利穷竭等；二是知识产权与物权保护的冲突，例如，附有知识产权的货物或物品在目标国受到禁止或管控；三是不同法域知识产权保护水平和执法标准存在差异造成的问题。

首先，在数字贸易环境中，跨境的数字产品无处不在，知识产权地域性将进一步淡化。有些数字产品本身就是跨国生产的产物，也很难去界定其“国籍”。数字作品一旦在网络上发布，能够惠及所有能够自由连接互联网的国家。其次，统一数字贸易中作品类型和保护标准的需求更加迫切。争议较大的问题包括人工智能创作物或人工智能生成内容能否享受著作权保护。根据已有的国际条约无法得出结论，只能依据国内法进行解释和确立。可以预见，由于不同国家人工智能发展水平、法律制度和执法环境差异较大，人工智能创作物或生成内容的作品定性及其版权保护问题势必存在较大差异。最后，如果一国的法律对于知识产权的保护水平薄弱，或者知识产权保护执法不力，都可能导致大范围的盗版或假冒情况出现，内容供应商便很难从其合法销售渠道获利。

（三）数据限制

数据限制是指对数据使用和跨境流动实行限制的措施，包括数据政策、平台责任、内容访问等。其中，数据政策包括数据跨境流动限制、数据保留、数据隐私的主体权利、数据隐私的管理要求、违规处罚，以及与数据政策有关的其他限制措施。

最早设置和最受关注的数字贸易非关税壁垒是本地化措施，主要包括设施本地化、服务本地化和数据本地化三种。设施本地化要求数据存储设施必须储存在本国境内，跨境数据流动需要征得数据所有人的允许；服务本地化要求当进行数据存储时，必须使用本地生产和提供的服务；数据本地化要求数据必须存储在本国境内，数据跨境流出会面临一定的规则限制。

广义上说，这三种本地化措施均是跨境数据流限制；狭义上说，只有数据本地化是跨境数据流限制的一部分。跨境数据流限制不利于数字贸易的发展与优化，尤其是提高了企业的交易成本和运行成本，提高了信息的不对称性，也损失了发展中国家学习发达国家先进数字技术的机会，不利于企业的数字技术研发，降低了企业的竞争力。

三、数字贸易壁垒的测度指标

目前国际上衡量数字贸易壁垒的量化指标主要有 OECD 数字服务贸易限制指数、欧洲数字贸易限制指数和全球数字贸易促进指数等三个。

（一）OECD 数字服务贸易限制指数

OECD 数字服务贸易限制指数（Digital Services Trade Restrictiveness Index，DSTRI）。该数据库涵盖 46 个国家（包括 36 个 OECD 国家，10 个非 OECD 国家），将数字贸易限制措施主要划分为五大类——基础设施和联通性、电子交易、支付系统、知识产权、影响数字服务贸易的其他壁垒，以贸易限制的综合指数考察各国数字贸易壁垒，指数值介于 0 ~ 1 之间，0 表示数字贸易的开放环境，1 表示完全封闭的制度。该指数具有两个重要特点：一是将研究分析对象聚焦于数字化的服务贸易，而非货物贸易；二是将研究重心定位于监管政策层面，而非数字服务贸易的发展环境。

（二）欧洲数字贸易限制指数

欧洲的数字贸易限制指数（Digital Trade Restrictiveness Index，DTRI）由欧洲智库欧洲国际政治经济中心（European Centre for International Political Economy，ECIPE）发布，重点对全球 64 个国家或地区的数字贸易开放度进行评估。该指数从财政限制和市场准入、企业设立限制、数据限制、贸易限制四个方面考察限制货物、服务、投资、人员和数据流动的贸易政策（见表 10－3）。其测度指标包括财政限制与市场准入（A 类，包括关税和贸易保护，税收、补贴和政府采购）、设立限制（B 类，包括对外投资限制、知识产权措施、竞争政策和商业流动性）、数据限制（C 类，包括数据政策、中间商责任和内容获取）和贸易限制（D 类，包括定量贸易限制、标准、在线销售和交易）。由于 DTRI 报告侧重于分析各国关于数字贸易的限制政策和监管环境，其研究结果中，中国、俄罗斯、印度、巴西、越南等新兴经济体的数字贸易限制指数较高。

表 10-3 欧洲数字贸易限制指标

类别	限制措施	具体内容
财政限制和市场准入	关税和贸易保护	对 ICT 产品及其投入的适用关税 对 ICT 产品及其投入的反倾销、反补贴和保障措施
	税收和补贴	数字商品和产品税收制度 在线服务税收制度 数据使用税 补贴和税收优惠的歧视性政策
	政府采购	涵盖数字商品和服务的优惠采购制度 要求放弃专利、源代码或商业秘密 技术要求（如加密技术、产品标准和格式）
企业设立限制	外商投资	对外国所有权的限制措施 对董事会和经理人的限制措施 投资和并购审查 与外国投资有关的其他限制性措施
	竞争政策	竞争 与竞争有关的其他限制性措施
	商业流动	配额、劳动力市场测试和居住时间期限 与商业流动有关的其他限制性措施
数据限制	数据政策	数据跨境流动限制 数据保留 数据隐私的主体权利 数据隐私的管理要求 违规处罚 与数据政策有关的其他限制性措施
	平台责任	避风港框架 通知与删除制度 与平台责任相关的其他限制性措施
	内容访问	网络内容的审查与过滤 宽带和网络中立性 与内容访问有关的其他限制性措施
贸易限制	贸易数量限制	数字商品进口限制 市场的本地内容要求 数字商品出口限制
	标准	电信标准 产品安全认证（EMC/EMI、无线传输） 产品审查与测试要求 加密要求 与标准相关的其他限制性措施
	在线销售与交易	交易实现障碍 域名（DNS）注册要求 在线销售 消费者保护法对在线销售存在歧视性

（资料来源：ECTPE（2018).）

（三）全球数字贸易促进指数

DSTRI 和 DTRI 两个指数都是从一国监管政策的角度去分析限制数字贸易发展的因素。但是，以监管政策为出发点评估数字贸易限制情况得出的结论，会在一定程度上忽视发展中国家监管治理水平相对落后的现实，从而高估发展中国家的数字贸易限制程度。为此，全球数字贸易促进指数（Global Enabling Digital Trade Index）旨在以如何创造一个有利于数字贸易发展的综合环境为视角，从市场准入、基础设施、法律政策环境和商业环境四个层面对数字贸易发展环境的质量进行综合评价。具体而言，全球数字贸易促进指数由评价上述四个领域的子指数构成，而每个子指数又由八个支柱组成，并根据各子指数和支柱的重要性，赋予其不同的权重。表 10 - 4 展示了全球数字贸易促进指数指标的构成子指数、支柱及其权重。

表 10 - 4　　全球数字贸易促进指数指标

子指数 A：市场准入（30%）	支柱 1：数字贸易有关的部门开放（30%）		
子指数 B：基础设施（30%）	支柱 2：ICT 基础设施和服务（10%）	支柱 3：支付基础设施和服务（10%）	支柱 4：交付基础设施和服务（10%）
子指数 C：法律政策环境（20%）	支柱 5：法律环境（10%）	支柱 6：安全环境（10%）	
子指数 D：商业环境（20%）	支柱 7：数字技术能力（10%）	支柱 8：数字技术应用（10%）	

（资料来源：作者整理.）

四、数字贸易壁垒的主要特点

在数字经济时代，影响数字贸易发展的政策手段与影响货物贸易、服务贸易的手段存在明显差异。基于已有衡量国际数字贸易壁垒的两大限制指数，能够发现当下全球数字贸易壁垒呈现的新特点。

（一）经济体发展水平与数字贸易限制水平负相关

一般来说，经济不发达的国家数字贸易限制水平较高，经济发展水平较高的国家数字贸易限制水平较低。欧洲数字贸易限制（DTRI）指数表明，发达国家的限制度较低，新兴经济体和发展中国家限制度较高。其中，全球 65 个国家排名中，数字贸易限制指数最高的前十个国家中，除法国外，其他均为新兴经济体和发展中国家。在新兴经济体中，中国数字贸易限制指数最高，其后依次是俄罗斯、印度、印度尼西亚、越南、巴西、土耳其、阿根廷。

值得关注的是，虽然美国、法国、德国是发达经济体，但 DTRI 指数表明，在欧洲，法国、德国是数字贸易限制最多的两个国家，限制指数均高于平均值，法国也是世界上数字贸易限制指数全球排名前十国家中唯一一个欧洲国家。同样，美国虽然是数字经济大国，但其数字贸易限制指数也高于65个国家的平均值。

（二）服务业发达的小型经济体对数字贸易限制水平较低

DTRI 指数显示，新西兰是数字贸易市场开放度最高的国家，对数字贸易很少有限制。其他国家或地区由低到高依次是冰岛、挪威、爱尔兰和中国香港。数字贸易市场开放度最高的5个经济体的共同特点是小型经济体，对国际市场依存度高，且服务业占比高于其他国家。对数字经济的大多数领域实行自由贸易政策，有利于推动生产力发展，促进研发、设计等知识密集型产业投资，加速数字经济发展。

（三）发展中国家限制数字贸易的政策措施种类更加丰富

发达国家数字贸易保护的主要手段是财政限制、投资限制和数据限制，发展中国家限制数字贸易的政策措施更加丰富。如表10－5所示，欧洲数字贸易限制指数与措施的国际排名显示：（1）实行财政限制与市场准入限制的前十个国家中，以新兴经济体和发展中国家为主，但美国居第10位；（2）对投资实行限制的前十个国家中，主要是新兴经济体和发展中国家，但发达国家瑞士、法国分别居第6位和第10位；（3）实行数据限制的前十个国家中，主要是新兴经济体和发展中国家，居前三位的分别是中国、俄罗斯、土耳其。但法国、德国和丹麦分别排名第4位、第7位、第10位；（4）实行贸易限制的前十个国家都是新兴经济体和发展中国家。

以数字经济大国为例，美国和中国分别是发达国家与发展中国家的代表。美国数字贸易限制指数全球排名第22位，但其财政限制和市场准入全球排名第10位，投资限制全球排名第12位，其中，财政限制措施中，税收补贴政策居全球第14位，政府采购限制居全球第5位；投资限制措施中，对外商投资限制政策排名全球第13位，竞争政策全球排名第9位。中国数字贸易限制指数全球排名第1位，其数据限制、企业设立限制、贸易限制均居全球首位。

表10－5　　数字贸易限制指数与措施的国际排名

排名	DTRI	财政限制和市场准入	企业设立限制	数据限制	贸易限制
1	中国	印度	中国	中国	中国
2	俄罗斯	巴西	泰国	俄罗斯	阿根廷
3	印度	中国	越南	土耳其	越南
4	印度尼西亚	阿根廷	中国台湾	法国	巴西
5	越南	巴基斯坦	马来西亚	印度尼西亚	印度尼西亚
6	巴西	印度	瑞士	越南	俄罗斯

续表

排名	DTRI	财政限制和市场准入	企业设立限制	数据限制	贸易限制
7	土耳其	南非	厄瓜多尔	德国	印度
8	阿根廷	尼日利亚	印度	韩国	土耳其
9	法国	俄罗斯	俄罗斯	文莱	厄瓜多尔
10	泰国	美国	法国	丹麦	马来西亚

（资料来源：ECTPE（2018）.）

第四节　数字贸易规则

数字化转型和数字贸易的快速发展，赋予全球化新内涵、为世界经济发展注入新动力。各国为促进数字经济发展、加强知识产权保护与隐私保护等，不断强化自身监管，对数字贸易开放发展的制度环境与监管协调提出更高要求。“数字全球化”背景下，各国政策调整叠加全球治理博弈，数字贸易规则已成为多边、区域及双边经贸谈判的重要议题。同时，新冠疫情暴发进一步推动数字贸易加快发展，在全球经济复苏中发挥了更为重要的作用。相比之下，数字贸易规则制定相对滞后，呈碎片化态势。未来，加强国际协调磋商、推进规则体系构建的重要性和紧迫性更为突出。

一、数字贸易规则涉及的主要内容

信息通信技术的快速进步和数字经济的广泛渗透，推动数字贸易的交易内容和业务模式加速创新。未来贸易格局的变化、利益的分配，取决于系统性规则制定与制度构建，是“数字全球化”背景下各方关注的重点。目前，数字贸易发展涉及的规则领域日益广泛。有些规则是与数字贸易直接相关的显性议题，有些则是与数字治理环境密不可分的隐性议题，领域范围持续拓展且复杂交叉（见表10－6）。

表10－6　数字贸易涉及的主要规则议题

大类	分类	议题	焦　点
显性的数字贸易规则议题	当前议题	贸易便利化	通关便利化、无纸化贸易、电子认证和签名、电子发票等
		市场准入	服务市场开放承诺、GATS电信附件等
		关税与数字税	电子传输关税、跨境电商最低免征税额、数字（服务）税等
		跨境数据流动	通过电子方式跨境传输信息、设置本地化等
		知识产权保护	源代码、商业秘密、数字内容版权，“强制技术转让”等问题
		网络安全和消费者保护	非应邀商业电子信息、在线消费者保护、个人信息保护等
	未来议题	数字货币规则	国际结算权利、数字货币的互操作、协调和透明度机制，相关安全机制等
		人工智能治理标准规则	价值观伦理、治理规则、国际国内治理标准规范等

续表

大类	分类	议题	焦　点
隐性的数字贸易规则议题	传统贸易投资保护问题	数字领域的投资壁垒	外资安全审查、投资额外条件等
		传统贸易保护措施	补贴、政府采购、出口管制、技术性贸易壁垒、自然人流动等
		跨境司法管辖问题	跨境平台的协同管理、对本国境外平台的监管、对平台在境外侵犯本国权益或法律的监管等
	数字治理问题	数字技术标准的非歧视性及科技合作交流	标准组织及标准合作机制的开放性和非歧视性、国际技术标准的公益性和非歧视性等
		网络执法与网络主权	数据安全，网络审查，全球互联网的去中心化、分布式管理，避免恶意网络攻击等
		打造公平竞争的市场环境	反垄断、平台责任豁免、政务数据公开、对新兴技术的包容性、数字鸿沟等相关问题

注释：显性规则指在当前或未来多双边数字贸易、服务贸易投资谈判或非正式磋商中涉及的议题；隐性规则指不直接相关但对数字贸易发展具有重要影响的议题。

虽然数字贸易规则涉及领域广泛，但目前已开展的数字贸易规则谈判主要集中在贸易便利化、市场准入、关税与数字税、跨境数据流动、网络安全和消费者保护、知识产权保护、数字营商环境七大主题。

二、WTO 框架下的数字贸易规则

本节分析在 WTO 框架下的数字贸易规则，以及与数字贸易相关的核心问题即跨境数据流动的制度安排，同时分析 WTO 框架下电子商务的谈判进程及未来发展趋势。

（一）WTO 多边贸易体制下是否存在数字贸易规则

WTO 框架内最重要的三个多边贸易协定分别为《关税与贸易总协定》（*General Agreement on Tariffs and Trade*，GATT）、《服务贸易总协定》（*General Agreement on Trade in Services*，GATS）以及《与贸易有关的知识产权协定》（*Agreement on Trade - Related Aspects of Intellectual Property Rights*，TRIPs）。其中 GATT 和 GATS 是协调数字产品贸易的重要基础，且 GATS 是与数字贸易规则最为相关的基本协定（见表 10 - 7）。

GATS 提出了服务贸易的四种方式：（1）一成员境内向任何其他成员境内提供服务（跨境交付）；（2）在一成员境内向任何其他成员的服务消费者提供服务（境外消费）；（3）一成员的服务提供者在任何其他成员境内以商业存在提供服务（商业存在）；（4）一成员的服务提供者在任何其他成员境内以自然的存在提供服务（自然人的存在）。从四种服务贸易方式中我们可以看出，跨境交付形成的服务产品和贸易就是三大类数字贸易中的一类，即满足两个条件，一是在线服务，二是在线交付。因此，可以这样说，GATS 框架下确实存在着以电子传输方式跨境交付模式。

但是，由于 GATS 是在 1993 年签署的，当时的信息和通信技术还没有充分运用于服务贸易领域，而如今许多技术已经突破了传统的通过商业存在提供服务的模式，这对许多 GATS 签署方而言，面临着许多新的挑战。总体而言，无论是 GATS 的规则框架，还是具体的规则内容，都沿袭了 GATT 的基本框架和原则，忽视了服务贸易与货物贸易的区别。

表 10－7　WTO 规则与数字贸易

<table>
<tr><th></th><th>组成</th><th colspan="2">WTO 相关规则</th></tr>
<tr><td rowspan="4">数字贸易内容</td><td>跨境电商</td><td>GATT/TFA/ITA</td><td rowspan="4">GATS/《全球电子商务宣言》</td></tr>
<tr><td>数字内容贸易</td><td>TRIPS</td></tr>
<tr><td>电信服务</td><td>GATS 电信附件</td></tr>
<tr><td>金融服务</td><td>GATS 金融附件</td></tr>
<tr><td rowspan="4">技术支撑</td><td>域名</td><td colspan="2" rowspan="4">TRIPS/TBT</td></tr>
<tr><td>IP 地址</td></tr>
<tr><td>软件</td></tr>
<tr><td>互联网协议</td></tr>
<tr><td rowspan="4">基础设施支撑</td><td>海底和地面电缆</td><td rowspan="2">GATT/ITA/GATS 电信附件</td><td rowspan="4">TBT</td></tr>
<tr><td>卫星和无线网络</td></tr>
<tr><td>互联网交换点</td><td></td></tr>
<tr><td>设备（电脑、手机等）</td><td>TRIPS/GATT/TFA/ITA</td></tr>
</table>

（资料来源：《数字贸易发展与合作报告 2021》.）

（二）WTO 框架下的跨境数据流动

跨境数据流动是实现数字贸易的重要因素。尽管 GATS 规则能够为跨境数据流动提供充分保护，但保护的程度最终取决于 WTO 成员国的承诺范围。虽然很多 WTO 成员国已经就保护数字服务的自由贸易做出重要承诺，但依然需要更多的国家对此做出更广泛的承诺来推动全球数字贸易发展。

数据本地化政策包括要求企业的数据服务器位于本国境内或者要求必须在境内存储或处理数据等一系列规则，此类政策既可能涵盖大多数数据，也可能侧重于本地支付数据、医疗和税务信息等特定类型数据，如数据本地化政策限制了企业向外国传输本国国内用户数据的能力，实质上可能违背 GATS 承诺。

关于数据本地化要求是否合理还存在较大争议。一方面，政策制定者通常会基于隐私或安全考虑等理由提出数据本地化要求，主张公民数据应该受其住所地国家法律保护，外国企业不应该获取与本国公民相关的数据，在使用数据时也应受到数据收集地国家法律的约束；另一方面，因为在一个国家开展业务的大多数公司都必须受到该国法律的管理和约束，必须遵守东道国关于数据方面的相关法律法规，数据本地化要求既不会增加商业隐私，也不会增加数据安全性。数据的机密性通常不取决于存储数据的国家，而是取决于用于安全存储数据的相关措施。

（三）WTO 框架下的电子商务规则

早在 1998 年 5 月，WTO 就制定了一项《电子商务工作计划》（以下简称《工作计划》），呼吁成员国不征收电子传输关税。

在 WTO 的电子商务规则中，最为常见的是关于数字产品和电子传输的定义。数字产品是指通过网络进行传输和交付的内容产品。这些产品是由传统或核心版权产业创造，通过数字编码并在互联网上进行电子传输。电子传输是指使用电磁波或光学手段传输数字产品。

WTO 关于电子商务谈判的进程很慢。1998 年制定了《工作计划》以后，2000 年 7 月西雅图会议上，各成员间存在巨大分歧，最后决定将“于 1999 年底之前不得对电子商务征税”等问题延至 WTO 第四次部长级会议中讨论。2001 年 WTO 第四次部长级会议上，通过了《多哈宣言》，其第 34 条称：“为实施《工作计划》设计一个最合理的制度安排，并在第五次部长级会议上作更详细的报告。”《多哈宣言》还声明，在第五次会议之前，各成员国继续对电子商务不征收进口关税。2003 年 9 月 WTO 第五次部长会议上，各成员国未达成任何协议，电子商务的谈判被搁置。2005 年中国香港第六次部长级会议上，由于农业问题存在相当多的利益分歧，因此，中国香港会议上电子商务的谈判未取得任何进展。

至今，WTO 关于电子商务谈判中尚未解决的议题主要包括明确永久的电子传输和内容的免税暂停协议问题。即使电子传输免税暂停协议已延至 2023 年，但目前尚不清楚它是否适用于传输内容的本身，即是否可以防止对数字产品征收高额关税。到目前为止，WTO 规则对电子商务的适用性方面仍存在较大争议。

（四）WTO 框架下的数字贸易规则未来走向

在未来，WTO 需要讨论的数字贸易议题首先需要解决以下六个方面的议题：

第一，相关术语。目前通报文件中的相关术语包括电子商务、跨境电子商务、数字贸易和数字经济等，然而，目前各成员方对相关术语的理解不同，通报文件中也没有明确的定义，有些甚至大相径庭，这需要各成员方之间充分的沟通，逐步明确 WTO 框架下相关术语的定义。

第二，确定范围。明确数字贸易相关议题基本范围是在电信服务框架内，还是服务贸易框架内，这些是制定 WTO 多边框架下数字议题的基础，需要成员方达成一致的意见。如果在电信服务领域，就需要升级 WTO 电信参考文件，确保在互联网和传统网络上的竞争；如果是在《服务贸易总协定》框架内，就要确定是 GATS + 还是 GATS – 方向。

第三，WTO 框架下讨论数字议题的基本要素和框架。由于各国在数字贸易方面存在着国际竞争力和国内规则中的明显差异，因而在数字贸易规则制定中的目标取向不同，体现在适用范围、个人信息保护的程度和跨境数据传输的限制程度等方面存在着差异，各成员方需要在数字贸易自由化、数据保护和国家跨境数据流动安全之间寻找平衡。

第四，与数据跨境自由流动相关的一般例外和安全例外。允许数据跨境自由流动受制于《服务贸易总协定》第14条例外条款，以及服从严格限制的国家安全例外规定。数据管制包括三个方面的问题：一是不允许跨境数据传输；二是允许跨境数字传输但要求数据在当地存储；三是计算设备的位置要求。这些问题不是简单的解除数据管制，由于部分设备涉及敏感行业，需要通过谈判形成跨境数据流动新规则。

第五，与数字贸易相关的知识产权保护问题。数字技术带来了许多与传统贸易不同的知识产权问题，涉及源代码的保护问题、技术转让问题，同样也存在着发达国家和发展中国家之间的知识产权领域发展不平衡问题，以促进平衡的知识产权体系和保障中介方责任的适当保护。

第六，数字贸易的争端解决机制。需要根据数字贸易的特点来形成多边贸易体制框架下的争端解决机制。许多国际组织已经开展这方面的研究，如经济合作与发展组织《关于消费者争端解决和纠正的建议》强调国家有必要鼓励企业建立自愿、有效和及时的机制来应对和解决消费者的投诉，联合国国际贸易法委员会已经成立了一个工作小组，研究制定关于可选争端解决程序的样板规则，目的是用于以电信方式操作的跨境的、低价值的、高数量交易。

三、区域贸易协定下的数字贸易规则

本节在分析21世纪以来区域贸易协定（Regional Trade Agreement，RTA）快速增长的原因及其变化趋势的基础上，阐述不同类型区域自贸区协定下的数字贸易规则特性，进而分析区域贸易协定下数字贸易规则的未来发展趋势。

（一）区域贸易协定的发展趋势和特点

截至2017年9月底，全球生效的区域贸易协定一共有301个，其中RTA协定文本中只涉及货物贸易的有151个，占全部RTA总量的50.17%；只涉及服务贸易的有1个，占0.33%，同时涉及货物和服务贸易的有149个，占48.5%。截至2020年底，全球在执行的区域贸易协定（RTA）一共有305个。

从国际贸易规则内容的演进来看，欧美主导的区域贸易协定通过诸多WTO深化条款和超越WTO条款确立了新一轮全球投资贸易新规则框架。早期的国际贸易规则需求主要体现在货物贸易领域，主要是工业革命和运输技术带来的货物贸易不断增长，需要通过削减关税和非关税贸易壁垒（配额、进口许可、TBT、SPS等），及确立基于公平贸易的规则（反倾销、反补贴和保障措施等）来推动货物贸易的自由化。20世纪80年代欧美跨国公司的扩张以及信息与通信技术的迅速发展，推动了第二轮全球化浪潮。

进入21世纪后，国际投资和国际服务贸易开始成为国际贸易投资新规则的重要组成部分。区域贸易协定中关于国际投资和国际服务贸易领域涉及的新规则，大多以超越WTO规则条款得以体现。如投资领域的负面清单以及通信、金融专章等，这些规则内容或从未在 WTO 规则框架下涉及，或几乎以面目全新的方式在 RTA（尤其是欧美主导的 RTA）中出现，这些代表边境后措施的规则条款确立了全球投资贸易新规则的发展趋势。

（二）TPP 框架下的数字贸易规则

自美国 2013 年首次提出“数字贸易”这一概念，便开始构建“跨境数据自由流动”等数字贸易规则雏形，之后美国发布众多研究报告探讨了数字经济和数字贸易发展的前沿问题，逐渐成为全球数字经济的绝对领航者，数字贸易正是美国推进全球贸易治理新规则的着眼点和着力点。奥巴马政府将跨太平洋伙伴关系（Trans - Pacific Partnership Agreement，TPP）视为实现新的数字贸易政策的重要步骤。

TPP 被美国贸易政策制定者描述为“有史以来最雄心勃勃、最有远见的数字贸易协议”。2016 年生效的 TPP 将“电子商务”作为单独章节专门列出，一共 18 条，其重点是制定全面的跨境数据和信息流动的贸易规则，实现数字贸易和跨境数据流一致承诺的目标，并将之作为判定协定谈判是否成功的关键标准。

相比之前的双边贸易协定中出现过的所有条款，TPP 增加了国内电子交易框架、个人信息保护、电子商务访问和使用互联网的原则、数据跨境流动、互联网互连费用分担、数据本地化、垃圾邮件、网络安全、源代码和争端解决条款。根据 USTR 对 TPP“电子商务”的解读，TPP 电子商务章节具有以下新特点：

（1）首次承诺解决数据存储本地化以及禁止数据信息跨境流动两大问题，这将有助于保障数字贸易的关键投入不受政府干预。

（2）确保消费者得以进入开放的互联网，同时要求制定在线消费者保护法，保障实施隐私及其他消费者保护措施。

（3）鼓励 TPP 成员国开展消费者保护（包括隐私及网络安全）方面的合作。

（4）首次强调消费者保护的必要性，采取措施禁止商业垃圾信息，确保隐私保护有效实施，使消费者在使用互联网时建立信心及信任。

（5）禁止强制要求在进入 TPP 市场时与政府或商业竞争对手共享软件源代码。

（6）有关数字贸易合作的全面承诺，尤其是协助中小企业利用数字贸易。

（7）在自由贸易协定中首次承诺对网络安全及网络安全能力建设这一重要议题开展合作，TPP 成员国可从合作中获益。

（三）CPTPP 框架下的数字贸易规则

特朗普上台后，美国贸易政策方向从多边主义向双边主义转变，2017 年美国正式退出 TPP，在美国退出 TPP 近两年后，由日本主导、除美国外签署 TPP 协定的其余 11 国参与的《全面与进步跨太平洋伙伴关系协定》（*Comprehensive and Progressive Agreement for Trans - Pacific Partnership*，CPTPP）于 2019 年 12 月 30 日正式生效。虽然随着美国的退出，CPTPP 市场份额下降，自由贸易标准有所降低，但依然是目前较高水平自由贸易协定之一，并基本延续了原 TPP“电子商务”章节中对数字贸易的规制内容。

CPTPP 数字贸易规则主体部分为第 14 章，主要内容包括：减少数字贸易壁垒措施、保护数字贸易消费者权益措施、促进数字贸易便利化措施三个关键内容。其余的数字贸易规则分散在第 10 章跨境服务贸易和第 13 章电信规则，主要内容包括市场准入和电信基础措施。具体来说 CPTPP 条款主要有以下内容：

1. 禁止关税原则

CPTPP 规定任何一方不得对一方与另一方之间的电子传输（包括电子传输的内容）征收关税，但不排除各方征收国内税收，CPTPP 宣称消除数字产品和电子传输的关税壁垒是促进自由贸易区成员之间数字贸易的关键措施。

2. 非歧视原则

CPTPP 明确规定对进口数字产品采取非歧视性待遇是一项基本措施，禁止缔约方强迫提供服务的公司以本地化作为进入条件，也不得以转让技术、生产信息、专利等行为作为进入市场的条件。

3. 数据本地化和数据跨境流动限制内容

CPTPP 规定任何一方均有权对计算机设施提出监管要求，但不得要求计算机设施服务方在该方领土内使用或定位计算设施作为在其领土内开展业务的条件。在对跨境数据流动方面的规定，CPTPP 要求任何一方都应允许通过电子手段进行信息的跨境转移，包括个人信息。在对涉及敏感的国家安全和个人数据保护的问题，CPTPP 采取了“软硬兼施”的措施作为解决数据跨境自由流动的中立办法。一方面，通过“合法政策目标”，设置缓冲区，作为维护各国政策主权而留出的缺口；另一方面，强调数据跨境自由流动，督促各国制定法律规则促进自由贸易。

4. 消费者保护条款

CPTPP 对消费者保护作出了更为全面、成熟的规定，主要包括在线用户保护、非应邀商业电子信息等条款，要求各国采取相关措施协调保护线上消费者的利益。CPTPP 规定缔约国应该认识到采取和保持透明有效的消费者保护措施的重要性，以保护消费者在从事互联网贸易时免受欺诈和欺骗性商业活动的影响；同时各方应制定或及时维护消费者保护法，禁止对进行在线商业活动的消费者造成伤害或欺骗性商业活动；此外缔约方还应该积极与各国的消费者保护机构在跨境贸易方面保持合作关系。

5. 贸易便利化措施

CPTPP 率先提出了关于标准化规定、网络合作、争端解决措施等多项规定促进缔约方之间的沟通交流。例如，CPTPP 规定各方共同维持管理电子交易的法律框架，推动各方参与国内法律框架的制定。

CPTPP 协定的核心精神是寻求自由和开放的数字贸易，严格禁止各国采取贸易壁垒措施将缔约方的数字产品置于劣势地位，不得对跨境数据流动设置不必要的障碍，使得外国数字产业和数字产品可以更方便地进入他国市场，推动了数字贸易自由化，但同时对于数字经济弱国来说，也削弱了本国数字贸易产业竞争力。

（四）USMCA 框架下的数字贸易规则

《美墨加协定》（*United States - Mexico - Canada Agreement*，USMCA）是迄今为止全球所有 RTA 中数字贸易规则标准最高和最严苛的贸易协定。USMCA 的数字贸易章节不仅沿袭了以 TPP 电子商务章节为代表的数字贸易规则，并在此基础上实现了一系列数字贸易规则升级。USMCA 的数字贸易章节中含有数字贸易内容的章节主要有数字贸易（第 19 章）、电信（第 18 章）、知识产权（第 20 章）、投资（第 14 章）、跨境服务（第 15 章）和部门附件（第 12 章），如表 10 - 8 所示。

表 10 - 8　USMCA 有关数字贸易规则

章节	条款
数字贸易	19.1 定义（数字贸易相关术语）；19.2 范围和总则；19.3 海关关税；19.4 数字产品的非歧视性待遇；19.5 国内电子交易框架；19.6 电子认证和电子签名；19.7 线上消费者保护；19.8 个人信息保护；19.9 无纸贸易；19.10 电子商务网络的接入和使用原则；19.11 通过电子方式传输信息；19.12 计算设施位置；19.13 非应邀商业电子信息；19.14 合作；19.15 网络安全；19.16 源代码；19.17 互操作性计算机服务；19.18 公开政府数据
知识产权	20.88 网络服务提供商；20.89 法律救济和安全港
投资	14.10 业绩要求（禁止强制技术转让、禁止歧视性技术要求）
电信	18.15 技术选择的自由
跨境服务	15.2 范围
部门附件	12.C.2 使用加密的 ICT 技术

（资料来源：作者整理.）

USMCA 所涵盖的数字贸易规则在内容和数量上都远超其他章节，表 10 - 9 展示了 USMCA 与 TPP 数字贸易规则内容，相对于 TPP 最明显的变化主要有：

（1）第一次采用以“数字贸易”为名的章节。这种语义上的变化是从美国自 2003 年《新加坡协定》以来的重大变化。“电子商务”可能导致某些人仅想到在线销售的商品和数字产品，而“数字贸易”包括更广泛的经济活动，以反映其更广阔的前景。

（2）与 TPP 一样禁止各国要求公开源代码，但又进一步禁止各国政府公开“该源代码中表达的算法”的要求，除非监管机构要求对该信息进行“特定调查、检查、检查执法行动或程序”。

（3）进一步推动数字贸易自由化，追求跨境数据流动高标准开放。在跨境数据流动条款方面，TPP 规定各国有权对跨境数据流动进行规制，但 USMCA 取消了政府的该项权利，删除了原 TPP 中规定的“跨境数据自由流动”及“数据存储非强制本地化”等数据流动规则的“例外条款”，即无论缔约方是出于国家公共安全还是各自的规制要求，都不能妨碍 USMCA 所定义的“跨境数据自由流动”，表明美国希望通过自己的强势规则来确立其世界霸主地位和经济主导权力。

(4) 降低了电子商务的非关税壁垒，TPP 中计算设施位置条款中的例外条款在 USMCA 中被删除，计算设施本地化不得作为非关税壁垒的形式阻碍数字贸易。

(5) USMCA 比 TPP 中有关数据本地化的规定更为严格，甚至禁止有关金融服务的数据本地化。

(6) USMCA 遵循 TPP 要求每个国家制定个人信息保护法律，尽管该法律的内容和执行方式由每个国家决定。虽然没有设置强制性的最低保护标准，但并不排除一个国家采用严格的隐私保护。

(7) USMCA 还新增促进打击网络安全挑战的合作，并通过推广行业最佳实践来实现网络与服务安全、促进政府公共数据的开放，以及限制互联网平台对其托管或处理的第三方内容的民事责任，从而为互联网服务提供商创造宽松的制度环境等内容，力求推动更广泛的数据跨境流动。

表 10－9　USMCA 与 TPP 数字贸易规则的比较

USMCA	TPP
第 1 条　定义	第 1 条　定义
第 2 条　范围和一般规则	第 2 条　范围和一般规定
第 3 条　关税	第 3 条　关税
第 4 条　电子产品的非歧视待遇	第 4 条　电子产品的非歧视待遇
第 5 条　国内电子交易框架	第 5 条　国内电子交易框架
第 6 条　电子验证和电子签名	第 6 条　电子验证和电子签名
第 7 条　在线消费者保护	第 7 条　在线消费者保护
第 8 条　个人信息保护	第 8 条　个人信息保护
第 9 条　无纸化贸易	第 9 条　无纸化贸易
第 10 条　为数字贸易访问和使用互联网的原则	第 10 条　为电子商务访问和使用互联网的原则
第 11 条　电子方式的信息跨境转移	第 11 条　电子方式的信息跨境转移
第 12 条　计算设施的位置	第 12 条　互联网互联费用分担
第 13 条　未经邀请的商业电子通讯	第 13 条　计算设施的位置
第 14 条　合作	第 14 条　未经邀请的商业电子通讯
第 15 条　网络安全	第 15 条　合作
第 16 条　源代码	第 16 条　网络安全事项合作
第 17 条　交互式电脑服务	第 17 条　源代码
第 18 条　开放政府数据	第 18 条　争端解决

(资料来源：作者整理.)

四、中国在贸易协定中与数字贸易相关的规则

中国提出数字经济和数字贸易的时间晚于美国等发达国家，2016 年 G20 杭州峰会通

过了《二十国集团数字经济发展与合作倡议》，是我国第一次提出“数字经济”概念，随后2017年的政府工作报告首次出现数字经济表述，指出要推动“互联网+”深入发展、促进数字经济加快成长。我国对使用数字贸易相关表述上较为克制，避免概念泛化，在多边、区域贸易协定中，均未使用“数字产品贸易”这个概念。在具体协定上，虽然在WTO多边贸易体制服务贸易领域相关跨境交付和跨境数据传输方面的承诺也相当有限，但是在区域贸易协定中，我国也使用了电子商务条款和电子商务专章等方式制定了数字贸易相关规则。

（一）WTO框架下中国涉及跨境数据传输方面的承诺

中国入世议定书服务贸易承诺减让表采用《联合国中心产品分类表》对服务部门分类。以跨境交付提供服务是实现数字贸易的重要渠道，即服务提供商在线提供交付服务。此外，中国入世议定书中对跨境数据传输等方面承诺主要有以下三个特点：

首先，中国跨境交付的市场准入和国民待遇承诺水平高于发达经济体。具体而言，发达经济体涉及跨境交付方面的服务部门有100个，其中没有限制、有限制和不做承诺的部门分别为26个、50个和24个，中国涉及跨境交付的服务部门共有101个，其中没有限制部门40个、有限制部门41个、不做承诺部门20个。

其次，中国不同服务部门入世开放水平存在较大差异。一是高度开放部门，包括专业服务、配送服务、观光旅游相关服务等三个服务部门，中国关于这三个部门的入世承诺减让幅度大。二是有限开放部门，通信服务和运输服务、金融服务和部分专业服务等服务行业，中国在入世时承诺逐渐放开这些部门的市场准入等限制。三是基本不开放部门，既包括健康及相关的社会服务，娱乐、文化和体育服务以及其他未归类的服务部门，中国在入世时没有对这些部门开放做任何承诺，也包括环境服务、教育服务和建筑服务等服务部门，中国对这些部门在跨境交付领域没有承诺。

最后，中国对跨境信息传输和跨境数据传输相关服务部门的承诺水平较高。具体而言，对于计算机和相关服务中的数据处理服务部门，我国承诺不限制这些部门在跨境交付方面的市场准入和国民待遇。在通信服务中在线信息和数据检索服务方面，我国的市场准入承诺与商业存在服务是一样的，仅允许外国服务提供者设立合资企业，且外资不得超过49%。

（二）RCEP框架下与数字贸易相关的规则

《区域全面经济伙伴关系协定》（*Regional Comprehensive Economic Partnership*，RCEP）是由东盟于2012年发起，并以东盟现有的自由贸易协定为基础的大型自由贸易协定。在历经漫长的谈判后，RCEP已于2020年11月正式签署。该协定由20个章节与4个附件组成，其中与数字贸易相关的章节包括：第8章附件1金融服务、附件2电信服务，第11章知识产权，第12章电子商务，第14章中小企业。数字贸易规则主要体现在第12章电子商务，其余章节涉及的数字贸易规则相对较少。

数字贸易相关内容主要包括：数字贸易便利化，如无纸化贸易、电子认证和电子签名、数字关税等；数据安全与网络安全，如计算设施的位置、数据跨境流动、个人隐私保护、网络安全等；促进中小企业和民众数字参与程度，如线上消费者保护、中小企业合作等。RCEP 中与数字贸易有关的规则具有以下特点：

1. 旨在促进贸易便利化

RCEP 致力于各缔约方实施无纸化贸易与承认电子签名的法律效力，但并未强制要求，RCEP 规定在协定生效之日起 5 年内，不要求柬埔寨和老挝实施无纸化贸易。RCEP 电子商务章节第 15 条第 1 款仅对关税做出规定，即各缔约方不对缔约方之间的电子传输征收关税，但是对于数字税的征收，主要国家还存在一定分歧。

2. 注重数据与网络安全

首先，RCEP 对数据跨境流动和金融服务数据跨境流动的规定类似，即必须是出于商业行为和日常营运的目的才能进行跨境传输，在数据跨境流动条款中，要求各缔约方以安全为首要原则。其次，RCEP 要求各缔约方参考国际标准、准则等制定保护个人信息的法律框架，重视法律是保护个人隐私的重要保障。最后，RCEP 充分考虑各国监管政策的差异，要求不得将数据存储本地化作为进入该国市场进行商业行为的条件，同时规定缔约方可以基于公共政策目标和安全利益强制数据存储本地化。

3. 覆盖的范围更广

通过与中国已经签署的中国—澳大利亚、中国—韩国、中国—新加坡等自贸协定对比，可以发现 RCEP 中的数字贸易规则覆盖范围更加广泛，且部分条款涉及的规则更为细致。RCEP 在线上消费者保护、线上个人信息保护、海关关税以及争端解决等条款中增加了更为细致的表述。

表 10－10　　RCEP 涉及数字贸易的章节

RCEP 章节	条款
第 12 章　电子商务	12.1 定义，12.2 原则和目标，12.3 范围，12.4 合作，12.5 无纸化贸易，12.6 电子认证和电子签名，12.7 线上消费者保护，12.8 线上个人信息保护，12.9 非应邀商业电子信息，12.10 国内监管框架，12.11 海关关税，12.12 透明度，12.13 网络安全，12.14 计算设施的位置，12.15 通过电子方式跨境传输信息，12.16 电子商务对话，12.17 争端解决
第 8 章　附件 1 金融服务	附件 1.9 信息转移与信息处理
第 8 章　附件 2 电信服务	附件 2.4 接入和使用，附件 2.21 技术选择的灵活性
第 10 章　投资	10.6 禁止业绩要求
第 11 章　知识产权	11.15 保护权利管理电子信息，11.55 域名，11.75 数字环境反侵权的有效行动
第 14 章　中小企业	14.3 合作

（资料来源：作者自行整理.）

（三）RCEP 与 CPTPP 中数字贸易规则的差异

2020 年 11 月 20 日，习近平总书记在亚太经合组织第二十七次领导人非正式会议上指出，中国将积极考虑加入 CPTPP。2020 年 12 月，中央经济工作会议再次提出积极参与 CPTPP。可以看出，CPTPP 是中国下一阶段参与更高水平数字贸易规则的目标。本部分将 RCEP 和 CPTPP 包含的数字贸易规则进行对比，并结合 USMCA 关于这一议题的规定，有助于思考中国下一阶段商谈数字贸易规则的方向。

RCEP 和 CPTPP 中关于电子商务章节相似的条款较多，体现出较高程度的重合性，表 10－11 比较了 RCEP 与 CPTPP 的电子商务章节条款，总体来看，RCEP 数字贸易规则呈现出以下几个特点。

1. RCEP 尤为重视“安全例外”

在数据跨境流动方面，CPTPP 与 RCEP 均承认出于商业行为目的的数据可以跨境流动的原则，同时承认缔约方可能有不同的监管要求以及合法的公共政策目标的重要性。另外，RCEP 增加了关于保护基本安全利益的例外条款。在数据本地化方面，二者均提出缔约方不得以数据本地化作为在其领土内进行商业行为的条件，同时强调了合法的公共政策目标的重要性。如中国要求探索安全、有序的数据跨境流动管理机制，而美国更多的是追求数据跨境自由流动。

2. RECP 尚未涉及某些数字贸易规则

数字产品的非歧视待遇、关于接入和使用互联网开展电子商务的原则、互联网互通费用分摊和源代码是 CPTPP 所独有的条款，RCEP 并未涉及。由于成员国数字服务贸易发展差异较大，因此 RCEP 各缔约方在涉及知识产权保护、数字内容的监管、云计算市场准入等复杂问题下较难达成共识。但是，RCEP 中的电子商务对话提出，缔约方可以根据需要在这些问题上进行合作，为各国提供了合作空间。

表 10－11　　RCEP 与 CPTPP 电子商务章节条款的比较

<table>
<tr><th>条款类型</th><th>RCEP</th><th>CPTPP</th></tr>
<tr><td>相似条款</td><td colspan="2">（12.4/14.15）合作，（12.5/14.9）无纸化贸易，（12.6/14.6）电子认证和电子签名，（12.7/14.7）线上消费者保护，（12.9/14.14）非应邀商业电子信息，（12.10/14.5）国内监管框架，（12.11/14.3）海关关税，（12.13/14.16）网络安全，（12.14/14.13）计算设施的位置，（12.15/14.11）通过电子方式跨境传输信息，（12.17/14.18）争端解决</td></tr>
<tr><td>独有条款</td><td>（12.12）透明度，（12.16）电子商务对话</td><td>（14.4）数字产品的非歧视待遇，（14.10）关于接入和使用互联网开展电子商务的原则，（14.12）互联网互通费用分摊，（14.17）源代码</td></tr>
</table>

注：相似条款是指两个协定均对某一议题进行规定，但可能在适用范围等方面存在差异。括号中（12.4/14.5），前者表示 RCEP 第 12 章第 4 条，后者表示 CPTPP 第 14 章第 5 条，其他同。

（四）我国推进数字贸易规则制定下一步努力的方向

数字贸易浪潮正在席卷全球，中国自然无法置身事外，需要全面梳理和评估中国自由贸易协定规则中的电子商务条款，量力而行地对规则进行优化和提升，逐渐适应数字贸易新环境，同时为 WTO 改革中电子商务和数字贸易议题的谈判做好准备。

首先，在知识产权保护和执法方面。入世近 20 年来，中国知识产权保护水平和执法标准达到前所未有的高度。中国电子商务的迅猛发展，也引起贸易伙伴对知识产权网络保护的高度关注，中国需要理性看待数字贸易对知识产权保护的挑战。数字环境下，知识产权的垄断性并未减弱，反而影响到整个线上和线下环境，传统的权利例外和限制制度需要进一步充实和拓展。知识产权保护可通过时间戳、区块链等新技术加以确权认证；在维权和证据固定环节，新技术有助于提升知识产权执法效力。数字贸易环境下，知识产权海关（边境）执法存在困难；对于免征关税且电子交付的数字产品，海关执法部门难以确保进出关境的数字产品都合法合规。此外，数据本身的产权问题及数据与知识产权的关系也需要理论探讨和国际协调来形成共识。

其次，在个人信息保护和数据跨境流动方面。中国对数字贸易中的个人信息保护一方面依据《网络安全法》和《电子商务法》等已有法律保护个人信息和隐私；另一方面，依据 2021 年施行的《个人信息保护法》和《数据安全法》等规范个人信息保护和数据跨境流动的关系，参照 WTO 一般例外和特殊例外规则，合理设定限制数据跨境流动的特殊措施。在确保个人信息得到有效保护、重要数据安全可控的前提下，严格限制适用计算设施本地化措施。

最后，在构建数字贸易国际规则方面，要积极参与相关国际谈判，构建包容普惠的数字贸易国际规则。当前全球数字贸易持续快速发展，但相关贸易规则并没有与时俱进，新的数字保护主义正在笼罩着全球发展最快的多个市场。以政府采购向本土产品倾斜、制定不同的技术认证和标准而妨害国际竞争、侵害知识产权行为泛滥等为代表的新型贸易壁垒，严重威胁和限制了数字贸易的发展，扼杀了创新，阻碍了经济的发展，从而妨害了本地区乃至全世界的企业及客户。中国在加快推进国内数字贸易规制体系建设的同时，要科学客观地研判数字贸易国际发展态势，深入分析 TPP、CPTPP、USMCA 中的有关数字贸易文本，全面深入了解各方谈判立场，准确把握各方利益关切。在吸收借鉴自身和其他国家在构建数字贸易国内规则的经验教训的基础上，按照包容普惠的原则，通过中美、中欧等经贸谈判平台开展数字贸易规则的讨论，为推进数字贸易规则构建发挥建设性作用，进而为推动公正合理的区域、多边数字贸易规则的建设积累经验，创建公平竞争的国际数字贸易环境。

本章思考题

1. 简述数字贸易与传统贸易的异同点。
2. 数字贸易壁垒的表现形式和测度指标有哪些？
3. 简述 CPTPP、USMCA 和 RCEP 数字贸易相关条款的联系与区别。
4. 数字贸易主要议题被纳入区域贸易谈判（RTA）的主要情况？

（提示：显性数字贸易规则与隐性数字贸易规则议题有哪些？区别有哪些？）

第十一章　数字经济下的国际投资

▶案例导入

星巴克的数字投资

星巴克咖啡公司成立于1971年，是世界领先的特种咖啡零售商、烘焙者和品牌拥有者。2018年，星巴克首席执行官凯文·约翰逊（Kevin Johnson）在年度股东大会上宣布，星巴克未来10年的创新策略将围绕“更多的数字化投入、继续开拓中国市场以及发展高端臻选线作为创新中心”这三个部分开展。他认为，“整个零售业都会受到数字化的巨大冲击，所以未来的零售赢家将是同时提供店内体验和数字化体验的商家”。星巴克将此称为“网络零售”（Cyber Retail）。在这个关于未来零售的想象中，店铺体验和数字化就像是缺一不可的两翼。早在2016年，星巴克在宣布五年科技创新计划时就已提出了称作“数字飞轮”（Digital Flywheel）的数字化战略，指的是围绕移动端进行数字化方面的布局，具体涉及四大模块：会员体系、移动支付、个性化体验和移动端购买体验。“数字飞轮”战略基于云计算，旨在利用人工智能技术更加精确地了解消费者的真正需求，为消费者提供更多个性化的服务。在中国，数字化明显被放到了一个更加重要的位置。从2018年开始，星巴克和阿里巴巴达成合作，在35个城市提供外送服务，还与饿了么平台打通了会员体系，使用户在饿了么平台下单也能获得星巴克的会员积分。同期，星巴克中国调整了管理架构，将数字创新部门和零售部门并行，表明星巴克中国对数字化的重视又进一步提升。

（资料来源：IDG资本．疫情之下，加速企业数字化转型——星巴克数字化之路.）

第一节　数字投资的内涵、法律和政策

世界经济论坛将“数字投资”定义为：对机器人技术、物联网、大数据分析、人工智能和社交媒体应用等数字技术的投资。从微观企业角度来看，数字投资包括对物联网、人工智能、大数据分析、云计算、移动互联网和社交媒体等新技术的投资，是指企业为探索尖端数字技术如何潜在地使业务、交易和运营脱颖而出而进行的战略技术投资。

数字投资包括三类形式：

第一，数字基础设施建设（以下简称“数字基建”）投资。数字基建是指能够体现数字经济特征的新一代信息基础设施建设，涵盖5G互联网、数据中心、人工智能和工业互联网等领域。数字基建投资能够直接拉动经济，释放潜在经济活力，有助于实现稳就业、稳预期、稳增长。对于大多数投资促进机构来说，促进数字基础设施建设是企业投资的优先目标。数字基建投资不再仅仅是电信运营商的领域，一些大型数字企业开始投资几乎所有类型的数字基础设施建设，主要包括海底电缆，Google和Facebook投资建设了数条海底电缆以链接亚、非、欧、美洲；骨干网，Google和Facebook均在偏远地区搭建了高空作业平台（气球和无人机）以提供回程；最后1英里，微软的4Africa计划正在投资宽带服务提供商；软件和IT服务领域的跨国公司，尤其是亚马逊负责了该领域11%的项目。

第二，数字产业投资。数字产业投资是指对人工智能、大数据、区块链、云计算、网络安全等新兴数字产业进行投资，提升通信设备、关键软件、核心电子元器件等产业水平，并构建基于5G的应用场景和产业生态，发展在智能交通、智慧物流、智慧能源、智慧医疗等重点领域的数据服务产业。数字产业投资的需求主要来自地方性数字产业平台、地方性企业发展中心、数据中心、培训与技能提升中心。

第三，行业数字化转型投资。行业数字化转型是指在全球数字化变革的背景下，行业为适应数字经济环境下企业生存发展和市场结构的变化，指导企业进行具有主动性、系统性和整体性的转型升级。数字化转型是利用新一代数字技术构建全面感知、无缝连接、高度智能的数字孪生企业，对传统的管理、业务和商业模式进行创新重塑，从而推动企业的业务快速增长。

一、国际投资条约下的数字投资规则

（一）“投资”的法律定义及其发展趋势

现有国际投资条约中常采用宽泛的概括式定义“投资”，将“资产”作为“投资”定义的基础，并且可能对资产种类进行非穷尽的列举。例如，中国《双边投资协定》（*Bilateral Investment Treaty*，BIT）中将“投资”定义为：“缔约一方根据缔约另一方的法律和法规在后者境内投入的各种资产”。2008年德国BIT范本中的“投资”定义方式是概括式与非穷尽列举相结合，其规定“投资”包括“一缔约国投资者在另一缔约国境内直接或间接投资的每一种资产”，并特别列举了6类国际直接投资（Foreign Direct Investment，FDI）形式辅以解释。2004年加拿大BIT范本和2012年中国香港特别行政区与加拿大签署的《促进和保护投资协定》则使用纯列举式对“投资”进行定义，分别从正向和反向列举了投资形式和不能认定为投资的形式。然而，在数字经济发展背景下，数字企业的经营活动或其他数字相关的活动与传统投资形式不同，无形的投资方式在实践中可能会产生投资类型适用的争议。当前法律法规对“投资”定义有以下两种发展趋势：

一种趋势是以文本形式明确定义具体的数字投资和运营模式，在国际投资条约的谈判中需要具体商定哪些模式是可以接受的投资，哪些是不可以接受的投资，这有助于“投资”和待遇范围的明确化。例如，有学者从“资产”和“东道国领土内”两个要素考察跨境数据流动的“外国投资”属性，认为跨境数据流动可以构成合格的“投资”。如果缔约方在某方面数字利益（例如典型的“数据”）上存在共识，那么可以在国际投资条约的“投资”定义中予以列举。

另一种趋势是将国际投资条约中相关术语的解释趋同化。由于现有条约文本中概括式的“各种资产”的解释具有宽泛性和不明确性，需依赖仲裁庭对具体的投资形式进行判断。同时，对非穷尽列举的资产形式缺乏明确规定，仅在一些国家的投资条约范本中规定了涉及无形财产权利的投资形式，例如，2012 年美国 BIT 范本中解释性列举的“其他无形财产”、2004 年加拿大 BIT 范本中的“预期获得的或用于经济利益或其他商业目的其他有形或无形财产和相关财产权利”以及欧盟—加拿大《综合性经济贸易协议》（*Comprehensive Economic and Trade Agreement*，CETA）中的“有形或无形的其他动产或不动产及相关权利”。此外，2015 年印度 BIT 范本的解释性列举中对“投资”定义兜底规定了“涉及大量的经济活动或从中可获得重大财务价值的任何其他的企业利益”。这些条款或许可以为数字企业的数字利益提供解释的可能性。基于此，在已有的实践中，外国投资者从投资促进和保护条约的目的与宗旨出发，主张仲裁庭将“投资”视为一个整体的过程，涵盖一系列活动，即投资可能发生在不同的地点以及体现为各种形式。例如，Apotex 诉美国案件中索赔人认为《北美自由贸易协定》中“投资”定义广泛，且涉案的数据和信息“显然都是对美国的投资——即预期获得或用于经济利益或其他商业目的的有形或无形财产”。

（二）投资准入的范围和标准

各国出于对本国产业发展的考虑，在某些特定的投资部门中对外国投资实行差别待遇。国际投资条约中的投资准入规则表现为“不符措施”或“保留和例外”条款。例如，欧盟—加拿大 CETA 第 8 章第 5 部分“保留和例外”规定了国民待遇的不符措施。一些国家选择只在国际投资条约中规定和列明投资准入的不符措施，典型的如美国；另一些国家则选择在国内法下制定投资准入的负面清单。一般而言，两种模式在单轨的情况下，只需要考虑数字化对跨国公司投资模式的可能影响，以及如何调整原有的不符措施使之适应数字经济的发展与变化。具体而言，对于许多发展中经济体内禁止准入的投资领域，如通常受到较多投资限制的零售业、传媒、消费者金融等领域，立法者需要考虑是否随着本国数字能力的提升而逐步放开。对于限制准入的投资领域，基于数字企业的轻资产投资模式或企业数字化投资的轻资产特征，不符措施的外资限制标准是否也应有所改变。此外，以上讨论的是既定划分的投资部门，但是许多部门的边界正在经历或即将受到数字跨国公司或其他跨国公司数字化的影响而逐渐模糊，特别是服务部门的划分由于信息网络技术的发展而有待被重新界定。因此，投资准入范围和标准需要及时更新和明确各投资部门的划分。

（三）国民待遇和最惠国待遇条款

国民待遇义务是投资条约的核心条款之一，也是国际投资仲裁中常见的主张东道国违反的义务。国民待遇义务的满足需要协调国内法规则和国际法义务，即国内法规则不能对外国投资或投资者形成歧视，否则将可能违反国际投资条约下的国民待遇义务。因此，若一国的国内规则与国际规则差异太大，则可能导致该国主动履行国民待遇义务的难度过大，其作为投资东道国被提起诉讼的概率也随之增大。在数字经济下，若国内数字政策对一些数字相关部门下的国内投资和投资者提供优先、特别的优惠待遇，则有可能违背国民待遇义务。此外，最惠国待遇是在国际投资仲裁中被投资者惯常援引的主张。我们需要注意新的国际投资条约中所体现的数字规则，作为实体规则的条约义务，普遍地被认为投资者可以通过其他条约的最惠国待遇条款援引该投资条约。东道国如果基于所谓的“数字安全”对数字投资进行征税或采取其他的限制措施，那么还需要在条约项下对“数字安全”进行合法化解释。在缔约国对数字部门有特殊监管或规定的情况下，可以考虑不承诺最惠国待遇条款，如 2015 年印度 BIT 范本，这可成为直接规避风险的一种政策选择。

（四）例外规则

国际投资条约中的例外规则包括一般例外条款和特别例外条款。一般例外条款主要涵盖健康、环境、文化和公共道德等方面的例外；特殊例外条款则主要体现为国家安全例外。数字经济下的监管目标涉及个人信息与隐私、公共道德和利益、国家安全和数字安全等，这些监管目标与例外条款并不完全重合。现有条约的例外规则通常包含了公共秩序与国家安全，但是数字安全能否被解释为国家安全仍未在条约中明确表示，例如美式投资条约中的例外章节规定适用于整个协定的“基本安全利益”的例外，《中国—澳大利亚自由贸易协定》例外章节直接引入《关税及贸易总协定》第 21 条安全例外和《服务贸易总协定》第 14 条安全例外，这些条款均没有进一步说明安全例外的具体情况。国际投资条约的安全例外需要与国家安全法律相协调，从而减少在争端解决中争端双方以及仲裁庭解释混乱的局面。此外，隐私也没有被纳入当前大多数条约的例外规则中。因此，可以考虑在例外条款中添加新的例外目标及说明以适应数字投资环境。对此，欧盟的一些包含投资的条约已经有所尝试，例如《欧盟—日本经济伙伴关系协定》中的服务和投资章节第 8.3 条、《欧盟—越南投资保护协定》中的例外章节第 4.6 条、《欧盟—新加坡投资保护协定》中的第 2.3 条均将个人隐私、个人记录和账户的保护列入了一般例外条款。

二、我国数字投资促进政策

随着数字经济的快速发展，近年来我国发布了不少促进数字投资的政策，如表 11－1 所示。

表 11－1 我国数字投资相关最新政策汇总

发布时间	政策名称	主要内容
2022 年 1 月	《"十四五"数字经济发展规划》	建设高速泛在、天地一体、云网融合、智能敏捷、绿色低碳，安全可控的智能化综合性数字信息基础设施，有序推进骨干网扩容，协同推进千兆光纤网络和 5G 网络基础设施建设，推动 5G 商用部署和规模应用，前瞻布局第六代移动通信（6G）网络技术储备，加大 6G 技术研发支持力度，积极参与推动 6G 国际标准化工作。到 2025 年，数字经济核心产业增加值占国内生产总值比重达到 10%，数据要素市场体系初步建立，产业数字化转型迈上新台阶，数字产业化水平显著提升，数字化公共服务更加普惠均等，数字经济治理体系更加完善
2021 年 11 月	《"十四五"大数据产业发展规划》	"十四五"时期，大数据产业发展要以推动高质量发展为主题，推动数据资源高质量、技术创新高水平、基础设施高效能，构建稳定高效产业链，提升产业供给能力和行业赋能效应，统筹发展和安全，培育自主可控和开放合作的产业生态，打造数字经济发展新优势。到 2025 年，我国大数据产业测算规模突破 3 万亿元，创新力强、附加值高，自主可控的现代化大数据产业体系基本形成
2021 年 10 月	《物联网新型基础设施建设三年行动计划（2021—2023 年）》	明确到 2023 年底，在国内主要城市初步建成物联网新型基础设施，物联网连接数突破 20 亿，为物联网、数字化产业蓬勃兴起和全面发展赋能
2021 年 9 月	《中共中央 国务院关于完整准确全面贯彻新发展理念做好碳达峰碳中和工作的意见》《2030 年前碳达峰行动方案》	"碳达峰""碳中和"的"1＋N"政策体系的顶层设计出炉，为实现碳达峰碳中和目标擘画了行动路线图，进一步推动行业、企业共同建设工业互联网、往数智制造方向转变
2021 年 5 月	《常见类型移动互联网应用程序必要个人信息范围规定》	规定明确了 39 种常见类型 App 的必要个人信息范围，其中 13 类 App 无须个人信息，即可使用基本功能服务
2021 年 3 月	《中华人民共和国国民经济和社会发展第十四个五年规划和 2035 年远景目标纲要》	迎接数字时代，激活数据要素潜能，推进网络强国建设，加快建设数字经济、数字社会、数字政府，以数字化转型整体驱动生产方式、生活方式和治理方式变革，充分发挥海量数据和丰富应用场景优势，促进数字技术与实体经济深度融合，赋能传统产业转型升级，催生新产业新业态新模式
2021 年 1 月	《工业互联网创新发展行动计划（2021—2023 年）》	提出工业互联网创新发展目标：新型基础设施进一步完善、融合应用成效进一步彰显、技术创新能力进一步提升、产业发展生态进一步健全和安全保障能力进一步增强。着力解决工业互联网发展中的深层次难点、痛点问题，推动产业数字化，带动数字产业化
2020 年 7 月	《关于支持新业态新模式健康发展，激活消费市场带动扩大就业的意见》	培育产业平台化发展生态、加快传统企业数字化转型步伐、打造跨越物理边界的"虚拟"产业园和产业集群，发展基于新技术的"无人经济"
2020 年 4 月	《关于构建更加完善的要素市场化配置体制机制的意见》	培育数字经济新产业、新业态和新模式，支持构建农业、工业、交通、教育、安防、城市管理、公共资源交易等领域规范化数据开发利用的场景

续表

发布时间	政策名称	主要内容
2020 年 4 月	《关于推进“上云用数赋智”行动》	大力培育数字经济新业态，深入推进企业数字化转型，打造数据供应链，以数据流引领物资流、人才流、技术流、资金流，形成产业链上下游和跨行业融合的数字化生态体系，构建设备数字化—生产线数字化—车间数字化—工厂数字化—企业数字化—产业链数字化—数字化生态的典型范式。主要方向为：夯实数字化转型技术支撑，构建多层联动的产业互联网平台，加快企业“上云用数赋智”，建立跨界融合的数字化生态，拓展经济发展新空间，加大数字化转型支撑保障
2020 年 3 月	《工业和信息化部办公厅关于推动工业互联网加快发展的通知》	在加快新型基础设施建设方面，提出改造升级工业互联网内外网络，增强完善工业互联网标识体系，提升工业互联网平台核心能力，建设工业互联网大数据中心，加快工业互联网发展步伐
2020 年 3 月	《中小企业数字化赋能专项行动方案》	发展数字经济新模式新业态。扶持疫情防控期间涌现的在线办公、在线教育、远程医疗、无人配送、新零售等新模式新业态加快发展，培育壮大共享制造、个性化定制等服务型制造新业态，深挖工业数据价值。探索企业制造能力交易、工业知识交易等新模式，鼓励发展算法产业和数据产业，培育一批中小数字化服务商。打造开源工业 App 开发者社区和中小企业开放平台，搭建中小企业资源库和需求池，发展众包、众创、云共享、云租赁等模式
2019 年 10 月	《国家数字经济创新发展试验区实施方案》	各试验区要坚持推动高质量发展，坚持以深化供给侧结构性改革为主线，结合各自优势和结构转型特点，在数字经济要素流通机制、新型生产关系、要素资源配置、产业集聚发展模式等方面开展大胆探索，充分释放新动能
2019 年 9 月	《禁止垄断协议暂行规定》《禁止滥用市场支配地位行为暂行规定》《制止滥用行政权力排除、限制竞争行为暂行规定》	在技术细节上，一是明确了市场份额认定的指标范围；二是规定了认定具有市场支配地位的特殊考虑因素；三是规定了以低于成本价格销售商品特殊情形，对涉及互联网等新经济业态中的免费模式，应当综合考成经营者提供的免费商品以及相关收费商品等情况
2019 年 8 月	《关于促进平台经济规范健康发展的指导意见》	首次从国家层面对发展平台经济做出的全方位部署，提出要依法查处互联网领域滥用市场支配地位限制交易、不正当竞争等违法行为，重点强调严禁平台单边签订排他性服务提供合同，针对互联网领域价格违法行为特点制定监管措施等要求

（资料来源：作者根据政府部门公开资料整理.）

三、我国数字投资的法律监管

根据《中华人民共和国外商投资法》，我国开始施行“负面清单”投资准入管理模式，仅对该清单中列明的领域实施禁止或限制投资，未列入清单的领域实行内外资一致原则。当前数字部门中除了互联网新闻、视听、文化和信息行业禁止外商投资以外，其他数字部门均已向外商开放投资。数字投资的法律监管面临着挑战：一是数字化发展产生的跨部门的模糊性导致视听文化等部门的潜在界定失灵。随着数字经济的发展，2019 年中国相应地更新了《鼓励外商投资产业目录》，新增前沿数字化产业鼓励投资条目，包括 5G、云计算、工业机器人、智能汽车、工业人工智能等具体条目，体现了国家投资法律政策向数字经济优先发展方向的调整。二是如何确定、调整和完善法律对数字负外部性的规范。保护国家文化价值是数字经济开放的明确底线，而其他的数字经济负外部性仍需通过正在不断完善的法律来调整。从长远的经济发展角度看，仅仅是市场刺激和投资鼓励都会导致数字部门的次优投资，因此，需要在数字发展中配套防范数字经济负外部性的监管规则，以调节数字经济发展、数字安全、个人信息保护与数字竞争的平衡。中国现有《国家安全法》《网络安全法》规范网络安全，并且正在推进针对数字和个人信息的数字监管立法，例如 2019 年，国家互联网信息办公室发布《数据安全管理办法（征求意见稿）》；2020 年，全国人大常委会法制工作委员会制定《个人信息保护法》和《数据安全法》。数字相关监管法律是数字贸易投资法律体系的重要组成部分，它的制定补充和丰富了外商投资监管法律的框架，有利于营造更趋完善的数字贸易与投资环境。

第二节 数字化跨国公司投资的新趋势

数字化跨国公司为数字经济提供了数字化基础设施、工具以及平台，是全球数字经济发展的主要推动者。近年来，数字化跨国公司借助移动互联网、大数据、人工智能、云计算等新兴技术，体现出超强的市场开拓能力，数字经济业务呈几何级数增长。例如，淘宝网站在 2003 年开办之初，交易产品量较少，而到了 2006 年，零售额达到 200 亿元人民币，2008 年突破 1000 亿元人民币，2016 年突破 3 万亿元人民币，与全球最大的传统零售企业沃尔玛不相上下。又如，滴滴公司在中国的活跃司机超过 1000 万人，而中国现有出租车司机仅 200 万人左右。在国际经济领域，数字化跨国公司的快速增长成为了全球跨国公司发展的一个重要动向。在全球 FDI 持续低迷的情况下，数字化跨国公司的国际投资保持了强劲增长。《2022 年世界投资报告》指出，由于新冠疫情对线上活动的巨大推动作用，在联合国贸发会议（United Nations Conference on Trade and Development，UNCTAD）发布的全球 100 强跨国公司中，数字化跨国公司近五年的销售额增长速度是传统跨国公司的 5 倍。数字化 100 强跨国公司的资产每年持续增长，而传统 100 强跨国公司的资产增长近乎停滞。虽然数字化跨国公司的营收和雇员的增速低于资产的增速，但仍高于传统跨国公司的增长速度。数字经济领域的国际并购也在加速。2017 年，全球人工智能领域的并购高达 213 亿美元，约为 2016 年的 2 倍和 2015 年的 26 倍。这些现象均体现了数字技术能够在更大范围内组织和动员市场要素资源，创造大规模协作体系的巨大能量。数字经济的兴起深刻地改变了传统经济模式与市场体系，新零售、新娱乐、新金融、新制造等新经济业态不断涌现。

一、数字经济下的跨国公司全球价值链演变新趋势

数字经济的兴起创造了大量的新业态、新型商业模式，使得跨国公司的全球价值链演变出现了四大新的趋势。

（一）价值链数字化

数字化不仅通过在线市场（在线采购、在线销售）影响价值链上下游功能，还影响着跨国公司的生产与经营过程。生产与运营的数字化正在以多种形式出现，包括：数字化产品与服务（如搜索引擎、社交网站等互联网平台）、数字化实体产品（如电子媒体、娱乐、数据等数字内容产品）以及传统生产环节数字化。在上述形式中，全球价值链的部分环节或全链条都是数字化的，或正在由实体向数字化转变。

（二）价值链服务化

随着跨国公司生产经营活动进一步数字化，其全球价值链将被分割成更多的环节，并将非核心环节通过协议生产和协议研发等方式外包出去，导致企业的部分生产活动成为基于佣金的生产服务。此外，随着信息技术的发展，越来越多的制造企业的商业模式从出售产品和设备转向出售服务，即按照产品或设备的使用收费。对客户而言，原本对资本品的投资变成了购买服务，即营运支出。由此，买方节省了设备的维护和维修费用，卖方加强了对知识产权的掌控并拓展了增值服务，这将导致跨国公司价值链服务环节的比重不断提升。

（三）价值链去中介化

在全球价值链上游，跨国公司中的电子采购、供应商电子实时监测以及管理系统等数字技术日益普及。在全球价值链下游，跨国公司也越来越多地利用数字化、信息化、现代IT技术及网络平台进行销售，直接将产品和服务销售给最终用户，绕过了很多传统的中间环节。这也导致跨国公司的全球价值链、供应链缩短，更贴近市场，因此其反应速度、灵活性和效率均有所提高。

（四）生产定制化

随着跨国公司全球价值链对3D打印等新兴数字制造技术的大量应用，生产活动更易于复制，更贴近用户，更多与用户互动，例如在设计或生产环节邀请客户参与。基于C2B的柔性、定制化生产增多，大规模、标准化生产减少，传统经济与数字经济、智能生产加速融合。例如，在制药行业，随着新兴技术的发展，病情针对性更强的新产品不断涌现，产品生产周期不断缩短。制药行业的大批量生产和高库存的传统商业模式逐渐向小批量、低库存的生产模式转变。

二、数字化跨国公司国际投资新特征

全球价值链的数字化、智能化对跨国公司商业模式及国际投资路径产生了深刻影响。跨国公司的国际投资呈现出六大新特征。

（一）轻海外资产

理论上，全球价值链的数字化和在线市场的广泛应用均会降低跨国公司的海外投资强度。一方面，跨国公司不断数字化、智能化和服务化其全球产业链条，并且逐渐外包其非核心生产环节，减少了对外投资的需要；另一方面，随着在线市场的加速发展，数字化跨国公司可以直接通过网络平台销售，而不需要像传统跨国公司那样通过市场寻求型 FDI 建立海外分支机构以出售产品和服务。特别是在规模较小的市场中，数字化跨国公司通常仅需设立代表处，即可满足业务需要，以减少支出、减轻税负。也就是说，数字化跨国公司能以更少的资产和海外员工进军国际市场，海外资产比重较传统跨国公司低。

在一定程度上，跨国公司全球价值链的数字化削弱了海外生产经营活动（销售额）与海外资产的联系。跨国公司生产经营的互联网应用水平越高，越能利用较少的海外资产获得较高的销售份额。这不仅适用于大型跨国公司，也普遍适用于中小型跨国公司。例如，在数字经济领域的跨国公司中，互联网平台企业的数字化程度最高，其海外销售份额与海外资产份额的比率基本高于 2.5∶1，甚至大多数超过 5∶1。而传统跨国公司的海外销售份额与海外资产份额的比率一般为 1∶1。对于汽车、飞机制造以及其他数字化程度较高的高端制造业，上述比率也高于 1∶1，并且呈上升趋势。这些意味着全球价值链数字化将打破跨国公司海外销售与海外资产的传统关系，导致跨国公司的资产更多集中于母国，总部协调功能增强，海外投资强度下降。

（二）轻就业和高技能化

跨国公司数字化、智能化对就业的影响备受关注。一方面，数字化、智能化以及生产率的提高将导致企业劳动力需求减少；另一方面，数字经济的兴起也会创造更多的就业机会。因此，跨国公司数字化对就业影响的实际情况往往比较复杂。UNCTAD 的数据显示，在 2010—2015 年，电信和传统跨国公司的就业量保持平稳，总体上与资产和营收的增长保持一致。这表明数字化并未对上述两类企业的就业造成明显的影响。数字科技跨国公司的就业人数年均增长 5%，也与营业收入增长基本同步，但显著低于资产 11% 的年均增长率。这表明，尽管数字科技跨国公司创造了更多的就业机会，但是就业的增加明显落后于资本的增长。在 UNCTAD 公布的全球跨国公司 100 强中，大型科技企业的平均市值大约是其他跨国公司的 3 倍多，其高市值在很大程度上来源于企业品牌、先进技术与知识产权等形成的巨大的无形资产价值。这些科技企业的无形资产与其资产账面价值不相上下，而其他跨国公司的无形资产平均仅占其资产账面价值的 40%。可以看出，科技型跨国公司资产构成的重心越来越转向无形资产和流动资产，而这些资产创造的就业机会较少，且主要集中在高技能岗位。虽然数字经济领域 FDI 创造就业机会的能力相对较弱，但是对东道国的传统产业升级改造以及国际竞争力的提升至关重要，因此对带动、保有东道国传统产业的就业起到不可或缺的作用。

（三）区位决定因素改变

数字化跨国公司资产配置的转变——资产重心由固定、有形资产转向无形、流动资产，标志着企业价值来源发生了结构性转变。在新一轮产业革命中，专利等知识产权以及其他无形资产日益成为企业创造价值增值的重要来源，而劳动力、土地、自然资源等传统生产资料的重要性相对降低，由此传统 FDI 的动因被削弱。在一些情况下，企业国际化带来的好处可能不足以补偿对外投资增加的区位选择、协调治理等成本，这将主要限制效率寻求型 FDI 的开展，例如受劳动力成本或贸易成本降低而驱动的 FDI，而市场寻求型 FDI 也将受到一定的负面影响。知识寻求型 FDI 以及由金融和税收驱动的 FDI 则显得愈发重要。与传统类型的 FDI 相比，数字化跨国公司的国际投资路径也发生了明显的变化。传统跨国公司的投资模式以高资本支出、高固定成本、高负债、低流动性为特征，而数字化跨国公司的国际投资模式正好相反，其主要特征是低海外资本支出、高流动成本、低负债以及高流动性。在数字化跨国公司的对外投资中，构成数字经济底层基础构架的数字技术（如信息、通信、互联网、物联网、人工智能）、数据（如数据资产、数据安全、数据产权）、相关战略性资产（如人才、创新、研发能力）以及数字基础设施的质量，对国际投资流动的方向发挥着日益重要的作用。在数字经济中，数据成为了新的生产要素，数字技术及基础设施的重要性突显，土地、人力和资金等传统生产要素的投资区位决定作用相对下降。各国在全球价值链以及吸引外资的竞争力日益取决于其在新兴技术领域的实力。

（四）服务业投资比重上升

数字化跨国公司的全球价值链呈现服务化趋势，由此服务业在全球 FDI 中的比重不断上升。在 UNCTAD 公布的全球跨国公司 100 强中，服务业企业的数量稳步增长，已约占 1/3，而制造业企业数量明显减少。此外，100 强中服务业跨国公司的国际化指数（Transnationlity Index，TNI）的提升也明显高于第一、第二产业跨国公司。服务业地位的显著提升既是由于服务业的管制放松，更是数字、信息和通信技术的兴起以及传统产业全球价值链不断服务化。目前，服务业约占全球 FDI 存量的 2/3。随着全球价值链数字化加速，服务业在全球 FDI 中的比重将进一步上升。值得注意的是，由于全球外资统计的产业分类是基于海外子公司的经济活动，而不是母公司的所属行业，因此可能高估服务业的外资流量和存量数据，即一些制造业跨国公司在服务领域的对外投资也被计入了服务业 FDI。但是，这也从另一个侧面反映了制造业服务化的趋势。

（五）非股权投资日益重要

数字化跨国公司的全球价值链趋于服务化，在生产经营活动中更多地使用了非股权投资方式，具体包括协议生产、服务外包、订单农业、特许经营等。目前，全球每年以非股权投资方式的跨境交易已超过2万亿美元，相当于全球跨国公司海外分支机构的年销售额的1/3。非股权经营方式已成为西方跨国公司进入国际市场的重要方式，特别是在农业生产、高科技研发等较为敏感的行业中非股权投资方式更为普遍。此外，非股权投资方式也成为跨国公司规避日益增长的地缘政治风险和投资保护主义的重要途径。数字经济的发展将继续推动非股权投资进一步加速增长。

（六）全球布局更加灵活和呈现“区域化”特征

跨国公司全球价值链的数字化、智能化、服务化以及供应链缩短使得其全球布局更加灵活，生产经营更贴近最终市场，市场反应更加灵敏。与此同时，数字化跨国公司较易对投入和产出进行大调整，也更易复制和转移产业链。此外，由于全球保护主义抬头以及政策、地缘政治风险不断上升，数字化跨国公司为规避风险，其全球价值链布局出现“区域化”倾向。

第三节　数字经济下国际投资理论再思考与实践新路径

一、数字经济条件下国际投资理论的再思考

在经典的国际投资理论研究中，约翰·邓宁（John Dunning）的国际生产折衷（以下简称OIL）理论将FDI的利益来源和先决条件总结为以下三个方面：厂商的所有权优势（Ownership Advantages，O）、内部化优势（Internalization Advantages，I）和东道国资源禀赋等区位优势（Location Advantages，L）。国际生产折衷理论整合了许多有关FDI的理论框架，并深刻影响了后续包括新新贸易理论在内的关于微观异质性企业跨国投资行为的理论探讨。在当前跨国公司数字化背景下，虽然国际生产折衷理论仍然基本适用，但是三种FDI利益来源优势的具体内涵与解释方向可能发生了根本性的变化，需要结合数字经济的特性予以再思考。

（一）所有权优势

所有权优势，即垄断优势，在传统OIL理论中指的是企业基于生产技术、组织能力、规模经济等无形资产所建立的市场竞争优势。2004年，埃尔赫南·赫尔普曼（Elhanan Helpman）等人基于新新贸易理论框架下的讨论实际上也可被视为垄断优势在生产率层面的体现。在传统条件下的OIL框架中，垄断优势是企业FDI得以抵消海外经营活动的附加成本的前提条件之一。因此，在传统OIL理论模型中，除了在资源寻求型FDI或追求反向FDI技术溢出等少数语境之外，垄断优势与FDI之间主要呈单向的因果关系。然

而在数字经济背景下，这种单向因果关系可能发生了显著的甚至颠覆性的改变，具体如下：

首先，数据要素具有零边际成本、通用性等特性，并形成了数字经济的规模经济效应和范围经济效应。同时，数据要素具有内生化特性，即数据要素禀赋将不再作为一成不变的外部条件存在，而是会随着生产和营销活动的扩张而不断衍生大量数据信息以实现自我强化，这使数字经济呈现出“滚雪球”式的发展特征和“强者恒强”的马太效应。从根本上来看，数字经济的规模经济效应、范围经济效应和“强者恒强”规律赋予了企业垄断优势另一种层面的解释——企业可以通过不断寻求新的市场以实现规模经济和范围经济，并且借助规模扩张引发的数据要素积累进一步增强其垄断优势。因此，FDI 活动成为了企业维持垄断优势的重要手段，FDI 与垄断优势两者之间形成了正反馈循环。在此情况下，垄断优势甚至不再是企业 FDI 的必要条件，企业可以在不具备明显垄断优势的条件下率先进行海外投资，通过先行者优势来实现规模经济优势的最初积累。

然而，相比传统的依靠于生产技术和管理能力所建立的垄断优势，数字经济条件下的垄断优势较为脆弱。数字产品的公开性和可复制性使得企业维持垄断优势的难度更大，任何一个潜在竞争者的细微改进与微小创新都可能对市场在位者造成严重的甚至毁灭性的打击。这一特性也会影响到企业的海外投资决策，在 FDI 成为了触发技术扩散诱因的情况下，以技术、管理和运营模式等为代表的垄断优势对企业 FDI 的支撑作用可能会被极大地削弱。

此外，数字经济条件下垄断优势的内涵也突破了传统的技术或生产率范畴。数字化企业除了技术优势以外，还可以通过成本效益、轻资产生产和组织模式以及市场反应敏捷性来获得垄断优势。同时，企业还可以通过数字技术将规模经济效应、范围经济效应和网络外部性融合放大，形成一种全新的组织优势。这种优势在企业通过跨国并购等方式获取技术或市场等互补性资源时会进一步增强，并在全球范围内实现可观的长尾效应。

（二）内部化优势

根据厂商理论和交易成本学说，FDI 实际上是企业边界的跨国境延伸，是在节约交易成本的目标下将国际市场交易内部化的手段。在传统 OIL 理论框架下，内部化优势是企业 FDI 的前提。但是在数字经济条件下，内部化优势理论同样需要重新审视。一方面，在数字化情况下外部交易成本会大幅下降，平台体系使得标准化程度提高和认证成本降低，从而极大地缓解了中间投入品和要素交易的信息不对称问题，由此显著地降低了企业以内部化方式构建全球价值链的动机；另一方面，数字技术直接连接生产者与消费者的特征会导致企业全球价值链更趋扁平化，在一定程度上压缩了企业边界的扩张空间。

尤为重要的是，FDI 的内部化在数字经济条件下可能转向更为复杂的表现形式，即由生产企业的内部化转变为平台企业的内部化。在传统的 OIL 理论中，企业的内部化优势仅仅被视为企业国际经营过程中的企业内部治理成本与外部交易成本之间的权衡。然而在数字经济条件下，平台企业的出现使上述的问题更趋复杂。对于接入平台的生产企业而言，平台体系有效降低了外部交易成本，因此生产企业自身不必再通过FDI内部化国际市场交易；但对于平台企业而言，数字要素内生性会驱使其扩张企业边界，借助规模经济、范围经济和网络效应的交织不断放大企业的价值。由此可见，在数字经济条件下的企业内部化优势更多地表现为内部治理成本由生产企业向平台企业的转移和整合，并借由平台企业的国际扩张实现生产企业的国际化。此时的FDI不仅是传统语境中基于交易成本权衡的企业边界扩张，还是着眼于价值创造的商业模式创新，而平台企业的国际扩张行为与模式可能会成为未来国际投资理论探讨的重要方向。

（三）区位优势

区位优势是企业海外投资过程中实现垄断优势和内部化优势的具体决策。在传统的OIL理论框架下，区位优势取决于影响运输和交易成本的地理距离和政策壁垒，影响生产成本的东道国要素成本、人力资本和基础设施水平，影响企业发展空间的市场规模等。然而在数字经济条件下，这些传统区位优势的相对重要性也在发生改变。

第一，数字化产品的边际生产成本和传输成本极低，并且使一些原本只能通过跨境投资方式提供的服务等不可贸易品变为可贸易品，传统生产中制约产业扩散的集聚力被大幅削弱，FDI将较少以服务东道国市场或绕过贸易壁垒为目标。由此，外资流向可能产生两种变化：一方面，因交易成本降低而失去投资动机的企业会将生产活动集中于母国，导致FDI规模萎缩；另一方面，交易成本的降低也可能促使企业在海外寻找更具其他成本优势的东道国作为全球市场供应基地，引发FDI规模的增大和布局的调整。虽然交易成本的降低对FDI的影响未可知，但是两种情形都体现了全球市场整合度的提升。

第二，数字经济的规模经济特征与数字要素的内生性使得市场规模成为FDI的重要决定因素。这意味着传统意义上的企业FDI的市场寻求动机与要素寻求动机可以合二为一，东道国的经济规模与潜在市场需求可能成为企业FDI关注的首要区位因素。

第三，在数字化背景下，数字基础设施成为非常重要的区位决定因素，良好的网络通信设施在一些纯数字经济和平台经济中的重要作用将超过传统的交通运输能力。此外，由于数字技术的溢出和扩散能力较强，一国或地区的数字技术发展水平与前沿程度可能会成为创造反向技术溢出效应并吸引海外投资的区位优势之一。

第四，由于数字平台企业的供应链网络取代了原有生产企业的内部化扩张，区位决策的重心将置于以最低的成本构建供应链生态体系，考虑FDI是否拥有相对完备的产业配套能力和是否足够贴近现有的供应链网络。

第五，随着数字经济监管规则的相继出台，数字要素跨境流动相关的规则限制将成为数字经济领域外部市场交易的新障碍。由于经济发展水平、文化、制度和消费者偏好等差异，当前各国的数字经济规制各异，存在“制度洼地”，导致企业将FDI重新视为绕过监管壁垒的手段。由此，各国或地区的数字规则成为了数字型FDI区位决策的重要考量。

二、数字化对国际直接投资流动的影响

（一）全球数字投资发展新趋势

数字经济的兴起和跨国公司全球价值链数字化对跨国公司的国际投资路径和国际化模式产生了深刻的影响，当前国际直接投资呈现以下新的发展趋势：

1. 数字经济下国际直接投资呈现低增长“新常态”

20 世纪 90 年代以来，经济全球化和资本市场的加速整合推动了跨国公司国际化水平不断提高，但是这一进程屡次被全球性或区域性经济危机打断。UNCTAD 发布的跨国公司国际化指数显示，90 年代以来，全球跨国公司的国际化主要经历了 1993—1997 年和 2003—2011 年两个快速提升的阶段。2011 年以后，跨国公司国际化指数再次趋于停滞，跨国公司的海外资产、海外销售、海外雇员比重均出现了停滞或下降（见图 11－1），海外生产活动的扩张明显放慢。除周期性因素外，造成这一现象的重要原因还包括跨国公司在数字化的推动下对全球价值链进行了新一轮的结构性调整与整合。一方面，新兴数字化跨国公司 FDI 出现了轻海外资产的倾向，并且更多地使用非股权投资模式；另一方面，传统制造业跨国公司加速了全球价值链的数字化、智能化、自动化、服务化进程，导致全要素生产率不断提高，加重了一些行业生产能力过剩的问题，从而压制了新增投资，特别是资源和效率寻求型投资。在经济增长新旧动能的转换完成之前，国际直接投资总体上可能难以出现大的反弹。

图 11－1　1992—2021 年全球跨国公司 100 强的国际化趋势（国际化指数，%）

注：TNI 为联合国贸发会议跨国公司国际化指数，2016 年和 2017 年的 TNI 指数缺失。

（资料来源：联合国贸发会议各年《世界投资报告》.）

2. 数字经济对全球价值链的“创造性破坏”导致生产性投资相对不足

数字经济在催生新的产业和新的商业模式的同时，也在不断颠覆旧的商业模式。新零售、新娱乐、新金融、新制造对传统生产经营方式带来前所未有的冲击。在数字经济背景下，跨国公司基本都重新调整了全球生产经营模式，纷纷加大数字化投资，包括加强对数

字平台、网上供应链、网上客户关系、数据中心等建设，并推动核心制造业务转型，调整全球产业布局。跨国公司的数字化发展正推动全球价值链新一轮的重构，表现为价值链的升级（即核心业务的升级）和价值链的转移（即传统业务的剥离或转移，如部分劳动密集型业务转移至成本更低的国家）。全球价值链重构推动的跨境并购（包括一些跨国公司出于重组或避税目的而进行的大量反向并购）成为全球 FDI 流动的主要推动力量，“绿地投资”特别是生产性投资则长期低迷。数字化跨国公司 FDI 的轻资产、低就业特征也使生产性投资不足的问题更加突出。

3. 数字化水平高的发达经济体在国际投资中的地位重新上升

数字化跨国公司是推动数字经济以及新一轮工业革命的主要力量，但这些企业在地理分布上高度集中。进入 UNCTAD 公布的全球跨国公司 100 强的数字经济企业中，绝大多数来自发达经济体，少数来自发展中经济体。与传统跨国公司相比，数字化跨国公司的资产集中于母国总部的程度更高。以美国为首的发达经济体仍然掌握着数字经济的主要核心技术，并且其数字基础设施较为完善，因此发达经济体在国际投资格局中的地位重新上升。全球数字化跨国公司约 50% 的分公司及子公司集中于美国，这充分体现了美国技术、创新能力以及相关基础设施对数字经济投资的吸引作用。数字经济领域的技术和市场垄断将对发展中经济体造成较大的竞争压力，这成为了值得关注的问题。与此同时，新的技术革命也给发展中经济体带来了产业升级甚至是跨越式发展的机遇。例如，虽然中国在核心技术能力方面仍与美国存在较大差距，但是中国的技术应用及创新能力已处于全球领先地位，正成为数字经济的重要一极；东南亚和非洲一些劳动力成本较低的国家在新一轮全球产业转移中承接了劳动密集型产业；新的电信技术也为非洲的欠发达经济体提供了跨越式发展的机会。但是总体而言，全球数据鸿沟以及发展中经济体在发展数字基础设施方面的投资能力不足，将使众多发展中经济体在全球国际投资格局中处于更加不利的地位，在发展问题上也将面临更加严峻的挑战。

4. 数字经济领域投资政策的国际协调亟待加强

21 世纪以来，虽然国际投资政策仍然以开放和便利化为主要方向，但是对外国投资的监管和限制正在不断加强，加强监管和限制的政策措施所占比例从 2000 年的 5% 左右增加到近年的超过 40%（见图 11－2）。主要发达经济体近年来都在国家安全审查方面出台了新的法律或行政措施，加强了对外资的审查。此外，各国政府越来越多地利用产业政策和外资审查及监测等手段，加强了对战略性产业的保护，保护主义措施日益增多。近年来，各国着眼于数字经济及新一轮技术革命展开激烈竞争，因此数字经济领域的投资保护主义尤其突出。根据 UNCTAD 数据，在受数字化影响最大的 10 个行业中，至少一半以上（包括运输、媒体、电信、金融、专业服务）都是受政府管制最多的行业（见图 11－3）。近年来发达经济体大幅加强了对数字高新技术及数据等核心数字经济资产的保护，强化了对跨境并购的审查，并出台了新的政策鼓励高科技企业海外投资回流。数字经济领域跨境投资可能面临更多的政策限制，政策层面的国际协调亟待加强。

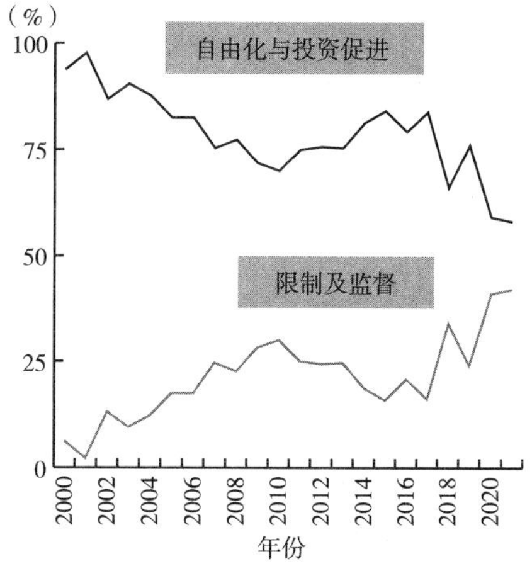

图 11－2　全球投资政策发展趋势

（资料来源：联合国贸发会议各年《世界投资报告》.）

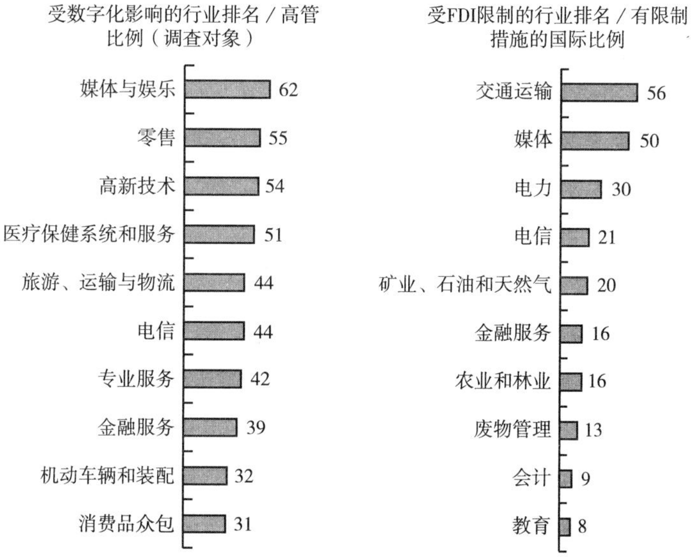

图 11－3　受数字化影响最大及 FDI 限制最多的 10 个行业（百分比）

（资料来源：联合国贸发会议《2017 年世界投资报告》.）

（二）全球数字投资治理新挑战

1. 数字资源禀赋差异导致全球经济增长新分化

人口红利等传统要素在数字经济发展初期作用明显，数字普及率和渗透率的提升会迅速释放数字经济潜力并带来相关产业的高速增长。但从长期看，电信基础设施、数字技术研发及相关配套政策等数字资源禀赋依赖政府投入、国家干预和产业扶持特征显著。当前

UNCTAD 在全球范围内识别到的各国数字战略合计已逾百项。以集多项数字技术为一体的人工智能为例，埃森哲公司针对 12 个发达经济体的预测表明，相比 2035 年预期的基准生产率水平，各国使用人工智能产生的劳动生产率增长率在 11%~37%。相对地，广大发展中经济体由于资本和技术方面的巨大缺口，在推进数字经济时的劣势将被放大。

此外，数字资源禀赋成为新的国际投资区位决策因素，影响着跨国公司的全球布局及战略转型。跨国公司全球价值链数字化导致全球生产体系日益集聚，并呈现出海外低资产、低就业的“双低”现象，很可能在减缓全球范围内资本流动的同时，赋予发达经济体重聚外资的新优势。加之近来美国等发达经济体逆全球化思潮兴起，保护主义凸显，大量海外资本被强制回流，加重了上述趋势。由此，数字资源禀赋差异可能引发“强者恒强”的马太效应，使得数字时代下的全球经济增长分化。

2. 数字战略竞争成为地缘政治经济变动新诱因

一国的技术创新程度可被视作该国地缘政治经济地位及其军事能力的信号，但技术进步又不可避免地存在跨国溢出现象，引致技术创新国在国际贸易投资或技术转移的过程中丧失对新技术的控制权。因此，发展中经济体面临急剧变革的国际政治经济环境及科技能力分布不均衡的问题；发达经济体出于对国家安全和既有利益的考虑，也对技术合作制度和技术研发项目等倍加敏感并严格限制，促使国际局势日益紧张甚至出现国际冲突。在数字经济领域，以 5G 网络技术为代表的标准之争成为国际制度竞争前沿，国家间关系日益淡化意识形态并看重技术竞争与合作，“技术创新国”“技术商业化国”“技术使用国”被视为国际政治力量新的划分方式。

3. 数字经济规则助力发达经济体构建制度垄断新优势

美欧等发达经济体在双边、区域和跨区域经贸协定中强势引入具有约束力的新一代数字经济相关条款，全球数字经济治理呈现出明显的“中心—外围”格局及分化趋势，发达经济体借此获得了制度垄断新优势（见表 11－2）。

表 11－2　　全球数字经济治理分化趋势：以美国、欧盟和中国为例

治理主体	美国	欧盟	中国
治理目标	跨境信息和数据自由化	数字融合和监管保护	数字竞争力和电商规范
治理规则	数字产品零关税；非歧视性待遇；电子验证和电子签章；线上消费者和个人资料保护；无纸化贸易；访问和使用互联网原则；跨境数据自由流动（存储设施、源代码）；禁止本地化要求等	电子签证和电子签章；线上消费者保护；中间服务提供商责任；视听例外等	电子交易免征关税；电子认证和数字证书；网络消费者保护；在线数据保护，无纸化贸易等
战略、政策、法律法规支撑	《数字政府战略》（2014）、《数字经济议程》（2015）、《网络安全国家行动计划》（2016）、《国家宽带研究议程》（2017）等	《欧洲数字议程》（2010）、《单一数字市场战略》（2015）、《电子政务行动计划》（2016—2020）、《一般数据保护法案》（2018）等	《中国制造 2025》（2015）、《国务院关于积极推进“互联网＋”行动的指导意见》（2015）、《电子商务法》（2018）等

续表

治理主体	美国	欧盟	中国
治理影响	澳大利亚、新西兰等引入数字规则时效仿“美式模板”	协定谈判方需将电子商务规则设置为“欧盟类型”	众多发展中经济体仍在适用WTO电子商务基础性规则
代表性自由贸易协定	CPTPP（2018）、《美加墨协定》（2018）	欧盟—加拿大 CETA（2017）、欧盟—日本 EPA（2018）	《中国—韩国自由贸易协定》（2015）、《中国—澳大利亚自由贸易协定》（2015）

资料来源：作者根据 CPTPP（2018）、《美加墨协定》（2018）、欧盟—加拿大 CETA（2017）、《中国—韩国自由贸易协定》（2015）、《中国—澳大利亚自由贸易协定》（2015）的文本内容及公开资料整理。

首先，美国是新一代数字经济规则的引领者和塑造者，以“技术中性”和“互联网中性”为基本理念。鉴于数据流动是美国商业利益不可或缺的保障，且持续扩张的美国数字跨国巨头呼吁更加开放和自由的海外市场，美国政府在其贸易代表办公室下设数字贸易工作组，从国别层面识别主要数字贸易壁垒并协调数字贸易谈判，同时由商务部启动“数字专员”项目，在中国、欧盟、日本、印度、东盟等领先数字经济体和新兴市场为美国企业提供政策和法律支持。尽管美国已退出《跨太平洋伙伴关系协定》（*Trans - Pacific Partnership Agreement*，TPP），但是作为延续的《全面与进步跨太平洋伙伴关系协定》（*Comprehensive and Progressive Agreement for Trans - Pacific Partnership*，CPTPP）仍然保留“跨境数据自由流动”“数据存储非强制本地化”等美国力推的数字规则。不仅如此，澳大利亚、新西兰等全球主要经济体引入数字规则时也选择效仿“美式模板”。

其次，欧盟通常要求谈判方将数字规则设置为“欧盟类型”，强调技术的公共政策目标和互联网的主权属性。将“中间服务提供商责任”等规则纳入协定文本，并在与美谈判时对“跨境数据自由流动”和“数据存储非强制本地化”条款做出一定保留，体现了欧盟对数据传输过程中个人权益保护及数据监管自主权的看重。“欧盟类型”的推进虽较“美式模板”更为折中温和，但在维持对“视听例外”和“隐私保护”等传统议题高度关注的同时，欧盟 2018 年正式生效的《通用数据保护法案》的保护范围、实施标准和监管力度均前所未有。此外，欧盟仍致力于建设融合统一的欧盟数字经济市场，以实现从德、法等成员国竞争力突出向欧盟整体竞争力提升的转型。

最后，中国等众多发展中经济体仍在适用 WTO 电子商务基础性规则，与发达经济体实践冲突明显。在 WTO 公布的涉及电子商务规则的自由贸易协定中，大多缺乏约束性且不涉及数字贸易和数据传输等新一代数字规则核心议题。美国贸易代表办公室报告显示，按照美式规则标准，G20 中的全部发展中经济体均不同程度地存在数字壁垒，涉及数字产品关税征收、歧视性待遇、跨境数据流动限制、本地化要求、数字部门外商投资限制、互联网服务受限中的一项或多项（见表 11 - 3）。这集中体现了发展中经济体的共同特征，即现阶段旨在通过数字领域有限开放、进口替代战略、出口税收减免、政府优先采购等举措强化本国数字制造竞争力，从而促进数字对外贸易并提升相关行业的数字化水平。

表 11-3　　基于美式规则标准的 G20 发展中成员国数字壁垒

数字壁垒类别	国别分布
数字产品关税征收（如 ICT、视听材料、电子产品）	印度、俄罗斯、巴西、印度尼西亚
歧视性待遇（如当地成分要求，政府优先采购）	中国、印度、俄罗斯、巴西、印度尼西亚、阿根廷、墨西哥、南非
跨境数据流动限制（如安全评估）	中国、印度、土耳其
本地化要求（如数据本地存储，公开源代码）	中国、印度、俄罗斯、巴西、印度尼西亚、土耳其
数字部门外商投资限制（如电信、云计算，视听服务）	中国、印度、俄罗斯、巴西、印度尼西亚、墨西哥、南非
互联网服务受限（如网络过滤，在线广告限制）	中国、印度、俄罗斯、巴西、印度尼西亚、土耳其

（资料来源：作者根据美国贸易代表办公室发布的《2019 年度国别贸易壁垒评估报告》整理.）

第四节　我国数字投资发展与国际合作展望

一、“十四五”规划下我国数字投资的主线

（一）数字技术的创新应用

三个创新应用的重点领域：一是高端芯片、操作系统、人工智能、关键算法、传感器等关键领域，以及相关的基础理论、基础算法、装备材料等；二是通用处理器、云计算系统和软件核心技术一体化研发；三是量子计算、量子通信、神经芯片、DNA 存储等前沿技术，并加强信息科学与生命科学、材料等基础学科的交叉创新。

（二）数字产业化发展

四个具体产业布局：一是人工智能、大数据、区块链、云计算、网络安全等新兴数字产业，以及相关的通信设备、核心电子元器件、关键软件等产业；二是 5G 的建设和应用，试点智能交通、智慧物流、智慧能源、智慧医疗等重点领域；三是第三方大数据服务产业，特别是推动部分政府公共数据向社会开放，鼓励第三方深化对公共数据的挖掘利用；四是共享经济和平台经济。

（三）产业数字化转型

“上云用数赋智”，一业带百业，推动数据赋能全产业链协同转型。“上云用数赋智”行动是指通过构建“政府引导—平台赋能—龙头引领—协会服务—机构支撑”的联合推进机制，带动中小微企业数字化转型，“上云”重点是推行普惠性云服务支持政策，“用数”重点是更深层次推进大数据融合应用，“赋智”重点是支持企业智能化改造。在工业方面，主要是通过工业互联网和数字化转型促进中心的建设，推动工业各环节的数字化应用，尤

其是个性定制、柔性制造等新模式；在服务业方面，培育众包设计、智慧物流、新零售等新增长点；在农业方面，发展智慧农业，推进农业生产经营和管理服务数字化改造。

（四）数字化基础设施建设

我国在5G通信、云计算领域已处于领跑地位，未来在5G商用领域全面发展之前，相关通信与数据存储、处理的基础设施将是投资的主要方向。除此之外，“十四五”规划重点强调了城乡数字化基础设施建设，包括物联网感知设施、通信系统以及市政公用设施、建筑等物联网应用和智能化改造等，并且搭建支持智慧城市和数字乡村发展的底层信息管理服务平台，即大数据中心。

（五）数据安全、网络安全服务

数据资源与网络体系的安全性是发展数字经济的基本保障。具体而言，一是网络安全基础设施建设；二是网络安全关键技术的研发，加快人工智能安全技术创新。

二、加强我国数字投资的国际合作

（一）推进加入《数字经济伙伴关系协定》

2020年6月12日，新加坡、智利、新西兰三国签署《数字经济伙伴关系协定》（*Digital Economy Partnership Agreement*，DEPA）。2021年11月1日，中国正式提出申请加入DEPA。《数字经济伙伴关系协定》以电子商务便利化、数据转移自由化、个人信息安全化为主要内容，并就加强人工智能、金融科技等领域的合作进行了规定，包括16个模块：初步规定和一般定义、商业和贸易便利化、数字产品及相关问题的处理、数据问题、广泛的信任环境、商业和消费者信任、数字身份、新兴趋势和技术、创新与数字经济、中小企业合作、数字包容、联合委员会和联络点、透明度、争端解决、例外和最后条款。

其中，模块2“商业和贸易便利化（Business and Trade Facilitation）”涉及无纸化贸易（Paperless Trading）、电子发票（Electronic Invoicing）、电子支付（Electronic Payment）等。DEPA要求各国及时公布电子支付的法规，考虑国际公认的电子支付标准，从而促进透明、公平的竞争环境；同意促进金融科技领域公司之间的合作，促进针对商业领域的金融科技解决方案的开发，并鼓励缔约方在金融科技领域进行创业人才的合作。

模块4“数据问题（Data Issues）”涉及个人信息保护（Personal Information Protection）、通过电子手段进行的跨境数据流动（Cross – Border Transfer of Information by Electronic Means）、计算机设施的位置（Location of Computing Facilities）等。DEPA允许在新加坡、智利和新西兰开展业务的企业跨边界无缝地传输信息，并确保企业活动符合必要的法规；成员国坚持其现有的CPTPP协定承诺，允许数据跨边界自由流动。

模块8“新兴趋势和技术（Emerging Trends and Technologies）”涉及金融技术合作

(Financial Technology Cooperation)、人工智能(Artificial Intelligence)、政府采购(Government Procurement)和竞争政策合作(Cooperation on Competition Policy)。DEPA采用道德规范的"AI治理框架",要求人工智能应该透明、公正和可解释,并具有以人为本的价值观;促进各国在司法管辖区合理采用和使用AI技术。

(二)开辟中国—东盟数字投资空间

中国和东盟既互为第一大贸易伙伴,又互为重要的投资合作伙伴,这为双方数字经济合作发展构成了有利条件,也为双方数字经济企业带来了大量商机。

(1)发挥数字经济在中国—东盟经济发展中的积极作用,加快中国—东盟网络基础设施建设,探索建立创业投资合作机制,有效利用金融机制,加大资金投入、技术支持和智力保障,扩大各方参与消除数字鸿沟,加强数据安全国际合作,提高互联互通水平。

(2)发挥作为数字经济建设主体的企业积极性,支持双方互联网企业、科研机构建立国际产业联盟,推动建立跨国互联网产业投融资平台,以共建电子商务交易平台、物流信息服务平台、在线支付服务平台等多种形式,构建新型信息经济国际合作平台,拓展平台设计、人才培育、创意推广、供应链服务等各类信息技术服务的国际市场,带动国际商品流通、交通物流提质增效。

(3)作为双方合作对话机制之一的中国—东盟商务理事会正在积极助力数字经济合作,建议双方企业抓住中国—东盟数字经济合作带来的新商机,在积极对接中合作,在互利合作中创新,以创新迎接挑战,实现在区域合作中获得新发展。

(4)双边合作与多边合作相互促进,加快建立促进数字经济发展的合作机制,开展扬长补短的合作,将创新务实推动数字经济发展作为当前经济解困和长远发展的重大举措,带动双方扩大贸易和投资,促进经济恢复和增长。中国地方政府应将"双循环"经济发展建设与东盟数字经济合作有机结合,以开放、创新获得新发展。

(三)深化中欧5G技术合作

(1)加强高层引领推动,增进民间沟通渠道建设。中欧在数字技术领域既存在竞争,也拥有广泛的合作空间,影响双方合作的根本因素是欧方对华利益的计较、安全的担忧与信任的缺失。因此,通过互利合作、加强沟通来增进互信是解决问题的根本之道。2021年9月14日,习近平主席与欧盟高层进行视频会晤期间,双方商定建立数字领域高层对话,打造中欧数字合作伙伴关系。未来应利用好对话机制增进互信,优先在双方互补领域开展互利合作。同时,可以成立中欧数字经济咨询委员会等企业、民间沟通渠道,聚焦双方市场主体和专家意见,助力政府决策。

(2)深化基础研发合作,展现诚意、稳住据点。当前以华为为代表的中国高科技企业已经成为西方政府的反华重点目标,在欧洲强推这些企业将面临较大压力。然而,在基础领域研究和人才交流培养方面,具有政治敏感性不强、不易受到欧美国家反华势力关注的特点。我国可对此充分加以利用,推动中欧研究机构和企业在基础理论研究、人才培养以及市场应用技术开发等方面开展合作。通过合作，一方面有助于中方提高数字技术基础理论研究水平，对欧洲企业、研究机构展现合作诚意；另一方面能够帮助欧洲提高数字工程和技术开发水平，并实现相关数字技术标准和理念的同步，为未来垂直领域生态应用开发合作打下坚实基础。

（3）合作制定全球数字领域标准和规则。数字经济的蓬勃发展对全球治理体系影响深远，数据掌握的多寡已经成为国家软实力和竞争力的重要标志。网络安全、数据安全成为国家安全的重要保障，重视数据安全、保护本国公民隐私已经成为全球共识。中欧应在相互尊重的基础上，加强沟通交流，深化对话与合作，共同推动制定全球数字领域的标准规则，促进全球数字经济治理良性发展，共同构建和平、安全、开放、合作、有序的网络空间命运共同体。

（4）共同开发全球市场，增进互信互利。中欧可以通过拓展在数字产业的相互投资和交叉持股来形成利益绑定，共同拓展全球市场。首先，中欧双方可以与俄罗斯、沙特以及中东欧国家开展三方合作。同时通过降低5G商业合作门槛、提供贷款支持等举措有条不紊地开拓非洲和拉美地区市场，为提高5G应用的全球普及创造条件。其次，鼓励投资欧洲数字领域的中国企业雇用更多当地劳动力，为所在国创造更多就业机会，以此增强中国企业与欧洲国家的联系，在可能的范围内增加对欧影响力。再次，中国企业要继续搞好既有设备的维护服务。虽然目前中欧在5G领域合作难度较大，但着眼长远，中国企业应充分利用在欧洲4G设备市场占有较大份额的条件，开展好供应保障服务，维护中国企业的信誉，以高质量技术、技术服务和成本优势争取企业和民众支持，进而促进政府转变态度。

（5）依托国内市场推动发展，苦修内功、引领未来。依托国内大循环，利用国内市场满足相关企业在5G设备和订单方面的需求。一方面，有助于不断进行技术创新，巩固既有技术优势，引领发展前沿；另一方面，有助于推动国内5G基础设施建设，提高中国经济发展水平和民众生活质量，创造以5G技术为支撑的示范性、全球领先的生产和生活场景。在推动此项建设期间，应特别注意为中小企业进入5G市场提供便利，开拓、丰富5G应用场景，使各行各业都能借助5G发展适合自身需求的应用，提高生产生活效率，让5G真正成为万物互联的基础设施。当前，应重点加强智慧城市、健康医疗、智能工厂和自动驾驶四个垂直领域的开发合作。这既是国内推动产业升级、实现“国内国际双循环”的重要产业，也是欧洲数字经济关注的重点领域。“酒香不怕巷子深”，未来只要中国技术先进、价格低廉并保证安全，与世界各国合作的道路必然无限宽广。

本章思考题

1. 当前全球数字投资发展趋势是什么？
2. 国际投资条约下的数字投资规则有哪些？
3. 分析全球数字经济治理分化趋势：以美国、欧盟、中国为例。
4. 请阐述“十四五”规划下的中国数字投资主线。

第十二章　数字化与经济发展

▶案例导入

日立万塔拉数字产业转型

2017 年初，日立万塔拉公司（Hitachi Vantara）当时被称为日立数据系统公司（Hitachi Data Systems）成立，该公司是日立有限公司（Hitachi Ltd.）在加利福尼亚州的一家投资 40 亿美元的子公司，公司成立后开始挑战传统数据存储市场的领导企业，并以软件为导向，寻找、收集、分析、应用客户和运营数据的新方法。日立公司数十年来一直帮助客户管理和保护这些数据，积累了坚实的基础，在 2017 年，日立高管得出结论，是时候采取行动了。

基于日立数据系统的数据中心基础设施、日立 Insight Group 的数据软件专业知识以及 Pentaho 部门的数据分析能力，日立万塔拉公司于 2017 年 9 月正式亮相。公司领导者定义了一个明确的战略和业务模式：旨在帮助客户收集和管理信息，然后将这些数据转化为有意义的见解，将运营数据和信息技术专业知识相结合。在这一框架内，公司领导者开始重新思考企业运营模式，专注于重新定义销售产品和服务所需的能力，以便从以硬件为导向的业务过渡到以软件和服务为导向的模式。与此同时，他们开始重新思考提供差异化产品和服务的关键所在，并意识到公司当前的技术实力不足以在“工业 4.0”中取胜。

最终，他们将重点从独立产品转移到客户体验、客户成功和垂直定制解决方案。日立万塔拉还重组了从定价、计费、需求规划到产品开发的基本业务流程，以支持新模式并推动转型，并采用严格的方法实施了一套稳健的指标，以监控和保障转型的成功。日立万塔拉的首席执行官布赖恩·霍华德（Brian Householder）表示：“如果数据能够实现货币化，那么它可能是公司最大的资产。”“数据是新的收入来源，更好的客户体验、更好的市场洞察力、更低的业务成本是成功的关键。这种新的公司结构和产品结构综合了运营技术和信息技术专业知识，以挖掘数据的真正潜力。”在这一新模式下，日立万塔拉已经开始看到成效，其物联网解决方案曾帮助一家全球制造商将产量提高了 90% 以上。

（资料来源：https：//www. hitachivantara. com/.）

第一节 数字产业化和产业数字化的内涵

数字产业化和产业数字化互为补充，构成了数字经济的基础。2021 年 6 月，中国国家统计局正式发布了《数字经济及其核心产业统计分类（2021）》，将数字经济产业分为五大类：数字产品制造业、数字产品服务业、数字技术应用业、数字要素驱动业以及数字效率提升业。其中，前四大类为数字产业化部分，即数字经济核心产业，是指为产业数字化发展提供数字技术、产品、服务、基础设施和解决方案，包括但不限于 5G、集成电路、软件、人工智能、大数据、云计算、区块链等技术、产业及服务，是数字经济发展的基础。第五大类为产业数字化部分，是指应用数字技术和数据资源为传统产业带来产出增加和效率提升，该部分涵盖智慧农业、智能制造、智能交通、智慧物流、数字金融、数字商贸、数字社会、数字政府等数字化应用场景，是数字技术与实体经济的融合。

一、数字产业化的内涵

数字产业化是指以信息为加工对象，以数字技术为加工手段，以意识产品为成果，以介入全社会各领域为市场，对本身无明显利润但是可以提升其他产业利润的公共产业。主要包括以下两类：

（一）信息和通信技术及其相关产业

信息和通信技术（Information and Communication Technologies，ICT）及其相关产业是其他产业走向数字化的基础。基础的 ICT 包括计算机、宽带连接和网站，更进一步的应用通常包括利用 ICT 使生产、分销等过程数字化。与此相关的应用系统包括企业软件资源规划（ERP）、客户关系管理（CRM）和供应链管理（SCM），以及电子销售和电子采购。在当前的数字化发展趋势中，ICT 企业不再是单纯的“技术”型企业，更是一种“知识”型企业。比如微软是一家软件生产公司，其生产过程其实也是知识生产的一种形式，是软件行业典型的知识型企业。对于微软来说，生产过程其实就是研发过程，研发的目标就是进行知识的扩展，因此知识生产是微软的主要业务。这一知识生产的过程是一个持续的循环过程。在考虑了许多因素（市场压力、内部规划时间表等）后，微软“每隔一段时间”，就会停止某些知识生产过程，以“冻结”一种并不完美的知识，避免在旧产品上消耗过多的精力，保持他们的创新速度，通过这种不断循环的创新能够一直掌握技术和知识的前沿。数字化发展使得信息和通信技术正在渗透到其他科学领域，信息和通信技术加强了世界范围内的学科联系，加速了知识创造的正循环。

（二）高端数据应用及其相关产业

随着高速宽带、云计算、大数据分析、区块链和人工智能等新技术的出现，数据收集、存储和交换的重要潜力已经被挖掘出来，为产业有效利用其数据创造了机会，一些工业 4.0 技术如与客户的多级交互、客户档案的拟人化、物联网技术、3D 打印、智能传感器、大型数据阵列（大数据）、复杂算法分析、高级人机交互界面、超现实个人设备和云技术等得到发展。数据作为一种正在不断兴起的经济资源，激发了产业利用数据进行价值挖掘，通过数据驱动产业创新来创造新的价值。

二、数字产业化的特点

（一）数字产业的规模经济和范围经济

许多数字产业可以从强大的规模经济和范围经济中获益。数字互联产品能够实现强大的规模经济，尤其是当服务通过在线平台提供时。企业利用在线平台，可以突破地理条件限制，实现线上的规模经济，因为用户可以以接近零的边际成本加入在线服务平台。例如，2018 年，在正版媒体音乐服务平台 Spotify 的有形资产（厂房和设备）市场估值比例不到 1% 情况下，利用在线平台成功实现规模经济。此外，网络正外部性能够增强规模收益，产生直接、间接和双边的网络效应。那些拥有庞大用户群体，且数字产品处在不断增长过程中的公司，其市场估值的增长速度比任何其他类型的公司都要快。另外，提供软件和数据服务的企业也可以从强大的范围经济中获益。虽然创建一个软件可能要花费数百万美元，但复制它几乎不需要什么成本。数据和软件可以复制、重复使用但不会降级，还可以以非常低的成本进行版本控制和重新组合，这使它们可以成为相互依存的数字产品生态系统中的理想组件。数字产品生态系统包括如网络、设备、服务和内容等物理商品和数字商品的混合，商品可以通过跨公司、跨市场、跨行业和跨司法管辖区运营，从而扩大运营范围，很多企业都因数字产品生态系统强大的范围经济而获得成功。

（二）数字产业的垄断和竞争

由于存在规模经济，数字经济的发展有可能导致市场过度集中。数字产业巨额的初期投入和极低的边际扩张成本，将会提高市场集中度，易出现企业垄断行为，导致不公平竞争，破坏市场创造力。另外，数字产品的差异化也会促进垄断竞争。在数字经济中，我们可以明显看到产品随个人偏好逐步调整的个性化生产方式涌现，新的技术和工具为更好地解读需求成为可能，降低了企业为单个客户量身定制的成本。产品差异化也成为数字产业的主要竞争策略之一。

三、产业数字化的特点

产业数字化是指在新一代数字科技支撑和引领下，以数据为关键要素，以价值释放为核心，以数据赋能为主线，对产业链上下游的全要素进行数字化升级、转型和再造的过程，呈现出以下几个特点：

（一）产品中数字组成部分比重越来越大

产品可分为物理产品和数字产品。绝大部分产品不是完全意义上的数字产品，因为完全意义的数字产品以比特的形式存在。随着数字化转型的推进，没有任何数字化组件的产品越来越少，越来越多的产品是具有不同方面的混合捆绑包，其特征是数字产品、物理商品或服务的混合。即使是以实物著称的商品，如汽车，也正在走向数字化，逐渐成为混合产品。今天的大多数汽车不仅是一个带有电机（实物）的底盘，提供移动性服务（实物服务），而且还通过数字硬件和软件进行增强，例如移动通讯卡、带有数字地图和智能App的屏幕，可以提供数据连接、行程和实时交通信息（数字服务）。

（二）产业对无形、非实物资产的投资比重增加

产业对无形、非实物资产的投资，如软件、数据、组织资本、研发、知识产权以及设计和培训，已成为许多产业投资的重要组成部分，在某些领域超过了对有形资产、实物资本（机械、设备、建筑）的投资。对于走向数字化和挖掘数据潜力的产业来说，无形资产投资显得尤其重要。在数字化时代，对无形资产投资的增长速度在部分领域已经快于传统的ICT投资，尤其是研发知识产权方面的投资，以及计算机软件、数据库和其他知识资本（KBC）资产方面的投资规模逐渐增大。

（三）在以实物生产为主的企业中，数字化增加了规模收益

通过产业数字化，消除人为瓶颈和物理约束，软件、数据、分析、人工智能和自动化可以降低流程和操作的复杂性，并实现更大范围的扩展。这意味着，对于大多数主要以实物生产为主的公司来说，在实现数字化后规模回报率并未随着复杂性增加而下降。亚马逊就是一个例子，它实现了范围和规模的增长，并从这两方面受益。亚马逊物理存储基础设施等的租金和固定资产折旧占亚马逊销售额的比例不到4%，而传统零售商为13%。亚马逊的库存占用资金也较少：其年资金周转次数为20～40次，而传统零售商每年周转2～2.5次。

（四）发挥数字平台对实体经济的助推作用

对于规模较小的实体经济，无法承担搭建独立数字平台的成本，其数字化过程可以依赖成熟的电商平台，如国内的淘宝、阿里巴巴和京东等。在虚拟市场中，只要消费者或商

业伙伴点击一次鼠标，就可以方便快捷地为其展示企业的产品和服务。在虚拟市场中，广告、营销和品牌、质量保障意识和完善的物流服务至关重要。电商平台的动态可视化展示以及辅助在线营销等功能对这些小规模企业或合作企业实施成功的在线策略起到重要作用。其他的网络平台也可以参与到大型电商平台的附属计划中，比如亚马逊推出的附属计划，参与该附属计划的网站超过45万个，其基本的工作原理是一个小网站所有者注册一个附属程序，然后在网站上放置各种与亚马逊商品相关的链接、横幅，以“捕捉眼球”(换句话说，将浏览者吸引到另一个网站)。当访问者点击这些链接并购买产品时，网站所有者将获得销售的佣金。

(五) 提高公司向客户交付产品和服务的速度

比如采用供应链规划系统，使企业能够预测和规划实时的匹配供需情况；采购系统的应用，使供应商和服务提供商可以共享信息，确保他们获得正确的可用零部件供应；采用成熟的物流系统，确保公司在尽可能短的时间内将产品交付给客户。通过供应链整合，将互联网应用于各方协作，还能够促进特定供应链上的即时信息交换，从而建立起一个高效、反应迅速的供应链，将所有客户、供应商、工厂、仓库、分销商、运营商和其他贸易伙伴联系起来。整合需求和供应链，运用互联网在扩展的贸易伙伴网络中进行协作，缩短交付周期，加快了公司产品的上市时间，从而有效满足客户需求。

在数字化和信息化工具的支持下，业务流程进一步简化。例如使用库存管理软件，当库存水平低于既定阈值时，软件将自动通知供应商。通过使用需求分析软件，软件系统会根据历史模式确定需求，并考虑各种因素的影响，例如季节性需求对营销促销的影响，及时反馈市场需求信息。通过智能学习程序拓展原有自动化管理软件的功能，通过使用完全集成的、基于互联网的供应链管理解决方案降低库存需求。据估计，对于零售商来说，一年的库存成本至少相当于他们收到产品付款的25%。因此，两周的库存减少，意味着销售成本节省1%。由于大多数零售商的利润率为3%~4%，库存的减少大大降低了销售成本，增加了企业利润。简化的业务流程也促进了销售增长，并为客户提供了高质量的技术支持。例如，思科基于甲骨文的互联网平台和ERP应用程序，建立了一个名为“思科在线连接”的在线系统，为客户和合作伙伴提供自助服务应用程序，在不增加服务台工作人员的情况下，实现了技术支持能力的提高。

(六) 基于CRM的“一对一”营销

未来的电子商店实际上不是一个商店，而是每个客户一个商店。互联网的高透明度允许消费者轻松收集零售商关于价格的信息，但反过来也允许零售商收集关于消费者的特征信息。与客户的每一次互动都会产生有关其偏好的信息，这些信息可以被捕获和分析，以便制作人能够准确地向客户提供他想要的东西。这种“捕获和分析”客户的过程在互联网经济学中通常被称为“客户关系管理”(CRM)。CRM解决方案在前台提供了基于Web和面向客户的组件，提供了客户交互的完整生命周期视图，能够创建有针对性的营销活动，产生潜在销售机会，预测潜在销售机会，实现跨渠道管理客户关系。通过公司网站、电话和面对面收集客户偏好、购买模式、支持需求等数据，利用这些信息根据客户需求定制产品和服务，并最终与客户建立一对一的关系，实现虚拟商店的完全个性化。

（七）随着产业数字化发展，网络安全对企业的威胁也越来越大

随着公司越来越多地转向云，网络攻击呈指数级增长，这意味着企业必须使用技术手段来提高网络安全性。网络犯罪分子变得越来越聪明，那些跟不上网络安全保障步伐的公司最终可能会付出沉重的代价。

四、数字科技构筑产业数字化基础设施

以大数据、5G、人工智能等为代表的新一代信息通信技术，共同构成了产业发展的基础，成为产业数字化时代的强大驱动力。随着数字科技的不断深入，新一代信息通信技术除了自主创新之外，逐渐与制造业、服务业等实体经济进行深度融合。

（一）大数据推动产业数字化转型

随着全球数据存储量不断增长，大数据正进入加速发展阶段，应用场景和市场规模也在不断扩大。“大数据+”行业的渗透补足了传统行业的短板，极大地降低了社会交易成本，而且提高了资源优化配置效率和产业附加值，加速了制造业、服务业以及公共服务等行业的数字化进程。大数据推动传统产业转型，助力数字产业实现跨越式升级。如今，大数据已经不再被视为一种新兴技术，它被广泛应用于数字金融、数字营销、智能城市、智慧医疗、智慧物流、供应链管理等诸多实践领域中，与各行各业深度融合推动产业优化升级。正是大数据与传统产业之间的融合，支撑起了数字经济的快速发展。随着大数据、移动互联网、物联网等产业的深入发展，我国数据量将呈现爆发式增长，数据交易也将迎来战略机遇。

大数据广泛应用推动实体经济提质增效。我国大数据应用正处于高速发展时期，大数据市场陆续出现新商业模式。随着大数据基础设施逐渐成熟和技术融合的催化，大数据分析开始结合具体行业，向下游垂直行业应用延伸。各行各业数字化、网络化、智能化进程明显提速，将有助于促进产业格局重构，驱动生产方式和管理模式变革，推动新业态酝酿形成。其中，产业数字化成为大数据的主要应用方向和趋势。数字化路径实现降本增效。数字化可以对传统数据管理扩充升级，降低企业数据使用的成本，提高数据指导管理决策的效率，因此数字化的发展离不开数字基础设施的支撑。随着智能制造、智能城市等领域对数据采集、数据存储、数据传输、数据分析等的需求不断提升，物联网、工业互联网、车联网、5G、人工智能等新型数字基础设施建设步伐将进一步加快。大数据与实体经济融合加深。目前，与大数据结合紧密的行业逐步向工业、政务、电信、交通、金融、医疗、教育等领域广泛渗透，行业应用逐渐向生产、物流、供应链等核心业务延伸，产业数字化

推动大数据由虚向实的趋势明显，大数据与实体经济的融合不断加深，行业应用正在从消费端向生产端延伸，从感知型应用向预测型、决策型应用发展。

（二）5G 加速产业数字化进程

5G 即第五代移动通信技术，是最新一代的蜂窝移动通信技术，其突出的性能目标是高速率、低时延、大系统容量及大规模的设备连接。5G 具备大连接、低时延、高速率、广覆盖等特性，通过其技术上的优势，帮助企业在传统业态下的设计、研发、生产、运营、管理、商业等领域进行变革与重构，进而推动企业重新定位和改进当前的核心业务模式，成为数字化转型的关键利器，为传统企业由电子化到信息化再到数字化奠定基础。5G 与云计算、人工智能技术深度融合，向垂直行业领域渗透，为垂直行业的高质量发展带来新契机，助推城市的智能升级，推动数字经济的发展。

5G 场景的运用需要完善的基础设施建设，推动以 5G 为主的信息通信与工业、交通、能源、农业、服务业等行业渗透融合，从而带动整个传统产业和消费的数字化、网络化、智能化转型，提升整个产业链、供应链水平，促进数字经济发展。5G 革命性的意义在于，其与工业设施、医疗仪器、交通工具等的融合，满足了工业、医疗、交通等垂直行业的多样化业务需求，最终实现万物互联。随着我国加快实施制造强国战略，推进智能制造发展，5G 将广泛深入应用于工业领域，工厂车间中将出现更多的无线连接，促使工厂车间网络架构不断优化，有效提升网络化协调制造与管理水平，促进工厂车间提质增效，加速了产业互联网融合发展。

（三）人工智能与产业发展深度融合

受益于大数据、算力、算法的重大突破，人工智能引发的智能化浪潮席卷全球。人工智能以深度学习、机器算法技术、计算机视觉、自然语言处理等核心技术为突破口，加速开启人工智能技术与医疗、金融、零售、农业、城市建设等领域的深度融合，开始在各领域的业务场景中规模化地展现人工智能的应用价值。产业的数字化基础设施是影响人工智能与产业融合的关键要素，一个产业的市场规模体量与数字化程度决定了人工智能应用价值的空间大小。产业的市场规模化和数字化程度越高，数据基础设施就越完善，人工智能技术的应用价值也就越显著。

近年来，国内外的科技巨头开始加快布局人工智能开放平台，打造开源的人工智能工具。人工智能开放平台通过聚合人工智能研发企业，以及行业整体方案交付企业，帮助人工智能应用层面的创业者突破技术壁垒，将人工智能技术直接应用于终端产品研发，大大降低了人工智能的技术门槛，让创业者都享受到人工智能技术进步所带来的红利，也有助于连接各行各业的产学研机构，构筑完整的产业生态，大幅提升产业数字化进程中的生产效率，加速推动人工智能产业化进程。2017 年以来，我国涌现出一批人工智能开放创新平台，覆盖自动驾驶、城市大脑、医疗影像、智能语音、智能视觉、智能教育、智能零售等众多实体产业应用场景。

第二节　产业数字化新业态

一、智能制造

（一）智能制造的特点

“智能制造”是指应用互联网、物联网、云计算和大数据等新一代信息技术，以用户需求为出发点，提供个性化、定制化产品和服务的生产制造模式。

1. 智能的制造方式

用移动互联网、机器人等技术配合精益管理方法实现智能制造、个性化定制和柔性化生产。例如，家具企业索菲亚通过引入德国豪迈柔性生产线，配合3D设计、条码应用技术、数据库等软件技术建设了亚洲最大的柔性化生产线，实现了订单自动拆解、自动开料、封边和装配。

2. 智能化的产品

智能化产品嵌入传感器等数据采集装置，不断采集用户使用信息、设备运行数据到云端，实现对用户行为和设备运行情况的管理。例如，阿里巴巴与上汽携手打造的互联网汽车，用车过程中产生的驾驶行为、个人喜好、车况等其他数据，通过网络上传到云端，通过算法优化再对用户进行相关推荐。

3. 智能的服务

智能的制造方式催生出研发、设计、软件服务等生产性服务；智能产品采集的数据，会形成数据服务，包括远程设备管理维护、用户数据服务等。

（二）制造业数字化转型路径

1. 推动新一代信息技术与现代制造业结合

在车间管理、供应链管理等领域推广物联网技术，发展工业互联网，实现生产设备联网，提高企业生产效率。支持传统软件产品提供商向云服务提供商转型，鼓励企业在工业设计、工业仿真、企业管理等方面应用云计算平台。鼓励企业开发App，推动传统业务应用系统App化，开展微博和微信营销。鼓励企业在生产过程、市场营销等方面开展大数据分析，以便优化生产工艺流程，实现精准营销。鼓励企业在工业设计、产品制造等方面应用3D打印技术。

2. 推进关键业务环节智能化

在研发设计环节，采用智能化的三维数字化设计软件、计算机仿真系统等手段；在生产制造环节，采用工业机器人、制造执行系统等手段；在经营管理环节，采用商业智能系统等手段；在市场营销环节，采用大数据营销等手段。

3. 分类指导，推进各行业、各领域智能化

对于食品、医药、化工等流程型行业，重点发展全自动生产线、工业机器人、在线检测等技术，实现生产控制、产品检测的智能化。对于机械装备、汽车、船舶等离散型行业，重点推广高级排产系统，建设智能化的供应链管理系统，实现生产计划管理、供应链管理的智能化。对于钢铁、有色金属、石化、建材等高能耗、高污染行业，重点发展绿色智能制造，推广变频节能技术，建立智能化的能源管理中心，实现生产工艺流程优化的智能化，促进本行业的节能减排。对于煤炭、铁路、民用爆炸物、船舶、航空、核电等，重点发展智能化的在线监测和预警系统，实现对设备的运行参数以及温度、压力、浓度等运行环境参数的在线自动监测，当超过设定阈值时系统能够自动报警，并自动采取相应的安全措施。

4. 发展智能制造装备工业

智能制造装备是智能制造的基础。可把发展智能制造和发展智能制造装备工业结合起来，以发展智能制造带动智能制造装备工业的发展，以发展智能制造装备工业来支撑智能制造的发展。大力发展工业机器人产业，推动传统机械装备行业向工业机器人行业转型，提高产品附加值。把工业机器人服务业作为一种新兴的生产性服务业，培育和发展工业机器人服务业。

（三）智能制造典型案例

[案例 12－1] 烤箱是很多家庭非常喜爱的电器，同时也是一个非常成熟的电器。海尔嫩烤箱的生产者发现，购买烤箱的主力人群是年轻女性，这些人群喜欢在互联网上展示自己的作品。因此，他们设计了一台可以直播的烤箱。作为全球首个量产发货的内置摄像头烤箱，海尔嫩烤箱内置的耐高温高清摄像头，像素达 500 万级，可实时拍摄、直播食物在烤箱内的烘焙过程，用户通过专属 App“烤圈”，即可实现烘焙实时监控、图片和小视频的一键分享等操作，便于和朋友分享美食烘焙乐趣。除此之外，“烤圈”App 还可以让用户实现一键购买食材、一键多步骤烘焙，并可根据用户的使用习惯，为用户提供常用参数设定功能，为用户的操作过程减负。同时，“烤圈”App 具有订制式控制功能，可以满足用户的个人习惯，使用户的烤箱成为最了解用户的厨房好帮手。而由数千名烘焙达人上传的专属菜谱，以及海尔小焙菜谱研发团队专业研发的嫩烤箱食谱，在满足用户下厨需求的同时，也可以让用户随时随地得到美食大咖的指导，买到最新鲜的食材，同时让用户找到离家最近的烘焙课堂。

[案例 12－2] 曲美家居集团股份有限公司推出“智能定制”服务和“智慧生产”，从设计、研发、生产到营销，构建一个智能的、柔性的、一体化的家居产业链条。在智能定制服务方面，实现家居“全品类大定制”，为用户提供不同风格的家居定制设计服务；在智慧生产方面，该公司定制厂房实现了数字化智能生产。第一，采用全开放式定制与柔性生产相结合的模式，可实现复杂设计快速报价；设计架构合理性智能检测；3D 图纸拆

分；对接曲美 ERP 系统，例如，订单单号、客户姓名、订单产品部件明细（尺寸、颜色、编码、名称）、订单生产设备加工信息、订单价格、订单五金明细、产品部件加工图纸等。第二，订单分包排产。为达到材料利用率最大化，实施订单分包排产，对应开料锯分解生产批次、每批次产品组合以及最优化开料图。工人为部件贴码，扫描枪扫描识别码，机器录入信息，CNC 加工中心根据扫码顺序，自动识别部件并进行加工。第三，企业自主研发使用 ERP 系统，将经销商管理、订单管理、生产管理、库房管理、物流管理、供应商管理和财务管理整合为一体，成为一套专属于曲美设计、生产、销售系统的 ERP 服务软件。第四，生产流程设备及关联软件优化升级。实现自动化的工序包括切料、打码、封边、钻孔等，智能设备包括电子锯、24 色可换带封边机、通过式双面打孔设备等。

［案例 12－3］面向新能源汽车大规模个性化定制的智能制造新模式。北汽北京分公司以实现北汽绅宝 D50EB 纯电动车型的大规模个性化定制为目标，突破了新能源汽车大规模个性化定制的核心技术，实现了在大规模个性化定制模式下整车装配线与各分系统装配线、关键零件加工过程的协同优化；集成开发支持新能源汽车大规模个性化定制的智能制造支撑平台，支持个性化组合的产品模块化设计平台和支持新能源汽车大规模个性化定制的工业云和工业大数据平台；建设支持新能源汽车大规模个性化定制的智能化柔性高效生产线，构建智能工厂，实现智能化柔性高效生产线，满足 D50EB 纯电动、D50 等 4 种车型的混线生产，平均下线一次合格率达到 98% 以上；冲压车间采用高速连续冲压生产线，自动化率达到 100%，焊接车间使用机器人在 200 台以上，自动化率达到 90%；涂装车间实现全自动喷涂；总装车间采用全自动输送技术，工厂物流自动化率达到 60% 以上。北汽建设的支持新能源汽车大规模个性化定制的智能化柔性高效生产线，完成了车身的轻量化零部件的制造与装配，最终将实现北汽“模块化设计、智能化生产、协同化运作”的智能制造新模式的创新发展。

二、数字农业

（一）我国数字农业的发展现状

数字农业是利用现代计算机技术和互联网手段与平台，定量数字化模拟、加工与决策，使农作物生长与产供销全过程智能化、数字化和信息化。为支持数字农业概念落地，我国先后在多个现代农业政策中提及数字农业的推广。随着物联网技术日趋成熟，以及远程监控、无线传感器监测等不断发展，智慧农业的建设步伐将加快，帮助农业生产更加快捷、有效。

目前，数字农业在农业领域的应用主要集中在食品溯源、生产环境监测和农业精细化管理等方面。在大田种植方面，通过综合运用 3S 技术、智能化农机装备、作物生产管理专家决策系统等，实现了生产管理的定量化、精确化，亩均减少农药、化肥施用量 10% 以上，单产提高 5%～10%。在设施园艺方面，通过对光、热、水、气、肥等环境因子的实时监控，创造植物生长的最佳环境，设施温室和大棚的产量和效益平均提高10%以上。在畜禽养殖方面，运用自动调控畜舍环境和智能化变量饲养技术，实现养殖环境因子远程调控和预警预报，平均减少劳动用工30%以上，养殖和疫病防控水平显著提高。数字农业能够有效提高农业园内部的管理效率，加强农业生产、加工、运输到销售等全流程数据共享与透明管理，实现农产品全流程可追溯，对于提高农产品品牌建设、增加附加值、保证农产品质量安全具有重要意义。

（二）数字化对农业转型发展的作用分析

数字农业的发展，一方面得益于物联网等新信息技术的日渐成熟，另一方面也是现代农业未来发展的需要。农业生产正进入精细农机的阶段，是当今世界现代化农业发展的方向。数字农业可以通过建立无线网络监测平台，对农产品的生长过程进行全面监管和精准调控；通过开发基于物联网感应的农业灌溉控制系统，达到节水、节能、高效的目的；通过构建智能农业大棚物联网信息系统，实现农业从生产到质检和运输的标准化和网络化管理。另外，数字农业能够极大地便利农户迅速、稳定、低成本地部署业务，为其提供一揽子解决方案。

总而言之，数字农业理念的产生给农业发展带来了新的机遇，让农业生产由靠“天”收向靠“智”收转变，让传统农业由结构调整，再实现转型升级，推进农业供给侧结构性改革，大力推进规模化经营、标准化生产、品牌化营销，向农业的深层次、多层次进军。以数字化、智能化、信息化为主要内容的数字农业兴起，有利于形成大批高效、生态、安全型农产品。

（三）智能农业典型案例

［案例12-4］人工智能算法与物联网共建智能化系统，打造数字化养殖。以养牛为例，通过在牛场通道部署深度传感器与深度摄像头等智能化设备，可以俯拍路过的奶牛，再通过图片分割模型、3D点云分析等技术，便可智能化生成牛体况的得分情况。牛体况评估算法可以在不接触牛的情况下，自动对牛的体况进行评分，基于每天的数据会有曲线式的生长情况，帮助饲养员进行饲养情况的分析。再如水产养殖，基于人工智能的数字化养殖系统，不仅能够增加养殖密度，方便鱼群管理，同时能隔绝泥土，保障肉质的安全和鲜美，还可以实时监测分析水体温度、氨氮浓度、溶氧量等数据，为不同品种的鱼苗匹配创造最适宜的水质环境，观测鱼苗大小、重量等生长指标，识别分析行为，判断健康和饥饿状态，精准调整喂食量，提高饲料使用率。

［案例12-5］重庆光大（集团）有限公司成立于2007年12月，集团在重庆建成了鱼嘴、主牧场、玉峰山三大绿色生态牧场，饲养奶牛5000头。在巴南区跳石镇大沟村的重庆光大生态牧场，构建了智能农业系统，其中农业物联网是一种运用系统化的传感器、识别系统等设备，收集温湿度、含氧量和水质等数据，经汇总和智能化系统分析后，提出一个解决方案，为动植物打造一个适宜的生长环境，并能让使用者掌握实现远程操控和应

急响应的技术。牧场拥有的硬件设施、管理模式、奶牛良种等在国内处于领先地位，初步形成了经济、生态、社会效益有机统一的“无公害循环经济产业链”。在该智能牧场中，不仅能够高效挤奶，识别每头牛的产奶量，还能保证牛奶自奶杯采集至装罐全过程不会暴露于空气中，避免产生二次污染。此外，该系统还能识别奶牛乳腺炎的发病情况。农业物联网改变了过去凭经验、靠天吃饭的状况，实现了对动植物所需环境的实时定量把控，达到了降本增效的目的。物联网技术的应用是设施农业发展的趋势之一，值得进一步推广。设施农业物联网需要相关的配套，其本身的投入和维护成本较高，因此应开发具有高附加值的农产品，并储备物联网应用技术人才。

三、数字金融

（一）我国数字金融的发展现状

数字金融指利用大科技平台、大数据以及云计算等科技方法创新金融产品、商业模式、技术应用和业务流程。包括两方面：一是新型的科技公司，利用技术提供金融的技术解决方案；二是传统的金融公司用数字技术改善服务。互联网技术的诞生推动了金融化信息的发展，为金融行业带来深刻的变革。其中，物联网金融促进了金融行业的无缝隙控制、流通与运作。物联网金融能够联合金融、服务和商业网络，真正实现金融服务的智能化与自动化，将服务渗透到物理世界中，创造出许多商业模式，促进金融业变革。

（二）数字化对金融业转型发展的作用分析

1. 有效降低交易成本

交易成本一直是制约金融业发展的关键性瓶颈，但是物联网的发展可以有效地缓解此类问题。物联网将人与物、人与网、人与人之间沟通起来，采用了计算机的分布式运算系统，通过云计算的方式化解了运算成本，让客户的需求与金融机构的资源有效匹配，通过共享与评价，实现了服务的标准化，并通过分布式协同，有效地降低了金融交易成本。

2. 缓解信息不对称问题

在物联网的连接下，世界上的主要物质有可能会形成一种物质信息系统，信息的需求者可以随时随地了解所需物品的位置、种类、形状、品质等关键信息，这些信息还可以通过网络有效地进行共享，从而解决了“信息孤岛”的难题。对于传统金融业的抵押贷款、金融授信有着革命性的影响，更可以通过大数据长时段的收集，更加有效地解决保险过程中的信息阻碍，让骗保无处遁形。

3. 有助于完善风控与征信体系

通过物联网金融可以有效地对服务对象的历史状态、现在情况、交易习惯、风险偏好进行合理的评估与预计，从而建立起行之有效的金融风险管控体系。物联网的发展可以有效地监督抵押物的性质与属性变化，从流通的每个环节监控抵押物，让风险消弭于无形。

而基于大数据和物联网联合的风控体系则可以建立起更加完备的征信体系，更好地为金融业服务。

（三）我国数字金融的典型案例

［案例 12－6］蚂蚁金服金融生态系统。蚂蚁金服是一家旨在为世界带来普惠金融服务的科技企业。蚂蚁金服起步于 2004 年成立的支付宝。2014 年 10 月，蚂蚁金服正式成立。蚂蚁金服以“为世界带来更多平等的机会”为使命，致力于通过科技创新，搭建一个开放、共享的信用体系和金融服务平台，为全球消费者和小微企业提供安全、便捷的普惠金融服务。蚂蚁金服的金融生态体系是从支付到资本，从低级到高级生态的全面铺设。一个完善的互联网金融生态圈有必要的主体与核心要素：第三方支付、大数据、信用评级与征信；在平台的基础上，创造众多的生活与消费场景，构建消费金融、网络借贷、股权众筹、互联网银行、互联网证券、互联网保险、互联网基金、互联网理财等各种经营业态，并连接资产端的个人与企业借款者、银行、保险、基金等传统金融机构，小贷公司、保理公司、融资租赁公司、典当公司等类金融机构，以及投资端的个人与机构投资者等，从而形成一个完善的内生循环的金融生态圈，在资源整合与共享中共同创造价值。

［案例 12－7］恒生金融大数据基础支撑平台。恒生金融大数据基础支撑平台通过社交网络交互数据、移动互联网数据、证券基金交易数据等方式获得的各种类型的结构化、半结构化（或称之为弱结构化）及非结构化的海量数据，并利用离线计算、实时流处理、机器学习等技术从大量的、模糊的、随机的、有噪声的、不完全的数据中，提取隐含在其中的潜在有用信息和知识，最终为金融企业提供营销支持、产品运营、风险管控、内部管理等服务。恒生金融大数据基础支撑平台不断完善，可以为企业提供统一的数据存储、分布式计算、数据分析挖掘以及数据可视化的整套平台服务，帮助企业建立统一的大数据中心和计算平台。此外，恒生电子成立“恒生金融大数据研究院”，研究院的成立将进一步推动恒生电子在金融大数据领域的发展，金融大数据支撑平台的功能和性能也将进一步完善和提高。

［案例 12－8］东方财富大数据产品。东方财富大数据产品旨在通过访客特征、访客业务、情绪和场景等要素，精准画像，实现业务和产品创新。东方财富大数据产品利用自然语言分析、机器学习等技术，通过分析访客习惯、业务特征、交易特征等访客个人特征和业务特征，形成用户画像和业务画像，通过分析访问时间、上网方式、地理位置、投资变化、市场变化、热点转换等信息形成场景画像，通过分析股市变化影响、资金变化影响、情绪文本挖掘、行为变化情绪分析等因素形成情绪画像，并利用形成的用户、业务、场景、情绪等画像设计金融产品，提升数据产生的价值，发展新的商业模型。目前，大数据情绪系列指数、自动化客服、语音智能搜索机器人、理财问答机器人、主动推荐、智能投资风险提示、智能投资顾问机器人等大数据产品的规划和开发均已启动。随着产品的不断开发和完善，东方财富大数据系列产品将为客户提供如下服务：一是根据用户自身特征度身定做，提供差异化服务；二是降低投资决策门槛，帮助用户在投资中学会投资；三是

对投资决策效果进行验证，快速修正偏差；四是有效揭示投资风险，保证客户资金安全。

四、智慧医疗

近年来，智能医疗在国内外的发展热度不断提升。腾讯研究院的研究发现，一方面，图像识别、深度学习、神经网络等关键技术的突破带来了人工智能技术新一轮的发展，大大推动了以数据密集、知识密集、脑力劳动密集为特征的医疗产业与人工智能的深度融合；另一方面，随着社会进步和人们健康意识的觉醒，人口老龄化问题的不断加剧，人们对于提升医疗技术、延长人类寿命、增强健康的需求也更加急迫。而实践中却存在着医疗资源分配不均，药物研制周期长、费用高，以及医务人员培养成本过高等问题。对于医疗进步的现实需求极大地刺激了以人工智能技术推动医疗产业变革升级浪潮的兴起。

数字化技术促进医疗资源线上流动。我国一直存在医疗资源供给不足、分布不均的问题，优质医疗资源高度集中在一线城市，医疗服务的倒金字塔现象愈演愈烈，导致医疗质量和病人就医体验每况愈下。看病难和看病贵在很大程度上与医疗资源供不应求和分布不均的状况有关。同时，人口老龄化在我国已呈现出明显的加速趋势，先进的远程医疗水平是老龄化社会稳定的重要保障。数字化发展为远程医疗提供了技术上的支持，可促进医疗资源的线上流动，让不同地区、不同级别的医院之间实现互联互通，打破医患的空间限制，大幅提升医疗效率，有助于偏远地区获取优质医疗资源，从而改善医疗资源供给不足、分布不均的现状。5G 可有效保障远程手术的稳定性、可靠性和安全性，使医生可以随时随地掌控患者的情况，及时做出诊断、及时进行治疗。这能有效解决优质医疗资源供需矛盾，消除专家和患者在途时间消耗等问题，让优质专家资源下沉，让基层的医生得到提高和学习的机会，让偏远贫困地区和处于紧急情况的患者也有机会得到有效救治。新型数字化技术使远程手术、远程急救等应用真正落地，可以满足优质稀缺的专家资源共享需求、医疗大数据收集需求、管理需求和有效缩短病人入院前抢救时间的需求。

（一）人工智能技术在医疗领域的应用

1. 智能诊疗

智能诊疗是将人工智能用于辅助诊疗中，让计算机“学习”医疗知识，模拟医生的思维和推理，从而给出可靠诊断和治疗方案。例如，在智能诊疗的应用中，浙江德尚韵兴的科学家是超声甲状腺结节智能诊断算法的研发者。利用深度学习处理超声影像，同时加入旋转不变性等现代数学概念，这套算法可以对甲状腺 B 超快速扫描分析、圈出结节区域，并给出良性与恶性的判断，大大节省了诊断时间。

2. 智能药物研发

人工智能通过计算机模拟，可以对药物活性、安全性和副作用进行预测。借助深度学习，人工智能已在心血管药、抗肿瘤药和常见传染病治疗药等多领域取得了新突破。例如，美国硅谷公司 Atomwise 通过 IBM 超级计算机，应用人工智能算法，在不到一天时间内就成功地寻找出能控制埃博拉病毒的两种候选药物。

3. 医疗机器人

目前实践中的医疗机器人主要有两种：一是能够读取人体神经信号的可穿戴型机器人，也称为“智能外骨骼”；二是能够承担手术或医疗保健功能的机器人，例如达·芬奇手术系统机器人，它是通过使用微创的方法，实施复杂的外科手术的高级机器人。

4. 智能健康管理

智能健康管理是将人工智能技术应用到健康管理的具体场景中。目前主要集中在风险识别、虚拟护士、精神健康、在线问诊、健康干预以及基于精准医学的健康管理。

根据方正证券发布的互联网医疗深度报告，“中国互联网医疗发展经历了三个阶段：信息服务阶段，实现人和信息的连接；咨询服务阶段，实现人和医生的连接；诊疗服务阶段，实现人和医疗机构的连接”。

（二）智慧医疗典型案例

“智慧医疗辅助远程决策及手术导航系统”，是由云南省第一人民医院主导研发的智慧医疗技术，是智慧医疗发展与普及的代表性技术。云南省第一人民医院与中国联通公司联合进行5G环境下“智慧医疗辅助远程决策及手术导航系统”创新应用建设，利用数字医学技术将病灶数据化，形成立体可视化模型，精确标识手术方案，做到了在三维条件下可以反复模拟手术、远程实时动态人工智能手术导航、快速评估手术效果。系统通过“5G + MR”的多中心超远程手术协同，已经在多家医院推广应用，拥有多个自主知识产权。

“智慧医疗辅助远程决策及手术导航系统”主要提供以下几个方面的医疗服务：

手术前。帮助多个专业的外科医师（肝胆胰外科、泌尿外科、骨科、神经外科等）进行反复的手术模拟、科学的手术规划，方便将复杂手术方案向患者及家属进行有效沟通，有效降低以往因为医患沟通不畅造成的医疗隐患。

手术中。可以在手术中远程协助外科医师及时辨别解剖异常，对手术平面、手术路径进行实时引导，提高手术安全性，有效避免手术意外、术中大出血等风险，有效提高手术医疗质量。

手术后。帮助外科医师复习手术，总结手术经验，对年轻医师、进修医师进行有针对性的外科手术培训，模拟手术，缩短手术的学习曲线，最终达到缩短不同医师、不同地区之间手术技术差距，达到不同地域医疗资源均质性的目的。

“智慧医疗辅助远程决策及手术导航系统”使用CS架构，Server端主要负责数据上传、数据储存、数据管理，Client端包括病例浏览、脏器模型操作、使用工具对脏器模型交互、MR3D显示四大模块，实现“颜色区分人体结构”“改变脏器透明度”“脏器切割”“计算脏器体积”“脏器内窥”“脏器穿刺”“三维消融”“三维透明化”等功能。

5G技术的应用。在医疗实际应用场景中，一方面，5G可以将导航操作平台安置到中心控制室，用户在中心控制室远程进行操作，避免感控风险；另一方面，在中心控制室的专家在同一时间能为多台手术进行手术导航，也可以同时为多地其他医院的手术进行手术导航、手术指导。利用5G技术，手术及会诊现场的每一个细节、每一帧画面都将通过5G信号直接传输，为现场专家、患者带来“零时差”“零距离”的会诊沟通体验。

MR技术的应用。一方面，已采集患者影像学资料（CT、MRI和B超等），由医学影像医师进行医学影像诊断；由医学影像医师及肝胆外科临床医师，利用三维重建专业影像软件，构建肿瘤、血管、病变器官的三维模型，将三维模型导入智慧医疗辅助远程决策及手术导航系统，利用三维空间坐标标记组织、器官之间的空间位置，并赋予正确名称，对各组织、器官进行参数调配，设置相关实用功能，如切割、内窥、穿刺及测量等。另一方面，“智慧医疗辅助远程决策及手术导航系统”已应用于临床，实现混合现实引导腹腔镜手术、混合现实引导开腹手术等，并在曲靖市第一人民医院、文山市人民医院、腾冲市人民医院、云南省肿瘤医院等各级医院进行推广应用，旨在提高各级医院的诊疗水平。

“智慧医疗辅助远程决策及手术导航系统”，借助5G和混合现实技术，实现了腹腔镜下的数据融合，多方位、多角度地实时移动手术部位，根据病灶位置进行多平面实时模拟切割，实时不同解剖部位体积计算，器官内部的多角度内窥观察，多角度穿刺模拟操作，多方案消融手术规划、手术引导，解剖三维空间的测量，腹腔镜手术、穿刺手术触觉反馈等多个智慧医疗技术应用。系统平台的应用，打破了时间和空间的壁垒，使患者用较短的时间、支付基本的医疗费用，就可以享受安全、便利、优质的诊疗服务；使缺乏优质医疗资源的基层医疗机构可以享受到省内重点医院、国内外发达地区的优质医疗资源的支持，实现优质医疗资源的下沉，为大健康产业发展提供坚实的技术支持。

五、智慧物流

（一）我国智慧物流的发展现状

智慧物流是指通过智能软硬件、物联网、大数据等智慧化技术手段，实现物流各环节精细化、动态化、可视化管理，提高物流系统智能化分析决策和自动化操作执行能力，提升物流运作效率的现代化物流模式。

随着我国信息技术的快速发展，人工智能、物联网、遥感技术等新型技术在物流领域得到广泛应用，使物流行业日益强大，智慧物流被不断提及，各行各业对智慧物流的发展抱有极大的热情。与传统物流不同，智慧物流会智能计算出最科学合理的方法帮助企业解决货放哪儿、货从哪儿配、车走哪儿三类供应链决策问题，使货物在需要移动的时候能够更有效、更安全地移动，进而大幅降低制造业、物流业等各行业的成本，实打实地提高企业的利润。

过去几年，社会物流总额逐年上升，物流技术在向自动化、信息化、数控化调整升级，例如，涌现出“互联网+”高效运输、“互联网+”便捷配送、“互联网+”末端基础设施等产业新模式。在智慧仓储方面，无人机、无人仓、“地狼”“天狼”、分拣全自动引导小车、机械臂等高技术物流设备已得到初步应用，同时冷链技术、物流天眼、刷脸智能柜、AI机器人、语音助手等新技术正在不断助力智慧物流的发展。菜鸟、京东以及各大互联网先进企业都将智慧物流作为未来发展的重点。因此，物流行业的革新、智慧物流的发展将是中国经济和服务行业发展的关键一步。

人工智能正在赋能物流产业。以人工智能为代表的物流技术服务是应用物流信息化、自动化和智能化技术实现物流作业高效率、低成本的物流企业较为迫切的现实需求。人工智能通过赋能物流的各个环节和领域，实现智能配置物流资源、智能优化物流环节及智能提升物流效率。特别是在无人驾驶、无人仓储、无人配送和物流机器人等人工智能的前沿领域，一批领先的企业已经开始进行试验应用，有望与国际电商和物流企业在同一起跑线起步。

（二）数字经济在物流领域的典型案例

［案例12－9］贵阳货车帮科技有限公司（以下简称“货车帮”）成立于2014年，是一家公路物流互联网企业。货车帮主要提供全国公路物流信息及交易服务、货车金融及车辆后服务，产品主要功能包括查找货源、订阅货源、发布货源、找货找车、停车场、新车二手车交易等，提升司机找货效率，减少空驶，保证货主能够及时调配车辆，保障运输。公司采用双品牌战略，即面向货主端的“物流QQ”和面向司机端的“货车帮”，已建成覆盖全国所有地市的物流信息平台。货车帮诚信注册车辆会员超过230万。货车帮根据货运司机、物流货运公司、仓储企业和城市货运车辆需求开发的货车帮——公路物流信息平台，主要产品包括物流QQPC端、物流货车帮App、全国公路物流指数。通过物流QQ和“货车帮”应用软件，以信息数据为供需方进行有效对接，以信息流引导物流和资金流朝着合理的方向运动，让社会资源得到最大限度的节约和合理运用。同时，通过与阿里云合作，货车帮大数据平台利用物流QQ和“货车帮”App每天获得的货运数量、交易额等数据信息，打造了“全国公路物流指数”，用于客观实时反映全国公路物流资源和运力情况。物流企业可直接在服务平台获得用户需求信息，进行规模化定制，减少资源浪费，满足用户多样化、个性化的需要，使企业和消费者都能从中受益。

［案例12－10］松山湖的自动物流中心，是华为全球物流供应网络中的典型代表。华为松山湖供应链物流中心按功能模块分成不同区域，包括栈板存储区及料箱存储区、货到人拣选区、高频物料拣选区、集货区等，以多位一体的先进模式，实现物流端到端业务可视及决策性业务智能处理，极大提升了物流各环节协同运作效率。栈板存储区及料箱存储区，可覆盖华为公司所有PCBA单板原材料管理；中心仓＋线边仓的物料供应模式，实现了超期管理、潮敏管理、在线循环盘点和自动补货等功能；多维度、多层次的物料管理模式，满足了业务高可靠性、高复杂性的需求。货到人拣选区为中低频物料拣选，采用货到人的作业模式，降低了人工作业劳动强度，其二级缓存库实现了全自动出入库作业。不仅如此，该区域还通过采用PTL技术、播种式拣选、自动关联条码打印，实现了可同时处理多个订单，以及全面作业质量防呆和条码追溯。高频物料拣选区采用小型堆垛机和流利式

货架，实现了自动存储和补货作业，打造了存储、补货、拣选三位一体的立体作业模式。订单由系统进行自动下发和任务关联，通过 PTL/RF、接力式拣选和拣选防呆，可高效处理相关任务。集货区，依据交付对象设置不同集货区；集货区设置多个滑道，按任务令分滑道进行齐套，配合 AGV 无人智能送料小车，直接供应生产线，实现库房与产线无缝对接；自动物流日均可处理 1 万个订单行，日均出库 1.6 万个 LPN（注册容器编码）。

在物流的关键节点，智慧物流可依据不同节点类型及场景优化流程，并匹配最适宜的自动化工具和设备，从而实现小时级的履行能力，大大提高了工作效率。其中，重点仓储通过利用宽窄一体的 eLTE 无线通信技术和 IoT 平台，统一连接和管理 AGV 无人车、自动扫码机等物流自动化设备，同时通过窄带物联网络广泛地联接到托盘、叉车等资产，从而实现自动进出库、自动盘点以及资产精准定位跟踪等功能，打造了高效快速的数字化仓储。不仅如此，在各个节点之间还可实现节点作业与实物运输的无缝连接、风险主动预警、全程可视可管理、实物“一个流”等高效运作模式。通过移动 App、AIS、物联网等物流先进技术应用，可实时掌握运载工具位置、库内作业状态等信息，通过打通各环节实现了信息的透明共享，以及实物流全过程可视，更好地在线协同人、车、货、仓。同时，通过与外部风险信息的实时互联，还可实现风险的主动预警，物流备选方案的智能提醒等。在配送环节，通过应用大数据及人工智能技术，可对货物的配载及配送路线等情况进行智能计算，并给出最佳货物配载方案及最优运输路径，更加智能地实现了资源规划，并有效地提升了货物配送效率。从生产到运输全生命周期的流程可视，真正做到“人与物的高效沟通”。相较于传统的人力作业模式，降低了信息处理成本，提高了信息处理效率及准确率，并促进跨部门、跨企业的运营管理，通过提供一体化的数据集成服务，让客户获得了更高效、便捷、贴心的智慧物流体验。

六、智慧交通

（一）数字经济在我国交通和物流领域的发展现状

近年来，在 5G、物联网、大数据、人工智能等新基建前沿技术的融合运用下，智慧交通有了更快的发展以及更多的落地场景。新冠疫情的防控一定程度上加速了行业数字化的应用，5G + 智慧应用场景在维持城市秩序、助力复工复产方面表现出不俗的成绩。随着网络技术的发展，数字交通已经可以有效地利用现有交通设施，减少交通负荷和环境污染、保证交通安全、提高运输效率，因而日益受到各国的重视。在中国，交通发展中存在着诸多问题。例如，基础设施短缺与其利用的低效率并道路交通设施不能适应经济发展需要，绝大部分交通设施严重超负荷运作，交通阻塞严重，导致运输效率下降，出行时间大量浪费，加重了城市空气污染；机动车尾气排放已成为城市大气污染的主要来源等。因此，数字交通是应运而生的产物。目前主要从公路交通信息化、城市道路交通管理服务信息化、城市公交信息化等三个方面构建具有中国特色的新一代智能交通系统。

（二）数字经济在交通领域的应用

1. 车辆动态管理

通过车辆动态管理系统的应用，可以显著提高道路效率，使交通堵塞减少约60%，使短途运输效率提高近70%，使现有道路网的通行能力提高2～3倍。车辆在数字交通体系内行驶，停车次数可以减少30%，行车时间减少13%～45%，使用效率能够提高50%以上。此外，车辆动态管理技术可以有效降低汽车能耗。车辆动态管理技术将大大地提高交通道路管理水平，有效减少交通事故的发生，可使车辆安全事故率比现在降低20%，每年因交通事故造成的死亡人数下降30%～70%。

2. 高清汽车牌照自动识别与车辆定位系统

为了实现车辆定位及跟踪、违章自动分析、道路交通状况自动分析及智能诱导，减少车辆拥堵，借助物联网技术，高清汽车牌照自动识别与车辆定位系统应运而生。它通过对汽车牌照的自动识别实现车辆定位及跟踪、违章自动分析、道路交通状况自动分析及智能诱导。现场录制大量汽车通过指定区域的视频图像，能在复杂背景下从环境、路面、汽车的图像中快速、准确地分割出汽车牌照，能在干扰严重的图像环境中进行牌照字符的精确分割，能在特征失真的图像中准确识别数字、英文、汉字。已开发出标清闯红灯抓拍系统，此系统利用先进的光电技术采集路口的实时图像，对闯红灯车辆采用视频识别的方式，检测出车辆的闯红灯行为；高清检测的卡口抓拍系统，系统不需要外部触发源，完全利用摄像机采集的图像进行图像分析车辆运动的轨迹和位置，完成卡口系统的各项功能；利用视频、雷达技术实现移动设备抓拍卡口和超速车辆的功能。

3. 高速公路管控

随着我国高速公路建设发展，高速公路管控工作是确保公路完好畅通、出行安全的重要保障。目前高速公路管控工作中存在着许多“难点”。这些难点包括超限运输车辆治理、道路安全设施及公路附属设施的维护优化，例如桥梁、弯道、匝道、互通立交的安全提示、恶劣天气的行车安全等问题。5G + 车联网技术可以赋能到多个高速公路管控场景。如：货运物流场景：货运物流车辆一般出发地和目的地明确，在高速公路上行驶具有相对连续性，可通过编队或远程驾驶等方式来降低人力成本，提高交通效率。此业务场景下适用的应用场景包括协作式自适应巡航、协作式车队/队列告警、车辆远程诊断、远程遥控驾驶、商用及货用车在一定范围内的传输信息等；应急救援场景：高速公路上经常会出现交通事故等情况，在出现交通事故后第一时间赶到救援现场，会对救援起到极大的帮助，为了提高救援效率，紧急救援、高级优先车辆让行、紧急车辆信号优先权等应用场景可适用于该业务；道路养护管控场景：高速公路需要定期进行维护保养，在维护保养的过程中需要对道路进行临时封闭或限行管理，为了保证维护保养过程中的交通安全，道路施工预警、限制访问、限行管理等应用场景可适用于该业务场景。

第三节　数字化与宏观经济

一、数字化对宏观经济的影响

随着数字技术的快速扩散，数字经济对宏观经济的影响越来越大。这种影响是对现有经济流程、系统和部门的破坏，重新塑造了现有的消费者行为和商业模式，也催生了新的经济过程、系统和部门。对发展中国家来说，数字经济有利于推动经济增长，提高资本和劳动的生产率，降低交易成本，并推动其进入全球市场。其中，新兴市场的数字经济每年增长15%~25%，增速较快。数字平台能够影响政府和市场，起到舆论监督的作用等。然而，伴随这些机遇而来的是各种挑战，如各国数字经济规模可比性差、国家内部和国家之间的数字技能和技术渗透水平低、围绕数字安全和隐私的脆弱性增加等问题。具体来说，数字经济对宏观经济的影响主要有以下几个方面。

（一）成本的降低

数字经济使搜寻成本降低。就业平台、科技平台、电商平台等为买家和卖家提供了双方进行交易的场所，这些数字平台使得买卖双方的搜索成本大幅度降低。例如，在电商平台上，买家能够利用数字平台搜索所需产品，卖方能够利用数字平台挖掘潜在客户，或者借助消费者形成的大数据全方位了解客户特征，并且能够快速搜索匹配到特定产品的特定用户群体，有效节约了匹配成本。

数字经济使复制成本降低。数字产品可以让很多人在同一时间同一空间中共同使用，区别于传统意义上的产品，数字产品的非排他性能够在不增加复制成本的前提下加速实现信息的共享，促进知识和技术的传播。

数字经济使数据传输成本降低。信息与通信技术的快速发展，使数据传输成本大幅度降低，各行业可以利用数据技术改善信息不通畅、组织沟通效率低等生产经营问题，使数据传输的两端能够突破物理距离，有效提升生产效率。

数字经济使追踪成本降低。在数字平台上，产品和服务通过电脑、智能手机或平板电脑可以同时交付给两个不同的用户群，当消费者访问这些服务时，他们也在向该平台提供关于个人资料、位置和消费习惯的数据。当出现违约事件时，即使是处于国内不同城市的交易者，也能够在短时间内查询到交易信息，降低了交易风险和成本，有利于降低追踪成本。

（二）数字经济比整体经济增长快

数字经济比整体经济增长快，这意味着其对整体经济增长的影响更大。麦肯锡的数据显示，互联网对发达经济体 GDP 增长的贡献超过 20%，对大型新兴金砖经济体的贡献超过 10%。世界银行的数据显示，在过去 10 年中，信通技术对发展中国家 GDP 增长的贡献为 17%。所有地方的数字经济增长率都快于整体经济增长率，因此数字经济在整体经济中所占的比例也在增长，目前全球南部的增长率尤其高。例如，20 国集团中的互联网经济以每年 10% 的速度增长，大大快于 20 国集团的整体经济。发展中经济体的增长率甚至更高，达到每年 15%~25%（WEF，2015）。

（三）数字经济部门的劳动生产率较高

数字经济的劳动生产率普遍高于整体经济。例如，经合组织一般经济体的劳动生产率为人均 9 万美元，而信息和通信技术部门的人均劳动生产率超过 16 万美元（OECD，2014），在数字经济子行业劳动生产率的差异也很大，如电信服务的生产率水平比整体经济高出 160%，但 IT 服务仅高出 21%。在发展中国家，这一比例可能更高。例如，在印度，2010 年代中期每个工人的平均劳动生产率约为 1 万美元，但在软件业，这一数字超过 3.7 万美元。

（四）当前的 GDP 核算方法可能会低估数字经济的贡献

数字经济和其他经济之间界限模糊的定义使得衡量变得困难。第一，数据质量问题。目前，各国特别是发展中国家，存在数据缺失或质量差的问题，不断的数字创新加剧了这种情况，这意味着随着数字技术变革的加快，对数字经济的数据搜集和衡量变得更困难。第二，数字经济的不可见性。许多数字化的经济活动不容易在产出中表现出来，它们可能是企业之间或消费者之间的中间服务，因此很难计算附加值。或者是在跨境数字贸易和数字消费者生产者方面，数字经济往往是虚拟的，很难跟踪，这也导致准确衡量数字经济规模变得困难。由于上述这些原因，使用传统经济分析的数字经济指标不准确，数字经济的规模目前被“严重低估”。

二、数字经济与劳动者就业

随着数字经济的快速发展，越来越多新的数字职业不断涌现，为劳动者就业提供了更多新的选择和思路，但同时面临一些新的挑战。

（一）突破了传统意义上的时空限制

首先，劳动者在职业活动中广泛使用电脑、智能手机、云服务、互联网和电子邮件。其次，他们的工作时间和工作地点是相对自由的，可以在家、酒店、公共空间或任何其他地方，个人有更大的自主权和灵活性。企业可以将员工从固定的工作场所解放出来，让他们随时随地工作，并发展新的工作文化。

（二）通过在线平台按需工作

通过在线平台按需工作是指雇主只在需要时才召集工人，雇主与工人没有持续的雇佣关系，工人没有持续的工作、预先确定的工作时间或报酬数额。数字经济也改变了传统意义上的劳工合同类型，在欧洲按需工作的就业合同类型主要有两种，“零工”合同和最低门槛合同。“零工”合同存在于英国、爱尔兰和荷兰，雇主不保证工作量，而只有爱尔兰立法规定，当工作时间低于全职工作的1/3时，可以提供经济补偿。根据最低门槛合同，工作量和薪酬仅在基本工作时间内得到保证（通常在相当于全职工作时间的1/4～1/3，取决于国家立法）。尽管在一些特殊情况下，如荷兰的“最低—最高”合同，较低和较高的门槛都是固定的，在具体实践中即为可变的兼职合同。按需工作不同于间歇工作，在间歇工作中，经济活动的性质实际上是不连续的，而在按需工作中，工作时间只根据雇主的需要进行调整。按需工作在线平台的发展主要体现在需求持续但多变的经济活动中，如家务活动、对儿童和老年人的护理活动、儿童课外活动、组织任何类型的活动、零售贸易、快递、卡车驾驶等，其主要特点是极其灵活的工作时间、高度可变的工资。

（三）众包工作

众包工作是指通过在线平台开展的工作，该平台允许组织或个人访问一个未知的组织或个人团体，这些组织或个人准备解决特定问题或提供特定服务及产品以换取报酬。如从事自由职业任务的人群，在数字平台上，这些自由职业者必须得到平台的同意，并提供专业证书，自由职业者公布所需日薪或时薪，那些需要劳动力的人根据个人资料和价格做出选择。数字平台主要管理虚拟任务，这些任务可以在任何地方使用数字工具进行，如进行网页设计和开发、文案、翻译、多媒体制作、公共关系、社交媒体中的社区管理、移动应用的教程等。

（四）数字经济使就业市场面临的挑战

数字经济的快速发展，催生了新的工作方式，然而也存在一些挑战。比如，在按需工作中，工作时间以及相应的工资数额完全由雇主决定，工作时间和私人时间的界限越来越模糊。工作时间的不确定性导致工资水平变化不定，而且往往不可预测，当工作变得太频繁时，会带来未来的不确定性和收入的不稳定性。在众包工作中，工资报酬没有保证，工人之间竞争激烈，缺乏必要的社会保障。

本章思考题

1. 简述数字经济对人们生活的影响。
2. 数字经济对不同行业有哪些共性的影响？
3. 数字经济自身有何缺陷？

第十三章　数据垄断与数据治理

▶案例导入

脸书的数据地位

近年来，脸书[1]关于用户隐私问题的立场屡次受到批评。例如，2018年3月发生的披露用户信息并用于政治分析事件，即剑桥分析事件。2019年2月7日，德国反垄断机构联邦卡特尔局（FCO）宣布限制脸书收集和使用用户资料的行为。FCO的负责人安德烈亚斯蒙德特表示，未来脸书将无法再强迫用户同意几乎不受限制的数据收集，以及分配非脸书用户的数据到自己的数据库的行为。脸书未经用户同意收集大量的用户数据——当用户登录非脸书的账户后，脸书公司仍可以获取第三方数据；当用户使用接入脸书公司API的网站应用程序（Instagram和WhatsApp），用户的相关数据可通过对应的API传输发送到脸书公司，并继续追踪用户访问的网站，统计数据并通过分析网络行为轨迹得到用户的身份以及偏好等更多的个人信息。尽管脸书一直在展开广告宣传，试图减轻对于隐私侵犯的嫌疑，但是它对于用户隐私的侵犯似乎从未停歇。

对此，脸书主要通过广告的方式来进行治理。广告有效性的决定因素主要有：第一，观看广告者的身份；第二，将身份与其他信息建立联系的能力。在线上广告市场，用户数据是十分重要的：通过对用户数据进行分析，可以得出用户的身份和偏好等信息，并预测出该用户即将购买的产品类别等信息。对于广告商来说，分析用户的数据可以提升广告投放的效率，从而降低商品营销环节的成本；“广告的价值因为对目标的了解程度而不同”，不仅指的是广告的有效性，也是针对科技公司在线上广告市场的收入——收集用户的数据量越大，分析用户和目标产品的关联性越强，科技公司的广告收入越多。依靠收集用户数据并进行分析的能力，脸书公司成为美国线上广告市场获利最多的科技企业。

基于此，脸书成功搭建了广告商与消费者的双边市场，而且具有很强的网络效应，大量的数据协助广告精准投放，吸引更多的广告商。用户由于有针对性的广告节约了搜索筛查商品的时间成本而获利，脸书因此拥有更多用户。脸书公司能够“跨网络跨平台”性地追踪，传统承接广告的平台与中小型的线上广告竞争者是无法与之形成有效竞争的。脸书旗下的产品月度活跃用户量都在10亿以上，覆盖了极多的广告观看者的身份；加之其追

---

① 指的是社交应用软件Facebook。美东时间2021年10月28日，在名为Facebook Connect的年度大会上，Facebook宣布，Facebook将公司名称更改为“META”，从而将转向以虚拟现实为主的新兴计算平台。

踪信息并进行分析的功能，可以较为精准地捕捉到广告观看者的各种关联因素。广告有效性的两个因素脸书公司在广告市场处于竞争优势地位。

综上所述，脸书处于数据垄断地位，而且有很强的意愿继续大量收集用户信息——尽管很多时候并没有经过用户允许。脸书强迫用户接受数据收集的条款，使用户对于自身数据掌控的权利受到了损害，同时用户使用时的满意度也有所降低，消费者福利减少。由于对平台的信任度降低，脸书承受了用户流失的后果。

（资料来源：孙毅著．数字经济学［M］．北京：机械工业出版社，2021．）

第一节　数据垄断

一、数据垄断的基本内涵

（一）数据垄断的定义

数据具有价值，这也是大数据的基本特征之一。在数字经济时代，数据成为最关键的生产要素，它是人工智能产业最重要的生产原料。因此，数据可产生的衍生价值难以估量，它可以帮助企业优化产品和服务质量，也可以用于定制化或个性化营销推广，如广告。海量数据蕴藏的巨大衍生价值使数据成为数字经济时代的战略性基础资源，同时，数据的垄断也对基于工业经济的反垄断法带来基础理论和规制体系的挑战。近年来，围绕数据竞争的案例层出不穷，华为与腾讯、顺丰与菜鸟、新浪微博诉脉脉案，各方所争议的核心问题都是数据是否被合规使用。

垄断是排他性的独占。垄断按照形成原因可以分为三类。① 第一类是自然垄断，以石油开采、铁路运输等为代表，它是由于某些产品和服务由单个企业大规模生产经营比多个企业同时生产经营更有效率而自然形成的垄断。由于存在着资源稀缺性和规模经济效益、范围经济效益，提供单一产品和服务的多个企业或联合起来提供多数产品和服务的企业组成一家公司（垄断）或极少数公司（寡头垄断）的概率很高。例如沙特阿美公司拥有开采成本特别低、品质特别好的油气资源，据此，它就有可能在边际上形成对全球油价定价权的垄断，这就是资源型的垄断。第二类是行政垄断，是指政府直接行使垄断权力（比如酒类专卖、烟草专卖）或将垄断经营权授予某一个企业。第三类是技术垄断，是通过专利权或其他人难以复制的技术获得竞争优势所形成的垄断。由于这是一种竞争中出现的中间状态，因此这种垄断是被允许的。反垄断机构所关注的不是垄断本身，而是对垄断所代表的市场势力的滥用。数据垄断就是如此，是指重要数据被控制在少数人或公司手中，并被

① 戚聿东，肖旭．数字经济概论［M］．北京：中国人民大学出版社，2022．

以不合理的方式使用，主要是指数据被企业违规占有和使用，该企业利用对数据的占有打击竞争对手。如果以数据所有权的归属结构为基点，则数据垄断是指对数据本身的排他性占有和绝对性控制。数据垄断的逻辑链条是：数据因其能够优化资源配置效率而具有价值，企业可以利用数据优化资源配置效率，企业通过独占数据，阻碍其他企业获得数据、获得竞争优势。

数据垄断源于数据自身的特点①：

第一，数据易聚集、难确权、价值密度低，缺乏数据就无法产生价值，这些都使易形成数据垄断。在大数据时代，海量数据通过移动设备、传感器网络等源源不断地自动产生，数据的生产成本较低，同时其本身的价值密度也较低，海量数据的价值需通过数据挖掘、机器学习等技术提取，而这些技术本质上是数据驱动型技术，需基于大量数据的输入才能获取高准确性、高可用性的输出结果，造成数据本身易聚集的特点。此外，由于数据本身的特殊性，它在各种生产消费等活动中产生，并且使用数据获利者与数据生产者多数不重合，因此不同于石油、矿藏类的自然产物，也不同于专利、作品等精神产物，数据难以确定其所有权。在当前数据不能依据法律法规确权的现状下，数据收集的合理合规性得不到有效保证，易形成数据垄断。

第二，收集数据存在一定的技术和法律门槛，导致其前期投入成本高，而后期边际成本低，极易形成规模经济。数据寡头多产品、跨领域、高用户量的商业运营特点是形成数据垄断的重要因素。数据寡头即当前数据垄断的主要对象，对应的就是排名前 0.1% 的数据收集者。当前数据寡头们通过业务扩张、资本运作、并购等方式完成企业扩张导致其具有多产品、跨领域的商业特点，并据此吸引或维系海量用户，从而具有收集海量数据的能力，形成数据垄断。而本身处于弱势的数据收集者们则限于其产品或服务的升级能力，迫于数据寡头发展的压力逐渐流失用户，产生滚雪球效应，数据垄断现象随之加剧。各领域内既有市场份额较高的公司，用户规模巨大，所收集到的用户数据远超市场份额较小的小型公司或初创公司。以字节跳动旗下的抖音 App 为例，由于先发优势，抖音积累了大量用户数据，并且利用这些数据优化了自身的推荐算法，这种优化作用给予了企业远超竞争对手的优势，即它的服务能够让消费者更加满意。后进入的竞争者难以获得大量数据，进而其算法本身得不到优化，导致其产品用户体验差，最终在竞争中落后。

（二）数据垄断的成因

随着各领域数字化进程的加速，数据垄断现象将愈发严重。那么数据垄断究竟是怎样产生和形成的？2017 年 6 月，荷兰经济事务部发布的《大数据与竞争》报告认为数据主要有六点特性：非竞争性、一定的排他性、迁移性、可替代性、互补性和非持久性。当用户在使用各数据服务提供商的服务时，其数据不断产生并被收集。与工业社会的其他生产要素不同，数据具有可复制性和非竞争性，可主动或被动地分散给各数据收集者。各数据

① 孟小峰．破解数据垄断的几种治理模式研究［J］．人民论坛，2020（27）：58－61.

收集者均有机会获得同等的数据，但不同收集者间仍存在较大的数据差异，甚至数据垄断情况。基于数据特性和数据驱动型公司的商业模式特点，数据垄断产生的原因主要有以下四点：

第一，数据本身的特性使其易聚集。首先，数据价值密度低，其价值需要挖掘海量数据得到；其次，虽然数据不具对抗性，但收集数据仍具有一定的技术和法律门槛，导致其前期投入成本高，而后期边际成本低，极易形成规模经济。大公司通常具备较高的技术水平和投资成本，这是收集海量数据的必备前提。

第二，覆盖多数字化领域的商业模式。大公司通过业务扩张、投资、并购等方式，建立了横跨多领域的商业生态圈，掌握并打通了各数字化领域的用户数据，如社交、购物、交通、医疗等。各领域数据的融合形成了数据寡头公司的海量数据基础。研究发现，数据收集规模较大的公司通常拥有覆盖各领域的大量移动应用程序，如数据集内的腾讯公司开发了 516 个移动应用程序，在安全、社交、新闻、音乐、游戏等多领域的数据收集中占优势地位。而规模较小的公司则主要集中在 1 个或少数几个领域内进行数据收集，如珠海金山办公软件有限公司的数据收集主要在办公领域。

第三，庞大的用户规模及其产生的网络效应。各领域内现有市场份额较高的公司，其用户规模巨大，所收集到的用户数据远超市场份额较小的小型公司或初创公司。基于数据的算法可提升企业提供产品和服务的质量，进而吸引更多用户。“使用者反馈”与“获利反馈”使得大公司数据收集能力不断自我增强，造成各数据收集者间的数据鸿沟越来越大。截至 2019 年 3 月，数据收集规模较大的阿里巴巴公司旗下的手机淘宝软件的下载量累计达到 27 亿，且在约 3000 万的抽样人群中使用率达 42%。

第四，其他数据源。除自身通过技术手段收集的各类数据外，公司还可接入其他数据源，如政府公共数据、企业间共享数据和交易数据。

（三）数据垄断危害

数据垄断形势严峻，数据寡头享受着数据垄断带来的高额收益，且存在破坏市场自由竞争的可能性。对于数据收集者而言，合理收集并拥有海量数据并不是非法行为，但是利用自身数据垄断优势滥用市场支配地位、限制竞争并损害消费者权益则违法违规。总的来说，数据垄断现象主要有以下几类潜在问题：

第一，数据安全性问题。先进的大数据技术虽然为人们的生活提供了很多便利，但公民和组织的数据隐私也非常容易赤裸裸地暴露在电子商务、搜索引擎以及微博等“第三只眼”的监控之下，使一些不法商户急于从中发现商机，严重威胁到普通人的隐私权。技术的快速进步能够使得这些数据最终被开发出新的用途，但是个人对此经常毫不知情。另外，通过数据聚合，数据垄断者收集了足够多的生物特征码，结合大数据所绘制的用户画像，就可以通过“深度伪装”直接复制用户的全部信息。因此，运用大数据技术进行预测和控制人们潜在的经济行为，会造成一些伦理和道德上的风险，损伤了公平、自由、尊严等人性价值。更甚者，对国家安全也会产生威胁，例如滴滴出行泄露数据，引发网络安全审查。[①]

第二，对数据过度依赖。数据垄断极易出现对数据的盲目依赖，使人们丧失理性的思维和决策能力。人们更加相信量化表现事物信息的事实，因而认为数据决定一切的规律是正确的。该论断无疑会使人们在海量数据面前开始低头，将逻辑思辨抛之脑后，在决策中更加依赖数据的力量。即使数据有些偏误，也可以通过相应的技术手段进行调整，想当然地得出一些看似符合经济规律的结论。一旦出现分析失误，将会严重威胁民众的切身利益。因此，如何避免成为数据的奴隶，已经成为迫在眉睫的问题。

第三，出现数据鸿沟。数据垄断规定了谁能接入、为何目的、在何种情境下、受到怎样的限制等诸多前提性内容。其中，数据流动受限是数据垄断的一个重大弊端。依照常理，合理、科学、有序的数据流动将有助于数据资源的优化配置和使用，推动大数据技术的创新。但是，部分企业或国家为了维护自身利益而拒绝信息的交流与互动，这不仅浪费了数据资源，而且会阻碍创新的实现。

第四，在整个产业生态层面阻碍竞争。数据垄断必然会带来新壁垒，即数据壁垒。这个数据壁垒正是由超级平台的生态圈闭环所致。这也是我们经常看到的反垄断法特别关注的一个问题。实际上，数据垄断扭曲了市场竞争，例如中国的电商领域、支付领域、物流领域以及商旅出行领域等，都已经形成了明显的数据寡头。这些数据寡头使得同业竞争非常艰难，跨界竞争也变得非常艰难。同业之间排名三四位之后的那些企业，如果想要获得成长，或者想要打通数据孤岛，以更多的数据挖掘来形成自己的差别化竞争优势，已变得特别困难甚至不可能。

第五，消费者权益难以得到保护。数据垄断即对资源的独占，不仅降低资源配置效率，也会导致对消费者不公平的市场定价。“数据杀熟”已经成为互联网平台企业的惯用手段。更重要的是，在数据垄断的情况下，消费者保护的法律合约问题变得极为复杂。消费者在线下购物消费时，商家就是甲方，消费者就是乙方，双方签订了一个商品或者服务的购销合同后，双方的合同都较为简单透明，消费者保护的介入难度较低。然而，在数据寡头时期，从供货商到经销商、到物流、到平台，再到收货人是否及时收货等这些环节的过程中，涉及的合约方并不仅仅是甲乙两方，而是涉及多方，故而最后消费者能不能获得满意的产品，从源头到经销商再到物流等环节中都有可能出现差池，因此消费者保护变得更为棘手。同样地，如果消费者进行维权，那就必须让政府的有关部门或者是消费者保护部门从数据主体处获得适当的共享相关数据的权利，但这个度的边界如何厘清，当前也是模糊的。

第六，数据垄断会加强大数据处理技术的使用壁垒。数据作为一种资源，是可以深度挖掘的，但由于算法的研发和进步严重依赖于大数据，因此一旦数据被垄断，那么与数据相关的技术进步便有可能会放慢，形成技术和数据两张皮。在极端情况下，数据垄断者甚

---

① 网络安全审查办公室关于对“滴滴出行”启动网络安全审查的公告. 中共中央网络安全和信息化委员会办公室，2021-07-02.

至可能拒绝来自政府部门的数据共享要求，使其商业活动处于不够透明的黑箱之中。例如，信贷和征信体系本身是政府主导的重要基础设施，极有可能出现政府平台向数据寡头开放，而数据寡头的数据却拒绝向政府开放的尴尬情形。

二、数据垄断的相关立法状况

数据垄断是一种新现象，《中华人民共和国反垄断法》作为总纲对其并没有详细的规定，而在《中华人民共和国电子商务法》中，仅有部分法条涉及，并无具有针对性的规定。

欧盟对于互联网企业数据垄断和数据安全保护所投注的精力是主要经济体中最多的。脸书、谷歌这样的互联网公司在欧盟受到的反垄断诉讼始终不断。欧盟作为一个整体或者欧洲的个别国家，如法国、英国等，相继对这些美国互联网巨头们收集、运用或出售海量信息的行为规定甚至采取了相应的司法行动。欧盟原来通过《数据库指令》保护数据库的权利，但是经过欧盟法院对一系列案件的裁判，《数据库指令》所保护的数据库范围和适用范围事实上被大大缩限，法院认为数据库保护存在着规制面过宽的危险，人们对数据库的市场滥用存在着严重的担忧。①

在中国，数据垄断这一说法并没有得到法律界的承认，相关案件多是从数据安全的角度，以《中华人民共和国网络安全法》《全国人民代表大会常务委员会关于加强网络信息保护的决定》为依据进行判定，或从数据使用的角度，以《中华人民共和国民法典》和《中华人民共和国个人信息保护法》为依据进行判定。从违法违规使用数据角度，以刑法和相关修正案，以及将《关于办理侵犯公民个人信息刑事案件适用法律若干问题的解释》《中华人民共和国消费者权益保护法》《中华人民共和国电子商务法》等作为依据。以“脉脉非法抓取使用微博用户信息案”为例，法院认为，首先，用户在使用平台的时候是数据贡献者，但数据贡献者本身是一个个体，其对大数据这个产品不拥有财产权益。其次，考虑到未清晰界定的网络运营者与网络用户对原始网络数据复杂的权利状态，法院赋予平台本身对大数据的一个竞争性的权益，当平台付出了人力、物力收集数据，数据能为企业本身带来竞争优势时，法院和司法有权利或者有义务来保证平台对数据正当的权益，如果第三方通过非正当手段来使用这些数据产生权益的话，平台对相对方可以通过司法得到相关的保护。相对而言，美国认定未经授权获取或使用数据的行为是一种动产侵害，承认了数据控制者对所收集的数据享有的财产权益，这是美国的一个基本态度。②

数据赋能竞争是数字时代市场经济运行的典型特征。尽管如此，企业仅拥有海量数据并不一定就能提升产品和服务的质量，二者之间不存在必然的因果关系。数据能量的释放

---

① 牛喜堃．数据垄断的反垄断法规制［J］．经济法论丛，2018（2）：370－394.

② 杨翱宇．美国法信息盗用制度的演进及其对我国数据财产权益保护的启示［J］．政治与法律，2019（11）：145－161.

一定是在流通中得以实现的。客观全面地讲，数据不仅是推动数字经济发展和产业转型升级的重要动力，同时也可能为垄断提供新的介质和方法。企业通过海量的多样化数据分析，特别是将大数据技术与人工算法相结合，能够有效地把握市场的动态运行规律，更精准有效地执行各项竞争行为。可将数据垄断看作基于数据实施的垄断行为，它是在数据流动中出现的积极或消极的限制、排除竞争的违法行为。依照《中华人民共和国反垄断法》的框架，大致有与数据相关的垄断协议、滥用市场支配地位和经营者集中三种主要的垄断行为。当然也存在与数据相关的行政垄断。在中国数字经济高速发展的背景下，政府基于对各类数据的强大控制力和巨大占有量，更容易诱发不同形式的经济型垄断。党的十九届四中全会报告中特别强调了政府对数据的有序开放，国务院相关文件中也提出，要加强政府部门与平台数据共享等。这对防止和消解与数据相关的行政垄断事件或案件具有积极意义和现实作用。

垄断协议的核心要件之一是经营者之间存在明示或暗示的意思联络。在数字经济下，新型垄断协议的认定也应围绕这一要件展开。通过输入数据，特别是大数据，借助于相同或者类似的算法，相关市场上的各经营者可在无须联络的情况下共同做出使彼此都能获益的经营决策，联合消除竞争，借助于数据的反馈机制，联合限制、排除偏离协议的其他经营者，由此产生反竞争效果，涉嫌构成垄断。滥用市场支配地位也可借由数据实现。为巩固、维持或打大现有市场地位，实现效益最大化，排除、限制现实或潜在的竞争对手，已取得相关市场支配地位的企业会利用数据实施各种滥用行为，其中既包括剥削性滥用，譬如基于消费数据分析的价格歧视，通过不公正协议条件获取用户隐私，为减少成本支出而降低产品和服务的质量，也包括排斥性滥用，例如“二选一”封锁屏蔽行为等，扭曲甚或破坏正常的市场竞争秩序，损害消费者、用户的合法权益，以及抑制中小企业公平参与创新的能力，最终减损社会创新发展的整体福利。现行的经营者集中审通常以经营者在相关市场上的市场份额或营业额为主要指标，作为一种事前审查机制，经营者集中审查主要是为了预防通过集中的方式扩大和增强经营者在相关市场上的力量，以达到防止不当抑制竞争效果的出现。因此市场结构和力量的改变可以作为经营者集中审查机制主要考察的现象。但是由于数据单断是一种新生事物，在执法中经常会陷入“技术必须”的争论，进行数据垄断的企业会辩称它的数据垄断行为并非有意损害竞争，而是为了维持相关服务所必须执行的行为。

三、数据垄断认定

数据垄断依然是垄断的一种，对它的认定必然不可能脱离垄断分析框架，只是需要因地制宜，按照数字经济时代背景和数据的特殊性对其进行些许调整。

首先，判断企业是否具有市场支配地位。[①]

其次，判断该企业是否有足够的可能收集到用户多个维度的数据，这些维度包括诸如

① 曾雄．数据垄断相关问题的反垄断法分析思路［J］．竞争政策研究，2017（6）：40－52.

用户的交际圈、购买行为、资金能力、出行情况等各个关键的生活面。单一的数据维度主要是隐私保护的问题，若能够获得多个维度的数据，用户的个人特征和行为就变得更有预测性，进而使数据持有者有能力在交易中获得无比的优势，即该平台具备数据垄断的可能。具备数据垄断的可能并不能判定一定会数据垄断，是否合理地使用数据才是判断的关键。是否合规地使用用户的数据、是否由于数据缺失或瑕疵形成了对于用户的数据偏见，以及是否赋予删除和转移数据的权限，都是判断数据垄断的决定性因素。

再次，判断该企业是否合规使用数据。合规使用应包括：收集数据前先要做到告知义务，即告知哪些数据是被采集的，以及哪些数据是基于采集的数据形成的再加工数据。大多数互联网公司或数据收集方并没有在服务条款里面详细告知用户哪些数据是被采集或加工的。不知道哪些数据被采集，就更无从知晓二次加工的数据是如何形成的。在告知义务之上，企业要清楚地告知用户数据将被如何应用以及对用户的价值，这里很重要的是用户应对这些数据的应用有完全的控制权限，用户可以选择开启或关闭这些数据形成的应用。数据的合理使用还涉及两个方面，即数据的分享和存储。用户应有权利知道自己的个人数据是以何种形式被分享和存储的，也可以选择开启或关闭个人数据的分享与存储，无论是匿名的还是实名的数据。数据的合规使用需要企业有强有力的数据伦理，但也需要强有力的法律支撑。这部分目前欧洲走得比较靠前。与此同时，执法力度也很关键。

最后，确保数据跟随用户的选择进行删除和转移。即当用户不再使用服务时，用户可以选择彻底删除与自己相关的数据。不过实际的实现是很难的，一方面数据采集方面难以监督，有可能存在表面删除但还存有备份的情况；另一方面则需要数据采集方及持有方有很强的数据伦理。这部分也需要法律的介入，建立严厉的惩罚机制，促进数据伦理的形成。数据的转移是更为复杂的。数据转移即当用户从一个平台转移到另一个平台时，其有权力将先前平台的数据转移过去，快速地丰富自己在新平台的画像。一方面，数据转移是法律问题，即法律需要强制要求各平台方建立数据转移的能力，否则在巨大的数据价值前，数据的转移机制很难建立；另一方面，数据转移需要行业标准的推动，即在各家数据结构不一样的情况下，对于数据转移档案采用统一的格式，这是一个需要政府推动、企业配合的漫长过程。

四、数据垄断的治理模式

鉴于数据垄断形势愈发严峻，促进数据共享和数据公平流通，并对数据垄断现象进行治理已经刻不容缓。对数据垄断进行治理的核心目标是逐步削弱数据寡头的数据控制权，协调各数据相关方的利益，使数据能够作为核心资产来管理和应用，在实现数据的经济价值和社会价值的基础上减轻或解决数据垄断所带来的各类问题。基于数据寡头数据控制权的强弱，现有的数据垄断的治理方法和治理模式主要有三类：①

---

① 孟小峰，朱敏杰，刘立新，刘俊旭．数据垄断与其治理模式研究［J］．信息安全研究，2019，5（9）：789－797.

第一，局部模式。局部模式指在数据产生后且未流通前对数据进行扰动、匿名、加密等处理，以降低数据准确度的方案，其主要实现方法包括弱隐私保护（如假数据、K－匿名）、强隐私保护（如加密技术、差分隐私）等。局部模式从数据产生源头保护用户数据，使流通中的数据不完全准确，进而降低数据寡头持有数据的价值，但该模式不对数据收集和使用进行管理控制。在该模式下，数据寡头对数据的控制性最强，其仍持有海量数据，但数据的准确度被降低。数据的低准确度会影响数据价值的输出，因此该模式需考虑治理效果与价值产出的平衡关系。

第二，中介模式。中介模式指增加第三方的数据流通渠道，以促进数据供求流通和组织间数据共享的方案，其主要实现方法包括数据交易平台、数据开放平台等。中介模式从数据的收集和使用上分散数据，使各数据收集者有获取更多数据的可能性。在该模式下，数据收集者对数据的控制权被减弱，数据主体有更多控制自己数据的机会。

对于数据交易平台，2015 年我国《促进大数据发展行动纲要》提出："开展面向应用的数据交易市场试点，鼓励产业链各环节的市场主体进行数据交换和交易。"[①] 随后全国各地建立了多个数据交易平台，如上海数据交易中心、贵阳大数据交易所、东湖大数据交易中心等。此外，数据交易平台还包括各数据众包平台，支持个人有偿提供数据和下载数据，如百度数据众包、蚂蚁众包、京东众智等。对于数据共享平台，该平台的设立通常依据必要设施原则，认为数据是企业或机构进行生产活动的必要元素，如 2017 年国务院办公厅印发的《政务信息系统整合共享实施方案》，推进了政务信息系统整合共享；开放数据研究所与多个公司和机构合作建立各类"数据信托"，以便其他企业或机构可以合法获取同等数据。

第三，全局模式。全局模式指统一监管和控制数据流通、处理及使用的方案，其主要实现方法分为中心化和去中心化两类。中心化的全局模式指建立一个统领各数据收集者的统一的数据监管或交易平台。去中心化的全局模式指建立一个使得数据权力分散到各数据相关方的数据管控设施，数据监管不再集中在一个或多个机构中，主要实现技术为区块链，通过区块链存储数据的产生、收集、使用及流通记录。全局模式从数据的全生命周期进行管控，旨在进行全方位、各领域的数据共享和数据开放。在该模式下，数据收集者对数据的控制性最弱，数据的控制权主要由数据监管者和数据主体掌握，促进了数据的分散流通和分布。

以上三类数据垄断的治理模式中，局部模式从数据源头进行治理，不改变数据聚集状况，仅对数据质量进行扰动，数据控制权主要掌握在数据收集者手中，导致数据透明度较低。中介模式主要对数据收集和数据使用阶段的数据进行分流，使更多数据收集者能有机会获取用户数据，其数据控制权主要掌握在数据收集者和数据主体手中。全局模式则是基于全数据生命周期的治理方案，由数据监管者和数据主体控制相应的数据流通，其成本最高，相应的数据透明度也最高。

---

① 具体内容可参考 http：//www.gov.cn/zhengce/content/2015－09/05/content_10137.htm.

第二节 数据治理

一、数据治理的基本内涵

（一）数据治理的定义

治理是指政府、企业、个人以及非政府组织等主体为了管理共同事务，以正式制度、规则和非正式安排的方式相互协调并持续互动的一个过程。目前关于数据治理的定义并没有形成统一的结论。数据治理具有治理的很多特征。例如，需要政府、企业、个人以及非政府组织等共同努力，也需要建立一套立法、规章、制度和规则。然而，由于治理的对象是数据，它又有很多自身的特点。[①]

根据国际标准化组织 IT 服务管理和 IT 治理分技术委员会、数据治理研究所（Data Governance Institute，DGI）、IBM 数据治理委员会等机构的观点，数据治理（data governance）是指建立在数据存储、访问、验证、保护和使用之上的系列程序、标准、角色和指标，以期通过持续的评估、指导和监督，确保富有成果且高效的数据利用，实现企业价值。在我国，信息技术服务标准（information technology service standards，ITSS）工作组于 2015 年 5 月发布了《数据治理白皮书》国际标准研究报告。报告认为，数据是资产，通过服务产生价值。数据治理主要是在数据产生价值的过程中对其做出的评价、指导、控制。

通过梳理既有研究对“数据治理”的定义，本书认为“数据治理”的内涵可以从宏观和微观两个层面来看待。从宏观层面看，数据治理是指政府等公共机构、企业等私营机构以及个人，为了最大限度地挖掘和释放数据价值，推动数据安全、有序流动而采取政策、法律、标准、技术等一系列措施的过程。从微观层面看，数据治理是不同的机构对各种各样的元数据进行处理和分析的过程。换句话说，无论何种主体以何种方式，只要围绕数据安全、有序流动所采取的行动，都属数据治理的范畴。

（二）数据治理的范围与目标

微观层面，根据国际标准化组织 IT 服务管理与 IT 治理分技术委员会的观点，可以将数据治理的范围划分为以下八个方面：数据架构、分析和设计；数据库管理；数据安全管理；数据质量管理；参考和主数据管理；数据仓库和企业情报管理；文件、记录和内容管理；元数据管理。

宏观层面，经济学和社会科学领域的研究则认为，无论各种主体以何种方式开展数据

① 孙毅著．数字经济学［M］．北京：机械工业出版社，2021.

治理，其核心都是要推动数据自由安全地流动，以便最大限度地挖掘和释放数据价值。因此，制约数据治理的主要因素有：一是数据权问题，国内层面是数据开放共享和数据确权问题，国际层面便是如何实现有效的数据跨境流动；二是数据安全问题，目前国际社会主要聚焦于个人数据，即数据隐私和个人信息保护问题。

数据治理的最终目标是提升数据的价值，其主要分为两个方面：一方面在于确保数据的高效利用和实现企业价值。企业开展有效的数据治理，会通过改进决策、缩减成本、降低风险和提高安全合规等方式将价值回馈于业务，并最终体现为增加收入和利润。另一方面则是为了提升政府公共管理能力和国家治理能力。有统计显示，政府拥有全社会80%的数据资源，通过运用大数据、云计算等现代信息技术，形成“用数据决策、用数据管理、用数据服务”的公共管理与服务机制，能够有效提升政府公共管理能力和国家治理能力，促进经济社会的快速健康发展。

二、数据开放共享与数据产权

关于数据权的治理，国内研究主要聚焦于数据开放共享和数据产权，国际研究则聚焦于数据跨境流动。

（一）数据开放共享

大数据时代，数据依靠流动创造价值。提高数据的利用率，避免数据成为“死水”和“孤岛”，对数据实现开放和共享具有重要意义。随着共享数据库或共享平台的建立，人们可以把自己认为有价值、可共享的信息和数据储存在数据库或平台中，平台各方都可以在其中交换和共享数据，从而充分利用数据价值。

数据开放共享适用于各个领域。例如，从企业角度来看，通过深度的数据挖掘，聚合的数据能够精准反映用户的个性化产品需求、产品交互及交易状况。这有利于实现个性化定制，最大程度满足用户需求，同时还能够优化生产工艺流程，缩短产品研发周期，提升制造业生产效率。从整个制造业来看，有效整合众多制造业企业的数据和信息资源，能够形成更加科学、高效的产业链，尤其能够带动和引导大批中小企业走出传统生产模式，实现转型升级。可以说，数据的价值就是在不断共享、交换和利用的过程中实现并一步一步最大化的。

数据开放共享的方式主要包括数据开放、数据交换和数据交易。

数据开放主要是指政府数据面向公众开放，该方式主要适用于非敏感、不涉及个人隐私的数据，并且需要保证数据经过二次加工或聚合分析后仍不会产生敏感数据。

数据交换主要是政府部门之间、政府与企业之间通过签署协议或合作等方式开展的非营利性数据开放共享。一般有两种情况：一种是为信用较好或有关联的实体之间提供数据交换机制，由第三方机构为双方提供交换区域、技术及服务，这种交换适用于非涉密或保密程度比较低的数据；另一种是针对敏感数据封装在业务场景中的闭环交换，通过安全标记、多级授权、基于标准的访问控制、多租户隔离、数据族谱、血缘追踪及安全审计等安全机制构建安全的交换平台空间，确保数据可用不可见。

数据交易主要是对数据明码标价进行买卖，目前市场上比较多的第三方数据交易平台提供的主要是这种模式。以百度腾讯、阿里巴巴等为代表的互联网企业凭借自身拥有的数据规模优势和技术优势在大数据交易领域快速“跑马圈地”，并派生出数据交易平台。这种大数据交易一般是基于企业自身业务派生而来的，与企业母体存在强关联性。

不过，数据开放共享也面临很多问题。第一，已有数据资源积累的部门或企业出于观念、利益和安全等多重因素的考虑，绝大多数不愿意分享自己的数据，即“无意愿”开放共享。第二，数据泄露等安全事件频发和出于数据伦理的考量，使企业乃至国家对数据开放共享望而却步，即“无考量”开放共享。第三，大数据具有规模海量（volume）、流转快速（velocity）、类型多样（variety）和价值（value）巨大四大特征。通常意义上，大数据的4V特性大大增加了对数据进行分析处理的难度，数据的利用具有专业性强、难度大的特点，对技术要求较高，而且全球多数国家对数据开放共享的要求、规范、场景和条件尚未形成具体的法律法规和标准规范，这些因素均加重了“数据孤岛”现象，即“无本领”开放共享。所以，数据的开放共享绝非易事。

（二）数据产权

实际上，无论政府还是部分企业，都拥有非常丰富的大数据资源，但是大部分被束之高阁，数据共享共用难以实现。这其中横亘的第一道“天堑”就是要明确数据产权，简称“数据确权”。数据产权（data property right）可定义为：设备的所有者或使用者对基于数据行为而产生的网络数据享有使自己或他人在财产性利益上受益或受损的权利。

数据产权的核心问题主要有三点：数据归谁所有（数据所有权）？谁在用数据（数据使用权）？数据收益如何分配（数据收益权）？当前学界、业界都没有准确的答案，由此导致的问题也数不胜数。

数据所有权。当前关于数据的产权归属问题还远未达成共识。特别是在去除个人身份属性的数据交易中，到底是数据主体（产生数据的个人）还是记录数据的企业拥有数据的所有权，数据在由政府部门收集的情况下到底属于政府还是提供者个人，各方莫衷一是。

数据使用权。当前大规模使用数据的主体有两个，分别是政府和企业。

数据收益权。通过使用数据产生巨额的经济收益应该如何进行分配？是分配给数据产生者，还是赋予数据的收集、加工者政府或企业呢？数据的生产者又是否能够合法合理地享有数据收益权呢？这些问题都是数据治理的关键，需要在理论和立法上加以解决。

当前，我国已多次提出数据确权的要求。《“十三五”国家信息化规划》即提出加快推动“数据确权，数据管理”的立法。第十三届全国人民代表大会期间，全国人大财政经济委员会提出完善“数据权属、权利、交易等规则”。2017 年 12 月，习近平总书记明确提出了“制定数据资源确权、开放、流通、交易相关制度，完善数据产权保护制度。”的要求。然而，立法却一直未对数据权属做出正面回应。将数据产权置于既有制度规范中考察，可能涉及数据安全法、物权法、合同法、知识产权法、竞争法、个人信息保护法等诸多规范。然而，无论是单独适用还是综合适用，既有规范均无法充分解答数据权属、保护与利用的问题，个案裁决中的数据确权诉求仍需进行仔细辨析。在立法层面，数据确权面临多重困境。

从学术研究的层面来看，数据确权也存在多种不同的理论，目前主流的观点包括所有权保护说、知识产权保护说、债权保护说、新型数据产权保护说。以新型数据产权保护说为例，该学说指出，数据权应包括个人数据权和数据产权：个人数据权是一种新的人格权类型，特指自然人依法对其个人数据进行控制和支配并排除他人干涉的权利；数据产权是保护数据权利人对数据财产直接控制和支配的权利，与物权中的所有权类似，都是强调对物的占有。因此，数据产权也应遵循所有权的权能，表现为占有、使用、收益、处分四项，以此来实现四种效力。其一是实现排他效力，也就是说，在同一数据财产中不应有两个或两个以上内容相同的财产权；其二是实现数据产权优先于债权的优先效力，以凸显对数据的占有控制；其三是实现数据产权的追及效力，这种效力像一个定位跟踪器，当追踪到该数据财产现在的占有人时，数据产权人得以请求其返还占有，无论该数据财产是否几经易手；其四是实现对数据财产的救济功能，即请求权效力，也就是在数据产权人的数据财产遭到侵害时，权利人有权向侵权人请求排除妨害、恢复原状等主张。

实际上，这类理论多建立在劳动赋权的简单论证之上，并未深入研究数据权利的生产机制，以致数据权利主体、客体均难以判定，且无法回应实践中的数据治理问题。植根于以意志论、利益论为代表的传统权利理论无法解释新的数据问题。

三、数据跨境流动

数字经济时代，生产和贸易越来越依赖于数据。数据本身就是可以交易的资产，是提供服务的渠道，也是贸易便利化、自动化的关键组成部分。麦肯锡全球研究院的报告显示，2008 年以来，数据跨境流动对全球经济增长的贡献已经超过传统的跨国贸易和投资，不仅支撑了包括商品、服务、资本、人才等几乎所有类型的全球化活动，并发挥着越来越独立的作用，数据全球化成为推动全球经济发展的重要力量。①

接下来，我们将介绍数据跨境流动的基本概念和一般原理，阐释其在推动经济发展过程中的价值与风险。

（一）数据跨境流动的定义

互联网在全球的广泛应用创造了海量数据，正是这些数据的流动为全球范围内的经济和贸易活动创造了大量机会。我们把跨越国家或地区的个人数据或非个人数据的传输、存

---

① Manyika, Lund, Bughin, et al. Digital globalization: The new era of global flows [R]. McKinsey Global Institute, 2016-02-24.

储和应用等统称为数据跨境流动（也称跨境数据流动、数据跨境）。[①]

数据跨境流动具有以下特点：一是不仅包括个人信息（数据），还包括非个人信息（数据）。因此，跨境数据流动包含各个方面或各个领域的大数据，例如，工业互联网、智能家居、智能驾驶数据等。二是跨境流动的数据应该与国内数据相统一，或是国内流动数据的子集。虽然跨境数据流动应该包括数据的输入、输出，但就现实情况来看，人们主要关心本国数据被输往国外是否会给本国国民或国家利益带来不利影响。因此，所谓的跨境数据流动问题主要讨论如何对输往国外的本国数据施加各种管制措施，包括数据类型、数据属性、数据容量以及使用方向、存储位置等。从保护个人信息和国家安全的角度上讲，若要控制跨境数据流动问题的不利影响，必须先建立完善的国内数据安全管理制度。三是跨境数据流动的管理应该涵盖数据的传输、存储和应用等信息全生命周期。因此，云计算中心（云数据中心）在跨境数据流动问题中占据重要地位。云计算及其基于云计算中心所构建的各类平台，如工业互联网平台、电子商务平台、共享经济平台和社交媒体平台等，在全球经济社会发展中正在发挥举足轻重的作用。与此同时，基于这些平台所带来的数据流动问题，也给传统的跨境数据流动带来了挑战。

（二）数据跨境流动的价值和风险

数据跨境流动产生的影响是巨大且深远的。数据有序跨境流动，有利于全球数据资源的开发利用和开放共享，有利于信息化产品和服务跨境运营和商业拓展，有利于推动信息网络技术、产品和服务的创新发展，进一步提升经济效率和社会福祉。但与此同时，如何辨识和管理数据跨境流动中的潜在风险，逐渐成为新时代数字经济发展和治理的关键环节。

1. 数据跨境流动的价值

总体来看，跨境数据流动在促进经济增长、加速创新、推动全球化等方面发挥了积极作用，推动数据跨境自由流动能够实现保障用户权利和提升全社会经济总体效用。

（1）促进经济增长。基于生产要素国际流动理论，数据的跨国界流动可以帮助企业更直接、更合理地利用全球要素资源，不仅支撑起包括商品、服务、资本、人才等其他几乎所有要素的全球化活动，也在发挥着越来越独立且重要的作用。世界经济论坛称“跨境数据流动的能力是高效行业的一个关键要素，也是关键的生产力增强剂，对维持全球复苏和为经济体奠定长期竞争力基础至关重要。”

（2）提升创新能力。数据跨境流动意味着信息、知识的传播与共享，自由流动的数据是国家创新的重要催化剂。目前，几乎所有行业都依赖于跨境数据的流动和实时分析数据的能力，以此作为其供应链、运营和商业模式创新的推动力。数据跨境流动使创新性的想法在全球扩散，使全球的互联网用户都可以接触、利用最新研究成果和技术，并激发更多创意，催生新业务、新模式和新企业，实现国家创新能力的整体提升。

---

① 孙毅. 数字经济学［M］. 北京：机械工业出版社，2021.

（3）推动全球化发展。互联网开放互联的特性满足企业天然的全球经营需要和便利。数据是企业经营的“血液”，跨境数据流动极大地推动了企业面向全球的商业拓展。以跨境电商为例，阿里巴巴、亚马逊等互联网平台企业通过互联网获取、处理和跨境传输数据，为各类跨境贸易商构建了全球用户社区，实现了电子商务模式的全球扩张，帮助企业融入全球供应链。同时，企业跨境数据流动降低了企业贸易和交易的成本，大量中小型公司几乎和大型企业有了同样的国际贸易能力。

（4）保障用户数字权利。基于云计算的跨境数据流动模式弱化了存储地理位置的约束，而由用户根据服务内容、质量、成本等在全球范围内灵活地选择云计算服务商，可以提升用户服务水平和体验，保障用户的数字权利。

2. 数据跨境流动的风险

大数据环境下，大规模和复杂的数据跨境流动成为常态。数据跨境活动带来的风险成为许多国家实施数据本地化策略的正当性理由。尤其是网络空间博弈愈来愈与地缘政治、产业竞争、经贸关系、网络主权、权利保护等各种议题相结合，数据跨境流动也成为当前国家地区间政策博弈最为复杂的领域之一。

（1）数据跨境流动引发数据安全风险担忧。数字经济的快速发展加速了个人数据的全球流通和融合，也使其作为重要的生产要素的价值得以凸显。个人数据的价值和重要性决定了其被觊觎的高概率，全球数据黑色产业链日益成熟，离境数据被恶意利用和买卖的现象频发，个人数据泄露事件不断发生，对个人隐私、财产甚至人身安全造成威胁。与此同时，各国个人数据保护标准不一致，造成数据在全球范围内不受限制地流动缺乏安全可信的在线环境。保护标准较高的国家质疑其公民个人数据流向保护标准较低的国家将导致数据隐私和安全风险。因此，许多国家的个人数据保护立法开始提出数据跨境流动的限制性规定，比如欧盟、新加坡、日本等提出的“相同保护水平”要求，即个人数据接收国需要达到流出国相同的数据保护水平，以为本国/地区公民个人数据安全提供保障。

（2）数据不受限制地外流影响本国数字产业发展机会。从长远发展看，数据本身是生产力的资源。越来越多的互联网企业通过对海量、实时、异构的数据资源进行开发利用并取得巨大商业成功。同时，数据也会变得像工业时代的石油一样，成为国家重要战略资源，如何积累数据、精炼数据以及加工和管控数据，将成为决定国家经济命脉的重要因素。对于许多数字产业能力不强的国家来说，放任数据不受限制地流向境外，可能损害本国企业开发利用数据资源的发展机会，影响本国数字产业和数字经济竞争力的提升。这也是许多网络用户众多，但是本国产业竞争力不足的国家出台数据本地化政策的理由，以此拉动本地数据产业的发展，保护本国产业利益。

（3）数据跨境流动阻碍政府实施执法权。大数据时代，犯罪技术更加具有隐蔽性，“跳板技术”等新兴犯罪手段可以更加容易地掩盖攻击源头。数据跨境使得大量数据流向境外，执法机关提取有价值的证据需要耗费更多的时间和人力资源，高效甄别数据价值的挑战更大。在跨境数据取证的合作过程中，执法活动会受到预防能力或补救权力不足的实际阻碍，使域外取证处于被动地位。也就是说，数据离境会增加执法成本。当然，在不同司法管辖区域内的执法活动可以通过司法互助双边协议予以实现，但目前实施效果并不理想。为弥补跨国犯罪管辖权不足、提升执法便利性，美国依托其遍布全球的互联网跨国企业实施长臂管辖，而以俄罗斯为代表的国家则提出数据本地化备份等要求，对数据跨境活动实施监管。

（4）数据跨境流动威胁国家主权与安全。大数据时代，“国家拥有数据的规模、流动、利用等能力将成为综合国力的重要组成部分”。包括个人、企业和国家数据等在内的数据早已不仅是国家“软实力”的体现，更关涉情报、军事、国防等国家安全领域。各国在新生的网络空间确立边疆追求权力，信息的流动和分享越来越受到政治性因素的影响。数据跨境流动议题由此与国家主权与安全密切联系。数据对国家主权维护有重要意义，是支撑国家安全与发展的重要战略资源，具有极为重要的主权保护价值。因为数字产业竞争力差距的存在，今天世界的基本现实是，数据产业竞争力较弱的国家的用户是数据的主要提供者，数据产业竞争力较强的国家的公司则是设备和服务的主要提供者，在不设限制的情况下，数据将自然向少数国家地理疆域之内汇聚。对于产业能力较弱的国家而言，拒绝数据跨境流动将使国家被排除在世界网络体系之外，损害数据经济发展机遇和公民福利；但是放任数据自由流动则将会引发国家安全威胁，给国家主权的完整性带来严峻挑战。因此，对数据跨境流动加以合理限制，有助于技术能力暂时处于弱势地位的国家，不会因为能力的差异而导致合法利益受到损害，使数据的使用能够促进数据初始提供者的利益，而非成为少数掌握了技术和产业优势的行为体过度追求自身利益的工具。

四、数据治理的立法与监管实践

数据是一把“双刃剑”。一方面，数据有助于改进政策与规划、推动经济发展和增强公民权能，具有创造价值的巨大潜力；另一方面，数据积累可能导致数据权力集中，扩大数据被滥用、给公民造成危害的可能性。数据是一种可以反复做使用、创造更多价值的资源，但这也带来一个问题——数据再利用越多，数据被滥用的风险就越高。新冠疫情大流行可能是展示这类机会和风险的最佳例子。在疫情防控过程中，不少国家迅速行动，将移动电话记录用于疫情监测，但同时他们也需要保护公民隐私，防范数据滥用。如何保持这两方面的平衡是数据治理最棘手的问题。①

数据治理既需要政府、企业、个人以及非政府组织等共同努力，也需要建立一套立法、规章、制度和规则。数字经济时代，世界各国政府充分认识到开放政府数据的战略意义，纷纷展开政府数据开放行动，包括联合国“全球脉动”项目、美国大数据战略、英国数据权运动、新加坡大数据治国理念等。另外，随着个人隐私保护问题的日益凸显，各国纷纷加强个人信息保护立法，保护数据隐私。国际层面、国家之间、企业之间对数据资源的争夺日益激烈，数据主权面临严重挑战。美国实行宽松的数据跨境流动政策，并在全球

---

① 孙毅著. 数字经济学［M］. 北京：机械工业出版社，2021.

推行数据自由理念，维护其数据霸权地位：欧盟通过白名单制度、标准合同、具有约束力的企业规章制度等设置非常严格的规制措施，很多国家和地区推行数据本地化政策。

（一）公共数据开放共享

数据开放共享，广义上包括政府与企业之间的数据开放共享，以及企业与企业之间的数据开放共享；狭义上就是指政府数据开放共享。政府掌控的数据蕴藏了巨大的经济和社会价值。但当下大多政府数据尚处于沉睡状态，价值并未得到充分的挖掘和利用。如何使这些沉睡的数据被充分利用，成为国家治理及政府行政面临的新课题。随着大数据时代及数字经济时代的到来，技术持续突破，观念不断革新，人们逐渐意识到政府数据只有被充分开放、共享，让政府之外的主体也成为数据享用者，其价值才能得到充分彰显。

目前，世界各国政府充分认识到开放政府数据的战略意义，一改过去的封闭态势，纷纷开展政府数据开放行动。例如，美国、英国、澳大利亚、加拿大、挪威、荷兰、印度等诸多国家政府创建了"一站式"数据开放平台，以发布它们收集的数据；同时不断出台要求政府各部门进一步加强数据开放的政策措施，除了收集数据外，还包括如何将数据转化为切实可用的信息产品以及知识。我国颁布的《数据安全法》明确，国家将制定政务数据开放目录，构建统一规范、互联互通、安全可控的政务数据开放平台，推动政务数据开放利用，同时还将推进电子政务的建设。

当然，政府数据的开放并非无边界、无限制。政府数据开放并不意味着将所有政府掌握的数据都向社会公众开放，数据开放必须以保障国家和公共安全、社会稳定为前提。对于那些涉及国家和公共安全、社会秩序、公共利益、商业秘密、个人隐私等敏感性及机密性数据的开放，必须施以合理、有效、可靠的规范和管制。因此，如何制定隐私和保密政策，进而寻求政府数据开放的边界，成为世界各国开展数据开放行动中面临的重要挑战。

（二）个人信息与隐私保护

数字经济时代，个人隐私保护问题也日益凸显，各国纷纷加强个人信息保护立法，保护数据隐私。根据联合国贸易和发展会议统计，截至 2020 年底，全球有 107 个国家通过了数据保护相关的专门立法，其中有 66 个是发展中国家。从上述国家的立法内容来看，所有立法均针对个人信息保护。其法律要求超越了传统信息安全强调的三大特性，即保障数据完整性、保密性、可用性，更多强调了个人对其信息的控制权利，以及国家为保护个人控制权利应当采取的制度和措施。

虽然全球在数据保护方面已有丰富的立法实践，但法律的具体实施一直存在很大的困难，导致纯粹通过政府立法、传统式执法及个人投诉举报等方式难以有效保护个人信息。一是个人信息的收集及使用行为无处不在，政府有限的执法资源难以对各个接触、掌握个人信息的组织实施有效的监督。二是个人信息的收集、使用行为具有很强的隐蔽性，大量的个人信息收集行为难以被个人感知。三是个人信息的收集、使用正在融入组织运营的方方面面，成为组织赖以生存和发展的命脉，因此当政府开展对某个具体问题的执法检查时，要摸清组织的个人信息处理行为，就需要耗费大量的人力、物力和时间，组织也需要花费巨大的成本配合监管。

个人信息收集和使用的这些特点造成了一系列的监督执法障碍，还进一步导致执法不均、不公的局面。执法机关为了克服上述障碍，很自然会进行选择性执法，即挑选具有典型示范意义的案件入手，现实中往往表现为“抓大放小”，导致大量中小企业的违法违规行为无人监管。

目前世界各国对于个人信息和隐私保护的监管立法主要以美国和欧盟为代表，基本形成了两种立法模式，即以隐私权为基础的美国模式和以人格权为基础的欧盟模式。美国模式的特点为分散立法、分业监管、偏重对信息使用的规制、注重产业利益等；欧盟模式的特点为统一立法、全面加强个人对信息的控制权、严格处罚机制等。

（三）数据跨境流动的国际合作机制

近年来，各国基于各自立场向世界贸易组织（WTO）多次提交数据跨境流动条款提案，但限于利益、价值观等存在较大差异，短期内联合国或WTO框架下的多边机制很难形成各方接受的单一数据跨境流动规则。于是数字经济大国开始通过双边谈判和多边合作以推动更加灵活的数据跨境流动国际合作。

1. 双边合作机制①

目前，各国尚未实现对跨境数据流动普遍认可的统一规则。在这种情况下，跨境数据流动双边谈判成为较为主流与普遍的选择。该谈判通常有以下两种形式：一是各个国家之间达成“充分性认定”。欧盟就对其白名单国家实施了数据保护的充分性认定。目前，这种认定逐渐成为一种趋势，不少国家对本国的相关政策进行更改和完善，以与欧盟的认定实现对接，从而能够在欧盟市场开展商业活动。二是在协定中增加鼓励数据流动的相关条款。2000—2019年，在全球的双边协议中，有99项包含了至少一条相关条款，其中有72项双边协议包含了电子商务和数据跨境流动的章节。美国、新加坡、澳大利亚、加拿大和欧盟是主要的规则制定者。

2. 多边合作机制

多边合作机制也有两种主要形式：一是在多边贸易谈判中引入跨境数据自由流动条款。随着数字技术的发展，数据跨境流动的情况有了颠覆性的变化。然而WTO作为国际多边贸易规则的典型代表，其规则却并未更新。最近几年，不少国家向WTO提出了关于电子商务谈判的提案，如美国、日本、新加坡等，并提出了反对限制跨境数据流动的观点。以中国为代表的发展中国家则主张建立基于货物流动的跨境电子商务规则；非洲、加勒比和太平洋岛国等国家由于数字基础设施较差，因此反对将数字贸易和跨境电子商务问题纳入多边贸易框架中。目前，全球难以在跨境数据流动规则的制定上达成统一。二是通过区域示范促进各成员国达成共识。尽管在区域范围内提供示范性隐私和数据保护框架不

① 孙毅. 数字经济学［M］. 北京：机械工业出版社，2021.

具有强制性约束力，但仍然为其他国家制定国内相关政策提供了指导，这有利于促进区域范围内的国家对于数据保护的政策与原则达成统一，促进区域经贸合作与一体化发展。世界上第一个隐私保护框架由经济合作与发展组织制定，其提出的平衡个人隐私数据保护和数据自由流动的解决方法，是国际社会在数据跨境流动领域达成的第一个共识。

迄今为止，关于数据治理的全球辩论对于低收入国家的考虑较少。低收入国家往往缺乏必要的数据法律与监管框架，在数据安全保障措施和数据共享措施两方面都存在缺口。这些国家没有实现可操作的、使数据可供更多用户使用的完善数据系统和基础设施。低收入国家中只有不到20%拥有现代化的数据基础设施，如数据托管中心和使用云端计算设施的直接渠道，即使那些数据系统和治理框架已初具雏形的国家，由于缺乏具备必要行政能力、决策自主权和财务资源的相关机构，这些系统和框架也无法得到有效的贯彻实施。

本章思考题

1. 简述数据垄断的基本内涵。
2. 简述数据治理的基本内涵。
3. 结合社会生活中的现象，列举存在数据垄断的案例。
4. 当前数据治理存在哪些困难和问题？
5. 政府数据开放共享的制约因素有哪些？如何解决？
6. 什么是数据跨境流动？为什么有些国家要采取“数据本地化”措施？
7. 你认为中国在《个人信息保护法》立法的过程中应该注意哪些问题？

第十四章　国际组织及主要国家的数字经济发展战略

▶案例导入

美、欧、中数字治理模式

在数字治理领域，全球尚未形成统一的国际规则和各国相互协调的治理体系，各国从维护自身利益出发，选择了不同的数字治理模式，全球数字治理呈现碎片化、分裂化的特点。从全球数字治理格局来看，美国和欧盟各自主导了全球最主要的两大数字治理体系，两大体系治理重点各有不同，均致力于将各自的治理方式推广成全球规则和标准。中国在数字治理方面也逐渐形成了自己的特色。

（一）美国数字治理模式：以“数字自由主义”之名，行“数字霸权主义”之实

美国数字经济发展水平全球领先，是全球数字经济发展的领头羊。美国在全球经济治理中，一直强调“数字自由主义”规则。同时，美国极力推动这些美式规则标准上升成为全球公认的规则标准，以维护美国企业在全球的经济利益，表现出明显的“数字霸权主义”，如美国以“国家安全”为由对英国、波兰等30多个国家施压，要求这些国家将中国企业排除出5G网络的建设。而美国的同类企业借机积极开发同类产品，抢占市场份额，成为最大的受益者。

（二）欧盟数字治理模式：注重个人隐私保护和欧盟数字单一市场建设

欧盟在数字治理方面较为强调统一市场建设，通过个人数据隐私保护、征收数字税等方式，形成抗衡美国数字进攻的制度壁垒，并意图通过建立单一市场做大欧盟数字市场规模，提升欧盟数字经济发展水平。通过一系列数字经济发展战略，欧盟力图与中美争夺全球市场份额、“技术主权”和国际规则制定权，力争成为除中美外的全球“数字化第三极”，甚至成为全球数字经济和数字治理的领导者。

（三）以中国为代表的新兴经济体和发展中国家数字治理模式：总体呈现防御倾向

各新兴经济体和发展中国家国情不同，数字治理也呈现不同特点，在数字安全保障能力、数字经济发展能力和数字规则制定能力等方面，普遍与发达国家存在较大差距，大多没有形成完善的数字治理体系。出于保护本国市场、维护数字安全的考虑，这些国家在国际数字治理方面整体呈现出保护主义、保守主义的倾向。

（资料来源：张茉楠，2021；刘海莺等，2022.）

第一节 国际组织数字经济战略

基于数字经济对全球经济社会发展的重要作用，世界银行、世界经济论坛、OECD、亚太经合组织、全球移动通信系统协会、G20、国际电信联盟、联合国、国际货币基金组织等国际组织均通过设置相关研究项目，提出各种举措大力推动数字经济发展。

一、世界银行

随着数字技术的不断发展，世界银行近年来把发展数字经济作为一种重要手段来促进全球脱贫、就业与经济持续增长。近年来世界银行投资的项目中，一半以上涉及数字技术与数字经济。2016 年发布《2016 年世界发展报告》，聚焦“数字技术的全球推广与数字红利的实现”问题。强调数字技术对经济增长环境、公共服务效率以及全球公平性的重要性，并强调只有通过促进数字技术投资改革、加大数字技术投资力度，才能够获得就业增加、经济发展与服务水平提升等数字技术红利。2021 年，世界银行发布《2021 年世界发展报告：数据改善生活》，呼吁加强国家数据系统，以便发挥数字革命的全部潜力来改变贫困人口生活。

二、世界经济论坛

世界经济论坛在促进数字经济发展方面也做了诸多工作。世界经济论坛分别于 2016 年、2020 年发布《未来就业报告》，探讨第四次工业革命下的就业、技能和劳动力战略，以实现数字经济的快速发展。2016 年 3 月发布的“E15 项目”，提出开展数字经济与数字贸易研究、开启相关规则谈判及国际合作的建议。2016 年 7 月，世界经济论坛发布《2016 年全球信息技术报告——数字经济时代推进创新》报告，指出全球正迈进第四次工业革命，而信息与通信技术（ICT）是这场革命的中坚力量。2021 年 9 月，世界经济论坛发布《利用人工智能加速能源转型》白皮书，指出人工智能通过用电、电价、天气数据，可识别其中的数据模式，实现物理资产的智能协调与能源系统的自动化。针对数字经济发展过程中暴露出的数字安全问题，2021 年 6 月，世界经济论坛发布《推进数字安全：协调全球行动的框架》的报告，指出全球数十亿人使用的数字平台正在被滥用，具有误导性的健康信息、暴力极端主义和恐怖主义，以及针对儿童的剥削，这三个领域是急需关注的数字安全议题。

三、经济合作与发展组织

经济合作与发展组织（OECD）常年关注全球化带来的经济、社会和政府治理问题，对全球经济社会发展具有广泛影响力。OECD 持续跟踪数字经济的最新进展，将其设置为常态化议题。早在 1995 年，OECD 就详细阐述了数字经济可能的发展趋势，提出在互联网技术革命的推动下，人类发展将由原子加工过程转变为数字信息加工处理过程。2011 年，OECD 对数字经济进行测算，从互联网普及率、宽带（移动宽带）、（移动）应用活跃度、云计算、大数据价值、电子商务、信息产业贡献率和创新性、创业企业、风险投资、就业、隐私、数据安全等方面进行调研和数据统计，以此评判 OECD 国家的数字经济发展水平。OECD 定期发布考查和记述数字经济发展进程和新兴机遇与挑战的旗舰报告，2015 年 7 月发布第一期，报告指出数字经济的发展具有相当大的潜力，明确指出其在固定和移动网络基础设施、移动通信的无线频谱资源、企业的信息技术和网络应用、基于合作的新商业模式、数字经济在消费者中的普及五个方面存在发展空间。2017 年 10 月和 2020 年 11 月又相继发布《OECD 数字经济展望》，分别就数字化转型如何影响经济和社会发展及新冠疫情下加速数字化转型问题进行阐述。

四、亚太经合组织

亚洲太平洋经济合作组织（Asia－Pacific Economic Cooperation，APEC）是亚太地区级别最高、最具影响力的经济合作官方论坛，它在推动区域贸易投资自由化和加强成员间经济技术合作，促进地区经济发展和共同繁荣方面做出了突出贡献，已成为连接太平洋两岸国家和地区的一条重要纽带。

APEC 自 1998 年起就陆续在电子商务、新经济领域达成了《APEC 电子商务行动蓝图》。随着经济的发展，互联网和数字经济议题几乎已广泛渗透 APEC 各委员会和工作组，体现了 APEC 各成员多年来对数字经济发展的高度共识和热情。2014 年，APEC 领导人在北京批准《亚太经合组织经济创新发展、改革与增长共识》，通过《亚太经合组织促进互联网经济合作倡议》，首次将互联网经济引入 APEC 合作框架。2017 年发布了《APEC 互联网和数字经济路线图》，以促进成员经济体间的技术和政策交流，促进创新、包容和可持续的增长，并弥合 APEC 地区的“数字鸿沟”。2020 年 11 月发布了《2040 年亚太经合组织布特拉加亚愿景》。在数字经济方面，APEC 成员一致表示，将推动数字经济新业态新模式发展，推动亚太人民和工商界更好参与和引领数字时代的全球经济发展。2021 年，APEC 成立贸易和投资委员会数字经济指导组，开展“数字经济背景下促进包容与负责任商业行为研讨会”，成立 APEC 中国工商理事会数字经济委员会，利用平台不断创造成员经济体间技术和政策交流机会。2021 年 6 月召开的 APEC 第二十七届贸易部长会议强调，加快亚太自贸区建设，进一步促进区域经济深度融合。各方更加重视发展数字经济，鼓励技术创新，培育新业态。

五、全球移动通信系统协会

全球移动通信系统协会（Global System for Mobile Communications Assembly，GSMA）

是一个全球性组织，统一移动生态系统。GSMA 代表移动生态系统和相邻行业的移动运营商和组织，为其成员提供三大支柱：良好的连接、行业服务和解决方案。全球移动通信系统协会致力于弥合数字鸿沟，根据协会 2020 年 2 月发布的数据，全球移动网络已覆盖全球约 94% 的人口，其中近 42 亿人使用移动互联网，占全球人口的一半以上。这得益于移动通信行业多年来对网络基础设施的持续投资，使全球移动网络的“覆盖差距”逐渐缩小。

全球移动通信系统协会发布的《2022 全球移动经济发展》报告指出，移动技术和服务创造了 4.5 万亿美元的经济附加值，贡献了全球 GDP 的 5%。到 2025 年，这个数字预计将达到近 5 万亿美元，2021 年移动生态系统为政府财政贡献了 5000 亿美元，直接提供了 1200 万个工作岗位，间接提供了 1400 万个工作岗位，并提出成功的数字化转型需要政府各个层面提供利好政策来支持长期数字化战略，为普通大众积极提供数字技能培训，保证更多公民能够使用重要的数字服务及联网设备，利用公共资金促进互联互通，采用合理合适的方式对移动行业征税，重点发展政务数字化转型等措施。

六、G20

1999 年 12 月，二十国集团（G20）在德国柏林成立，由原八国集团（G8）及其余 12 个重要经济体组成，旨在推动工业化的发达国家和新兴市场国家之间就实质性问题进行开放及有建设性的讨论和研究，以寻求合作并促进国际金融稳定和经济的持续增长。作为一种非正式国际机制，G20 的定位是在发达经济体与新兴经济体之间寻求政治共识。从 2016 年 G20 中国峰会开始，数字经济已经成为 G20 国家讨论的核心议题之一，被视为关键的经济增长动力。

在 2015 年土耳其安塔利亚峰会上，G20 领导人认识到，我们生活的互联网经济时代给全球经济增长带来的机遇与挑战并存。2016 年 9 月，G20 杭州峰会首次提出全球性的《二十国集团数字经济发展与合作倡议》（简称《数字经济倡议》），认为数字经济将提供新角度和新思维，通过推动新工业革命的技术、要素和组织变革，提高全要素生产率和潜在增长率，提升中长期增长潜力，开启世界经济增长前景的全新评价和发展模式。重点讨论了宽带接入、信息通信技术领域投资、创业和数字化转型、电子商务、数字包容性及中小微企业发展等议题。自此，数字经济连续几年成为 G20 峰会的核心议题之一。

2017 年担任 G20 主席国的德国延续了 G20 杭州峰会的成果，首次发起数字经济部长级会议，数字经济工作组也应运而生。G20 德国峰会期间，发布了《二十国集团数字经济部长宣言》及其 3 个附件《数字化路线图》《数字技能的职业教育及培训》《二十国集团关于数字贸易的优先事项》，重点讨论新工业革命、数字经济测度、数字经济工作技能、缩小数字性别鸿沟和数字政府等议题。

2018 年阿根廷担任主席国期间，G20 继续举行数字经济部长会议并发布《二十国集团数字经济部长宣言》及其 4 个附件《二十国集团数字政府原则》《弥合数字性别鸿沟》

《数字经济测度》《加快部署数字基础设施以促进发展》，重点讨论了数字政府、弥合数字鸿沟、数字经济测度、加快部署数字基础设施、新兴数字技术、数字化背景下的企业家和中小微企业、未来就业和消费者保护等议题，并在国际电信联盟的支持下建立了G20数字政策知识库"。会议期间，还开发了G20衡量数字经济工具包，旨在评估和提议可行的数字经济测量方法，用于支撑政策制定，诊断数字经济的挑战与机遇，识别可以解决的公共政策问题，指导各国标准化核算。

2019年，G20部长级会议在日本大阪举行。会议通过了《二十国集团贸易与数字经济部长宣言》及1个附件《二十国集团人工智能原则》，重点讨论了如何充分利用数字技术、贸易和投资以及借助技术转型和全球化来推动实现可持续、创新型的全球社会，并提出了"G20人工智能原则"。峰会还发表了《数字经济大阪宣言》，启动"大阪轨道"，同意在WTO框架下就数字经济国际规则制定、数据跨境流动等问题进一步展开讨论，以促进数字经济发展。G20首提"有信任的数据流动"，并最终被纳入2019年度数字经济部长宣言和领导人宣言。

G20积极推动国际层面数字经济测量。2020年，G20数字经济任务组公布《数字经济测量通用框架路线图》，发展并进一步细化数字经济的定义和可供国际比较的数字经济指标体系。2020年G20沙特会议主要关注数字经济测度议题的研究，讨论数字经济的定义、数字供需表最终导出的所有指标，以及各国之间数字经济规模可比性等问题。

2022年，G20峰会在印度尼西亚巴厘岛举行。峰会通过的《二十国集团领导人巴厘岛峰会宣言》，提出加强全球卫生基础设施、数字化转型和可持续的能源转型三大优先议题。在数字化转型方面，相关会议主要讨论数字和经济领域的重要问题，聚焦为世界创造更加包容的数字化转型环境。

七、国际电信联盟

国际电信联盟简称"国际电联"，是联合国的一个重要专门机构，主管信息通信事务，负责分配和管理全球无线电频谱与卫星轨道资源，制定全球电信标准，向发展中国家提供电信援助，促进全球电信发展。信息和通信技术（Information and Communications Technology，ICT）发展指数（ICT Development Index，IDI）是一个综合指数，由国际电联于2009年发布，2017年将11个指标合并为综合得分，并用于监测和比较国家之间和一段时间内信息和通信技术的发展。IDI只发布了2009年至2017年的数据。2017年3月，ICT家庭指标专家组（EGH）和电信/ICT指标专家组（EGTI）召开了一次特别会议，通过了一套经修订的14项指标，将纳入IDI。然而，随着指标从11项向14项的转变，各国在收集和提交高质量数据方面面临着挑战。例如，对于2018年IDI的计算，必须估计58%的数据点；所用数据的统一和质量以及用于推导一些新采用的指标的方法也存在问题。由于这些缺陷，无法计算出反映信通技术发展真实状况的方法学上合理指数。2018年，由于电信/ICT指标专家组（EGTI）和ICT家庭指标专家组（EGH）未能达成共识，发布IDI或制定一个全新的指数的尝试均未成功，在 2021 年 6 月的虚拟磋商中，国际电联行政理事会（国际电联在全权代表大会闭会期间担任理事机构）同意，关于 IDI 未来的进一步讨论和任何决定推迟到下届全权代表大会。因此，在另行通知之前，不会发布任何索引。

IDI 的 2017 年版发布在《2017 年衡量信息社会报告》中，结果仍可通过 IDI 可视化工具获取。然而，考虑到信通技术的迅速发展，这些结果基本上已经过时了。因此，用户在使用结果并得出有关一个国家当前数字发展状况的结论时应格外小心。

八、联合国

联合国（United Nations，UN）高度关注数字经济的发展，从 2005 年开始连续发布“信息经济系列”（Information Economy Series）。报告每期分别以不同的主题开展数字经济/信息经济最新发展的讨论，其主题涵盖电子商务、科技发展、ICT 企业与贫困、ICT 与私人部门发展、国家软件系统、数据跨境流动和云计算等领域，探讨了数字经济的形态及其所带来的广泛的经济社会影响。表 14 -1 为联合国信息经济/数字经济系列报告。

表 14 -1 联合国信息经济/数字经济系列报告

时间	报告名称
2005 年 10 月	电子商务与发展
2006 年 11 月	从发展角度做出的观察
2008 年 2 月	科学和技术促进发展：信通技术新的范式
2009 年 10 月	经济动荡中的信通技术发展趋势与前瞻
2010 年 10 月	信通技术，企业和消除贫困
2012 年 3 月	信通技术助企业发展
2012 年 11 月	软件与发展中国家
2013 年 12 月	云经济与发展中国家
2015 年 3 月	释放电子商务潜力，造福发展中国家
2017 年 10 月	数字化、贸易和发展
2019 年 9 月	价值创造和捕获：对发展中国家的影响
2021 年 10 月	数据跨境流动和发展：数据为谁而流动？

九、国际货币基金组织

近年来，国际货币基金组织（IMF）进行着大量与数字经济有关的重要活动：调查数字化对财政政策的潜在影响、继续研究数字经济的衡量问题、制定数字时代的数据和统计总体战略、启动数字化平台建设和制定数字战略工作。

2019 年，国际货币基金组织发布报告《中国数字经济：机遇和风险》，指出近年来，中国数字经济快速发展，但经济数字化的平均水平仍不及发达经济体。政府应当发挥主导作用，最大化数字化好处的同时减少有关风险，诸如潜在的劳动力中断、隐私侵犯、新兴寡头垄断以及金融风险等。同年，国际货币基金组织发布了《数字货币的崛起》（The Rise of Digital Money）专题报告，对电子货币、投资货币等新兴数字货币形式进行了详尽讨论。2021 年，国际货币基金组织发布一篇论文，称组织计划“加强”对数字货币的监控，IMF 必须增加资源，以寻求“监控、建议和帮助管理这一影响深远且复杂的数字货币转型”，以避免数字鸿沟出现。同年，国际货币基金组织主持编写的《公共财政的数字化变革》一书指出，通过数字化，政府可以更快地获得更多、质量更好的经济活动信息，并且有效降低成本，提高服务效率。

第二节 主要国家数字经济战略

《世界互联网发展报告 2021》指出，数字经济成为世界各国应对新冠疫情冲击、加快经济社会转型的重要选择。各国加快新型基础设施布局，以 5G、人工智能、物联网、工业互联网、卫星互联网为代表的新型信息基础设施逐步成为全球经济增长的新动能。为了在第四次工业革命中抢占先机，美国、欧盟、英国、日本等发达经济体积极制定数字经济发展战略，大力推动数字经济发展，以此实现国家和地区国际竞争力的提升。

一、美国数字经济发展战略

（一）美国数字经济的发展状况

美国是互联网的发源地，从 20 世纪 90 年代起就开始推出一系列支持数字经济发展的政策，推动了数字经济的高速发展，并通过促进数字技术与传统产业的深度融合，大大提高了传统产业在设计、生产、销售和运输等各个环节的效率，推动了劳动生产率的加速增长，进一步巩固了美国全球创新中心的地位。美国数字经济发展一直是全球领先，根据中国信息通讯研究院发布的《2021 年全球数字经济白皮书》，2020 年，美国数字经济规模居世界第一，达到 13.6 万亿美元。数字经济成为国民经济主导，占 GDP 比重为 65.0%。在增速上，数字经济实现正增长；在结构上，美国产业数字化占比超过 80%；在产业渗透方面，美国数字经济在三次产业的渗透水平均高于大部分国家，第一产业数字经济占比超过全球平均水平，第二产业产数字经济占比领先全球，达到 36.0%，第三产业数字经济占比达到 61.0%。

根据美国商务部经济分析局（United States Bureau of Economic Analysis，USBEA）数据显示，2005—2020 年，美国数字经济在其经济总量中的份额不断扩大，硬件、软件和企业对消费者（B2C）电子商务是 2020 年数字经济增长的主要驱动力。按活动划分的总产值计算，定价数字服务是2020年数字经济中最大的活动，占总产出的43.9%，其次是基础设施（30.9%）和电子商务（25.2%）。按行业划分总产出计算，数字经济当前美元和实际总产出估计的分布和增长存在显著差异。2020年数字经济总产出的80%以上来自三个行业：信息（43.6%）、批发贸易（21.5%）以及专业和商业服务（16.3%）。根据行业划分就业和薪酬来看，2020年，数字经济雇佣了超过780万名全职和兼职员工，相当于近1.09万亿美元的总薪酬。2012—2020年数字经济就业年均增长率为2.5%，薪酬增长更为强劲，2012—2020年年均增长率为6.0%。2019—2020年，商业服务、信息、批发贸易和制造业四个行业部门占总就业人数和总薪酬的85%以上。

（二）美国数字经济发展战略

作为互联网的发源地，美国一直重视信息通信技术产业的发展，从20世纪90年代起就开始推动数字经济发展，从《国家信息基础设施行动计划》《浮现中的数字经济》《数字经济议程》到《互联网未来宣言》等一系列报告的发布，美国经济日趋走向成熟且一直保持全球领先地位。美国数字经济发展的不同阶段及相应战略/政策如表14－2所示。

表14－2　美国数字经济发展战略/政策

阶段	时间	战略/政策
第一阶段	1993年9月	国家信息基础设施行动计划
第二阶段	1998年	浮现中的数字经济
	1999年	新兴的数字经济
	2010年3月	国家宽带计划
	2011年2月	联邦云计算战略
	2012年3月	大数据研究和发展计划
	2012年5月	“数字政府”战略
	2014年5月	美国开放数据行动计划
第三阶段	2015年11月	数字经济议程
	2016年5月	联邦数据研究与开发战略计划
	2016年10月	国家人工智能研究与发展策略规划
	2016年12月	加强网络安全促进数字经济的安全与发展
	2017年3月	国家宽带研究议程
	2018年3月	美国机器智能国家战略报告
	2018年6月	数据科学战略计划
	2018年9月	美国国家网络战略
	2018年10月	先进制造业美国领导力战略
	2018年12月	国家量子倡议法案
	2019年2月	美国人工智能计划
	2019年6月	国家人工智能研发战略计划（更新版）

续表

阶段	时间	战略/政策
第三阶段	2019 年 12 月	联邦数据战略 2020 年行动计划
	2020 年 1 月	促进美国在 5G 领域的国际领导地位法案
	2020 年 2 月	美国量子网络战略构想
	2020 年 3 月	5G 安全国家战略
	2020 年 9 月	设计美国数字发展战略
	2020 年 11 月	引领未来先进计算生态系统：战略计划
	2020 年 11 月	关于利用云计算资源推进联邦资助的人工智能研发的建议
	2021 年 3 月	临时国家安全战略指南
	2021 年 4 月	2021 年战略竞争法案
	2021 年 6 月	2021 美国创新与竞争法案
	2021 年 6 月	部落宽带连接计划
	2021 年 8 月	人工智能与机器学习战略计划
	2021 年 11 月	两党基础设施协议
	2022 年 4 月	互联网未来宣言

资料来源：根据马化腾（2017a）、赵立斌等（2020）及数字经济公开资料整理。

第一阶段：开启信息技术发展大幕（1993—1997 年）

1993 年 9 月克林顿政府推出《国家信息基础设施行动计划》（The National Information Infrastructure：Agenda for Action），开启了信息技术发展大幕。该计划从五大方面阐述了在国家信息基础设施（NII）建设和发展方面的主要职责和拟采取的行动，并计划通过推动全球信息基础设施（Global Information Infrastructure，GII）建设，促进全球信息通信市场的开放与公平竞争，该计划在世界范围内产生了极为广泛的影响。随后，根据数字技术和国民经济的发展，美国又陆续出台了多项措施来完善基础设施、发展数字经济。1996 年，美国国会通过了《电信法案》，鼓励电信网络企业之间业务的交叉渗透和兼并重组，实现电信业务领域的公平竞争。同年，《下一代网络计划》出台并实施，旨在促进网络的更新换代，解决原有网络设施陈旧落后、不堪重负的问题。

第二阶段：数字经济发展（1998—2014 年）

1998 年，美国商业部发布《浮现中的数字经济》研究报告，在 IT 技术扩散和渗透的推动下，对从工业经济走向数字经济的发展趋势，作出了极富预见性的轮廓描述，被称为数字经济 1.0 时代。报告深入分析了数字革命、互联网、网络零售的特点以及信息技术对经济的影响，对正在兴起的数字经济提供了大量全新的、详细的实证和案例，对美国经济增长的新动向进行了新的诠释，开启了美国数字经济发展新时代，促进了美国数字经济蓬勃发展，也奠定了美国在全球数字经济中领头羊的地位，描述了人类社会从工业经济走向数字经济的发展趋势，在全球引起巨大反响。随后，美国商务部发布《新兴的数字经济》（1999 年）《数字经济》系列报告，持续关注数字经济的发展及影响。

2003 年 2 月，美国政府公布了《确保网络空间安全的国家战略》，该报告确定了在网络安全方面的三项总体战略目标和五项具体的优先目标。该报告明确规定，美国国土安全部将成为联邦政府确保网络安全的核心部门，并且在确保网络安全方面充当联邦政府与各州、地方政府和非政府组织，即公共部门、私营部门和研究机构之间的指挥中枢。美国自 2011 年起发布《联邦云计算战略》（2011 年），确立了智慧制造四个方面的优先行动计划。2012 年 3 月，奥巴马政府发布了“大数据的研究和发展计划”，该计划涉及美国国家科学基金等六个联邦政府部门，旨在提高从海量数字数据中提取知识和观点的能力，从而加快科学与工程发现的步伐。

第三阶段：数字经济成熟（2015 年以后）

2015 年 11 月，美国商务部发布《数字经济议程》，该议题主要有四项：构建自由开放的全球互联网；推进网络诚信；确保工人、家庭和公司的宽带入网；通过灵活知识产权规则和新技术促进创新。该议程的发布标志着美国的数字经济发展走向成熟阶段。

为提升美国在 5G 基础设施和系统方面的领导地位，2017 年 3 月，美国国家电信与信息管理局（NTIA）与国家科学基金会（NSF）联合发布《国家宽带研究议程》报告，指出美国未来宽带发展的关键领域。2018 年月白宫发布《美国国家网络战略》，在“促进美国繁荣”的支柱下，提出要培育充满活力与弹性的数字经济。2020 年 1 月，美国众议院投票通过了《促进美国在 5G 领域的国际领导地位法案（2019）》。该法案旨在加强美国在 5G 领域的国际领导地位，明确美国及其盟国、合作伙伴应在第五代及下一代移动电信系统和基础设施的国际标准制定机构中保持参与和领导地位。2020 年 3 月，美国白宫发布《美国 5G 安全国家战略》，正式制定了美国保护第五代无线基础设施的框架。2021 年 11 月美国发布《基础设施投资和就业法案》，该法案的实施有助于缩小数字鸿沟，并使每个美国人都能获得高质量、负担得起的宽带。2022 年 4 月美国商务部与全球 60 个合作伙伴一起发起了《互联网未来宣言》，再次承诺实现全球互联网作为开放和创新平台的愿景，同时促进和保护人权。

在数据使用及安全方面，2016 年美国先后发布了《网络安全国家行动计划》和《关于保护数字经济安全的报告》，提出从加强网络基础设施建设、专业人才队伍建设方面入手，全面提高美国在数字空间的安全。2016 年底，美国商务部成立数字经济咨询委员会，为政府部门、企业和消费者提供发展数字经济的建议。2019 年 12 月，美国白宫行政管理和预算办公室发布了《联邦数据战略与 2020 年行动计划》（简称《数据战略》）。《数据战略》确立了 40 项具体数据管理实践。总体可分为三个层面：第一，建立重视数据并促进数据共享使用的文化；第二，保护数据，如保护数据完整性、确保流通数据的真实性、确保数据存储的安全性、允许修改数据提高透明度等；第三，探索有效使用数据的方案，如增强数据管理分析能力、促进数据访问的多样化路径等。

为了争夺在人工智能领域的领导地位，美国发布了一揽子计划。2018 年 10 月，美国政府发布《美国先进制造业领导力战略》，在抓住“智能制造系统的未来”战略目标下，提出包括智能与数字制造、先进工业机器人、人工智能基础设施等在内的三个具体优先事项。2018 年 12 月，美国公布《国家量子倡议（NQI）法案》，授权 5 年内投资 12 亿美元，以巩固其在量子信息科学和技术领域的领导地位。2018 美国继续升级数字经济战略，同年 3 月美国国际战略研究所发布《美国机器智能国家战略报告），提出六大国家机器智能策略，旨在通过对产品研究与开发的长期资金支持，促进机器智能技术安全发展，并通过加强创新基地巩固美国领先地位。2019 年 2 月，特朗普签署行政命令，启动《美国人工智能计划》，就美国联邦政府层面人工智能（AI）的研究、推广和培训做出全面部署，以确保美国在 AI 研发及相关领域的全球领先优势。2021 年 8 月，美国国土安全部（DHS）科技司发布《人工智能与机器学习战略计划》，提出开展人工智能/机器学习（AI/ML）的三大目标：推进下一代 AI/ML 技术，实现跨领域的国土安全能力；推动在国土安全相关工作中使用经验证的 AI/ML 能力；建立一支接受过跨学科 AI/ML 培训的员工队伍的战略目标。2021 年 6 月，美国参议院以 68 票赞成、32 票反对的结果投票通过对华一揽子立法——《2021 年美国创新与竞争法案》（S. 1260），旨在促进美国半导体、人工智能及其他技术的发展，应对日益激烈的国际竞争，尤其是对抗中国日益增长的影响力。

不断完善与升级的数字经济战略，大大促进了美国的信息基础设施建设，数字鸿沟不断缩小，网络信息安全得到进一步加强，推动了美国数字经济的迅猛发展，数字经济规模以及数字经济综合实力始终保持全球领先，成为美国经济增长的新动能。

二、欧盟数字经济发展战略

欧盟一直重视数字经济发展，并实施了相应的数字经济战略。欧盟的数字经济政策可以分为五个阶段，如表 14 - 3 所示。

表 14 - 3　　欧盟数字经济发展阶段

阶段	时间	战略/政策
第一阶段	1993 年	成长、竞争力与就业白皮书
第二阶段	2000 年 3 月	里斯本战略
第三阶段	2005 年	i2010 欧洲信息社会：促进经济增长和就业
第四阶段	2010 年 5 月	欧洲数字议程
第五阶段	2015 年 5 月	数字单一市场战略
	2016 年 4 月	欧洲工业数字化战略
	2016 年	网络与信息系统安全指令
	2018 年 4 月	欧盟人工智能战略
	2018 年 4 月	人工智能合作宣言
	2018 年 5 月	通用数据保护条例
	2018 年 12 月	促进人工智能在欧洲发展和应用的协调行动计划
	2019 年 3 月	5G 网络安全建议

续表

阶段	时间	战略/政策
第五阶段	2020 年 2 月	欧盟数据战略
	2020 年 6 月	欧洲数据保护监管局战略计划（2020—2024）
	2020 年 12 月	数字服务法和数字市场法
	2020 年 12 月	网络安全战略
	2021 年 3 月	2030 数字指南针：欧洲数字十年之路
	2022 年 2 月	欧洲芯片法案
	2022 年 4 月	数字服务法案

第一阶段，以 1993 年《成长、竞争力与就业白皮书》的发布为标志，白皮书首次提出建设欧洲信息社会具体意见，并重点加快网络基础发展。

第二阶段，以 2000 年 3 月《里斯本战略》的达成为标志。欧盟 15 国领导人在葡萄牙首都里斯本举行特别首脑会议，达成并发布了《里斯本战略》，其目标是希望通过鼓励创新、大力推动信息通信技术的应用与发展，探索面向知识经济的下一代创新，即创新 2.0，其目标是使欧盟在 2010 年前成为“以知识为基础的、世界上最有竞争力的经济体”并以电子政务、电子医疗和卫生、电子教育与培训、网络零售四大主要应用为发展支柱。

第三阶段，以 2005 年《i2010 欧洲信息社会：促进经济增长和就业》为起始标志，欧盟委员会提出了欧盟信息社会和媒体发展政策的三个优先领域：建设“单一欧洲信息空间”，催生开放、竞争的信息社会和媒体内部市场；加强 ICT 研究的创新和投资，以期促进增长、创造更多更好的工作岗位；建立高度包容的欧洲信息社会，促进增长和就业持续协调发展，优先提供更好的公共服务和提高生活品质。这一战略在《里斯本战略》的基础上有所更新，并开启了新的历程。

第四阶段，以 2010 年的《欧洲数字议程》为标志，《欧洲数字议程》分析了影响欧盟信息技术发展的七种障碍，包括数字市场间的壁垒、缺少可操作性、网络犯罪增加与风险、缺少投资研发与创新不够、社会缺少数字技术知识普及、未能应对社会大挑战。欧委会针对这些问题，提出了七个方面的解决方案：建立一个新的数字市场，让数字时代的各种优势能及时共享；改进信息技术领域的标准与互操作性；增强网络信任与安全措施；增加欧盟对快速和超速互联网的接入；加强信息技术的前沿研发与创新；加强全体欧洲人的数字技能与可接入的在线服务；释放信息技术服务社会的潜能，应对社会各种大挑战。

第五阶段：数字经济高速发展（2015 年以后）

目前，欧盟数字化战略布局的重点是从数字单一市场、数据保护、人工智能等领域推动数字经济发展。

在单一数字市场建设方面，为促进数字经济更好更快地发展，欧盟采取协调一致的战略，共同推动建立数字化单一市场。为了打破成员国间的数字市场壁垒，2015 年欧盟委员会启动《数字化单一市场战略》，该战略提出了建设单一数字市场的三大重点领域。一是为个人和企业提供更好的数字产品和服务；二是创造有利于数字网络和服务繁荣发展的环境；三是最大化实现数字经济的增长潜力。该战略还包括整合欧盟区域内的电信法规、加强网络安全以及促进更高效廉价的物流服务等 16 项具体措施。2020 年 2 月，欧盟委员会公布《欧盟数据战略》，围绕欧盟单一数据市场目标提出了四项具体落实政策：构建成员国间统一的数据治理框架；加强对数据基础设施领域的投资；尊重公民数据权利和加强数据专业人才建设；构建核心行业和公共利益领域的统一数据空间。从数字单一市场到单一数据市场战略的演进，说明数据要素资源在数字经济发展中的作用越来越明显，欧盟利用其自身优势，在推进单一市场战略的进程中将重心逐渐聚焦在单一数据市场建设领域，致力于在欧盟境内建设共同的数据空间，促进数据要素在其内部的自由流动。

在提升数据保护力度方面，2018 年 5 月，欧盟正式实施的《通用数据保护条例》建立了完备的个人数据保护制度。2018 年发布的《建立一个共同的欧盟数据空间》，提出了建立欧盟共同数据空间的多项举措。2019 年 3 月，欧盟委员会官网发布了《5G 网络安全建议》，提出了系列具体措施建议，以保证欧盟范围内 5G 网络的高度安全性。2020 年 6 月，欧洲数据保护监管局发布《欧洲数据保护监管局战略计划（2020—2024）：塑造更安全的数字未来》，报告认为，数字技术对自然资源的负面影响越来越大，要积极主动地开发工具，使欧盟成为数据保护方面的世界领导者。2020 年 12 月欧盟委员会公布了《数字市场法案》和《数字服务法案》，通过制定全面新规则，促进数字市场的公平和开放。其中《数字服务法案》规定了数字服务商应承担的义务，为在线平台创设了强有力的透明度要求和问责机制；《数字市场法案》针对“守门人公司”（数字巨头）加强规制与监管，以促进欧洲数字市场的创新、增长和竞争。同时期，欧盟委员会发布最新的《网络安全战略》，利用监管、投资和政策工具，解决网络安全问题，完善既有网络安全制度、建构新的协调机制，引领和打造更安全的网络空间。2021 年 3 月，欧盟委员会发布《2030 数字指南针：欧洲数字十年之路》计划，为欧盟到 2030 年实现数字主权的数字化转型愿景指出方向，旨在构筑一个以人为本、可持续发展的数字社会。2022 年 4 月，欧洲议会和欧洲理事会就《数字服务法案》达成临时政治协议，旨在为用户提供更安全、更开放的数字空间。《数字服务法案》与《数字市场法案》一起，作为欧洲对欧盟委员会、欧盟成员国和其他司法管辖区不断推动数字化进程的积极回应，涉及大型在线平台的相关竞争与责任问题，未来将会在宏观层面上对欧洲乃至全球的社会经济生态产生重大影响。

在人工智能战略方面，欧盟不断升级人工智能战略。2018 年 4 月，发布《欧盟人工智能战略》，该战略部署了欧盟人工智能领域的技术研发、道德规范制定及投资规划。2018 年 4 月，又通过了《人工智能合作宣言》，旨在增强公共和私营部门对人工智能的吸收，为人工智能带来的社会经济变化做好准备；同时希望增进成员国之间的合作，不断提升欧洲人工智能的研发能力，共同发展和推动人工智能的应用。2018 年 12 月欧盟发布《促进人工智能在欧洲发展和应用的协调行动计划》，该计划旨在最大程度发挥欧盟和各成员国人工智能相关投资的作用，促进欧盟内部人工智能研发和应用的协调与合作，从而确保欧盟作为一个整体参与全球竞争。

在一系列数字经济政策的支持下，欧盟的数字经济取得了长足的发展，促进了欧盟及各成员国数字产业及传统产业的数字化转型，提升了欧盟经济的创新能力与竞争力。但欧盟各成员国在数字经济发展方面并不均衡，一些欧盟成员国数字化程度已跻身世界前列，如德国，但有些成员国的发展相对滞后，这些国家已经比欧盟平均水平落后，并且增长乏力，与欧盟其他国家的差距越来越大。因此，欧盟未来的数字经济战略不但会延续之前的政策精神，而且会着力缩小成员国之间的数字鸿沟，促进欧盟成员国的协调发展，提升欧盟整体的数字竞争力。

三、英国数字经济发展战略

（一）英国数字经济发展状况

英国一直处于全球信息技术发展的绝对领先梯队，在英国政府的大力扶持下，英国的数字经济得到了迅猛发展，成为带动英国经济快速发展的关键力量。上海社科院全球数字经济发展报告显示，英国 2021 年全球数字经济国家竞争力综合得分 64.61，排名第 4。其中，数字创新竞争力、数字设施竞争力和数字治理竞争力得分分别为 84.57、78.13、80.45，优势明显。数字产业竞争力得分 15.31，与其他几项指标相比相对较弱。中国信息通信研究院发布的《数字经济白皮书》显示，2020 年英国数字经济规模为 1.79 万亿美元，位居全球第五位。在占比上，数字经济成为国民经济主导，数字经济占 GDP 比重超过为 66.0%；在增速上，英国数字经济实现正增长。在结构上，数字产业化在数字经济中占比逐渐下降，产业数字化占比持续提升，超过 80%。在产业渗透上，英国数字经济在三大产业的渗透水平较高。在第一产业数字化方面，2020 年，英国第一产业数字经济占比达到 29.9%，位列第一；第二产业数字经济占比超过全球平均水平；在第三产业数字化方面，数字经济占比超过 60%，达到 66.1%。

总体来看，英国数字经济整体发展水平较高，行业发展比较均衡，但仍然体现出第三产业高于第二产业、第二产业高于第一产业的典型特征。值得一提的是，英国的数字经济在农业中的渗透率是全球最高的，领先于德国、美国等许多发达国家。

（二）英国数字经济发展战略

近 10 年来，英国出台了许多促进数字经济发展的政策，包括《数字英国》（2009 年）、《信息经济战略 2013》（2013 年）《英国数字经济战略（2015—2018）》（2015 年）《英国数字战略》（2017 年）等，英国的数字经济战略分为四个阶段，如表 14－4 所示。

表 14－4　英国数字经济发展战略/政策

阶段	时间	战略/政策
第一阶段	2009 年 6 月	数字英国
	2010 年 4 月	《数字经济法案》

续表

阶段	时间	战略/政策
第二阶段	2013 年 6 月	英国信息经济战略 2013
第三阶段	2015 年 2 月	英国 2015—2018 年数字经济战略
第四阶段	2017 年 3 月	英国数字战略
	2018 年 1 月	数字宪章
	2018 年 4 月	产业战略：人工智能领域行动
	2018 年 6 月	国家计量战略实施计划
	2019 年	数字服务标准
	2020 年 9 月	国家数据战略
	2021 年 1 月	人工智能路线图
	2021 年 9 月	国家人工智能战略
	2021 年 12 月	2022 年国家网络空间战略
	2022 年 1 月	政府网络安全战略 2022—2030

第一阶段：数字英国（2009—2012 年）。

为应对 2008 年全球金融危机导致的英国经济衰退以及适应国际经济形势新变化，2009 年英国政府发布《数字英国》计划，数字化第一次以国家顶层设计的形式出现。该计划从国家战略的高度，为英国数字化进程设立了具体的目标，定下了一系列有关资金投入、基础设施建设、相关机构设立等方面的措施。在《数字英国》计划的引导下，英国数字化进程加快。在数字化基础设施和架构建设以及数字安全方面的大力投入，为英国日后数字经济的发展奠定了坚实的基础。计划中所强调的“打造数字文化创意产业环境”和“从民众角度提供数字内容”也成为英国数字经济领域文化产业和分享经济发展的重要推动因素。因此，《数字英国》的发布被视为英国数字经济发展正式启动的起点。

第二阶段：信息经济战略（2013—2014 年）。

英国政府在 2013 年发布了《信息经济战略 2013》，该战略旨在建设一个蓬勃发展的信息经济，该战略与《数字英国》计划紧密相连，但又着重于数字化对经济发展带来的变化，将数字经济单独作为一个概念进行了细致的剖析，并设立了四大目标：建立一个强大的创新型信息经济部门，并推向全世界；促进英国企业特别是中小企业积极使用信息技术；保证公民从数字时代受益；从人才储备与基础设施方面保证信息产业的发展。该战略通过分析当时英国数字经济发展情况及未来将要面对的机遇挑战，制定了发展目标及行动纲要，明确了英国信息经济的发展方向。

第三阶段：数字经济战略（2015—2016 年）。

2015 年 2 月，英国政府出台《英国 2015—2018 年数字经济战略》，旨在通过数字化创新来驱动社会经济发展，并把英国建设成为数字化强国。该战略的首要目标是发展数字经济，每年将安排 1500 万英镑的专项资金用于支持各项创新型的商业计划项目，力求通过“创新英国”这一执行“英国 2015—2018 年数字经济战略”的主体来实施各个项目，促进英国各个企业采用信息通信技术进行创新，实现在创新技术背景下的跨行业合作，建立起新型供应链以及商业模式。《数字经济战略》不仅延续了《数字英国》《信息经济战略2013》等数字战略的核心精神，该战略还提出了一些新内容，例如，确保数字经济发展的可持续性、关注日渐增大的数字鸿沟及物联网和大数据等新技术带来的新机遇等，同时规定了严格的时间界限从而使得目标更加具体、具有更强的可操作性。对该战略的实施，英国政府强调数字化的创新不仅依赖于信息技术、通信技术以及硬件设施，还依赖于用社会科学、经济学来理解法律和政府监管这两者的角色。

第四阶段：数字化战略（2017 年至今）。

英国 2017 年发布最新的《英国数字战略》，对未来英国在脱欧后打造世界领先的数字经济和全面推进数字转型进行全面而周密的部署。2017 年 5 月《数字经济法案》正式生效。该法案引入宽带普遍服务义务（USO），英国每个家庭和企业都有权获得最低速率为 10Mbps 的宽带服务；赋予终端用户便捷切换运营商的权利，并确保出现问题时获得适当的补偿；通过设定访问色情网站或应用程序的年龄验证、对垃圾邮件发件人和骚扰电话呼叫者进行处罚、增加对在线版权侵犯的量刑选项等措施保护在线消费者。

英国于 2018 年继续升级数字经济发展战略，2018 年 1 月发布《数字宪章》。《数字宪章》制定了网络空间的规范和准则，确保网络环境安全，为英国数字经济的发展壮大提供条件。2018 年 4 月发布的《产业战略：人工智能领域行动》，承诺将采取切实行动加强人工智能基础设施建设，推进人工智能的发展，打造最佳的创业环境及世界最具创新性经济体。2018 年 6 月发布的《国家计量战略实施计划》，是对 2017 年发布的《国家计量战略》的行动响应，提出五大目标及具体措施，为英国利用其世界领先的国家计量系统构建实施框架。

可以看出，近年来英国的数字经济战略主要在于大力推动数字经济创新发展，打造数字化强国。

2019 年，英国通过对旧版本《数字服务标准》的升级和优化，发布最新版本的《数字服务标准》，从之前的 18 项服务标准缩减至 14 项，对相对滞后的服务标准进行优化的同时对原有标准又进行了升级完善。2020 年 9 月 9 日，英国发布《国家数据战略》（National Data Strategy），旨在进一步推动数据在政府、企业、社会中的使用，并通过数据的使用推动创新，提高生产力，创造新的创业和就业机会，改善公共服务，帮助英国经济尽快从疫情中复苏。2021 年 1 月 6 日，英国人工智能委员会（UK AI Council）发布《人工智能路线图》（AI Roadmap），为英国政府部门设定长期目标并提出近期发展方向建议，并呼吁政府制定国家人工智能战略，明确优先领域并制定时间表，以使英国成为最适合 AI 发展的国家之一。2021 年 9 月，英国政府发布《国家人工智能战略》，阐述了其人工智能战略愿景，致力于为英国未来 10 年人工智能发展奠定基础。同时，该战略并不是孤立存在的，而是有目的地支持和扩大其他相互关联的政府工作，包括已发布的《增长计划》《创新战略》《综合评估》《国家数据战略》《数字监管计划》，即将推出的《国家网络战略》《数字战略》《国家复原力战略》，以及新的国防人工智能中心、国家安全技术创新交流中心等。2021 年 12 月，英国政府发布了《2022 年国家网络空间战略》（National Cyber Strategy 2022）。该战略指出，网络力量正日益成为国家力量的重要杠杆和战略优势的源泉，最有能力应对数字时代机遇和挑战的国家未来将更安全、更有弹性、更加繁荣。2022 年 1 月，英国政府发布了《政府网络安全战略 2022—2030》，该战略旨在树立英国作为网络大国的权威，具体规定了政府在面对不断变化的网络风险时将如何建立和保持其弹性。

四、日本数字经济发展战略

（一）日本数字经济的发展状况

日本数字信息产业的基础设施建设处于世界领先水平，为数字经济的腾飞奠定了良好基础，在一系列推动数字经济发展的政策支持下，日本的数字经济发展迅猛。上海社科院《全球数字经济发展报告》显示，日本 2021 年全球数字经济国家竞争力综合得分为 63.65，排名第 7。从分项指标得分情况来看，日本在数字产业方面得分较低，为 7.67，其余三个分项指标数字创新竞争力、数字设施竞争力和数字治理竞争力得分较高，分别为 85.36、85.27、76.29。2020 年，受疫情影响，各国经济明显下滑，但数字经济新模式新业态获得较大发展空间，数字经济在国民经济中占比显著提升，数字化已成为一国经济现代化发展的重要标识。在规模上，2020 年日本数字经济规模约 2.48 万亿美元；在占比上，日本数字经济占 GDP 比重超过 30%；在增速上，数字经济增速实现正增长；在结构上，产业数字化占比也都超过 80%；在产业渗透上，第一、二产业数字经济占比均超过全球平均水平，第三产业数字经济占比超过 40%（中国信息通信研究院发布，2021）。整体而言，日本数字经济发展比较成熟，进入稳定的增长阶段。

（二）日本数字经济发展战略

日本关于数字经济的顶层设计起步较早，可追溯到 1995 年《面向 21 世纪的日本经济结构改革思路》关于重点发展通信、信息等相关资本技术产业的安排。伴随着日本产业结构向知识密集型转型而趋于成熟，自 2000 年以来，数字经济政策经历了三个阶段，如表 14－5 所示。

表 14－5　　日本数字经济发展战略/政策

阶段	时间	战略/政策
第一阶段	2001 年 1 月	e－Japan 战略
	2004 年 5 月	u－Japan 战略
	2009 年 7 月	i－Japan 战略
	2010 年 5 月	新信息通信技术战略

续表

阶段	时间	战略/政策
第二阶段	2013 年 6 月	创建最尖端 IT 国家宣言
	2014 年	智能日本 ICT 战略
	2015 年 1 月	机器人新战略
第三阶段	2016 年	第五期（2016—2020 年度）科学技术基本计划
	2018 年 6 月	集成创新战略
	2018 年 6 月	综合创新战略
	2018 年 7 月	第 2 期战略性创新推进计划（SIP）
	2019 年 6 月	科学技术创新综合战略
	2019 年	数字新政战略
	2021 年 3 月	第六期科学技术基本计划
	2022 年 4 月	AI 战略 2022

第一阶段是 2000—2012 年。这一阶段日本注重数字信息技术在经济社会的应用，先后推出《e－Japan 战略》（2001）、《u－Japan 战略》（2004）、《i－Japan 战略》（2009）战略计划。2001 年 1 月 22 日，日本内阁所属的 IT 战略总部发布的《e－Japan 战略》，提出通过实施四大举措，使日本在 5 年内成为世界上最先进的信息化国家：一是建立超高速互联网，提供最先进的数据业务和互联网接入；二是制定电子商务发展政策；三是实现电子政务；四是培育新时代高素质 IT 人才。《e－Japan 战略》使 2001 年成为日本宽带市场转折的一年。

为配合《e－Japan 战略》的实施，日本在 2004 年推出了基于物联网的国家信息化战略，称为《u－Japan 战略》战略。《u－Japan 战略》的理念是以人为本，实现人与人、物与物、人与物之间的连接。2009 年 7 月，日本政府 IT 战略本部推出《i－Japan 战略》，旨在构建一个以人为本、充满活力的数字化社会。该战略的要点在于实现数字技术的易用性，突破阻碍数字技术适用的各种壁垒，确保信息安全，最终通过数字化和信息技术向经济社会的渗透，打造全新的日本。《i－Japan 战略》由三个关键部分组成：一是建立电子政务、医疗保健和人才教育核心领域信息系统；二是培育新产业；三是整顿数字化基础设施。

总体来说，从《e－Japan 战略》到《u－Japan 战略》再到《i－Japan 战略》，随着时代的变化，日本的信息化建设也实现了“三级跳”。

第二阶段是 2013—2015 年。这一阶段日本强调以机器人革命为突破口，带动产业结构变革，相继出台《日本复兴战略》《创建最尖端 IT 国家宣言》《新成长战略》。2013 年 6 月，日本内阁批准了首相安倍的“三支箭”经济增长战略，该战略包含一系列提振经济增长的举措，称为《日本复兴战略》。2013 年 6 月，日本政府发布了《创建最尖端 IT 国家宣言》，提出以公共数据资源开放和大数据应用为核心，把日本建设成为世界最高水准、信息技术广泛应用的社会。为了实现世界上最高水平的信息化社会，推动科技创新，力争成为世界最尖端的“知识产权国”，日本政府加快推进科学技术创新，2015 年 6 月，日本政府正式公布了《新成长战略》的一揽子经济改革计划。

第三阶段是 2016 年至今，日本致力于“超智能社会 5.0”计划，通过利用人工智能、物联网、大数据等推动向数字化、智能化社会转型，先后发布《科学技术创新综合战略 2016》《日本制造业白皮书》《综合创新战略》《集成创新战略》《第 2 期战略性创新推进计划（SIP）》等战略计划。

2016 年，日本政府通过《第五期（2016—2020 年度）科学技术基本计划》，该计划首次提出“超智能社会”的概念。2018 年又先后出台《集成创新战略》《综合创新战略》《第 2 期战略性创新推进计划》（SIP）。其中，《集成创新战略》系统总结了《第五期科学技术基本计划》的经验与不足，提出了包括创新基础建设、科技创新创造等主要领域在内的诸多举措；《综合创新战略》则重点关注了包括人工智能在内的五大领域；SIP 旨在促进科技的研究和开发，实现技术创新，建设超智能社会；2018 年 6 月发布的《日本制造业白皮书》，明确将互联工业作为制造业发展的战略目标。

2019 年日本开始全力推进“数字新政”战略，在“后 5G”信息通信基础设施、学校的 ICT 应用、中小企业信息化和 ICT 领域研发等方面，加大资金投入力度，推动社会数字化、智能化转型。2019 年 6 月，日本内阁会议发布了《创新综合战略 2019》（简称《综合战略》），重点分析了过去一年日本国内外形势的变化，提出了需要加强和亟待解决的问题，加快落实一系列必要举措，实现超智能社会（Society 5.0）的建设。2021 年 3 月，日本内阁会议通过《第六期科学技术基本计划》，提出未来 5 年将投入 30 万亿日元投入人工智能、量子技术和低碳技术等重点领域，对超智能社会 5.0 目标的进一步具体落实。2022 年 4 月，日本内阁发布《AI 战略 2022》和《量子未来社会愿景（草案）》，旨在加快人工智能和量子技术在日本的发展。

五、新加坡数字经济发展战略

（一）新加坡数字经济发展状况

上海社科院全球数字经济发展报告显示，新加坡 2021 年全球数字经济国家竞争力综合得分 64.19，排名第 6。其中，数字创新竞争力、数字设施竞争力和数字治理竞争力得分分别为 76.5、81.01、87.05，数字产业竞争力得分 12.21。新加坡在 2020 年短暂上升至榜单第二位之后，2021 年度下滑至榜单第六位，新加坡狭小的国土面积，导致其数字经济产业腹地严重受限，因此其数字产业竞争力得分相对较低，但是凭借良好的数字治理环境和完善的数字基础设施，新加坡的数字经济竞争力仍然位居榜单前列。中国信息通信研究院发布的 2021 年《数字经济白皮书》显示，新加坡数字经济规模超过 500 亿美元。在占比上，新加坡数字经济占 GDP 比重超过 30%。2020 年新加坡数字经济受疫情影响冲击较大，增速同比下降。在产业渗透上，第一产业数字经济占比低于全球平均水平，第二产业数字经济占比超过全球平均水平，第三产业数字经济占比低于40%。

（二）新加坡数字经济发展战略

新加坡将信息化、数字化作为立国之本，是全球最早实施信息化与数字化建设的国家，特别是新加坡政府在数字技术使用方面一直走在全球前列。新加坡数字经济发展阶段如表14-6所示。

表14-6 新加坡数字经济发展战略/政策

阶段	时间	战略/政策
第一阶段	1980—1985年	国家计算机计划
第二阶段	1986—1991年	国家IT计划
第三阶段	1992年	IT2000——新加坡智慧岛
	1996年	覆盖全国的高速宽带多媒体网络计划（Singapore One）
	2000年4月	信息通信21世纪计划
	2003年3月	连接新加坡计划
第四阶段	2006年	智能城市2015
第五阶段	2014年6月	智慧国家2025

第一阶段：国家计算机计划（1980—1985年）。

1981年，新加坡实施了《国家计算机计划》，成立了国家计算机局（NCB），目的是实施民事服务计算机计划（CSCP），发展当地的IT产业，培养IT人才。当时新加坡只有850名IT专业人士，人才资源非常有限。新加坡政府认识到，如果要建立一个电子化社会，就需要培养人才。

第二阶段：IT公司快速发展（1986—1991年）。

这一阶段新加坡以IT2000愿景为标志，希望通过发展IT产业推动市民服务的信息化并通过IT应用来提高企业生产率。1986年，新加坡制定了《国家IT计划》，在国家计算机局中成立了研发部门，专门研发新的IT技术。20世纪80年代末，计算机功能和通信功能开始融合，电子数据交换技术已经非常成熟，新加坡利用EDI将政府和工业连接起来，设立了很多国家级的行业特定网络，比如贸易网、媒体网、法律网。

第三阶段：国家信息基础设施建设（1992—2005年）。

从这一阶段开始，新加坡陆续出台了对其建设智慧国家与发展数字经济有重大影响的系列战略。1992年，新加坡制定了第3项蓝图"IT2000——新加坡智慧岛"。1994年初，新加坡在全岛铺设了宽带网络，成为全球第一个在全国范围内铺设宽带基础设施的国家。1996年，为进一步推动"智慧岛"计划，新加坡设立了新加坡综合网项目。同时，新加坡政府于1996年宣布实施《覆盖全国的高速宽带多媒体网络计划（Singapore One）》，旨在建设一个集高速和交互为一体的多媒体网络信息服务平台，公众可通过该网络享受7×24小时全天候服务。2000年4月，新加坡制订了"信息通信21世纪计划"，旨在从"智慧岛”进一步进化为“信息化之都”。

第四阶段：建设智能城市（2006—2014 年）。

进入第四阶段，新加坡希望用大约 10 年的时间，推动新加坡 ICT 在各行业的渗透融合与改造、创新，提升传统行业的数字化、自动化、智能化程度，实现经济结构的升级与社会的全面转型。2006 年，新加坡推出“智能城市 2015”发展蓝图。2015 年 4 月，新加坡总理李显龙首次明确阐述了新加坡智慧国建设将优先进行的三大任务：其一，要让年长者能借助科技在原地养老，并过着独立且充实的生活；其二，通过数据分析等方式，改善交通系统和乘客体验，让出行更便利；其三，确保数据的流通和交换在安全的环境中进行。

第五阶段：设计智慧国家蓝图（2014 年以后）。

新加坡政府致力于全球第一个智慧国家的建设。为此，在 2014 年政府启动了“智慧国家 2025”计划。新加坡信息化建设方面一直引领全球发展，2014 年，新加坡公布了最新的战略，“智能城市 2015”计划的升级版：“智慧国家 2025”（Smart Nation 2025）计划，设计了全球首个智慧国家蓝图，希望通过连接所有的智能终端设备，实现万物互联互通。作为新加坡的国家级发展计划，智慧国家 2025 得到了政府的充分重视。

六、其他国家数字经济发展战略

（一）德国数字经济的发展战略

德国的数字经济发展处于国际领先水平。上海社科院《全球数字经济发展报告》显示，德国 2021 年全球数字经济国家竞争力综合得分 66.35，排名第 3。其中，数字创新竞争力、数字设施竞争力和数字治理竞争力得分分别为 82.74、83.29、79.84，优势明显。数字产业竞争力得分 19.53，与其他几项指标相比相对较弱。中国信息通信研究院发布的《2021 年数字经济白皮书》显示，2020 年德国数字经济规模达到 2.54 万亿美元，位居全球第三，仅次于美国和中国。在占比上，德国数字经济成为国民经济主导，2020 年数字经济占 GDP 比重超为 66.7%。在增速上，德国数字经济实现正增长。数字产业化在数字经济中占比逐渐下降，产业数字化占比持续提升，德国数字经济与实体经济融合加速推进，产业数字化占数字经济比重达到 91.3%。在产业渗透方面，德国数字经济在三大产业的渗透水平高于其他国家。在第一产业数字化方面，2020 年德国第一产业数字经济占比位列前三，达到 24.8%，仅次于英国；在第二产业数字化方面，2020 年德国第二、三产业数字经济占比领先全球，位列第一，分别达到 43.9% 和 67.9%。由以上可以看出，德国数字经济整体发展较好，数字经济已经成为拉动经济增长的核心动力；德国服务业数字经济占比全球第一，德国工业数字化发展全球领先；产业数字化是德国数字经济增长的主要引擎。德国数字经济发展战略/政策如表 14－7 所示。

表 14－7 德国数字经济发展战略/政策

时间	战略/政策
2010 年 11 月	数字德国 2015
2013 年	工业 4.0
2014 年 8 月	数字议程（2014—2017 年）
2016 年 3 月	数字化战略 2025
2018 年 7 月	联邦政府人工智能战略要点
2018 年 9 月	高技术战略 2025
2018 年 11 月	人工智能德国制造
2019 年 9 月	区块链战略
2019 年 11 月	国家工业战略 2030
2020 年 9 月	数字化实施战略
2021 年 1 月	联邦政府数据战略

德国的数字经济发展处于国际领先水平，自 2010 年来，德国发布了多项支持数字经济发展的战略与政策，如《数字德国 2015》《数字议程 2014—2017》《数字化战略 2025》《高技术战略 2025》《联邦政府数据战略》等，并不断升级高技术战略，积极践行“工业 4.0”。具体体现在：

1. 弥补数字鸿沟，推动数字化转型

为弥补数字鸿沟，德国政府于 2010 年以来先后出台《数字德国 2015》《数字议程 2014—2017》及《数字化战略 2025》等支持据经济发展的战略。《数字德国 2015》战略提出的十大重点任务为德国全面推动数字化转型指明了方向。2013 年，德国联邦政府又提出了“平台工业 4.0”，促进网络平台的利用来实现德国工业的数字化，并试图缩小研究结果与现实应用之间的差距。2015 年发布《平台工业 4.0 发展报告》，提出了未来 20 年的发展战略，明确了下一代创新增长政策的重点和发展方向。

2. 积极践行“工业 4.0”，不断升级高技术战略

德国政府于 2013 年 4 月正式提出“工业 4.0”战略，该战略旨在打造以信息物理系统为特征、以智能工厂为具体体现的智能化时代，全面提高德国工业的竞争力。近年来，德国政府不断升级高技术战略，在 2018 年出台了《高技术战略 2025》，该战略明确了德国未来七年研究和创新政策的跨部门目标和举措，旨在进一步推动德国科学技术发展，为德国未来高技术的发展提供重要指导。

2019 年 9 月，德国联邦政府审议通过并发布区块链战略，希望利用区块链技术带来的机遇，挖掘其促进经济社会数字化转型的潜力。2019 年 11 月，德国正式公布《国家工业战略 2030》（简称《工业战略》），内容涉及完善德国作为工业强国的法律框架、加强新技术研发和促进私有资本进行研发投入、在全球范围内维护德国工业的技术主权等。2020 年以来，德国加快“数字化”议题讨论。2020 年 5 月，德国总理默克尔指出欧盟应重视数字主权，减少数字化对外依赖程度。2021 年 1 月，德国政府发布《联邦政府数据战略》，该战略旨在确保公平参与和防止数据垄断，增强德国的数字能力，使其成为欧洲数据共享和创新应用领域的领导者。2021 年 2 月，德法在共同制定新的《欧洲新工业战略》时强调，要加强和深化内部市场，改善自由市场机制，最重要的是加强工业和数字主权。2021 年 6 月，德国投资 3.5 亿欧元启动信息技术安全研发框架计划，资助信息技术安全领域的研发工作，扩大在该领域的技术主权。

（二）韩国数字经济的发展战略

韩国一直重视数字经济基础设施建设并以此推动数字经济发展。上海社科院《全球数字经济发展报告》显示，韩国 2021 年全球数字经济国家竞争力综合得分 63.52，排名第 8。从其分项指标得分情况来看，韩国在数字产业方面得分较低，为 6.87，其余三个分项指标数字创新竞争力、数字设施竞争力和数字治理竞争力得分较高，分别为 77.54、89.39、80.29。中国信息通信研究院发布的《数字经济白皮书》显示，2020 年韩国数字经济规模超过 500 亿美元。在占比上，数字经济占 GDP 比重超过 50%；在增速上，韩国数字经济实现正增长，且韩国产业数字化占比超过 70%。韩国第一产业数字经济占比位列第三，达到 17.4%，仅次于英国和德国；第二产业数字经济占比领先全球，达到 43.6%；第三产业数字化发展相对较弱。总体来看，韩国的数字经济在第二产业中占比显著高于第一产业与第三产业，属于第二产业数字经济优先发展的国家。韩国数字经济发展战略/政策如表 14－8 所示。

表 14－8　韩国数字经济发展战略/政策

韩国	战略/政策
2010 年 7 月	IT 融合发展战略
2013 年 6 月	政府 3.0 计划
2014 年 6 月	实现创造经济，制造业创新 3.0 战略
2018 年 2 月	第四期科学技术基本计划 2018—2022 年
2018 年 4 月	创新增长引擎
2018 年 7 月	人工智能研发战略
2020 年 8 月	基于数字的产业创新发展战略
2020 年 8 月	引领 6G 时代的未来移动通信研发战略
2020 年 10 月	AI 半导体产业发展战略
2021 年 10 月	数据产业振兴和利用促进基本法

韩国自 2010 年以来，相继发布多项政策以支持数字经济发展，如 2010 年 7 月《IT 融合发展战略》、2013 年 6 月《政府 3.0 计划》、2014 年 6 月《实现创造经济，制造业创新 3.0 战略》等。

2018 年 2 月，韩国政府发布《第四期科学技术基本计划 2018—2022》，该计划以“科技改变国民生活”为宗旨，对今后五年科技发展做出战略规划，将人工智能、3D 打印等列为韩国数字重点科技项目。韩国第四次工业革命委员会于 2018 年 7 月发布《人工智能研发战略》，旨在通过确保政府投资，增强韩国人工智能的研发能力，并实现人工智能高级人才的储备。2020 年 8 月，韩国科学与信息通信技术部（MSIT）发布《引领6G时代的未来移动通信研发战略》，计划从 2021 年开始 5 年内投资 2000 亿韩元（约合 1.68 亿美元）研发 6G 技术，专注于6G 国际标准并加强产业生态系统，从而确保韩国继 5G 之后成为全球首个 6G 商用国家，并预期在 2028—2030 年实现商业化。2020 年 8 月，韩国财政部发布《基于数字的产业创新发展战略》。韩国的大数据政策主要集中在保护个人信息及建立大数据专门机构等大数据产业生态政策上。2021 年 10 月，韩国颁布全球首部数据产业基本法《数据产业振兴和利用促进基本法》，旨在对数据的开发利用进行统筹安排并为发展数据产业和振兴数据经济奠定基础，该法于 2022 年 4 月全面实施。根据该法，韩国将在总理办公室下设国家数据政策委员会，作为国家数据产业政策的管理机构，并将每三年审议并发布一版数据产业振兴综合计划。此外，韩国政府将系统化地扶持数据分析、交易供应商等专门的数据企业，培养数据经纪商作为数据经济的促进者，并构建数据价值评估、资产保护和争端解决机制等内容。

第三节　中国数字经济发展战略

一、中国数字经济发展状况

近十几年来，在国家日益重视并采取多项政策支持数字经济发展的背景下，我国数字经济持续高速增长，上海社科院《全球数字经济发展报告》显示，中国 2021 年全球数字经济国家竞争力综合得分 72.42，排名第 2。其中，数字创新竞争力、数字设施竞争力和数字治理竞争力得分分别为 69.78、80.56、76.61，发展较均衡。数字产业竞争力得分 67.72，在所有国家中得分最高。从与美国之间的分数差距来看，中美之间数字经济国家竞争力综合得分差距已经缩小至 4.25 分，这也是近年来中美之间的最小分数差距，表明中美数字经济之间的竞争力差距逐渐缩小。其中，中国在数字产业竞争力这一分项指标上得分居 50 个国家之首，且领先美国 22.57 分。

中国信息通信研究院发布的《数字经济白皮书》显示，2020 年中国数字经济位居世界第二，规模为 5.4 万亿美元。在占比上，中国数字经济占 GDP 比重超过 30%。2020 年，中国数字经济同比增长 9.6%，位居全球第一。结构上，2020 年中国数字产业化占数字经济比重的 19.1%，占 GDP 比重的 7.3%；产业数字化占数字经济比重达 80.9%，占 GDP 比重为 31.2%，产业数字化在成为数字经济发展强大引擎的同时，也缓解了疫情对中国实体经济的负面冲击。在产业渗透方面，三次产业数字经济渗透水平逐次倍增。2020 年，疫情倒逼三次产业加速数字化转型，中国第一产业数字经济占比8.9%，超过全球平均水平；在第二产业数字化方面，数字经济占比21.0%，低于全球平均水平；在第三产业数字化方面，数字经济占比为40.7%；同比分别增长0.7、1.6和2.9个百分点。另外，各地数字经济发展步伐加快。疫情下，各地政府纷纷将数字经济作为经济发展的稳定器。从规模看，2020年，广东、江苏、山东等13个省市数字经济规模超过1万亿元；从占比看，北京、上海数字经济GDP占比超过50%；从增速看，贵州、重庆、福建数字经济增长领跑全国。总体来看，在复杂严峻的国际环境下，中国数字经济依然保持强劲增长，整体实现稳步发展。伴随着新一轮科技革命和产业变革持续推进，叠加疫情因素影响，数字经济已成为当前最具活力、最具创新力、辐射最广泛的经济形态，是国民经济的核心增长极之一。

二、中国数字经济发展战略

近年来，中国高度重视数字经济发展，出台了《中国制造2025》《国务院关于积极推进"互联网+"行动的指导意见》《国家信息化发展战略纲要》《促进大数据发展行动纲要》《新一代人工智能发展规划》《国务院关于进一步扩大和升级信息消费持续释放内需潜力的指导意见》等一系列重大战略和政策措施。在一系列促进数字经济发展的政策支持下，中国数字经济取得了蓬勃发展。

（一）中国政府高度重视数字经济发展

数字经济在全球快速发展并正在成为驱动全球经济发展日益重要的新能。中国的数字经济蓬勃发展，正广泛地与传统产业深度融合，成为引领中国经济增长的新引擎，数字经济的发展也受到中国政府的高度重视。

2016年10月，习近平总书记指出：要加快传统产业数字化、智能化，做大做强数字经济，拓展经济发展新空间。2017年3月，李克强总理在《政府工作报告》中指出：将促进数字经济加快成长，让企业广泛受益、群众普遍受惠，这是数字经济首次被写入政府工作报告。党的十九大提出要推动互联网、大数据、人工智能与实体经济深度融合，建设网络强国、数字中国、智慧社会，发展数字经济、共享经济，培育新增长点、形成新动能。2017年12月，习近平总书记强调，要发挥数据的基础资源作用和创新引擎作用，要构建以数据为关键要素的数字经济，加快发展数字经济，推动数字经济融合发展。2018年4月，习近平总书记提出，要发展数字经济，加快推动数字产业化和产业数字化，提高全要素生产率，释放数字对经济发展的放大、叠加、倍增作用。2018年8月习近平总书记指出，"以互联网大数据、人工智能为代表的新一代信息技术日新月异，促进数字经济和实体经济融合发展，加快新旧发展动能接续转换，打造新产业新业态，是各国面临的共同任务。中国高度重视创新驱动发展，坚定贯彻新发展理念，加快推进数字产业化、产业数字化，努力推动高质量发展、创造高品质生活"。2019年《政府工作报告》提出：深化大数据、人工智能等研发应用，培育新一代信息技术、高端装备等新兴产业集群、壮大数字经济。发展数字经济，对贯彻落实党中央、国务院决策部署，深化供给侧结构性改革，推动新旧动能接续转换，实现高质量发展，意义重大。2020 年，习近平总书记强调：加快数字经济、数字社会、数字政府建设，推动各领域数字化优化升级，积极参与数字货币、数字税等国际规则制定，塑造新的竞争优势。2020 年 11 月习近平总书记在亚太经合组织第二十七次领导人非正式会议上的发言，中国愿同世界各国一道，共同担起为人类谋进步的历史责任，激发数字经济活力，增强数字政府效能，优化数字社会环境，构建数字合作格局，筑牢数字安全屏障，让数字文明造福各国人民，推动构建人类命运共同体。2021 年 10 月习近平总书记强调：要把握数字经济发展趋势和规律，推动中国数字经济健康发展。要推动数字经济和实体经济融合发展，把握数字化、网络化、智能化方向，推动制造业、服务业、农业等产业数字化，利用互联网新技术对传统产业进行全方位、全链条的改造，提高全要素生产率，发挥数字技术对经济发展的放大、叠加、倍增作用。

（二）不断出台支持数字经济发展的政策，全方位推动数字经济发展

近年来，国家陆续出台了一系列支持数字经济发展的政策，从战略层面支持推动数字经济发展（见表 14－9），国家发展和改革委员会、工业和信息化部、科学技术部等部委也纷纷出台促进数字经济发展的相关政策措施，进一步贯彻实施国家相关数字经济的战略部署。

表 14－9　　中国数字经济发展战略/政策

时间	文件
2015 年 7 月	《国务院关于积极推进“互联网＋”行动的指导意见》
2015 年 9 月	《促进大数据发展行动纲要》
2016 年 7 月	《国家信息化发展战略纲要》
2016 年 12 月	《“十三五”国家信息化规划》
2017 年 7 月	《新一代人工智能发展规划》
2019 年 5 月	《数字乡村发展战略纲要》
2020 年 4 月	《网络安全审查办法》
2021 年 1 月	《“十四五”数字经济发展规划》
2021 年 4 月	《数字中国发展报告（2020 年）》
2021 年 6 月	《数据安全法》
2021 年 9 月	《物联网新型基础设施建设三年行动计划（2021—2023 年）》
2021 年 11 月	《“十四五”信息通信行业发展规划》
2021 年 11 月	《“十四五”软件和信息技术服务业发展规划》
2021 年 12 月	《“十四五”国家信息化规划》
2022 年 4 月	《关于加强数字政府建设的指导意见》

1.《国务院关于积极推进“互联网 +”行动的指导意见》

2015 年 7 月，国务院发布了《国务院关于积极推进“互联网 +”行动的指导意见》，截至 2016 年底，国家发改委会同 32 个部委制定了“互联网 +”11 个方向的实施意见，细化了制造、农业、林业旅游、电子商务、绿色生态、智慧能源、人工智能等细分领域“互联网 +”的推进重点和路径。各部门结合各自职责职能，围绕数字资源建设、数字技术创新、数字产业打造、数字经济应用、数字经济发展环境优化等领域出台了相应文件。

2.《促进大数据发展行动纲要》

2015 年国务院发布的《促进大数据发展行动纲要》，确定了推动大数据发展和应用在未来 5 ~ 10 年逐步实现的目标，提出通过发展工业大数据、新兴产业大数据、农业农村大数据、万众创新大数据，推进基础研究和核心技术攻关，形成大数据产品体系，完善大数据产业链途径推动产业创新发展，培育新兴业态，助力经济转型。该《行动纲要》旨在通过促进大数据发展，加快建设数据强国，释放技术红利、制造红利和创新红利，提升政府治理能力，推动经济转型升级。

3.《国家信息化发展战略纲要》

2016 年发布的《国家信息化发展战略纲要》在分析我国信息化发展基本形势的基础上，提出了 2020 年、2025 年信息化发展的战略目标，规范和指导未来十年国家信息化的发展，是国家战略体系的重要组成部分，也是信息化领域规划、政策制定的重要依据。

4.《“十三五”国家信息化规划》

2016 年国务院发布了《“十三五”国家信息化规划》，旨在贯彻落实《“十三五”规划纲要》和《国家信息化发展战略纲要》，是“十三五”国家规划体系的重要组成部分。该（规划）提出了具体的信息化发展目标。

5.《新一代人工智能发展规划》

2017 年国务院发布的（新一代人工智能发展规划》是我国在人工智能领域进行的第一个系统部署的文件，提出了面向 2030 年中国新一代人工智能发展的总体思路、战略目标、主要任务和保障措施，部署构筑我国人工智能发展的先发优势，特别是提出了到 2030 年我国人工智能发展的“三步走”的目标，为未来十年我国的人工智能的发展指出了明确的方向。

6.《数字乡村发展战略纲要》

2019 年 5 月中共中央办公厅、国务院办公厅发布了《数字乡村发展战略纲要》。该《纲要》认为，数字乡村是伴随网络化、信息化和数字化在农业农村经济社会发展中的应用，以及农民现代信息技能的提高而内生的农业农村现代化发展和转型进程，既是乡村振兴的战略方向，也是建设数字中国的重要内容。《纲要》提出了我国数字乡村分阶段建设目标和重点建设任务，为未来我国乡村的数字经济建设指明了方向。

7.《网络安全审查办法》

2020 年 4 月 27 日，国家互联网信息办公室公布了 12 部委联合制定的《网络安全审查办法》。该办法依据《中华人民共和国国家安全法》《中华人民共和国网络安全法》制定，目的在于确保关键信息基础设施供应链安全，维护国家安全。

8.《“十四五”数字经济发展规划》

2021年1月12日，国务院印发《“十四五”数字经济发展规划》，明确了“十四五”时期推动数字经济健康发展的指导思想、基本原则、发展目标、重点任务和保障措施。该规划部署了八方面重点任务，围绕八大任务，《规划》明确了信息网络基础设施优化升级等十一个专项工程。

9.《数字中国发展报告（2020年）》

2021年4月25日上午，国家互联网信息办公室副主任盛荣华在第四届数字中国建设峰会主论坛上发布《数字中国发展报告（2020年）》。报告指出，“十三五”时期，数字中国建设取得重要成就。信息基础设施建设规模全球领先，信息便民惠民加速普及，网络空间国际合作深化拓展，信息化发展环境不断优化。

10.《数据安全法》

2021年6月10日，第十三届全国人民代表大会常务委员会第二十九次会议通过了《中华人民共和国数据安全法》。《数据安全法》是我国第一部有关数据安全的专门法律，它更强调数据本身的安全，而非个人层面的安全。

11.《物联网新型基础设施建设三年行动计划（2021—2023年）》

2021年9月，工信部、中央网信办等部门联合印发《物联网新型基础设施建设三年行动计划（2021—2023年）》，以支撑制造强国和网络强国建设为目标，打造支持固移融合、宽窄结合的物联网接入能力，加速推进全面感知、泛在连接、安全可信的物联网新型基础设施。

12.《“十四五”信息通信行业发展规划》

2021年11月，工业和信息化部发布《“十四五”信息通信行业发展规划》，描绘了信息通信行业的发展蓝图，是未来五年加快建设网络强国和数字中国、推进信息通信行业高质量发展、引导市场主体行为、配置政府公共资源的指导性文件。

13.《“十四五”软件和信息技术服务业发展规划》

2021年11月，工业和信息化部印发《“十四五”软件和信息技术服务业发展规划》，明确“十四五”时期软件和信息技术服务业的发展形势、总体要求、主要任务以及保障措施等内容，指导未来五年软件和信息技术服务业发展。

14.《“十四五”国家信息化规划》

2021年12月，中央网络安全和信息化委员会印发《“十四五”国家信息化规划》，对中国“十四五”时期信息化发展作出部署安排，《规划》是“十四五”国家规划体系的重要组成部分，是指导各地区、各部门信息化工作的行动指南。

15.《关于加强数字政府建设的指导意见》

2022年4月，国务院印发《关于加强数字政府建设的指导意见》，明确了数字政府建设七方面重点任务：构建协同高效的政府数字化履职能力体系；构建数字政府全方位安全保障体系；构建科学规范的数字政府建设制度规则体系；构建智能集约的平台支撑体系；以数字政府建设全面引领驱动数字化发展；加强党对数字政府建设工作的领导。

本章思考题

1. 简述世界主要国家数字经济战略。
2. 中国应如何推动数字经济发展。

参考文献

[1] Adrian M. T. , Griffoli M. T. M. The Rise of Digital Money. International Monetary Fund. 2019.

[2] Australian Bureau of Statistics (ABS), "Measuring digital activities in the Australian economy", Australian Bureau of Statistics, 2019.

[3] Barefoot, K. , D. Curtis, W. Jolliff, J. Nicholson, and R. Omohundron. Defining and Measuring the Digital Economy [R]. Bureau of Economic Analysis (BEA) working paper, 2018.

[4] Helpman E. International trade in the presence of product differentiation, economies of scale and monopolistic competition: A Chamberlin – Heckscher – Ohlin approach [J]. Journal of International Economics, 1981, 11 (3): 305 –340.

[5] European Commission DESI 2021. Digital Economy and Society Index. Methodological note [R]. European Commission, 2021.

[6] European Data Protection Board. Recommendations 01/2020 on measures that supplement transfer tools to ensure compliancewith the EU level of protection of personal data (Adopted 10 November 2020).

[7] European Parliament. Digital sovereignty for Europe. European Parliamentary Research Service Ideas Paper Briefing, European Parliament, Brussels. 2020.

[8] EVANS S D. The Antitrust Economics of Multi – Sided Platform Markets. Yale Journal on Regulation, 2003a (20): 325 –381.

[9] Ferracane M F, Lee – Makiyama H, Van Der Marel E. Digital trade restrictiveness index [J]. European Center for International Political Economy, April, 2018.

[10] IMF. Measuring the Digital Economy. IMF Policy Paper, Washington, DC, 2018. https: //www. imf. org/en/Publications/Policy – Papers/Issues/2018/04/03/022818 – measuring – the – digital – economy.

[11] Krugman P R. Increasing returns, monopolistic competition, and international trade [J]. Journal of International Economics, 1979, 9 (4): 469 –479.

[12] MICHAEL K L, SHAPIRO C. Network externalities, competition and compatibility. American Economic Review, 1985, 75 (3): 424 –440.

[13] Nakamoto S. (2008). Bitcoin: A peer – to – peer electronic cash system [J]. Decentralized Business Review.

[14] Nwankpa J K, Merhout J W. Exploring the effect of digital investment on IT innovation [J]. Sustainability, 2020, 12 (18): 7374.

[15] OECD. A Roadmap Toward a Common Framework for Measuring the Digital Economy [J/OL]. Report for the G20 Digital Economy Task Force, 2020.

[16] OECD (2020). Mapping Approaches to Data and Data Flows. Report for the G20 Digital Economy Task Force, Saudi Arabia. OECD, Paris. OECD (2021).

[17] OECD (2019). Tax Challenges Arising from Digitalization—Report on Pillar One Blueprint/Report on Pillar Two Blueprint.

[18] ROCHET JEAN - CHARLES, TIROLE J. Platform Competition in Two - Sided Markets. Journal of the European Economics Association, 2003 (1): 990 - 1029.

[19] ROCHET, CHARLESTONS, TIROLE J. Two - Sided Markets: A Progress Report. RAND Journal of Economics, 2006 (37): 645 - 667.

[20] Wagner A. Digital vs. Virtual Currencies, Bitcoin Magazine. 2014.

[21] Yermack D. Is Bitcoin a Real Currency? An Economic Appraisal. Handbook of Digital Currency. Academic Press. 2015.

[22] 白津夫，葛红玲．央行数字货币：理论、实践与影响 [M]. 北京：中信出版社，2021.

[23] 陈昌盛，冯俏彬．数字税：系统性挑战与中国方案研究 [M]. 北京：人民出版社，2021.

[24] 曹明星．数字经济国际税收治理变革 [M]. 北京：社会科学文献出版社，2022.

[25] 陈维涛，朱柿颖．数字贸易理论与规则研究进展 [J]. 经济学动态，2019 (09): 114 - 126.

[26] 崔艳新，王拓．数字贸易规则的最新发展趋势及我国应对策略 [J]. 全球化，2018 (03): 98 - 107 + 136.

[27] 蔡跃洲，牛新星．中国数字经济增加值规模测算及结构分析 [J]. 中国社会科学，2021 (11): 4 - 30 + 204.

[28] 董一凡，李超．欧盟《数字单一市场战略》解读 [J]. 国际研究参考，2016 (03).

[29] 丁雨田．新加坡：启动建设生态智慧新城 [J]. 城市开发，2021 (08): 66 - 68.

[30] 范一飞：中国法定数字货币的理论依据和架构选择 [J]. 中国金融，2016 (17): 10 - 12.

[31] 方禹．日本个人信息保护法解读 [J]. 中国信息安全，2019 (05).

[32] 傅瑜．网络规模、多元化与双边市场战略——网络效应下平台竞争策略研究综述．科技管理研究，2013，33 (06): 192 - 196.

[33] 顾清扬．智慧城市与智慧治理：新加坡案例 [J]. 科技与金融，2022 (Z1)：17－22.

[34] 高晓雨，王涛．数字经济发展投资政策分析 [J]. 电信技术，2018 (1)：59－62.

[35] 赵瑾，张宇．中国国际经贸理论前沿 [M]. 北京：社会科学文献出版社，2021：232－251.

[36] 金江军．数字经济引领高质量发展 [M]. 北京：中信出版社，2019.

[37] 康铁祥．中国数字经济规模测算研究 [J]. 当代财经，2008 (3)：118－121.

[38] 李川川，刘刚．发达经济体数字经济发展战略及对中国的启示 [J]. 当代经济管理，2022，44 (04)：9－15.

[39] 李翀：虚拟货币的发展与货币理论和政策的重构 [J]. 世界经济，2003，26 (8)：75－79.

[40] 联合国贸易和发展会议．2021 年数字经济报告 [R]. 2021.

[41] 刘海莺，程娜．全球数字治理的多元挑战与中国对策研究 [J]. 东北亚论坛，2022，31 (03)：19－28＋127.

[42] 李静等．数字经济理论 [M]. 合肥：合肥工业大学出版社，2020.

[43] 李建军，朱烨辰：数字货币理论与实践研究进展 [J]. 经济学动态，2017 (10)：115－127.

[44] 林健．数字国际投资法律的平衡之治 [J]. 国际经济法学刊，2020 (3)：71－83.

[45] 刘伟，许宪春，熊泽泉．数字经济分类的国际进展与中国探索 [J]. 财贸经济，2021，42 (7)：32－48.

[46] 李艺铭，安晖．数字经济：新时代 再起航 [M]. 北京：人民邮电出版社，2017.

[47] 路甬祥．走向绿色和智能制造——中国制造发展之路 [J]. 中国机械工程，2010 (4)：379－386.

[48] 李忠民，周维颖，田仲他．数字贸易：发展态势、影响及对策 [J]. 国际经济评论，2014 (06)：131－144＋8.

[49] 马化腾等．数字经济：互联网＋：国家战略行动路线图 [M]. 北京：中信出版社，2017b.

[50] 马化腾等．数字经济：中国创新增长新动能 [M]. 北京：中信出版社，2017a.

[51] 马翩宇．英国推进数字政府建设 [N]. 经济日报，2021－09－22 (004).

[52] 马述忠，房超，梁银锋．数字贸易及其时代价值与研究展望 [J]. 国际贸易问题，2018 (10)：16－30.

[53] 彭刚，朱莉，陈榕．SNA 视角下我国数字经济生产核算问题研究 [J]. 统计研究，2021，38 (7)：20－31.

[54] 邱晗，黄益平，纪洋：金融科技对传统银行行为的影响——基于互联网理财的视角 [J]. 金融研究，2018 (11)：17－30.

[55] 戚聿东，褚席．数字经济学学科体系的构建［J］．改革，2021（02）：41－53.

[56] 任保平，师博，钞小静，胡仪元．数字经济学导论［M］．北京：科学出版社，2022.

[57] 盛斌，高疆．超越传统贸易：数字贸易的内涵、特征与影响［J］．国外社会科学，2020（04）：18－32.

[58] 孙杰．从数字经济到数字贸易：内涵、特征、规则与影响［J］．国际经贸探索，2020，36（05）：87－98.

[59] 沈建光，金天，龚谨．产业数字化［M］．北京：中信出版社，2021.

[60] 孙益武．数字贸易与壁垒：文本解读与规则评析——以 USMCA 为对象［J］．上海对外经贸大学学报，2019，26（06）：85－96.

[61] 商务部，中央网信办，工业和信息化部．数字经济对外投资合作工作指引［R］．商合函（355），2021.

[62] 孙毅．数字经济学［M］．北京：机械工业出版社，2021.

[63] 田亮．数字经济核算问题研究［M］．北京：中国财经出版传媒集团，2022.

[64] 汤潇．数字经济：影响未来的新技术、新模式、新产业［M］．北京：人民邮电出版社，2019.

[65] 王岚．数字贸易壁垒的内涵、测度与国际治理［J］．国际经贸探索，2021，37（11）：85－100.

[66] 王璐瑶，万淑贞，葛顺奇．全球数字经济治理挑战及中国的参与路径［J］．国际贸易，2020（5）：21－27.

[67] 汪晓风，周骁．数字贸易壁垒：美国的认知与政策［J］．复旦国际关系评论，2019（01）：1－15.

[68] 万兴，高觉民．纵向差异化双边市场中平台策略［J］．系统工程理论与实践，2013，33（04）：934－941.

[69] 吴绪亮，刘雅甜．平台间网络外部性与平台竞争策略［J］．经济与管理研究，2017，38（01）：72－83.

[70] 王雍君．数字经济对税制与税收划分的影响：一个分析框架［J］．税务研究，2020（11）.

[71] 吴翌琳．国家数字竞争力指数构建与国际比较研究［J］．统计研究，2019，36（11）：14－25.

[72] 王振，惠志斌，徐丽梅，王滢波．数字经济蓝皮书：全球数字经济竞争力发展报告（2020）［M］．北京：社会科学文献出版社，2020.

[73] 王振，惠志斌，徐丽梅，赵付春，王滢波．数字经济蓝皮书：全球数字经济竞争力发展报告（2021）［M］．北京：社会科学文献出版社，2022.

[74] 王振．数字经济蓝皮书：全球数字经济竞争力发展报告（2018）［M］．北京：社会科学文献出版社，2018.

[75] 徐代鸿．新加坡智慧国建设的经验及启示 [J]．天津科技，2012，39 (04)：57 – 60.

[76] 向书坚，吴文君．OECD 数字经济核算研究最新动态及其启示 [J]．统计研究，2018，35 (12)：3 – 15.

[77] 向书坚，吴文君．中国数字经济卫星账户框架设计研究 [J]．统计研究，2019，36 (10)：3 – 16.

[78] 许宪春，张美慧．数字经济增加值测算问题研究综述 [J]．计量经济学报，2022，2 (1)：19 – 31.

[79] 许宪春，张美慧．中国数字经济规模测算研究——基于国际比较的视角 [J]．中国工业经济，2020 (5)：23 – 41.

[80] 姚博．数字金融产业创新发展、传导效应与风险监管研究 [M]．北京：经济管理出版社，2019.

[81] 尹丽波．2019—2020 数字经济发展报告 [M]．北京：电子工业出版社，2020.

[82] 杨挺，陈兆源，黄翘楚．展望 2021 年中国对外直接投资趋势 [J]．国际经济合作，2021.

[83] 伊万·沙拉法诺夫，白树强．WTO 视角下数字产品贸易合作机制研究——基于数字贸易发展现状及壁垒研究 [J]．国际贸易问题，2018 (02)：149 – 163.

[84] 杨仲山，张美慧．数字经济卫星账户：国际经验及中国编制方案的设计 [J]．统计研究，2019，36 (5)：16 – 30.

[85] 中国税务杂志社．数字经济与税收治理 [M]．北京：中国税务出版社，2021.

[86] 中国信息通信研究院．全球数字经济白皮书（各年）[R].

[87] 中国信息通信研究院．中国数字经济发展白皮书（各年）[R].

[88] 中国信息通信研究院．中国数字经济发展与就业白皮书（2019 年）[R]．2019.

[89] 赵瑾．数字贸易壁垒与数字化转型的政策走势——基于欧洲和 OECD 数字贸易限制指数的分析 [J]．国际贸易，2021 (02)：72 – 81.

[90] 赵立斌，张莉莉．数字经济概论 [M]．北京：科学出版社，2020.

[91] 张礼立，张恒熙．新基建：数字经济产业风口 [M]．北京：中国广播影视出版社，2021.

[92] 张美慧．数字经济供给使用表：概念架构与编制实践研究 [J]．统计研究，2021，38 (7)：3 – 18.

[93] 张茉楠．全球数字治理：分歧、挑战及中国对策 [J]．开放导报，2021 (06)：31 – 37.

[94] 周念利，陈寰琦，黄建伟．全球数字贸易规制体系构建的中美博弈分析 [J]．亚太经济，2017 (04)：37 – 45 + 173 – 174.

[95] 智能制造：助推高精尖产业发展 [M]．北京：机械工业出版社，2018.

［96］朱启超，王姝．日本“超智能社会”建设构想：内涵、挑战与影响［J］．日本学刊，2018（2）：60－86．

［97］朱彤．外部性、网络外部性与网络效应．经济理论与经济管理［J］．2001（11）：60－64．

［98］张宇，蒋殿春．数字经济下的国际贸易：理论反思与展望［J］．天津社会科学，2021（03）：84－92．

［99］詹晓宁，欧阳永福．数字经济下全球投资的新趋势与中国利用外资的新战略［J］．管理世界，2018（3）：78－86．